W9-CIP-693

A OTRO NIVEL

Intermediate Spanish

IMPORTANT

REGISTRATION CODE

REGISTRATION CODE

7HF7-PTKF-X369-ETHV-RQT7

HERE IS YOUR REGISTRATION CODE TO ACCESS MCGRAW-HILL
PREMIUM CONTENT AND MCGRAW-HILL ONLINE RESOURCES

For key premium online resources you need THIS CODE to
gain access. Once the code is entered, you will be able to
use the web resources for the length of your course.

Access is provided only if you have purchased a new book.

If the registration code is missing from this book, the registration screen on our
website, and within your WebCT or Blackboard course will tell you how to obtain
your new code. Your registration code can be used only once to establish
access. It is not transferable

To gain access to these online resources

1. **USE** your web browser to go to: **www.mhhe.com/aotronivel**

2. **CLICK** on "First Time User"

3. **ENTER** the Registration Code printed on the tear-off bookmark on the right

4. After you have entered your registration code, click on "Register"

5. **FOLLOW** the instructions to setup your personal UserID and Password

6. **WRITE** your UserID and Password down for future reference. Keep it in a safe place.

If your course is using WebCT or Blackboard, you'll be able to use this code to
access the McGraw-Hill content within your instructor's online course.

To gain access to the McGraw-Hill content in your instructor's WebCT or
Blackboard course simply log into the course with the user ID and Password
provided by your instructor. Enter the registration code exactly as it appears to
the right when prompted by the system. You will only need to use this code the
first time you click on McGraw-Hill content.

These instructions are specifically for student access. Instructors are not required
to register via the above instructions.

The McGraw-Hill Companies

Mc Graw Hill **Higher Education**

Thank you, and welcome to your
McGraw-Hill Online Resources.

0-07-296669-6 t/a
Perez-Girones
A otro nivel: Intermediate Spanish, 1/e

REGISTRATION CODE

The McGraw-Hill Companies

Mc Graw Hill **Higher Education**

A OTRO NIVEL

Intermediate Spanish

Ana María Pérez-Gironés
Wesleyan University

Virginia Adán-Lifante
University of California, Merced

Boston   Burr Ridge, IL   Dubuque, IA   Madison, WI   New York
San Francisco   St. Louis   Bangkok   Bogotá   Caracas   Kuala Lumpur
Lisbon   London   Madrid   Mexico City   Milan   Montreal   New Delhi
Santiago   Seoul   Singapore   Sydney   Taipei   Toronto

The *McGraw·Hill* Companies

 **Higher Education**

A OTRO NIVEL: Intermediate Edition
Published by McGraw-Hill, an imprint of The McGraw-Hill Companies, Inc., 1221
Avenue of the Americas. Copyright © 2007 by The McGraw-Hill Companies, Inc. All
rights reserved. Printed in the United States of America. Except as permitted under the
United States Copyright Act of 1976, no part of this publication may be reproduced or
distributed in any form or by any means, or stored in a database or retrieval system,
without the prior written permission of the publisher.

Some anciallaries, including electronic and print components, may not be available to
customers outside the United States.

1 2 3 4 5 6 7 8 9 0 DOW/DOW 0 9 8 7 6 5

ISBN-13: 978-0-07-244096-6 (Student Edition)
ISBN-10: 0-07-244096-1

ISBN-13: 978-0-07-296670-1 (Instructor's Edition)
ISBN-10: 0-07-296670-X

Vice president and Editor-in-chief: *Emily G. Barrosse*
Publisher/Sponsoring editor: *William R. Glass*
Director of development: *Susan Blatty*
Developmental editor: *Misha MacLaird*
Editorial coordinator: *Letizia Rossi*
Senior media producer: *Allison Hawco*
Media project manager: *Kathleen Boylan*
Executive marketing manager: *Nick Agnew*
Production editor: *Mel Valentin*
Production supervisor: *Tandra Jorgensen*
Senior supplement producer: *Louis Swaim*
Design manager: *Violeta Diaz*
Interior designer: *Linda Robertson*
Cover designer: *Violeta Diaz*
Cover illustrator: *Isauro Cairo*
Photo research coordinator: *Natalia Peschiera*
Art editor: *Emma Ghiselli*
Compositor: *Interactive Composition Corporation*
Type face: *10/12 Palatino*
Printer: *R.R. Donnelly & Sons*

Because this page cannot legibly accommodate all the copyright notices, credits are listed
after the index and constitute an extension of the copyright page.

www.mhhe.com

CONTENTS

Unidad 3   Nuestra sociedad   184

Capítulo 7 Nos-otros   185

Capítulo 8 Nuestro pequeño mundo   211

PREFACE

Welcome to *A otro nivel*, a complete program for intermediate Spanish. This program is the product not only of several years of intensive work by the authors and the editorial team at McGraw-Hill, but, most importantly, it is the result of many years of teaching. *A otro nivel* is, by and large, the textbook we always wanted to use in the classroom but could not find, and it includes activities we have created over the years to supplement the texts that we were using. As teachers, we wanted a text in which thoughtful attention is given to the development of all skills—including reading and writing—and most importantly, where the cultural content is present in every section of the chapter and lends itself to a discussion at a level appropriate for college students. What you have in your hands now is a textbook that we, our students, and our fellow instructors have used, tested, and critiqued.

Why *A otro nivel*?

Recognizing that learning a language is much more than memorizing vocabulary and grammatical rules, we have created a communication-oriented program that stresses the importance of culture and open-ended conversation while also offering a review and expansion of language structures appropriate for intermediate-level students of Spanish. We have long known that students learn and enjoy Spanish most when they are fully engaged. For most students, being engaged implies having material and activities that are thought-provoking and that naturally elicit spontaneous and meaningful responses. We had been increasingly dissatisfied with the topics and activities that appear in many intermediate textbooks, because they often do not seem to take into account the maturity level of a typical college student, whatever the age. Moreover, we wanted to present culture in a way that would provide information about the Spanish-speaking world while prompting students to reflect on their own culture, mores, and values. In other words, we believe a Spanish course should match the whole of students' college experience, providing them with new information as well as new perspectives on old contexts and helping them to be critical thinkers.

We believe that an intermediate language program should have the following attributes, all of which you will find in *A otro nivel*.

- **Age- and education-appropriate themes.** Topics should represent the reality of traditional college-age students as well as that of the increasing population of nontraditional students found in our classrooms.

- **A solid grammar component.** Students often have the impression that there is nothing new in the second year of Spanish instruction, that they have "done it all" in the first year. While we must stress the cyclical nature of learning a language, we believe second-year students are ready to see linguistic patterns that are not so obvious during the first year. For this reason, the grammar presentations in *A otro nivel* tend to outline major points together instead of in small chunks. One example is that in *A otro nivel* all object pronouns are presented in one grammatical point. Another is that we devote an entire chapter to the review and expansion of the preterite and imperfect tenses. We also wanted *A otro nivel* to be useful as a grammar reference for students, should they go on to more advanced content courses.

- **In-depth cultural content.** In accordance with the National Standards, with their explicit emphasis on the integration of connections and comparisons with culture and communication, we believe that it is essential to present students with information that exposes them to a diversified view of the cultures of the Spanish-speaking countries, including the United States. Cultural information should also aim to establish comparisons with students' own culture, to allow them to become aware of their particular biases. Using cultural content that goes beyond traditional unrelated tidbits also allows for these important themes to be better integrated into activities and discussions, which is another one of our goals.

- **Abundance of authentic readings.** It is important that second-year students be exposed to an abundance of authentic readings, provided that they are sufficiently guided. Most readings in *A otro nivel* are authentic and include newspaper and magazine selections, essays by important writers or political figures, and literary short stories and poetry. (Note also that twelve additional literary readings are found on the optional interactive CD-ROM.)

- **Activities that lead to in-depth conversations.** We know how hard and yet essential it is to develop communicative activities and conversation topics that coordinate well with the chapter's theme and that are truly thought-provoking and engaging for the students. *A otro nivel* contains a wealth of activities that promote open-ended conversation, several with authentic visual components. Discussion activities designated as **tertulias** recur throughout each chapter and provide a topic to link the theme with the cultural content. The title **tertulia** reflects the importance of free-form conversation, which is a common component in many intermediate Spanish programs. We understand how beneficial it is to guide students into a serious discussion of ideas—not just chit-chat—and how difficult it is to come up with the topics! *A otro nivel* includes traditional pair and group activities, such as polls, interviews, guided conversations, situations, and so forth.

- **Chapters that progress and evolve around a topic.** Considerable attention has been devoted to the themes in *A otro nivel* and to their treatment within each chapter. Chapters cover various aspects of a given topic, creating a variety of interconnected subtopics to explore and resulting in content- and theme-based language learning.

- **Presentation of historical information.** The theme of Unit 4 (**Historia de un imperio**) in *A otro nivel* focuses explicitly on the history of Latin America and Spain, including the pre-Columbian period. We hope to provide students with some basic exposure to why twenty-one countries, which are so far apart and so richly different, have so much in common.

- **Abundant information on Hispanics in the United States.** Throughout the book we stress how Hispanics in this country belong to a larger community of Spanish-speaking people, prompting students to reflect on the unique circumstances that this community encounters in an English-dominant country.

- **Writing assignments that are meaningful and sufficiently guided.** We consider writing to be a process, and therefore reinforce in each chapter the need for students to think about their intended readership, the various styles of writing they may bring to the process, the elaboration of provisional and final drafts, the importance of the order in which ideas are expressed, and other writing techniques. The *Cuaderno de práctica* offers additional advice to help the students prepare their writing assignments.

A otro nivel: In Step with the National Standards

A otro nivel completely subscribes to the vision of language learning outlined in the *National Standards for Foreign Language Learning in the 21st Century* (1999), which resulted from a collaborative project funded by the U.S. Department of Education and the National Endowment for the Humanities, and was led by all major associations in the language-teaching profession, such as ACTFL and AATSP. The National Standards establish what language learning should aim for, presented in five interconnected areas—often referred to as the "5 C's": Communication, Cultures, Communities, Comparisons, and Connections.

In *A otro nivel*, the treatment of culture is consistently linked to communication, and comparisons, since many activities, the readings, and especially the **tertulias** require the students to compare their own language structures and cultural practices or situations to those that they study. *A otro nivel* attempts to assist students in connecting the book's themes to other areas of study, such as art, history, economics, and government. Finally, while many of the activities and **tertulias** already encourage students to step out of their own community and gain information about the world, in each chapter the **Proyectos en la comunidad** activity is designed to ensure that students establish a clear connection, either personal or via the Internet, with the Spanish-speaking world. This connection may be within the student's own local community or with another country or region of the world.

Language Study and Content-Based Learning

While information in language textbooks may include content that is not linguistic per se, we believe that such content (i.e., cultural content) is often treated as an addendum to a chapter, and hardly ever actively integrated in what happens in the classroom. In *A otro nivel*, we use culture sections not only to present information to the students, but for students to use that information as the basis for discussion and even guided practice. To that end, the approach in *A otro nivel* is informed by content-based language learning, influenced, among others, by Stephen Krashen, who, more than twenty years ago, proposed that learning a language is more productive when the focus is also on meaning and not just on form. We believe that culture sections in an intermediate Spanish course, together with authentic readings and videos, should be used as content for the vocabulary and grammar practice, and more importantly, for the open-ended discussions that are essential at this level. We trust that college students can handle college-level topics if sufficiently guided, and, therefore, cultural sections should be designed to open connections between the study of Spanish and other disciplines. This is, after all, one sure way to acknowledge the overwhelming reason why students learn Spanish: because it is so useful in every area of life!

THE ORGANIZATION OF THE *A OTRO NIVEL* PROGRAM: A GUIDED TOUR

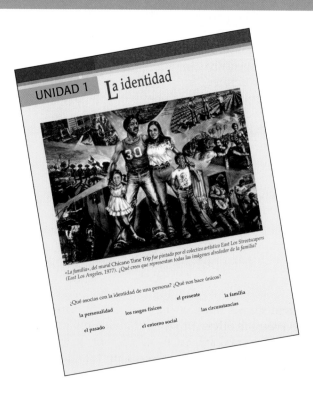

«La familia», del mural Chicano Time Trip fue pintado por el colectivo artístico East Los Streetscapers (East Los Angeles, 1977). ¿Qué crees que representan todas las imágenes alrededor de la familia?

¿Qué asocias con la identidad de una persona? ¿Qué nos hace únicos?

la personalidad los rasgos físicos el presente la familia

las circunstancias

el pasado el entorno social

A otro nivel is designed for a two-semester or three-quarter intermediate (second-year) Spanish language program, or an equivalent one-semester intensive course that concentrates on the four language skills—reading, writing, listening, and speaking. The main textbook offers an integrated-skills approach to language learning. It is divided into four units of three chapters each for a total of twelve chapters. This structure provides opportunities for revisiting topics and, subsequently, creating natural contexts for recycling vocabulary and other content. However, chapters are fully independent, so as to allow flexibility in coverage.

Each chapter includes the following main parts.

Unit opener

Every three-chapter unit begins with a unit opener page that includes a visual and a brainstorming activity and links the three chapters and their topics.

Chapter opener

The first page of each chapter introduces the theme using visually based materials (realia and photographs) and a **refrán** (a common saying or expression in Spanish) or a quote in the last unit. It also includes a list of the vocabulary, culture, and grammar topics that appear in the chapter.

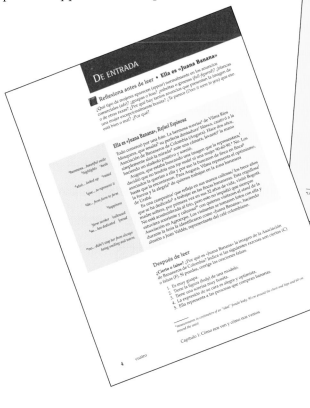

De entrada

Divided into a reading section and a video section, **De entrada** sets the chapter theme and provides additional vocabulary for recognition. The readings in this section are deliberately brief and include pre- and post-reading questions. The **Discovery en español**™ video section also offers pre-viewing questions (**Reflexiona antes de mirar**) and a quick post-viewing control activity. More extensive activities for each video segment appear on the optional CD-ROM, which also includes the complete video program.

Estudio de palabras

This vocabulary section is always introduced by **De repaso**, a brief list of words that students have learned at the elementary level or in previous chapters. The core thematic vocabulary is generally introduced via bilingual lists, often with visuals. The activities that follow progress from simply activating the core vocabulary list to having students expand the list by making connections with familiar words, and finally to using words in conversation.

Estudio de estructuras

The grammar structures (two to three per chapter) have been chosen to cover all the main structures typical of intermediate-level Spanish. All grammar explanations are in English. Special care has been devoted to having explanations that clearly move beyond first-year basics, without being overwhelming. Each grammar point is followed by three to five activities that progress from controlled (form-focused) to open-ended (communicative, content-focused).

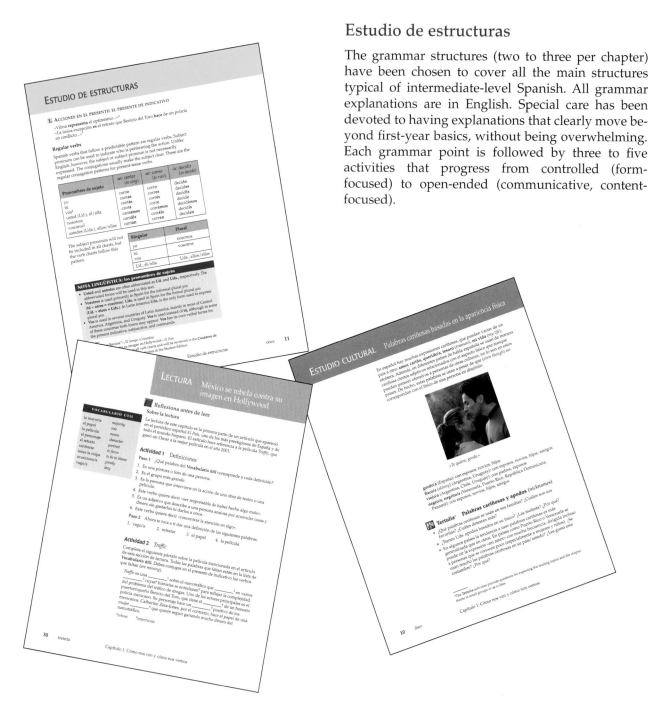

Lectura

Readings in *A otro nivel* include journalistic, literary, essay, and historical texts. The **Lectura** section includes a reading strategy, pre-reading and post-reading activities for comprehension, passive vocabulary enrichment, and discussions. A selection of additional literary readings appears on the optional CD-ROM, described later in this Preface.

Estudio cultural

There are two **Estudio cultural** sections in each chapter, one after **Estudio de palabras** and the other after **Estudio de estructuras**. These notes provide interesting cultural information about the Hispanic world while simultaneously promoting cross-cultural comparisons and discussion in the **Tertulia** activity that follows. They are also accompanied by comprehension questions in the *Annotated Instructor's Edition*.

Redacción

This section offers writing strategies and topics to assist students in a variety of writing tasks that students can use in their daily life, such as a personal note, curriculum vitae, an essay, and a research paper. (The chapters of Unit 4 help students develop the process of writing a research paper, with each chapter's writing activity focusing on one of the major steps of the process.) This section is linked to a section with the same title in the *Cuaderno de práctica*, where students receive extra guidance in developing the writing assignment.

REDACCIÓN   Descripción personal

Tema

Una carta de presentación para una familia latinoamericana con quien vas a pasar el verano

Antes de escribir

- Piensa en lo que tu lector(a) puede desear saber y haz una lista de estas cosas. También considera cómo quieres tú mostrarte. Describe tanto lo físico como lo referente a tu personalidad.
- Haz un borrador (*draft*) en español con todas las ideas que tengas. No te preocupes ahora por la gramática, el vocabulario o el orden. Si no sabes algunas palabras, deja un espacio en blanco o haz un símbolo.

Mientras escribes

- Ordena las ideas de tu borrador usando un párrafo diferente para cada idea importante. Por ejemplo, para esta composición puedes describir físicamente en un párrafo y en el siguiente describir tu personalidad.
- Asegúrate de que tu composición tenga los elementos importantes de la estructura de una carta: saludo, motivo por el que escribes, cuerpo, despedida. Cada opción requiere convenciones diferentes.
- Busca en el diccionario y/o en tu libro de texto las palabras y expresiones sobre las que tengas duda.

Después de escribir

- Repasa los siguientes puntos.
  - el uso de los verbos que expresan *to be*
  - la concordancia entre sujeto y verbo
  - la concordancia de género y número entre sustantivos, adjetivos y pronombres
  - la ortografía (*spelling*) y los acentos
  - el vocabulario: asegúrate de que no repites ideas o palabras; busca sinónimos cuando sea necesario.
  - el orden y contenido: asegúrate de que tu composición está estructurada en párrafos con ideas diferentes que apoyan el tema que has elegido.
- Finalmente, prepara tu versión para entregar.

No olvides mirar el Apéndice I, ¡No te equivoques!, para evitar los errores típicos de los estudiantes de español. Para esta actividad de escritura, se recomienda que prestes atención a *Cómo se expresa to know* (página 351).

Consulta tu *Cuaderno de práctica* para encontrar más ideas y sugerencias que te ayuden a redactar tu composición.

Capítulo 1: Cómo nos ven y cómo nos vemos

34   treinta y cuatro

REFLEXIONES

■ Gramática en contexto: el Censo de los Estados Unidos del año 2000

Los siguientes datos están basados en la información del Censo 2000 de los Estados Unidos. Complétalos con las palabras correctas. Conjuga los verbos en el presente de indicativo. Cuando haya dos opciones, escoge la opción correcta. Si son verbos, escoge el verbo correcto. Cuando no haya opciones, escribe la palabra comparativa para completar la idea.

En este capítulo _____ (estar / ser: nosotros) estudiando la población hispana en los Estados Unidos. _____ (saber: tú) que en este país _____ (vivir) más _____ (de / que) 35 millones de hispanos, según el censo del año 2000? Esta cifra no _____ (incluir) la población de Puerto Rico, que _____ (estar / ser) un Estado Libre Asociado, y que _____ (haber / ser) de casi 4 millones de personas. El grupo de hispanos _____ grande en los Estados Unidos está seguido del de los puertorriqueños (9,6 por ciento). Es interesante que haya más centroamericanos _____ (de / que) sudamericanos. La población hispana en general _____ (estar / ser) joven que la población no hispana: la edad media de los hispanos es 25,9 años, y 35,3 la de los no hispanos.

*number   *average

Porcentaje de distribución de la población hispana por origen: 2000

OTRO HISPANO 28,4
Cualquier otro hispano 17,3
Español 0,3
Sudamericano 4,8
Centroamericano 4,8
Dominicano 2,2
CUBANO 3,5
PUERTORRIQUEÑO 9,6
MEXICANO 58,5

*En español, los decimales aparecen después de una coma y los millares (*thousands*) van separados por un punto, justo lo contrario que en inglés.

Reflexiones   treinta y cinco   35

Reflexiones

This end-of-chapter section opens with **Gramática en acción,** a cloze activity that combines practice for all of the grammar points treated in the chapter and often introduces another cultural topic. **Proyecto en la comunidad** offers ideas for an out-of-class research or interview-based project. The last activity, **Tertulia,** presents a series of talking points that promote a more sophisticated dialogue among students.

The following are recurrent features throughout the book.

Notas lingüísticas

These grammatical notes present information already familiar to students and/or offer an advanced linguistic commentary for recognition only.

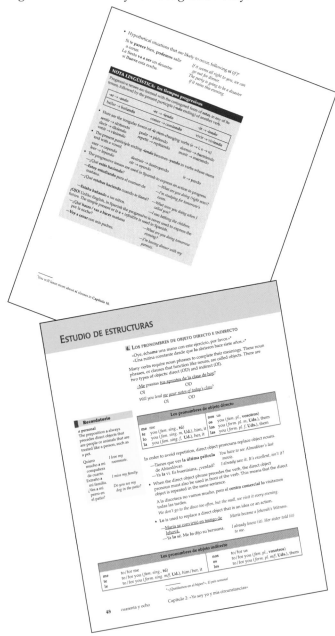

Recordatorios

These notes remind students of grammar information that is familiar but still may present challenges at the intermediate level.

Supplements

As a full-service publisher of quality educational products, McGraw-Hill does much more than just sell textbooks. We create and publish an extensive array of print, video, and digital supplements to support instruction on your campus. Orders of new (versus used) textbooks help us to defray the cost of developing such supplements, which is substantial. Please consult your McGraw-Hill representative to learn about the availability of the supplements that accompany *A otro nivel: Intermediate Spanish.*

For Instructors and Students:

- The *Cuaderno de práctica* offers additional practice with vocabulary, grammar, listening comprehension, and writing.

- The *Online Cuaderno de práctica*, developed in collaboration with Quia™, offers the same outstanding practice as the printed *Cuaderno de práctica* with many additional advantages such as a fully integrated audio program, immediate feedback and scoring for students, and an easy-to-use gradebook and class roster system for instructors. To gain access, students purchase a unique *Student Book Key* (passcode). Instructors should contact their local McGraw-Hill sales representative for an *Instructor Book Key.*

- The Audio Program on CD to accompany the *Cuaderno de práctica* provides additional listening comprehension practice outside of the classroom. The Audio Program is available for student purchase and is provided free of charge to adopting institutions for use in the laboratory.

- The *Interactive CD-ROM and Video on CD*, produced in collaboration with the **Discovery Channel**™, includes twelve Spanish language video segments culled from **Discovery en español**™ programming. These rich documentary segments, supported by pre- and post-viewing activities, are thematically tied to the chapters of the textbook. The CD-ROM also includes twelve literary selections that introduce students to the literary heritage of the Spanish-speaking world. These selections are:

  1. *Epitafio,* Nicanor Parra (Chile)
  2. *Cabra sola,* Gloria Fuertes (Spain)
  3. *Los dos reyes y los dos laberintos,* Jorge Luis Borges (Argentina)
  4. *El desafío,* Josefina Aldecoa (Spain)

The Organization of the *A otro nivel* Program: A Guided Tour

5. *Aquí nace la inocencia*, Luisa Valenzuela (Argentina)
6. *Son número 6*, Nicolas Guillén (Cuba)
7. *Convocación de palabras*, Tino Villanueva (United States)
8. *Hombre planetario*, Jorge Carrera Andrade (Ecuador)
9. *El recado*, Elena Poniatowska (Mexico)
10. *Mi tierra*, Rigoberta Menchu (Guatemala)
11. *La Razón y la Fuerza*, Adela Zamudio (Bolivia)
12. *Los astros y vos*, Mario Benedetti (Uruguay)

- The Student Edition of the *A otro nivel Online Learning Center* provides additional vocabulary and grammar practice for students. (Please see the note about Premium Content on the Online Learning Center later in this Preface.) *The Instructor's Edition* contains resources to assist instructors in getting the most out of the *A otro nivel* program.
- *Sin falta*, developed in partnership with Ultra Lingua, Inc., is a Spanish writing software program on CD-ROM that includes the following features: a word processor, a bilingual Spanish-English dictionary with more than 250,000 entries, an online Spanish grammar reference, and basic grammar and spell-checking functions.

For Instructors Only:

- The *Annotated Instructor's Edition* contains detailed suggestions for executing activities in class. It also offers options for expansion and follow-up.
- The *Instructor's Resource CD-ROM* contains the *Instructor's Manual and Testing Program*, including sample syllabi and lesson plans as well as sample chapter exams, which instructors can edit and customize to meet the testing needs of their particular program. The *Audioscript* for the Audio Program is also included on the IRCD.
- The Video on VHS includes the twelve video segments from the **Discovery en español**™ programming. (These same segments are also on the *Interactive CD-ROM and Video on CD*, as noted earlier.) The segments are approximately three to five minutes in length, and are related to the topics in the corresponding chapter in the book. The segments include:

1. La población cubana de Miami
2. Fútbol: deporte y pasión
3. El misterio de los Reyes Magos
4. Perú: un país de contrastes
5. Agricultura de precisión en la Argentina
6. La música caribeña
7. La emigración japonesa a Latinoamérica
8. Radiación ultravioleta en Bolivia
9. Tecnología para la prevención de violencia contra mujeres
10. Las momias chiribayas del Desierto de Atacama
11. La Guerra Hispano-Americana
12. Gabriel García Márquez

Premium Content on the Online Learning Center

If you have purchased a *new* copy of *A otro nivel: Intermediate Spanish,* you have access free of charge to Premium Content on the Online Learning Center at www.mhhe.com/aotronivel. This includes the complete audio program that supports the *Cuaderno de práctica*. The card bound inside the front cover of this book provides a registration code to access the Premium Content. *Note: This code is unique to each individual user.* Other study resources may be added to the Premium Content during the life of the edition of this book.

If you have purchased a *used* copy of *A otro nivel: Intermediate Spanish* but would like to have access to the Premium Content, you may purchase a registration code for a nominal fee. Please visit the Online Learning Center for more information.

If you are an instructor, you do not need a special registration code for Premium Content. Instructors have full access to all levels of content via the *Instructor's Edition* link on the homepage of the Online Learning Center. Please contact your local McGraw-Hill Sales representative for your password to the *Instructor's Edition.*

ACKNOWLEDGMENTS

It is a tremendous pleasure to be able to publish the book one wants. And it is amazing how much work and assistance this requires. Therefore, we must acknowledge the help of many people, without whose support and expertise this program could not be published.

The following experts/instructors provided invaluable feedback in the earlier stages of this project. The appearance of their names does not necessarily constitute an endorsement of the text or its methodology.

Jorge Arbujas, *Louisiana State University*
José Ballesteros, *University of Kansas*
Emily Bayou, *University of Calgary*
Herbert Brant, *Indiana University, Purdue University Indianapolis*
Sara E. Cooper, *California State University, Chico*
Manuel Medina, *University of Louisville*
Richard Morris, *Middle Tennessee State University*
Cristina Ortiz, *University of Wisconsin, Green Bay*
Benita Sampedro, *Hofstra University*
Ramón E. Soto-Crespo, *University of Wisconsin, Green Bay*
Janice Wright, *College of Charleston*

We also want to thank Anne Lambright, Trinity College, who read and commented on the first chapters of this book to look at it as a whole. Her experience in the classroom and as a textbook author were very important in making us feel sure of our path.

Very special thanks to our Wesleyan University students and colleagues: Octavio Flores, Louise Neary, and Isolina Ballesteros. They used these materials in very early drafts when they were full of typos. We thank them for providing much-appreciated corrections and critique, and a well-needed pat on the back from time to time.

We cannot imagine this book published by any other company than McGraw-Hill, whose superb editorial team has been as eager as we to publish a book that was not just "one more Intermediate title." All textbook writers should have such a team behind them—and ahead of them! We are forever indebted to William Glass, Publisher for World Languages at McGraw-Hill Higher Education—he never missed a step to make the book better, and never missed a word of trust and encouragement when we could not yet see the light at the end of the tunnel of this project. His vision is just as impressive as his care for a project. Many thanks to Pennie Nichols (Project Editor) and Misha MacLaird (Development Editor) who polished the manuscript when we could not see any more errors and typos. They have always been most efficient and delightful. Our thanks also to Letizia Rossi, the Editorial Assistant who provided behind-the-scenes support at McGraw-Hill, as well as to the talented production team: Mel Valentín (Production Editor), Emma Ghiselli (Art Editor), Violeta Díaz (Design Manager), and Natalia Peschiera (Photo Research Coordinator). We are very grateful to Laura Chastain (El Salvador), who has tried to free this book of linguistic infelicities and cultural inaccuracies. Thanks to Nick Agnew, Executive Marketing Manager for World Languages, and Jill Yuen, Field Publisher. College professors often think that they cannot learn from the people who market and sell the books we write and use, but we are so wrong! We are forever grateful to Thalia Dorwick, now retired as Editor-in-Chief of Humanities, Social Science, and Languages at McGraw-Hill, but always an inspiration.

And last, but never, ever least, we thank our families for their constant love and support, especially our husbands and children, for all the hours we were "mentally" away from them to write this book. *A otro nivel* is dedicated to them, for being the best examples of language acquisition and interculturality we could imagine.

La identidad

«La familia», del mural Chicano Time Trip *fue pintado por el colectivo artístico East Los Streetscapers (East Los Angeles, 1977). ¿Qué crees que representan todas las imágenes alrededor de la familia?*

¿Qué asocias con la identidad de una persona? ¿Qué nos hace únicos?

la personalidad   **el presente**

                            los rasgos físicos   **la familia**

el pasado   **las circunstancias**

                            el entorno social

«La cara es el espejo del alma.»*

Si la cara es el espejo del alma, ¿a cuáles de estas personas te gustaría conocer? ¿Por qué?

En este capítulo

- **Estudio de palabras**
  - Los rasgos físicos
  - La personalidad
  - Los insultos

- **Estudio de estructuras**
  1. Acciones en el presente: el presente de indicativo
     - Nota lingüística: los pronombres de sujeto
     - Nota lingüística: los tiempos progresivos

  2. Cómo se expresa *to be*: **ser, estar, haber, hacer** y **tener**
  3. Comparaciones

- **Estudios culturales**
  - Palabras cariñosas basadas en la apariencia física
  - Los hispanos: multiplicidad étnica y racial

---

*Literally: *The face is the mirror of the soul.*

Reflexiona antes de leer • **Ella es «Juana Banana»**

¿Qué tipo de mujeres aparecen (*appear*) normalmente en los anuncios comerciales (*ads*)? ¿guapas o feas? ¿esbeltas o gruesas (*full-figured*)? ¿blancas o de otras razas? ¿Por qué hay tantos anuncios que presentan la imagen de una mujer excepcionalmente bonita? ¿Te parece (*Does it seem to you*) que eso está bien o mal? ¿Por qué?

Ella es «Juana Banana», *Rafael Espinosa*

Todo comenzó por una foto. La hermosa sonrisa[a] de Vilma Ríos Mosquera, que resalta[b] su perfecta dentadura[c] blanca, cautivó a la Asociación de Bananeros de Colombia (Augura). Hace dos años, simplemente alzó la mirada[d] ante una cámara, levantó[e] la mano haciendo un símbolo positivo y sonrió.

Augura, que estaba buscando una imagen que la representara,[f] decidió que no tendría una *top model* ni una mujer 90-60-90.* No. Los asociados la querían a ella y por eso la buscaron de finca en finca[g] hasta que la encontraron. Para Augura, Vilma representa el optimismo, la fuerza y la alegría[h] de quienes trabajan en la zona bananera de Urabá.

Es una campesina[i] que refleja en sus manos callosas,[j] los trece años que se ha dedicado[k] a trabajar en las fincas bananeras. Esta orgullosa[l] madre soltera, por primera vez en sus 32 años de vida, visitó Bogotá. No está acostumbrada al frío, pero esto no impidió que siempre estuviera sonriente y calurosa[m] con quienes visitaron el *stand* de la Asociación en Agroexpo. Los visitantes se tomaron fotos con ella y durante la feria la identificaron como «Juana Banana», haciendo alusión a Juan Valdés, representante del café colombiano.

[a]hermosa... *beautiful smile*
[b]*highlights* [c]*teeth*
[d]alzó... *looked up* [e]*raised*
[f]que... *to represent it*
[g]de... *from farm to farm*
[h]*happiness*
[i]*farm worker* [j]*calloused*
[k]se... *has dedicated* [l]*proud*
[m]no... *didn't stop her from always being smiling and warm*

Después de leer

¿Cierto o falso? ¿Por qué es «Juana Banana» la imagen de la Asociación de Bananeros de Colombia? Indica si las siguientes razones son ciertas (C) o falsas (F). Si puedes, corrige las oraciones falsas.

1. Es muy guapa.
2. Tiene la figura (*body*) de una modelo.
3. Tiene una sonrisa muy bonita.
4. La expresión de su cara es alegre y optimista.
5. Ella representa a las personas que compran bananas.

---

*measurements in centimeters of an "ideal" female body: 90 cm around the chest and hips and 60 cm around the waist

Reflexiona antes de mirar • **La población cubana de Miami**

¿Qué sabes de la población de Miami? ¿Puedes contestar las siguientes preguntas?

1. ¿Cuál es el grupo de origen hispano más importante en Miami?
2. ¿En qué momento llegaron muchos cubanos a los Estados Unidos?
3. ¿Qué aspectos culturales, tales como comidas, bebidas o manifestaciones artísticas, asocias con la población cubana?

VOCABULARIO ÚTIL	
Calle Ocho	*8ᵗʰ Street*
el condado	*county*
la ola	*wave*
la Pequeña Habana	*Little Havana*
por ciento	*per cent*

Después de mirar

¿Cierto o falso? Indica si las siguientes ideas son ciertas (C) o falsas (F) según el vídeo. Si puedes, corrige las declaraciones falsas.

1. La mayoría de los habitantes de Miami y el condado de Dade es hispana.
2. El 25 por ciento de todos los hispanos de los Estados Unidos es de origen cubano.
3. Los cubanos empezaron a llegar a los Estados Unidos después de 1960.
4. La Pequeña Habana es el nombre de la ciudad de Miami entre los hispanos.
5. El Festival de la Calle Ocho es exclusivamente para los cubano-americanos.

⊛ DE REPASO

el estereotipo
alto/a ≠ bajo/a
extrovertido/a ≠ introvertido/a
grande ≠ pequeño/a
guapo/a ≠ feo/a
inteligente ≠ tonto/a
moreno/a ≠ rubio/a
obeso/a (gordo/a) ≠ delgado/a

■ Los rasgos físicos *(physical features)*

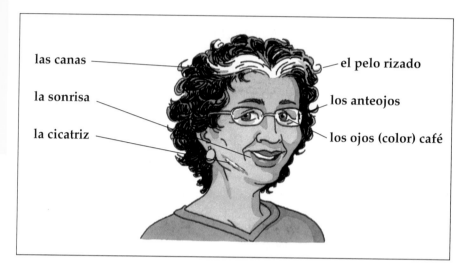

las canas
la sonrisa
la cicatriz
el pelo rizado
los anteojos
los ojos (color) café

la apariencia	*appearance*
la barba	*beard*
el bigote	*mustache*
la imagen	*image*
el lunar	*mole*
los ojos (azules, negros, verdes, color miel, color café)	*(blue, black, green, honey colored, brown) eyes*
las pecas	*freckles*
el pelo	*hair*

[handwritten: Marrón pardo]

castaño	*light brown, chestnut*
gris/blanco	*gray/white*
lacio/liso	*straight*
ondulado	*wavy*
rizado	*curly*
rubio	*blond*

el rostro (la cara)	*face*
llevar lentes de contacto	*to wear contact lenses*
ser/estar calvo/a	*to be bald*
ser pelirrojo/a	*to be a redhead*

La personalidad

el carácter / la forma de ser / personalidad	*personality*
tener...	*to have a . . .*
complejo de superioridad/inferioridad	*superiority/inferiority complex*
buen/mal carácter	*nice/unfriendly personality*
sentido del humor	*sense of humor*
ser...	*to be . . .*
antipático/a	*unfriendly, unlikeable*
callado/a	*quiet*
cariñoso/a	*affectionate*
chistoso/a	*funny*
conservador(a)	*conservative*
egoísta	*selfish*
frío/a	*cold*
hablador(a)	*talkative*
mentiroso/a	*a liar*
progresista	*liberal, progressive*
terco/a	*stubborn*
tacaño/a	*stingy*
sensato/a (insensato/a)	*sensible (foolish)*
sensible (insensible)	*sensitive (insensitive)*
simpático/a	*nice, friendly, likeable*
tímido/a	*shy*

Cognados: **generoso/a, irresponsable, responsable, serio/a**

Los insultos

pesado/a	*dull, bothersome, annoying* (literally: *heavy*)
tonto/a	*dumb*

Cognados: **estúpido/a, idiota, imbécil**

¡Qué estúpido!

Actividad 1 Rasgos físicos

Paso 1 Dibuja seis rasgos físicos en el rostro de la derecha.

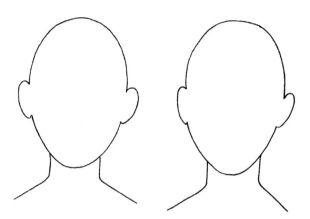

Paso 2 En parejas (*pairs*), túrnense para explicar los rasgos del rostro que dibujaron mientras el compañero / la compañera los dibuja en la cara de la izquierda. ¿Se parece el dibujo de tu compañero/a al que tú pintaste?

Actividad 2 Sinónimos y antónimos

Organiza palabras de la lista de vocabulario para formar una lista de palabras sinónimas y antónimas.

> *Ejemplo:* **Antónimos:** conservador(a) ≠ progresista
> **Sinónimos:** que tiene buen carácter = simpático/a

Actividad 3 Tu personalidad

Paso 1 ¿Cómo eres tú? Piensa en seis o siete características de tu personalidad que te describen bien ¡Sé (*Be*) honesto/a!

Paso 2 En parejas, comparen sus personalidades. ¿Qué tienen en común? ¿En qué son muy diferentes?

Actividad 4 La persona ideal

Haz una lista de los rasgos físicos y la personalidad que más te atraen en una persona, o sea, describe tu amigo/a o pareja (*partner*) ideal. ¿Son rasgos que tú tienes también? ¿Tiene características que te complementan? Luego, habla con un compañero / una compañera para comparar las cualidades y rasgos físicos que les atraen o no les gustan de otros.

Ejemplo: Me atraen los hombres morenos, como mi novio. Políticamente me gustan las personas progresistas, porque yo soy muy liberal y es bueno tener opiniones similares en la política. Me gustan las personas cariñosas, porque soy un poco tímida y no sé cómo expresar mis sentimientos. Para que una persona sea mi amigo o amiga, debe ser generosa y sincera.

Actividad 5   Expertos en imagen

En grupos pequeños, piensen en la persona ideal, real o ficticia, para representar a su universidad. ¿Qué características físicas tiene? ¿Qué debe pensar el/la estudiante de escuela secundaria que vea esa imagen? ¿Qué nombre publicitario se le puede dar?

Actividad 6   Cuestiones de imagen e identidad

A veces nos preguntamos (*we wonder*) qué sienten otras personas que son físicamente diferentes de nosotros.

Paso 1   En grupos pequeños, comenten qué características puede tener una persona que le hagan sentirse diferente de los demás, por ejemplo, ser ciego/a (*blind*), ser muy alto/a o muy bajo/a o ser diferente por el color de la piel. Hablen también de las ventajas y desventajas (reales o imaginarias) de esas diferencias.

Paso 2   En grupos pequeños, inventen un cartel (*poster*) con una consigna (*slogan*) que defienda la idea de que no debe aceptarse que se imponga un estereotipo físico ideal y que está bien ser cómo somos. No es necesario dibujar; sólo tienen que describir lo que se podría ver en su cartel.

En español hay muchas expresiones cariñosas, que pueden variar de un país a otro: **amor, cariño, querido/a, tesoro** (*treasure*), **mi vida** (*my life*), etcétera. Además, en diferentes países de habla española se usan de manera cariñosa ciertos adjetivos relacionados con el aspecto físico que aunque pueden parecer ofensivos a personas de otras culturas, no lo son en estos países. De hecho, estas palabras se usan a pesar de que (*even though*) no correspondan con el físico de una persona en absoluto.

«Te quiero, gorda.»

gordo/a (España): con esposos, novios, hijos
flaco/a (*skinny*) (Argentina, Uruguay): con esposos, novios, hijos, amigos
viejo/a (Argentina, Chile, Uruguay): con padres, esposos
negro/a, negrito/a (Venezuela, Puerto Rico, República Dominicana, Panamá): con esposos, novios, hijos, amigos

Tertulia* Palabras cariñosas y apodos (*nicknames*)

- ¿Qué palabras cariñosas se usan en sus familias? ¿Cuáles son sus favoritas? ¿Cuáles detestan más?
- ¿Tienen Uds. apodos basados en su físico? ¿Les molesta? ¿Por qué?
- En algunos países la tendencia a usar palabras cariñosas es más generalizada que en otros. En países como Puerto Rico o Venezuela se puede oír la expresión «mi amor» con mucha frecuencia, dirigida incluso a personas que se conocen poco (especialmente a mujeres y niños). ¿Se usan mucho las palabras cariñosas en su país/estado? ¿Les gusta esta costumbre? ¿Por qué?

---

*The **Tertulia** activities provide questions for exploring the reading topics and the chapter theme in small groups or as a class.

ESTUDIO DE ESTRUCTURAS

1. ACCIONES EN EL PRESENTE: EL PRESENTE DE INDICATIVO

«Vilma **representa** el optimismo...»*
«La única excepción **es** el retrato que Benicio del Toro **hace** de un policía en conflicto...»†

Regular verbs

Spanish verbs that follow a predictable pattern are regular verbs. Subject pronouns can be used to indicate who is performing the action. Unlike English, however, the subject or subject pronoun is not necessarily expressed. The conjugations usually make the subject clear. These are the regular conjugation patterns for present-tense verbs.

Pronombres de sujeto	-ar: cantar (to sing)	-er: correr (to run)	-ir: decidir (to decide)
yo	canto	corro	decido
tú	cantas	corres	decides
vos‡	cantás	corrés	decidís
usted (Ud.), él/ella	canta	corre	decide
nosotros	cantamos	corremos	decidimos
vosotros‡	cantáis	corréis	decidís
ustedes (Uds.), ellos/ellas	cantan	corren	deciden

The subject pronouns will not be included in all charts, but the verb charts follow this pattern.

Singular	Plural
yo	nosotros
tú	vosotros
vos	
Ud., él/ella	Uds., ellos/ellas

NOTA LINGÜÍSTICA: los pronombres de sujeto

- **Usted** and **ustedes** are often abbreviated as **Ud.** and **Uds.**, respectively. The abbreviated forms will be used in this text.
- **Vosotros** is used primarily in Spain for the informal plural *you* (**tú** + **otros** = **vosotros**). **Uds.** is used in Spain for the formal plural *you* (**Ud.** + **otros** = **Uds.**). In Latin America **Uds.** is the only form used to express plural *you*.
- **Vos** is used in several countries of Latin America, mainly in most of Central America, Argentina, and Uruguay. **Vos** is used instead of **tú,** although in some of these countries both forms may appear. **Vos** has its own verbal forms for the present indicative, subjunctive, and commands.

---

*«Ella es "Juana Banana"», *El tiempo,* Colombia
†«México se rebela contra su imagen en Hollywood», *El País*
‡**Vos** and **vosotros** will appear in all verb charts and will be reviewed in the **Cuaderno de práctica,** but will not be practiced in activities in the Student Edition.

Stem-changing verbs

In stem-changing verb conjugations, the stressed vowel of the stem becomes a diphthong, for example, **pienso** (stressed). When the stress moves to the ending, the stem does not change: **pensamos** (unstressed). Note the stem-changing pattern in the following verbs.

e → ie					
-ar: pensar (*to think*)		**-er: querer** (*to want; to love*)		**-ir: preferir** (*to prefer*)	
pienso	pensamos	quiero	queremos	prefiero	preferimos
piensas pensás	pensáis	quieres querés	queréis	prefieres preferís	preferís
piensa	piensan	quiere	quieren	prefiere	prefieren
Otros verbos					
cerrar comenzar despertar(se) empezar negar	*to close* *to begin* *to wake up* *to begin* *to deny*	defender encender entender perder	*to defend* *to turn on* *to understand* *to lose*	advertir divertir(se) mentir sentir(se)	*to warn* *to have fun* *to lie* *to feel*

o → ue					
-ar: encontrar (*to find*)		**-er: poder** (*to be able to*)		**-ir: morir** (*to die*)	
encuentro	encontramos	puedo	podemos	muero	morimos
encuentras encontrás	encontráis	puedes podés	podéis	mueres morís	morís
encuentra	encuentran	puede	pueden	muere	mueren
Otros verbos					
contar jugar (a)* mostrar probar recordar soñar (con)	*to count; to tell* *to play* *to show* *to try; to taste* *to remember* *to dream (about)*	devolver llover mover resolver soler volver	*to return (something)* *to rain* *to move* *to solve* *to tend / be accustomed to* *to return*	dormir	*to sleep*

*__Jugar__, even though it does not have an **-o** stem, follows the **o → ue** stem-changing pattern. Therefore, it is listed with the **-o** verbs here. **Jugar** is the only **u → ue** stem-changing verb in Spanish.

e → i	
-ir: pedir (*to ask for, request*)	
pido	pedimos
pides pedís	pedís
pide	piden
Otros verbos -ir	

reír(se)	*to laugh*	servir	*to serve*
repetir	*to repeat*	sonreír	*to smile*
seguir	*to follow*		

Irregular verbs

Based on the *yo* form

Several common verbs are irregular in the first-person singular (**yo**) form.

-oy: estar* (*to be*)		**-zco: conocer** (*to know/be familiar with*)	
est**oy**	estamos	cono**zco**	conocemos
estás	estáis	conoces conocés	conocéis
está	están	conoce	conocen
Otros verbos comunes			
dar (doy)	*to give*	aparecer (aparezco) conducir (conduzco) reducir (reduzco)	*to appear* *to drive; to conduct* *to reduce*

-go: hacer (*to do; to make*)		**-go + stem change: tener** (*to have*)	
ha**go**	hacemos	ten**go**	tenemos
haces hacés	hacéis	t**ie**nes tenés	tenéis
hace	hacen	t**ie**ne	t**ie**nen
Otros verbos comunes			
caer (caigo) poner (pongo) salir (salgo) traer (traigo)	*to fall* *to place, put* *to leave* *to take*	decir (digo) (i) oír (oigo) (y) venir (vengo) (ie)	*to tell; to say* *to hear* *to come*

---

*Note the stressed syllables on some forms of **estar**.

Other irregular verbs

Some verbs do not fit into a specific category. Note that **ir** and **ser** have the first-person **-oy** ending, but then are irregular in all other forms. **Saber** and **ver** are irregular only in the **yo** form.

ir (to go)		saber (to know)	
voy	vamos	sé	sabemos
vas vas	vais	sabes sabés	sabéis
va	van	sabe	saben
ser (to be)		**ver (to see)**	
soy	somos	veo	vemos
eres sos	sois	ves ves	veis
es	son	ve	ven

Uses of the present tense

The present indicative in Spanish is used in the following contexts.

- An action that takes place at the moment of speaking

  Oigo la música de los vecinos.
  Recuerdo esa canción.

  I hear the neighbors' music.
  I remember that song.

- Generalizations and habitual actions

  Casi todos los días **estudio** en la biblioteca.
  Lola **trabaja** de 9:00 a 2:00.

  I study in the library almost every day.
  Lola works from 9:00 to 2:00.

- An action predicted or planned for the near future

  Mañana **trabajo** en la oficina central.
  Volvemos a las 7:00.

  Tomorrow I'm working at headquarters.
  We'll be back at 7:00.

¡OJO! The present progressive is often used in this context in English but never in Spanish. (See **Nota lingüística** in this section.)

- Historical present: past actions narrated in the present

  Cristóbal Colón **llega** a la isla que él llama Española pero **tarda** años en darse cuenta de que no es la costa asiática.

  Christopher Columbus arrives at the island that he calls Hispaniola, but it takes him years to realize that it is not the coast of Asia.

Recordatorio

Ir a + *infinitive* is also used to express actions that take place in the near future.

Voy a visitar el Perú el próximo verano.	*I'm going to visit Peru next summer.*

Capítulo 1: Cómo nos ven y cómo nos vemos

- Hypothetical situations that are likely to occur, following **si** (*if*)*

  Si te **parece** bien, **podemos** salir   *If it seems all right to you, we can*
  a cenar.   *go out for dinner.*

  La fiesta **va a ser** un desastre   *The party is going to be a disaster*
  si **llueve** esta noche.   *if it rains this evening.*

NOTA LINGÜÍSTICA: los tiempos progresivos

Progressive tenses are formed with the conjugated form of **estar,** in any of its tenses, followed by the present participle (**-ndo** ending) of another verb.

-ar → -ando	-er → -iendo	-ir → -iendo
bailar → bail**ando**	comer → com**iendo**	vivir → viv**iendo**

- Here are the irregular forms of **-ir** stem-changing verbs (e → i; o → u)

  sentir → sintiendo   pedir → pidiendo   dormir → **d**urmiendo
  decir → diciendo   repetir → repitiendo   morir → **m**uriendo
  venir → viniendo

- The present participle ending **-iendo** becomes **-yendo** in verbs whose stems end with a vowel.

  caer → cayendo   destruir → destru**yendo**   ir → **yendo**
  leer → leyendo   oír → oyendo

- The progressive tenses are used in Spanish to express an action in progress.

  —¿Qué **estás haciendo**?   —*What are you doing (right now)?*

  —**Estoy estudiando** para el examen de mañana.   —*I'm studying for tomorrow's exam.*

  —¿Qué **estabas haciendo** cuando te llamé?   —*What were you doing when I called you?*

  —**Estaba bañando** a los niños.   —*I was bathing the children.*

¡OJO! Unlike English, in Spanish the progressive is never used to express the future. The simple present or **ir a** + *infinitive* is used in Spanish.

  —¿Qué **haces / vas a hacer** mañana por la noche?   —*What are you doing tomorrow evening?*

  —**Voy a cenar** con mis padres.   —*I'm having dinner with my parents.*

---

*You will learn more about **si** clauses in **Capítulo 10.**

Actividad 1   Hablando de novelas

Para contar una novela o película en español, normalmente se usa el presente, igual que en inglés. Completa el siguiente párrafo con el presente de los verbos entre paréntesis.

¿Conoces la novela? ¡Es una de las novelas más famosas del mundo!

Es la historia de un hombre que se _____[1] (volver) loco. La gente _____[2] (decir) que su problema es que constantemente _____[3] (leer) novelas de caballería.[a] Un día el hombre _____[4] (salir) de su casa para luchar contra los problemas e injusticias del mundo. Lo primero que _____[5] (hacer) es buscar un ayudante. Su ayudante es un poco más joven y mucho más práctico, pero su trabajo _____[6] (requerir) que haga las cosas locas que le _____[7] (pedir) su amo.[b] Los dos _____[8] (sobrevivir) las muchas aventuras que les _____[9] (ocurrir) en España. Una de las aventuras más famosas es aquélla en que el protagonista _____[10] (pelear) contra unos gigantes[c] imaginarios que en realidad son molinos de viento.[d] La novela _____[11] (terminar) cuando el protagonista _____[12] (morir).

[a]*chivalry*   [b]*boss*   [c]*giants*   [d]molinos... *windmills*

Actividad 2   Una semana normal

Entrevista a un compañero / una compañera sobre sus actividades típicas durante la semana. Usa la lista de algunas de las actividades más comunes entre los estudiantes, pero tú debes pensar en otras más. ¿Cuáles son las actividades que Uds. dos hacen y cuáles no son las mismas?

almorzar	**estudiar**	**lavar la ropa**
cenar	**hacer la tarea**	**leer**
cocinar	**ir a clases (al cine /**	**salir con**
desayunar	**a la biblioteca / al trabajo)**	**trabajar**
dormir poco	**jugar al (deporte)**	**usar el correo electrónico**

Actividad 3   Situaciones

Entrevista a dos o tres compañeros sobre lo que hacen en estas situaciones. Inventa tú la última situación antes de hacer la entrevista.
¿Qué haces si...

1. sospechas (*suspect*) que tu compañero/a de cuarto usa tus cosas sin pedirte permiso?
2. conoces a alguien en una fiesta / discoteca y esa persona te gusta mucho?
3. hay una nueva moda que todo el mundo sigue pero que a ti no te va bien?
4. mañana tienes un examen muy importante pero esta noche hay una fiesta muy buena?
5. crees que la mujer / el hombre que sale con tu mejor amigo/a es muy antipático/a y no es una buena pareja para tu amigo/a?
6. ¿?

Actividad 4   ¿Se conocen ya? (*Do you know each other already?*)

Seguramente en la clase hay estudiantes que no conoces bien todavía. Inicia una pequeña conversación con alguno de ellos sobre los siguientes temas (*topics*).

1. nombre, edad
2. lugar donde vive y razones por las que (*reasons why*) vive allí
3. actividades que suele hacer los fines de semana
4. el tipo de música/películas/libros que le gustan*
5. cómo se siente en la universidad; si está contento/a en la universidad y por qué
6. qué clases lleva este semestre y cuál es su favorita hasta hoy (*so far*)
7. sus actividades extracurriculares en este semestre
8. ¿?

Actividad 5   Hablando de películas

En parejas, cuenten una película para que su compañero/a adivine (*guess*) el título. La **Actividad 1** de esta sección puede servirles como modelo.

2. CÓMO SE EXPRESA *TO BE: SER, ESTAR, HABER, HACER Y TENER*

«**Es** una campesina. [...] No **está** acostumbrada al frío.»[†]

To be has more than one equivalent verb in Spanish, depending on the contexts: **ser, estar, haber, hacer,** and **tener.** The two most common are **ser** and **estar.**

Ser and *estar*

Ser

- **Description:** Physical characteristics or personality traits considered normal or typical, including size, shape, color, and personality

—¿Cómo **es** Ana Ramírez, la amiga de Julia?	*What is Julia's friend Ana Ramírez like?*
—**Es** baja y morena; **es** muy simpática.	*She's short and dark-skinned; she's very nice.*

The following adjectives are used with **ser.**

(in)capaz	*(un)able, (in)capable*	(des)cortés	*(dis)courteous*
confuso/a	*confusing*	cuidadoso/a	*careful*
constante	*steadfast*	inteligente	*intelligent*
corriente	*common, ordinary*		

---

*¡OJO! Remember to use the plural form of **gustar** with plural items.
  Me gusta la música cubana.
  Me gustan las películas españolas.
[†]«Ella es "Juana Banana"», *El tiempo*, Colombia

- **Description:** Nationality, origin, religion, gender, profession, etc.

  Julia **es** cubana. **Es** de Santiago.   *Julia is Cuban. She's from Santiago.*
  Es profesora.   *She is a teacher.*
  Toda su familia **es** católica.   *All of her family is Catholic.*

- **Identification:** Noun phrases (noun = noun)

  —¿Cuál **es** la oficina de Ana?   *Which one is Ana's office?*
  — Ésta **es.**   *This is it.*

- **Identification:** Material something is made of (**ser + de**)

  La mesa **es** de madera.   *The table is (made of) wood.*

- **Time and date**

  Hoy **es** el 1 de septiembre.   *Today is September 1.*
  Son las 3:00 de la tarde.   *It's 3:00 P.M.*

- **Time and location of events**

  El concierto **es** en el Teatro Cervantes.   *The concert is in the Cervantes Theater.*

  La clase **es** a las 8:00.   *The class is at 8:00.*

- **Possession**

  Esos libros **son** míos. Éste **es** de Joaquín.   *Those books are mine. This one is Joaquín's.*

- **Purpose or destination: ser + para**

  El regalo **es para** ti.   *The gift is for you.*
  El lápiz **es para** escribir.   *The pencil is for writing.*

- **Passive voice: ser** + *past participle**

  El fenómeno **fue estudiado** por científicos europeos.   *The phenomenon was studied by European scientists.*

- **Impersonal expressions**

  Es fascinante aprender otras lenguas.   *It's fascinating to learn other languages.*

  Es buena idea vivir en otro país para perfeccionar la lengua.   *It is a good idea to live in another country to perfect the language.*

Estar

- **Description:** Emotional, mental, and health conditions

  Ana **está** enferma.   *Ana is sick.*
  Los estudiantes **están** nerviosos.   *The students are nervous.*

---

*The passive voice is studied in **Capítulo 12.**

Some adjectives only follow **estar.**

asombrado/a	*surprised*	equivocado/a	*wrong*
ausente	*absent*	harto/a	*fed up*
avergonzado/a	*ashamed*	muerto/a	*dead*
cansado/a	*tired*	ocupado/a	*occupied; busy*
confundido/a	*confused*	presente	*present*
contento/a	*happy*	satisfecho/a	*satisfied*
embarazada	*pregnant*	sorprendido/a	*surprised*
enojado/a	*angry*	vivo/a	*alive*

- **Description:** Variation from normal characteristics or traits

  Notice how the two people in the following conversation have opposite assumptions about Ana's usual state of being. They use **ser** to express their perceived norm and **estar** to express a deviation from that norm.

—Ana **está** un poco gorda, ¿no?	*Ana is a little heavier, isn't she?*
—Para mí **está** igual. Ella siempre **ha sido** un poco gordita.	*She looks the same to me. She's always been a little chubby.*
—¡Qué va! De joven **era** muy delgada.	*Not at all! As a young girl, she was very thin.*

- **Location and position** of people and things

¿Dónde **está** Ana? ¿**Está** en su oficina?	*Where is Ana? Is she in her office?*
Los estudiantes **están** sentados.	*The students are seated (sitting down).*
Algunos estudiantes no **están** presentes.	*Some students aren't present (here).*

- **Expressions: estar** + *preposition*

estar a dieta	*to be on a diet*
estar a favor / en contra de	*to be in favor of / against*
estar de acuerdo / en desacuerdo con	*to agree/disagree with*
estar de buen/mal humor	*to be in a good/bad mood*
estar de moda	*to be fashionable*
estar de pie/rodillas	*to be standing up / kneeling down*
estar de viaje/vacaciones	*to be on a trip/vacation*
estar de vuelta/regreso	*to be back*
estar en huelga	*to be on strike*
estar para + *infinitive*	*to be ready/about to + infinitive*

- **Resulting states: estar** + *past participle**

El cristal **está roto.**	*The glass is broken.* (Alguien rompió el cristal.)
La ventana **está abierta.**	*The window is open.* (Alguien abrió la ventana.)
Los estudiantes **están sentados.**	*The students are seated (sitting down).* (Los estudiantes se sentaron.)

---

*The past participle is presented in **Capítulo 4.**

- **Progressive tenses: estar** + *present participle*

Julia **está trabajando** en la biblioteca ahora.	*Julia is working in the library now.*
Iván **estaba ayudando** a Julia cuando la llamé a las 10:00.	*Iván was helping Julia when I called her at 10:00.*

Adjectives that change meaning with *ser* and *estar*

Some adjectives change meaning depending on which verb is used: **ser** or **estar.**

	Ser	Estar
aburrido/a	*to be boring*	*to be bored*
bueno/a	*to be (a) good (person)*	*to be tasty*
malo/a	*to be (a) bad (person)*	*to be bad to the taste (to taste bad)*
cómodo/a	*to be (a) comfortable (object)*	*to feel comfortable; to be lazy*
listo/a	*to be smart*	*to be ready*

Expressions with *haber, hacer,* and *tener* meaning *to be*

Some expressions in English requiring *to be* are expressed in Spanish with verbs that are not **ser** or **estar.**

Haber

Haber is used to express the existence of something. In the present tense, the irregular form **hay** is used to express *there is / there are*. When **haber** is used in this way, in all tenses, only the third person singular is used, that is, it does not change to agree in number.

hay	*there is/are*	habrá	*there will be*
había	*there was/were*	habría	*there would be*
hubo	*there was/were*	ha habido	*there has/have been*

These forms are always followed by a number or an indefinite article, never by a definite article.

Hay un niño jugando en el patio.	*There is a child playing in the patio.*
Hay muchas/unas/veinte personas en la plaza.	*There are many/some/twenty people in the square.*

Hacer

Many weather conditions are expressed with **hacer** in Spanish.

Hace...	*It is . . .*
buen/mal tiempo.	nice/ugly weather.
calor./fresco./frío.	hot./cool./cold.
sol./viento.	sunny./windy.

Tener

Many physical and emotional states that are expressed with *to be* and some-times *to feel* in English, are expressed with **tener** in Spanish. To emphasize these states, use **mucho/a.**

tener (mucho) calor/frío	*to be/feel (very) hot/cold*
tener (mucho) cuidado	*to be (very) careful*
tener (muchas) ganas (de)	*to be (really) in the mood (for) /*
	to feel like
tener (mucha) hambre	*to be/feel (very) hungry*
tener (mucho) miedo (de) / terror (a)	*to be/feel (very) afraid (of)*
tener (mucha) prisa	*to be in a (real) hurry*
tener razón	*to be right*
tener (mucha) sed	*to be/feel (very) thirsty*
tener (mucho) sueño	*to be/feel (very) sleepy*
tener (mucha) vergüenza	*to be/feel (very) ashamed/bashful*
tener _____ años (de edad)	*to be _____ years old*

Actividad 1   Las meninas

Paso 1   Completa el párrafo con la forma correcta de **ser, estar, hacer, tener** y **haber** en el presente de indicativo.

Las meninas (1656), Diego Velázquez

Éste _____[1] el famoso cuadro[a] *Las meninas* del pintor Diego Velázquez. Velázquez _____[2] de Sevilla, España. *Las meninas,* que data de 1656, _____[3] un cuadro muy complicado: la escena que vemos en realidad no _____[4] la que el pintor _____[5] pintando en el lienzo[b] dentro del cuadro. En la escena _____[6] varias personas: la princesa, sus damas de honor y las enanas[c] que le hacen compañía, dos adultos más y el propio Velázquez. También _____[7] un perro. Además _____[8] los reyes, quienes _____[9] reflejados en un espejo al final de la sala.

Es imposible saber si _____[10] frío o calor en la sala, pero parece que las personas _____[11] bien y no _____[12] frío ni calor.

¿Dónde _____[13] nosotros, los espectadores, con respecto al pintor? ¿Y los reyes? ¿Por qué _____[14] los reyes allá? Y la princesa, ¿cuánto tiempo hace que posa[d] para el pintor?

¿Crees que la princesa _____[15] ganas de posar? ¿O crees que _____[16] vergüenza de salir en[e] el cuadro? ¿Cómo te imaginas que _____[17] esta niña?

[a]*painting*   [b]*canvas*   [c]*dwarfs*   [d]*hace... has she been posing*
[e]*de... of appearing in*

Paso 2   En parejas, contesten las preguntas de los dos últimos párrafos del **Paso 1.**

Actividad 2 ¿Qué tienes?

Paso 1 Usa el verbo **tener** para expresar cómo te sientes en las siguientes situaciones.

Ejemplo: La temperatura está a 0° C (cero centígrado) y no llevo abrigo ni chaqueta. → Tengo frío.

1. La clase de español empieza en dos minutos y todavía estoy estacionando (*parking*) mi carro.
2. Son las 12:00 de la noche y no comí nada en todo el día.
3. Comí muchas papas fritas sin beber nada.
4. Hice algo estúpido delante de unas personas que no conozco.
5. No dormí nada anoche ni la noche anterior.

Paso 2 Inventa un contexto para explicar las siguientes ideas.

Ejemplo: tener mucha hambre → Tengo mucha hambre porque no desayuné y ahora tengo ganas de comer algo.

1. tener sed
2. tener mucho miedo
3. tener calor
4. tener ganas de _____
5. tener prisa

Actividad 3 ¡Así no se dice, Jim!

Jim comete (*makes*) los errores típicos de un estudiante de español. Ayúdale a expresarse. Indica la expresión correcta.

1. Estoy embarazado. / Tengo vergüenza.
2. Estoy / Tengo frío.
3. Estoy confuso / confundido.
4. La clase de español es / está en el edificio de Estudios Internacionales.
5. Estoy bien / bueno.
6. Soy / Tengo 18 años.

Actividad 4 Contextos

Inventa contextos que expliquen cada una de las siguientes oraciones.

> *Ejemplo:* José está muy guapo hoy. → Hoy hay una fiesta y José lleva
> ropa elegante y se ve muy bien.

1. Esta clase es aburrida.
2. Los niños están aburridos.
3. No estoy lista todavía (*yet*).
4. La ciudad está callada a esta hora.
5. Esto es confuso.
6. Estoy confundido/a.
7. Hace calor.
8. Tengo calor.

Actividad 5 Veinte preguntas

Un compañero / Una compañera piensa en una persona, y el resto del grupo intenta adivinar quién es esa persona, haciéndole preguntas que sólo pueden contestarse con **sí** o **no.**

> *Ejemplo:* —¿Es mujer?
> —Sí.
> —¿Es de los Estados Unidos?
> —No.
> —¿Está viva?
> —Sí.
> —¿Tiene más de 50 años?

3. COMPARACIONES

> «Nadie es **tan** bueno o **tan** persuasivo **como** Hollywood...»*
> «No es que sean peores que otras películas...»*

There are two types of comparisons: equality (**igualdad**), when two things are the same, and inequality (**desigualdad**), when one thing is more or less than another. Adjectives, nouns, adverbs, and actions can be compared.

---

*«México se rebela contra su imagen en Hollywood», *El País*

Comparisons of equality

- **...tan** + *adjective* + **como...**

Note that the adjective agrees with the subject (the first noun).

Miguel es **tan** alto **como** su padre.	*Miguel is as tall as his father.*
Las niñas son **tan** simpáticas **como** su madre.	*The girls are as nice as their mother.*

- **...tan** + *adverb* + **como...**

Este jefe nos trata **tan** mal **como** el último.	*This boss treats us as badly as the last one.*

- **...tanto/a(s)** + *noun* **como...**

Note that **tanto** agrees with the noun compared.

Pedro gana **tanto** dinero **como** Luis.	*Pedro earns as much money as Luis.*
Pedro tiene **tanta** plata **como** Luis.	*Pedro has as much money as Luis.*
Tenemos **tantos** exámenes **como** el año pasado.	*We have as many exams as last year.*
Nos visitan **tantas** veces **como** pueden.	*They visit us as many times as they can.*

- **...***verb* + **tanto como...**

Coman **tanto como** quieran.	*Eat as much as you want.*

Comparisons of inequality

- **...más/menos** + *adjective* + **que...**

Miguel es **más** alto **que** su padre.	*Miguel is taller than his father.*
Las niñas son **menos** extrovertidas **que** su madre.	*The girls are less outgoing than their mother.*

Some adjectives have special comparative forms.

- **más grande/viejo** (edad) → **mayor**

Mi hermana es dos años **mayor que** tú.	*My sister is two years older than you.*

- **más pequeño/joven** → **menor**

José es cinco años **menor que** tú.	*José is five years younger than you.*

- **más bueno** → **mejor**

Este libro es **mejor que** el anterior.	*This book is better than the last one.*

- **más malo** → **peor**

Esta novela es **peor que** la anterior.	*This novel is worse than the last one.*

- **...más/menos** + *adverb* + **que...**

  Llegamos **más** tarde **que** el profesor.   *We arrived later than the teacher.*

  Bien and **mal** also have special comparative forms: **mejor** and **peor.**

  La economía está **peor** este año   *The economy is worse this year*
  que el año pasado.   *than last year.*
  El tiempo está mucho **mejor** hoy   *The weather is much better today*
  que ayer.   *than yesterday.*

- **...más/menos** + *noun* **que...**

  Tenemos **menos** trabajo **que** el   *We have less work than the*
  profesor.   *professor.*
  Él tiene **más** estudiantes **que** los   *He has more students than the*
  otros profesores.   *other professors.*

- **...***verb* + **más/menos que...**

  Tengo que estudiar **más que** el   *I have to study more than last*
  semestre pasado.   *semester.*
  Estoy en clase **menos que** tú.   *I'm in class less than you.*

Comparisons with *de*

- Comparisons of a specific number or quantity

  ...más/menos de + *quantity* (*noun*)

  ¿Más zapatos? ¡Tienes **más de**   *More shoes? You have more than*
  ocho pares!   *eight pairs!*
  Tengo **menos de** diez dólares para   *I have less than $10 to go out*
  salir esta noche.   *tonight.*

- Comparisons of nonspecific quantities

Note that the definite article agrees with the noun compared. Use **del que** with masculine singular nouns.

  ...más/menos *noun* + **de** *definite article* + **que**

  Usé **más** tiempo **del que** debía.   *I used up more time than I should*
                                           have.

  Hoy hay **más** contaminación **de la**   *Nowadays there is more pollution*
  que había hace cien años.   *than there was a hundred years*
                                              ago.

  El zoo tiene **menos** animales **de los**   *The zoo has fewer animals than*
  que quiere.   *it wants.*
  Tienen **más** responsabilidades **de las**   *They have more responsibilities*
  que quieren aceptar.   *than they want to accept.*

- Comparisons of the amount something is done

To compare how much an action is done, **de lo que** is used.

  ...más/menos de lo que + *verb clause*

  Trabajo **más de lo que** quiero.   *I work more than I want to.*

Superlatives

el/la/los/las + *noun* + **más/menos** + *adjective* + (**de...**)

Tomás es **el** niño **más** alto **de** su clase.	*Tomás is the tallest child in his class.*
Las galletas de mi abuela son **las más** ricas **del** mundo.	*My grandma's cookies are the best in the world.*

The irregular comparative forms can be used to express the superlative.

el/la/los/las + **mayor/menor/mejor/peor** + **de...**

Yo soy **la mayor de** mis hermanos.	*I am the oldest of my siblings.*
Los mellizos son **los menores**.	*The twins are the youngest.*
Mi abuela hace **los mejores** tamales **de** Los Ángeles.	*My grandma makes the best tamales in Los Angeles.*

Actividad 1   ¿Qué sabes de tu profesor(a) de español?

Paso 1   Completa las siguientes oraciones con las palabras correctas para formar comparaciones sobre tu profesor(a) de español.

> *Ejemplo:*   Mi profesor(a) de español pasa (más / menos) (de / que) tres horas al día viendo la tele. → Mi profesor(a) de español pasa **menos de** tres horas al día viendo la tele.

Mi profesor(a) de español...

1. gana (más / menos) (de / que) 200.000 dólares al año por enseñar español.
2. no gana (tan / tanto) dinero (como / que) un jugador profesional de fútbol americano.
3. es (tanto / tanta / tan) alto/a (como / que) _____ (*nombre de una persona de la clase*).
4. habla español (mejor / peor / tan bien) (como / que) sus padres.
5. tiene (más / menos / tantos / tan) estudiantes (como / que) mi profesor(a) de _____ (*otra clase*).
6. a veces tiene más trabajo que corregir (del que / de la que) quiere.
7. con frecuencia trabaja mucho más (del que / de la que / de lo que) desea.
8. (no) es la persona (mayor / menor) de su departamento.

Paso 2   Ahora pregúntale a tu profesor(a) si tus respuestas del **Paso 1** son correctas.

> *Ejemplo:*   ¿Es verdad que Ud. pasa **menos de** tres horas al día viendo la tele?

Actividad 2   Preferencias

Entrevista a un compañero / una compañera sobre sus preferencias y luego compáralas a las tuyas. Usa los superlativos. Inventa la última pregunta.

> *Ejemplo:*   un(a) buen(a) cantante (*singer*)
> —Para ti, ¿quién es el mejor cantante o la mejor cantante?
> —Para mí, la mejor cantante es Christina Aguilera.

1. una ciudad bonita en tu país
2. un grupo de música que detestas
3. una canción especial para ti
4. una comida típica de tu estado o país
5. la estación del año que te gusta más
6. una película horrible de este año
7. ¿?

Actividad 3   Comparaciones variadas

Compara las siguientes cosas y personas. Es posible que haya más de una comparación.

> *Ejemplos:*   México D.F. y Chicago →
> México D.F. es una ciudad más grande que Chicago.
> En México D.F. hace menos frío que en Chicago.
> Chicago está más hacia el norte que México D.F.
> Chicago es una ciudad tan interesante como México D.F.

1. Nueva York y Los Ángeles
2. el equipo de fútbol americano de tu universidad y el de la Universidad de Florida/California
3. tu mejor amigo/a y tú
4. la tarea de clases que tienes y la que quieres
5. el dinero que tienes en el banco y el que necesitas
6. la nota que tuviste en el último curso de español y la que esperas en este curso

Actividad 4   Mi familia

En parejas, hablen de sus respectivas familias, comparando a sus miembros. No se olviden de hacer preguntas si quieren saber más detalles. Pueden hablar de su apariencia física, de su personalidad, de su trabajo, de los deportes que hacen y con qué frecuencia, etcétera.

> *Ejemplo:*   —Mi madre es mucho más baja que mi padre. Yo soy tan baja como mi madre.
> —¿Quién en tu familia es tan alto como tu padre?
> —Nadie. Mi padre es el más alto de toda la familia.

Actividad 5 Las comparaciones son odiosas pero...

En parejas o grupos pequeños, comparen su universidad con otras universidades de su estado o ciudad. A continuación les ofrecemos algunos detalles en los que pueden pensar.

> *Ejemplos:* el costo de la matrícula →
> El costo de la matrícula de mi universidad es mayor/ superior que el del Community College de mi ciudad.
> La universidad estatal cuesta tanto como _____.

1. el costo de la matrícula
2. el número de estudiantes
3. el tamaño (*size*): más grande/pequeña
4. los equipos (*teams*) deportivos
5. la preparación de los estudiantes y los profesores
6. la simpatía de los estudiantes
7. ¿?

ESTUDIO CULTURAL   Los hispanos: multiplicidad étnica y racial

«Hispano/a» no se refiere a una raza, sino a un origen geográfico y cultural: una persona es hispana porque su familia es originaria de[a] un país donde se habla español. En estos países viven personas de todas las razas y sus posibles mezclas:[b] indios o indígenas, blancos (primero los españoles, después personas de toda Europa), negros (que llegaron a través del comercio de esclavos), mestizos (personas de sangre[c] indígena y blanca), mulatos (personas de sangre negra y blanca), judíos, árabes, asiáticos, etcétera. Esto se debe a que Latinoamérica, como los países anglosajones de Norteamérica (los Estados Unidos y el Canadá), ha aceptado y sigue aceptando inmigrantes de todo el mundo. Pero a diferencia de los Estados Unidos y el Canadá, la población original indígena es mayor: en algunos países, como Guatemala y Bolivia, puede llegar a más del 50 por ciento.

Los términos «hispano» y «latino» se usan mucho menos en Latinoamérica y España que en los Estados Unidos. Por lo general, la gente se identifica por su país de origen: colombiano, ecuatoriano, español, etcétera. El término «hispano/a» se reserva para hablar de la comunidad de hispanohablantes en ocasiones especiales. «Latino/a» se refiere no sólo a los hispanos, sino también a las personas de Brasil y de los países europeos donde se hablan lenguas que vienen del latín: Francia, Italia y Portugal.

[a]*es... is originally from*   [b]*mixtures*   [c]*blood*

En español «latinoamericano» e «hispanoamericano» sólo se refieren a personas y cosas de la América latina y de la América hispana, respectivamente, nunca a los hispanos que viven en los Estados Unidos. «Español(a)» sólo se refiere a las personas de España o a las cosas relacionadas con la lengua española. Para referirse a una persona *U.S. Hispanic* o *Latino* se puede decir que es «estadounidense de origen hispano o latino».

Tertulia   Nuestros amigos hispanos

- ¿Conocen Uds. a algunas personas hispanas? ¿a muchas o pocas? ¿Cómo explicas esta situación personal?
- ¿De dónde son las personas que conocen? Pueden contestar de dos maneras.

  Mi amigo/a _____ es de España.

  Mi amigo/a _____ es español(a).
- ¿Cuál es el origen étnico de sus amigos hispanos?

Reflexiona antes de leer

Sobre la lectura

VOCABULARIO ÚTIL	
la mayoría	*majority*
el papel	*role*
la película	*movie*
el personaje	*character*
el retrato	*portrait*
centrarse	*to focus*
tener la culpa	*to be to blame*
avaricioso/a	*greedy*
vago/a	*lazy*

La lectura de este capítulo es la primera parte de un artículo que apareció en el periódico español *El País,* uno de los más prestigiosos de España y de todo el mundo hispano. El artículo hace referencia a la película *Traffic,* que ganó un Oscar a la mejor película en el año 2001.

Actividad 1 Definiciones

Paso 1 ¿Qué palabra del **Vocabulario útil** corresponde a cada definición?

1. Es una pintura o foto de una persona.
2. Es el grupo más grande.
3. Es la persona que interviene en la acción de una obra de teatro o una película.
4. Este verbo quiere decir «ser responsable de haber hecho algo malo».
5. Es un adjetivo que describe a una persona ansiosa por acumular cosas y dinero sin gastarlos ni darlos a otros.
6. Este verbo quiere decir «concentrar la atención en algo».

Paso 2 Ahora te toca a ti dar una definición de las siguientes palabras.

1. vago/a   2. retratar   3. el papel   4. la película

Actividad 2 *Traffic*

Completa el siguiente párrafo sobre la película mencionada en el artículo de esta sección de lectura. Todas las palabras que faltan están en la lista de **Vocabulario útil.** Debes conjugar en el presente de indicativo los verbos que faltan (*are missing*).

> *Traffic* es una _____[1] sobre el narcotráfico que _____[2] en varios _____[3] cuyas[a] historias se entrelazan[b] para reflejar la complejidad del problema del tráfico de drogas. Uno de los actores principales es el puertorriqueño Benicio del Toro, que tiene el _____[4] de un honesto policía mexicano. Su personaje hace un _____[5] positivo de los mexicanos. Catherine Zeta-Jones, por el contrario, hace el papel de una mujer _____[6] que quiere seguir ganando mucho dinero del narcotráfico.
>
> [a]*whose*   [b]*intertwine*

Estrategia de lectura: la estructura de la oración en español

La estructura de la oración en español es más flexible que la del inglés. Mira los siguientes ejemplos tomados de la lectura de este capítulo.

Con Lana Turner, fui brasileño.   *With Lana Turner, I was Brazilian.*

El sujeto (**yo**, en este caso) con frecuencia no es explícito, porque los verbos tienen terminaciones marcadas según las diferentes personas.

Así es cómo se siente el resto del   *That's how the rest of the world feels.*
mundo.

El sujeto es explícito, pero está después del verbo.

Una pregunta, como, por ejemplo, «¿Quién le dio el libro a Marta?», puede tener varias respuestas afirmativas.

Yo se lo di.   Yo se lo di a ella.   A ella se lo di yo.

Esta flexibilidad puede confundir a los lectores que no tienen suficiente conocimiento del español. Un consejo básico pero fundamental: si te pierdes mientras lees, identifica cada parte esencial de la oración: sujeto, verbo y objetos. Es posible que tengas que volver a una oración anterior, especialmente si hay pronombres o sujetos no explícitos.

Para practicar, identifica las partes principales de la siguiente oración (sujeto, verbo y complementos):

Y llenaba la cubierta (*cover*) la sonrisa más hermosa del mundo.*

México se rebela contra su imagen en Hollywood, *Lorenza Muñoz*

Nadie es tan bueno o tan persuasivo como Hollywood a la hora de[a] hacer que otras culturas parezcan[b] simplistas y atrasadas.[c] Los extranjeros han servido a menudo como conveniente fuente de diversión, exotismo y peligro[d] para el cine estadounidense. México, en especial, se ha llevado[e] una de las peores partes en esta descripción miope.[f] Últimamente, este país ha servido de telón de fondo[g] para varias películas de los grandes estudios —*Traffic, The Mexican, Blow* y *All the Pretty Horses*— y muchos de los estereotipos y retratos simplistas se mantienen.[h] Sin embargo, políticos, productores y cineastas[i] se esfuerzan[j] por mejorar las relaciones entre ambos países y los realizadores[k] mexicanos luchan por ofrecer una imagen más realista de su país.

¿Qué pensarían los estadounidenses si se levantasen[l] un día y todas las películas los presentasen como estúpidos, sucios e ignorantes? ¿Qué pasaría si todos los programas de televisión que sintonizasen[m] los presentaran gordos, vagos y endógenos?[n] ¿Y qué pasaría si cada actor interpretara el sucio estadounidense: avaricioso, materialista y arrogante? Así es cómo se siente el resto del mundo cuando ve el retrato que Hollywood hace de su país y de su cultura.

México, en especial, se ha llevado la peor parte en esta descripción miope. Ya sea[o] en las películas mudas[p] o en las del Oeste llenas de tiros,[q] los mexicanos rara vez han sido vistos[r] bajo una luz compleja o positiva.

[a] *a... when it comes to*
[b] *seem*   [c] *backward*

[d] *danger*   [e] *se... has received*
[f] *shortsighted*
[g] *telón... backdrop*

[h] *se... are kept*
[i] *movie makers*   [j] *se... make an effort*
[k] *productores*

[l] *se... were to get up*

[m] *que... that they tuned into*
[n] *obtusos*

[o] *Ya... Be it*   [p] *silent*
[q] *llenos... full of gunshots*
[r] *rara... have hardly ever been seen*

---

*Y llenaba (*verbo*) la cubierta (*objeto*) la sonrisa (*sujeto*) más hermosa del mundo.

^sNo... *It is not that they are*

^t*stars*

^u*evening* ^v*improvement*

^w*event*
^xquitarme... *get it off my chest*
^y*speech*

^z*understanding*
^{aa}querían... *wanted me to play the*
^{bb}*sound (seem)* ^{cc}*reclining*
^{dd}*to alleviate* ^{ee}*biased*
^{ff}pozo... *cesspit*
^{gg}a... *through a brown fog*
^{hh}*script* ⁱⁱ*script writer*
^{jj}añadieran... *add nuances*

Benicio del Toro, actor puertorriqueño

«No es que sean^s peores que otras películas, sino que el problema está en que Hollywood parece centrarse sólo en la negatividad de México», ha declarado David Maciel, profesor de estudios chicanos en la Cal State Dominguez Hills, quien ha escrito varios libros sobre la forma en que Hollywood describe México. «Muy rara vez encontramos una película positiva sobre México, o sobre la cultura y la sociedad mexicanas».

El pasado mes de marzo, el productor Mike Medavoy celebró en Los Ángeles una cena en honor del presidente mexicano Vicente Fox a la que asistieron estrellas^t como Marlon Brando, Arnold Schwarzenegger y Sylvester Stallone, así como ejecutivos de los estudios. El tema de la velada^u fue la mejora^v de las relaciones entre México y los Estados Unidos.

El actor Ricardo Montalbán decidió hablar en la celebración del acontecimiento^w de la forma en que Hollywood retrata siempre a México de una manera negativa. «Deseaba quitarme la espinita^x», dice Montalbán, recordando el discurso^y que pronunció aquella noche. «Dije: "Señor presidente, si estamos aquí, hablando de un mejor entendimiento^z entre nuestros dos países, creo que Hollywood podría hacer mucho por ayudar a este entendimiento". Cuando yo estaba en MGM y ellos querían que hiciese^{aa} romántico, siempre era cubano. Con Esther Williams, en *Latin Lovers*, fui argentino. Con Lana Turner, fui brasileño. Son nacionalidades que suenan^{bb} bien. Mexicano no es una palabra que suene bien, y Hollywood tiene la culpa, por habernos retratado de manera tan infame. Somos el indolente peón apoyado^{cc} en el cactus. Somos los bandidos. Hollywood podría hacer mucho por paliar^{dd} el daño que lleva años haciendo.»

Pero esas imágenes sesgadas^{ee} continúan en algunas de las películas recientes. En *Traffic*, de USA Films, México aparece como un pozo negro,^{ff} visto literalmente a través de una bruma parda^{gg} de pobreza, corrupción, avaricia y narcoviolencia. La única excepción es el retrato que Benicio del Toro hace de un policía en conflicto, pero en última instancia moral. Del Toro declaró recientemente en *Los Angeles Times* que fue él quien remodeló el personaje para hacerlo más complejo.

En el guión^{hh} original de *Traffic*, Javier, el personaje de Del Toro, era calculador y corrupto. El actor, de origen puertorriqueño, pidió al director, Steven Soderbergh, y al guionista,ⁱⁱ Stephen Gaghan, que añadieran matices^{jj} al papel. Les hizo comprender que la guerra de las drogas está directamente relacionada con el aparentemente insaciable apetito de drogas de los estadounidenses.

En México (como en Colombia), el número de víctimas es extraordinario, y ganar la guerra resulta complicado por problemas de pobreza y hambre. «Tantas veces hemos hecho películas y utilizado a un grupo étnico exclusivamente para hacer una declaración sobre esto o aquello», dijo Del Toro en la entrevista de *The Times*, «que creo que ya es hora de mostrar también la otra cara. Hablo de oponerse a los estereotipos. México tiene una historia intensa. Es importante decir que mucha gente, la mayoría, es honrada y trabajadora.»

Comprensión y discusión

Actividad 3   ¿Está claro?

¿Cierto o falso? Justifica tu respuesta identificando la parte del artículo a que corresponde. Si la declaración es falsa, corrígela.

1. La industria de Hollywood tiene prejuicios raciales y culturales.
2. No hay actores ni personajes hispanos en las películas de Hollywood.
3. Los mexicanos están cansados de ver su imagen representada de manera negativa en Hollywood.
4. Hollywood discrimina a los mexicanos exclusivamente.
5. Ricardo Montalbán es el presidente de México.
6. A Ricardo Montalbán no le importaba hacer el papel de latino de otro país porque él no se siente mexicano.
7. Benicio del Toro estuvo muy contento desde el primer momento con el personaje que iba a representar en *Traffic*.
8. A Del Toro no le preocupa la cuestión de los estereotipos sobre México porque él es de Puerto Rico.

Actividad 4   ¿Qué piensas ahora?

Busca en el texto oraciones en las que el sujeto no esté explícito o no esté antes del verbo. Si el sujeto no está explícito indica cuál es el sujeto al que se refiere el verbo y cómo lo sabes.

> *Ejemplo:*   ...ha declarado David Maciel... → El sujeto es David Maciel.
> Deseaba quitarme la espinita. → El sujeto es **yo** (Ricardo Montalbán).

Tertulia   ¿Es Hollywood «miope»?

- En el texto se utiliza el adjetivo **miope,** para describir la visión que Hollywood ofrece de México. ¿Qué otras realidades piensan Uds. que han sido o son presentadas por Hollywood de una manera miope? ¿Por qué ocurre esto?

- ¿Qué papeles representan los personajes hispanos en las películas de los Estados Unidos? ¿Les parecen estereotípicos? ¿Cómo es la situación con respecto a otras minorías? Den ejemplos.

- Conocen alguna película extranjera donde aparezca (*appear*) algún personaje estadounidense? ¿Qué tipo de papel representa? ¿Están de acuerdo con esa imagen?

Tema

Una carta de presentación para una familia latinoamericana con quien vas a pasar el verano

Antes de escribir

- Piensa en lo que tu lector(a) puede desear saber y haz una lista de estas cosas. También considera cómo quieres tú mostrarte. Describe tanto lo físico como lo referente a tu personalidad.

- Haz un borrador (*draft*) en español con todas las ideas que tengas. No te preocupes ahora por la gramática, el vocabulario o el orden. Si no sabes algunas palabras, deja un espacio en blanco o haz un símbolo.

Mientras escribes

- Ordena las ideas de tu borrador usando un párrafo diferente para cada idea importante. Por ejemplo, para esta composición puedes describirte físicamente en un párrafo y en el siguiente describir tu personalidad.

- Asegúrate de que tu composición tenga los elementos importantes de la estructura de una carta: saludo, motivo por el que escribes, cuerpo, despedida. Cada opción requiere convenciones diferentes.

- Busca en el diccionario y/o en tu libro de texto las palabras y expresiones sobre las que tengas duda.

Después de escribir

- Repasa los siguientes puntos.
  - el uso de los verbos que expresan *to be*
  - la concordancia entre sujeto y verbo
  - la concordancia de género y número entre sustantivos, adjetivos y pronombres
  - la ortografía (*spelling*) y los acentos
  - el vocabulario: asegúrate de que no repites ideas o palabras; busca sinónimos cuando sea necesario.
  - el orden y contenido: asegúrate de que tu composición está estructurada en párrafos con ideas diferentes que apoyan el tema que has elegido.

- Finalmente, prepara tu versión para entregar.

No olvides mirar el Apéndice I, **¡No te equivoques!,** para evitar los errores típicos de los estudiantes de español. Para esta actividad de escritura, se recomienda que prestes atención a **Cómo se expresa *to know*** (página 351).

Consulta tu *Cuaderno de práctica* para encontrar más ideas y sugerencias que te ayuden a redactar tu composición.

■ Gramática en contexto: el Censo de los Estados Unidos del año 2000

Los siguientes datos están basados en la información del Censo 2000 de los Estados Unidos. Complétalos con las palabras correctas. Conjuga los verbos en el presente de indicativo. Cuando haya dos opciones, escoge la opción correcta. Si son verbos, escoge el verbo correcto. Cuando no haya opciones, escribe la palabra comparativa para completar la idea.

En este capítulo _____[1] (estar / ser: nosotros) estudiando la población hispana en los Estados Unidos. ¿ _____[2] (saber: tú) que en este país _____[3] (vivir) más _____[4] (de /que) 35 millones de hispanos, según el censo del año 2000? Esta cifra[a] no _____[5] (incluir) la población de Puerto Rico, que _____[6] (estar / ser) un Estado Libre Asociado, y que _____[7] (haber / ser) de casi 4 millones de personas. El grupo de hispanos _____[8] grande en los Estados Unidos _____[9] (estar / ser) de origen mexicano (58,5* por ciento), seguido del de los puertorriqueños (9,6 por ciento). Es interesante que haya más centroamericanos _____[10] (de / que) sudamericanos.

La población hispana en general _____[11] (estar / ser) _____[12] joven que la población no hispana: la edad media[b] de los hispanos es 25,9 años, y 35,3 la de los no hispanos.

[a]*number*   [b]*average*

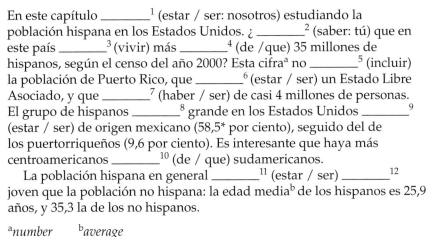

Porcentaje de distribución de la población hispana por origen: 2000

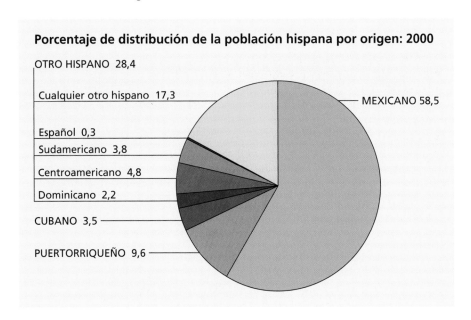

OTRO HISPANO 28,4

Cualquier otro hispano 17,3

MEXICANO 58,5

Español 0,3

Sudamericano 3,8

Centroamericano 4,8

Dominicano 2,2

CUBANO 3,5

PUERTORRIQUEÑO 9,6

---

*En español, los decimales aparecen después de una coma y los millares *(thousands)* van separados por un punto, justo al contrario que en inglés.

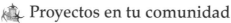 Proyectos en tu comunidad

Investiga el Censo de los Estados Unidos del año 2000 en español en el Internet para saber de la presencia hispana en tu estado y condado o en un estado y condado que te interese. Luego prepara un pequeño informe para compartir con tus compañeros en clase. ¿Qué estados de los que investigaron tienen el mayor número de hispanos? ¿y el menor número?

Tertulia final   La comunidad hispana

Como ya saben, la comunidad hispana en los Estados Unidos no es homogénea. Por el contrario, los hispanos forman una variadísima comunidad compuesta por diferentes grupos a los que define su país de origen y con ello, determinados rasgos culturales. El hecho de considerar que todos los grupos hispanos son idénticos sería como pensar que todos los hablantes nativos del inglés, como los ingleses, estadounidenses, australianos, jamaicanos, etcétera, son culturalmente iguales.

Comenten las diferencias que conocen entre los grupos que constituyen la comunidad hispana en los Estados Unidos.

«Dime con quién andas y te diré quién eres.»†

Estas fotos representan dos aspectos de la vida que nos pueden definir como personas: la religión y la política. ¿Por qué crees que son tan importantes estos aspectos? ¿Qué otros aspectos de la vida son importantes? Fíjate en cada foto por separado. ¿Qué piensas o asumes de las personas en cada una de las fotos?

En este capítulo

---

*Ésta es una cita del filósofo Manuel Ortega y Gasset (España, 1883–1955).
†*You shall be known by the friends you keep.*

DE ENTRADA

Reflexiona antes de leer • ¿Quedamos en el «híper»?

«Híper» es una abreviatura de **hipermercado,** un tipo de supermercado español grandísimo donde hay de todo. Los hipermercados están con frecuencia en un centro comercial. ¿Dónde quedas de encontrarte (*do you agree to meet*) con los amigos? ¿Dónde quedabas cuando tenías 16 años? ¿Por qué quedabas allí? ¿Dónde sueles conocer nueva gente?

¿Quedamos en el «híper»?

Clases, gimnasios, centros comerciales... son nuevos lugares de encuentro en la ciudad, un entorno[a] donde cada vez más cada uno va a lo suyo[b] y es difícil hacer amigos. Los bares y las discotecas ya no son los únicos espacios para conocer gente.

En el gimnasio: Germán Domínguez, 25 años, consultor de recursos humanos: «Oye, échame una mano[c] con este ejercicio, por favor.» «Sí, hombre, ¡cómo no! Espera que deje los cascos[d] ...» «¿Qué escuchas?» «El último de Depeche Mode.» «¡Anda!,[e] me encanta Depeche Mode...» Y el pedir ayuda al que está más cerca puede ser detonante de una conversación más amplia. Como en cualquier lugar, siempre que la gente se preste[f] a ella. Germán lleva tres años acudiendo[g] tres o cuatro veces a la semana al mismo gimnasio y asegura que es fácil entablar[h] conversación con la gente. «Ya no es igual que antes, cuando la gente sudaba,[i] se duchaba y se iba sin hablar con nadie», comenta. «Pero es que es inevitable, nos hemos dado cuenta de que aquí, además de pesas,[j] hay gente».

En el centro comercial: Laura Hernández y Cristina Meléndez, 17 años, estudiantes de 2º de Bachillerato:[k] Tanto Laura como su amiga Cristina aseguran pasarse «las horas muertas,[l] de arriba para abajo, haciendo nada, pero pasando la tarde» en el centro comercial de su barrio, una rutina constante desde que lo abrieron hace siete años. «Yo tuve aquí mi primera cita[m]», cuenta Laura guiñando[n] un ojo. «Bueno, la primera, la segunda y todas.» «Es que es la forma ideal de quedar con un chico», tercia Cristina. «Primero al cine y luego al *burguer,* donde ya sólo te queda dinero para un helado.»

[a]*environment*
[b]cada... *everybody goes his own way*

[c]échame... *lend me a hand*
[d]*headphones*
[e]*Really?*

[f]se... *lend themselves* [g]*yendo*
[h]*establecer*

[i]*sweated*

[j]*weights*

[k]2º... *10th grade*
[l]horas... *hour after hour*

[m]*date* [n]*winking*

Después de leer

Completa las siguientes ideas con información del texto usando tus propias palabras siempre que puedas.

1. Algunos ejemplos de lugares para conocer gente en la actualidad son...
2. Según Germán Domínguez, la gente se dio cuenta de que en el gimnasio...
3. En el gimnasio una amistad puede empezar hablando de...
4. Laura y Cristina pasan su tiempo libre en...
5. Para ellas es el lugar ideal para una cita porque...

Reflexiona antes de mirar • **Fútbol: deporte y pasión**

¿Qué sabes del fútbol? ¿Puedes contestar las siguientes preguntas?

1. ¿Cuál es el deporte más popular en el mundo hispánico?
2. ¿Sabes el nombre de algunos jugadores de fútbol mundialmente famosos?
3. ¿Crees que el fútbol profesional puede ser un buen negocio? ¿Por qué?

VOCABULARIO ÚTIL	
la bolsa	*stock exchange*
cada vez más	*more and more*
cobrar	*to earn money*
el siglo	*century*
la sociedad anónima (SA)	*Limited, Incorporated (business)*
el valor de cambio	*exchange value*

Después de mirar

¿Cierto o falso? Si puedes, corrige las declaraciones falsas.

1. Hace más de cincuenta años que hay futbolistas profesionales, es decir, cobran por jugar.
2. El fútbol tiene poco *merchandising*.
3. La nueva mentalidad de negocio es muy buena para los jugadores.
4. Maradona es famoso por ser un representante de futbolistas importantes.
5. Los equipos de fútbol no son objeto de mercado.

⊛ DE REPASO

el colegio

el/la compañero/a

la concentración / la especialidad

el/la conservador(a) ≠ el/la progresista

el/la cristiano/a (el cristianismo)

la derecha ≠ la izquierda

la escuela primaria / secundaria

la generación

el grupo (de teatro/música)

votar

■ Las religiones

La actual catedral de Córdoba, en España, fue originalmente una mezquita musulmana.

el/la ateo/a	*atheist*
el bautismo	*baptism*
las creencias (religiosas)	*(religious) beliefs*
el judaísmo	*Judaism*
el/la judío/a	*Jew*
la fe	*faith*
el musulmán / la musulmana	*Muslim*
la oración	*prayer*
el rito	*ritual*
el/la testigo de Jehová	*Jehovah's Witness*

Cognados: **el/la agnóstico/a, el/la baptista, el/la budista, el budismo, el/la católico/a, el catolicismo, el/la metodista, el mormón / la mormona, el/la protestante, el islamismo, el servicio (religioso)**

rezar	*to pray*

■ La afiliación política

el centro	*center*
el/la demócrata	*democrat*
el partido	*party*

Cognados: **el/la comunista, el/la republicano/a, el/la socialista**

apoyar	*to support*
democrático/a	*democratic*

■ Otras relaciones sociales

Un equipo de jóvenes beisbolistas dominicanos.

la amistad	*friendship*
el/la compañero/a de casa/cuarto	*house/roommate*
de clase / estudios	*classmate / study partner*
de colegio / universidad	*(high school / university) classmate*
de trabajo	*work associate*
de fatigas	*partner in hardships*
sentimental	*(life) partner*
el equipo	*team*

Cognados: **la asociación (de estudiantes latinos / de mujeres de negocios)**

formar parte de	*to be/form part of*
pertenecer (zc) a	*to belong to*

■ La vida universitaria

los apuntes / las notas	*(class) notes*
el bachillerato	*high school (studies)*
la beca	*grant, fellowship, scholarship*
la calificación / la nota	*grade*
el curso académico	*academic year*
la facultad	*department encompassing an entire discipline*
la fecha límite / el plazo	*deadline*
el horario	*schedule*
el informe escrito	*paper*
la licenciatura	*B.A. degree equivalent*
aprobar (ue)	*to pass*
faltar a clase	*to miss class*
suspender / reprobar (ue)	*to fail*

■ Las carreras y la especialización universitaria

las ciencias políticas	*political science*
la contabilidad	*accounting*
el derecho	*law*
la enfermería	*nursing*
la informática	*computer science*
la ingeniería	*engineering*
las letras	*letters* (*literature, language studies*)
la física	*physics*
la química	*chemistry*

Cognados: **la arquitectura, la biología, las ciencias naturales, las ciencias sociales, la historia, la literatura, las matemáticas, los programas de estudios latinoamericanos (afroamericanos / de mujeres / de los Estados Unidos), la psicología**

Una tuna es un conjunto musical formado por estudiantes que visten ropa de épocas pasadas y cantan canciones estudiantiles tradicionales.

Actividad 1   Asociaciones

Paso 1   ¿Qué palabras del vocabulario asocias con los siguientes dibujos?

1.

2.

Capítulo 2: «Yo soy yo y mis circunstancias»

3.

4.

5.

6.

7.

Paso 2 Ahora, en grupos pequeños, túrnense para dar una palabra de la lista relacionada con la política y la religión mientras el resto del grupo trata de nombrar un símbolo o una persona representativa de esa palabra. ¡Sean creativos!

Actividad 2 En la universidad

Paso 1 ¿Qué carrera asocias con los siguientes libros o temas?

1. Unix, Director
2. estructuras de asfalto y cemento
3. clásicos grecolatinos
4. grandes maestros españoles del Siglo de Oro
5. elementos orgánicos e inorgánicos
6. libertad y democracia en Latinoamérica

Paso 2 ¿Qué palabras de la vida estudiantil asocias con las siguientes ideas?

1. una hoja de papel con la fecha del día y el título de la lección de ese día
2. medicina, matemáticas, ingeniería, derecho, ciencias políticas, literatura inglesa, etcétera
3. A, B, C, o 6, 7, 8, etcétera
4. 2005–2006
5. Lunes: 9–10 español, 10–11 derecho constitucional, 2–3 práctica de química
6. *W. Wilson High School*

Actividad 3 Comparación con la Universidad Nacional de Córdoba

Paso 1 En grupos, hagan una lista de comparaciones entre la Universidad Nacional de Córdoba, Argentina, y su universidad según los datos del recuadro.

Ejemplo: En nuestra universidad hay menos/más estudiantes que en la Universidad Nacional de Córdoba.

La Universidad Nacional de Córdoba, Argentina

Universidad Nacional de Córdoba (UNC)

Fundada en 1613: la universidad más antigua de Argentina
Periódico digital: www.prensa.unc.edu.ar
Número de estudiantes: más de 110.000
Carreras más populares: medicina, derecho, química, psicología,
  contabilidad, enfermería y arquitectura
Duración de la mayoría de las carreras: 5 años

Paso 2   ¿Cuáles son las carreras más populares en tu universidad? ¿Qué edad tiene la mayoría de los estudiantes? ¿Por qué tu universidad atrae a este tipo de estudiantes?

Actividad 4   La vida universitaria

Entrevista a un compañero / una compañera sobre los siguientes temas relacionados con la universidad. ¿Qué tienen Uds. en común? ¿En qué son muy diferentes?

Ejemplo: ¿Tienes algún tipo de beca?

- becas
- carrera/concentración
- notas en la escuela secundaria en comparación con las de la universidad
- horario
- asistencia a clase
- asociaciones/equipos a los que pertenece
- actividades extra-curriculares

Actividad 5   Perfil de la clase

Prepara una encuesta de cuatro o cinco preguntas para tus compañeros de clase sobre uno de estos temas. Después, prepara un breve informe sobre la información obtenida para presentarlo al resto de la clase.

Ejemplos: ¿Practicas alguna religión?
  ¿Estás registrado para votar?
  ¿Qué área de estudios te interesa más: las humanidades, las ciencias sociales o las ciencias naturales?

- su religión y prácticas religiosas
- su afiliación política
- sus preferencias académicas

Actividad 6   Formas parte de una generación...

En parejas comenten el mensaje de este anuncio para Uds., tomando los apuntes necesarios para poder reportar sus comentarios a la clase después. Las siguientes preguntas pueden servirles de guía para sus comentarios.

- Según el anuncio ¿qué define a la generación de la que forman parte estos jóvenes? ¿Estás de acuerdo con el mensaje?
- ¿Para qué cosas vives tú?
- ¿De qué organizaciones o grupos formas parte? Defínelos. ¿Cómo es tu participación en estos grupos?
- La frase «tecnología sobre ruedas» recuerda la expresión «ir sobre ruedas». Esta expresión significa que algo va bien. ¿Qué va o ha ido sobre ruedas en tu vida o en tu entorno?

    Ejemplos: «La relación con mi compañero de cuarto va sobre ruedas.»
    «Mi semestre va sobre ruedas.»

ESTUDIO CULTURAL   La universidad y los hispanos

En Latinoamérica se encuentran las universidades más antiguas del Nuevo Mundo: Santo Domingo (1538), México (1553) y Lima (1571). Sin embargo, el porcentaje de estudiantes que asiste a la universidad es todavía bastante bajo en muchos países. Estos son algunos porcentajes por países de estudiantes matriculados[a] a nivel postsecundario,[b] en el año 2001–02, según la UNESCO:

la Argentina	56%	Paraguay	19%
Bolivia	39%	el Uruguay	37%
Colombia	24%	Venezuela	27%
Cuba	27%		
El Salvador	17%	España	59%
Honduras	14%	el Canadá	58%
México	21%	los Estados Unidos	81%

El porcentaje de matriculados es diferente del porcentaje de personas que terminan titulándose.[c] Por ejemplo, en los Estados Unidos un 28 por ciento de personas blancas de más de 25 años tiene un título universitario, en comparación con el 17 por ciento de personas negras y el 11 por ciento de personas de origen hispano.

El sistema universitario en Latinoamérica, por lo general, es diferente del de los Estados Unidos. Para empezar, los estudiantes se matriculan directamente en una disciplina o campo de estudio, que se llama «facultad». Una facultad es como un gran departamento dentro del cual hay otros departamentos más pequeños relacionados entre sí: la facultad de medicina, la facultad de geografía e historia, la facultad de filosofía y letras,[d] la facultad de ingeniería, etcétera. Esto quiere decir que las carreras, es decir, los estudios universitarios, se concentran en un área desde el principio, aunque dentro de esa área hay mucha variedad. Finalmente, las carreras toman normalmente cinco o seis años, y no cuatro como en los Estados Unidos.

[a]*registered*   [b]nivel... *college level*   [c]*getting a degree*
[d]filosofía... *humanities*

Tertulia   La universidad

- ¿Qué implica la diferencia en el porcentaje de jóvenes que va a la universidad entre los países de la lista? ¿Cuáles pueden ser las consecuencias para un país el hecho (*fact*) de que mucha o poca gente tenga estudios universitarios?

- En su opinión, ¿cuáles son las ventajas, o desventajas, de declarar una concentración determinada en los estudios desde el primer día en la universidad?

4. Los pronombres de objeto directo e indirecto

«Oye, écha**me** una mano con este ejercicio, por favor.»*
«Una rutina constante desde que **lo** abrieron hace siete años.»*

Many verbs require noun phrases to complete their meanings. These noun phrases, or clauses that function like nouns, are called objects. There are two types of objects: direct (OD) and indirect (OI).

¿<u>Me</u> prestas <u>tus apuntes de la clase de hoy</u>?
   OI   OD

Will you lend <u>me</u> <u>your notes of today's class</u>?
           OI   OD

Los pronombres de objeto directo			
me	me	**nos**	us
te	you (*fam. sing.*, **tú**)	**os**	you (*fam. pl.*, **vosotros**)
lo	you (*fam. sing. m*, **Ud.**), him, it	**los**	you (*form. pl. m*, **Uds.**), them
la	you (*fam. sing. f*, **Ud.**), her, it	**las**	you (*form. pl. f*, **Uds.**), them

In order to avoid repetition, direct object pronouns replace object nouns.

—Tienes que ver **la última película** de Almodóvar.   *You have to see Almodóvar's last movie.*
—Ya **la** vi. Es buenísima, ¿verdad?   *I already saw it. It's excellent, isn't it?*

- When the direct object phrase precedes the verb, the direct object pronoun must also be used in front of the verb. This means that the direct object is repeated in the same sentence.

  A la discoteca no vamos mucho, pero el **centro comercial lo** visitamos todas las tardes.
  We don't go to the disco too often, but the mall, we visit it every evening.

- **Lo** is used to replace a direct object that is an idea or an action.

  —<u>María se convirtió en testigo de Jehová.</u>   *María became a Jehovah's Witness.*
  —Ya **lo** sé. Me **lo** dijo su hermana.   *I already know (it). Her sister told (it) to me.*

Los pronombres de objeto indirecto			
me	to/for me	**nos**	to/for us
te	to/for you (*fam. sing.*, **tú**)	**os**	to/for you (*fam. pl.*, **vosotros**)
le	to/for you (*form. sing. m/f*, **Ud.**), him/her, it	**les**	to/for you (*form. pl. m/f*, **Uds.**), them

*«¿Quédamos en el híper?», *El país semanal*

Recordatorio

a **personal**
The preposition **a** always precedes direct objects that are people or animals that are treated like a person, such as a pet.

Quiero mucho **a** mi compañera de cuarto.	*I love my roommate.*
Extraño **a** mi familia.	*I miss my family.*
¿Ves **a** mi perro en el patio?	*Do you see my dog in the patio?*

¡OJO! Direct and indirect objects are only different in the third-person forms: **lo/la** and **los/las** vs. **le** and **les.**

- Indirect objects are always represented by a pronoun. The phrase **a** + *noun* is used whenever it is necessary to specify the person to whom the object refers.

El profesor **nos** dio el nuevo horario.	*The professor gave us the new schedule.*
El profesor **les** dio el nuevo horario.	*The professor gave you/them the new schedule.*
El profesor **les** dio el nuevo horario **a Uds.**	*The professor gave you the new schedule.*
El profesor **les** dio el nuevo horario **a los asistentes.**	*The professor gave the new schedule to his assistants.*

In the first sentence, the only possible meaning of the indirect object pronoun is *us*. In the second sentence, **les** has more than one possible meaning. Unless the meaning was previously established, the **a** + *noun* phrase is needed to clarify.

- The following verbs normally require indirect objects. Note that many of them are verbs of information and communication.

agradecer (zc)	*to thank*	pedir (i, i)	*to ask (for)*
dar (*irreg.*)	*to give*	preguntar	*to ask (a question)*
decir (*irreg.*)	*to say*	prestar	*to lend*
explicar (qu)	*to explain*	prohibir (prohíbo)	*to prohibit*
exigir (j)	*to demand*	recomendar (ie)	*to recommend*
regalar	*to give (a gift)*		

Double object pronouns

Sequence

- When the direct object and indirect object pronouns appear together in a sentence, the indirect object always precedes the direct object.

¿<u>Me</u> compraste <u>las entradas para el teatro</u>? → ¿<u>Me las</u> compraste?
  OI   OD   OI OD

Did you buy me the theater tickets? → *Did you buy them for me?*

- When both object pronouns are in the third person, the indirect object pronoun (**le/les**) becomes **se.**

<u>Les</u> compré <u>regalos</u> a las niñas.   *I bought presents for the girls.*
 OI   OD
<u>Se</u> <u>los</u> compré.   *I bought them for them.*
OI OD

Placement

- **Before the verb**

  Conjugated verbs: The pronouns are placed together before conjugated verbs, including perfect tenses.

¿Las llaves? **Se las** he dado a Juan.	*The keys? I have given them to Juan.*
No quiero que **se lo** digas a nadie.	*I don't want you to say it to anybody.*

  Negative commands: The pronouns are placed together before negative commands.

No **se las** presten otra vez.	*Don't lend them to him again.*
No **me lo** expliques en inglés.	*Don't explain it to me in English.*

- **After and attached to the verb**

  Affirmative commands: The pronouns must be placed at the end of and attached to affirmative commands.

Présten**selas** otra vez.	*Lend them to him again.*
Explíca**melo** en español.	*Explain to me in Spanish.*

  Present participles: If there is a conjugated verb (normally **estar**) followed by a present participle, the pronouns can go before the conjugated verb OR after and attached to the present participle.

Estoy buscándo**selo.** / **Se lo** estoy buscando.	*I am looking for it for him.*

  If the present participle is used as an adverb (no helping verb), the pronouns must be attached to the end of the present participle.

Sintiéndo**lo** mucho, no podemos ayudarle.	*Although we regret it, we cannot help you.*

  Infinitives: If there is a conjugated verb followed by an infinitive, the pronouns can go before the conjugated verb OR after and attached to the infinitive.

¿Puedes comprár**melo**? / ¿**Me lo** puedes comprar?	*Can you buy it for me?*

  If the infinitive is not part of a verb phrase, the pronouns must be attached to the end of the infinitive.

No tengo dinero para comprár**telo**.	*I don't have any money to buy it for you.*

Actividad 1 ¿Objeto directo u objeto indirecto?

Paso 1 Subraya los objetos directo e indirecto en cada una de las siguientes oraciones. Luego identifica el objeto indirecto y finalmente escribe el pronombre que puede sustituir al objeto directo.

> *Ejemplo:* ¿Qué fundación <u>te</u> dio <u>la beca</u>?
> $\qquad\qquad\quad$ OI $\quad$ OD → **la**

1. La Asociación de estudiantes católicos le entregó unas flores a la presidenta.
2. Mi equipo de fútbol le agradeció sus aplausos al público.
3. Le pedimos un autógrafo al líder progresista que nos visitó.
4. Mi amigo judío me dijo todo lo que necesitaba saber sobre Hanukkah.
5. Nuestros compañeros de facultad nos regalaron un cuadro cuando nos casamos.

Paso 2 Ahora vuelve a escribir las oraciones del **Paso 1** usando los pronombres de objeto directo e indirecto, prestando atención al orden de los pronombres y los verbos.

> *Ejemplo:* ¿Qué fundación <u>te</u> dio <u>la beca</u>? → ¿Qué fundación **te la** dio?

Actividad 2 Una fiesta para la nueva ingeniera

Marina acaba de recibir su licenciatura en ingeniería y es la primera persona de su familia en obtener un título universitario. Por eso sus padres están organizándole una gran fiesta sorpresa, con la ayuda de su otra hija, Lydia. Completa el diálogo con los pronombres de objeto directo e indirecto.

MAMÁ: Tenemos que mandar las invitaciones inmediatamente.

LYDIA: No te preocupes mamá, yo ya _____ [1] mandé.

MAMÁ: Hay que preguntarle a Juan si su conjunto de marimba está disponible para ese día.

PAPÁ: No te preocupes: esta mañana _____ [2] vi y _____ [3] _____ [4] pregunté.

MAMÁ: ¿Y qué _____ [5] respondió?

PAPÁ: _____ [6] dijo que sí.

MAMÁ: ¡Qué bien! Ahora tenemos que comprar las flores.

LYDIA: La madre de Carmen, mi compañera de clase, tiene una floristería. Si quieres, yo puedo _____ [7] (encargar).

MAMÁ: Estupendo. _____ [8] (decir) que nos gustaría comprar rosas y lilas.

Actividad 3   Faltan los pronombres

Completa el siguiente diálogo con los pronombres necesarios en el lugar correcto con respecto al verbo. **¡OJO!** A veces se necesita el pronombre de objeto directo, otras el de objeto indirecto y a veces los dos: presta atención al contexto necesario para completar el significado de cada verbo. Las frases **a** + *pronombre* aparecen cuando son necesarios para comprender la oración.

> *Ejemplo:*   Cuando a María ___le regalan___ (regalan) un CD nuevo
> siempre ___me lo___ presta (presta, a mí).

MARÍA: A mí _____ [1] (acaban de regalar) el último CD de Shakira.

JUAN: ¡Qué suerte! ¿ _____ [2] (puedes prestar, a mí)? Quiero _____ [3] (escuchar). Ahora no tengo dinero para _____ [4] (comprar).

MARÍA: _____ [5] (presté) ayer a Susana, pero _____ [6] (va a devolver, a mí) hoy mismo. Entonces _____ [7] (presto, a ti). Y yo quiero que tú _____ [8] (prestes, a mí) el CD de Celia Cruz.

JUAN: Cómo no. Si _____ [9] (quieres) _____ [10] (doy), porque casi nunca _____ [11] (escucho).

Actividad 4   Adivina, adivinanza

Prepara varias oraciones sobre un objeto o concepto sin mencionar su nombre. Tus compañeros tendrán que adivinar lo que es. Debe haber al menos un pronombre en cada oración. La última oración debe ser la más fácil.

> *Ejemplo:*   la tarea → Nos la dan con demasiada frecuencia.
> Casi nunca me gusta hacerla.
> Si no la haces, hay problemas.
> Nadie la puede hacer por ti.
> Tienes que entregársela a los profesores antes de
> una fecha límite.

5. Verbos que expresan acciones que afectan al sujeto: reflexivos

«Ya no es igual que antes, cuando la gente sudaba, **se duchaba** y **se iba** sin hablar con nadie.»*

«Tanto Laura como su amiga Cristina aseguran **pasarse** las horas muertas, de arriba para abajo, ...»*

Reflexive verbs are those in which the subject is also the recipient of the action it performs.

Compare these two sentences. Notice that the pronoun in the second sentence, which is a direct (not a reflexive) object, is not the same as the subject.

(Yo) **Me levanto** a las 7 de la mañana.   *I get (myself) up at 7 A.M.*

---

*«¿Quedamos en el híper?», *El país semanal*

¿Mis hijos? (Yo) **Los levanto** a las
8 de la mañana.

My kids? I get them up at 8 A.M.

The pronouns

- In Spanish reflexive verbs are marked by the use of reflexive pronouns
(**pronombres reflexivos**), which are similar to the pronouns for the direct
and indirect objects.

Los pronombres reflexivos			
me	myself	**nos**	ourselves
te	yourself	**os**	yourselves
se	him/herself/yourself	**se**	themselves/yourselves

- Reflexive pronouns follow the same rules of placement as the direct and
indirect object pronouns.

Me despierto a las 6:00.	*I wake up at 6:00.*
Todavía están vistiéndo**se**. / Todavía **se** están vistiendo.	*They're still getting dressed.*
¿Quieres sentar**te** aquí? / ¿**Te** quieres sentar aquí?	*Do you want to sit here?*
¡Acuésta**te**!	*Go to bed!*
No **te** acuestes todavía.	*Don't go to bed yet.*
¿Las manos? Ya **me las** lavé.	*My hands? I already washed them.*

Verbs that do not change meaning

Many verbs can be used reflexively or nonreflexively. The shift in meaning
is simply that the action is being done to *oneself;* the verb does not change
meaning.

- **Daily routine verbs**

Many reflexive verbs are related to daily routines and are easily identified
in English as reflexive verbs.

acostar(se) (ue)	*to go (put oneself) to bed*	levantar(se)	*to get (oneself) up*
afeitar(se)	*to shave (oneself)*	maquillar(se)	*to put on makeup*
despertar(se) (ie)	*to wake up (oneself)*	peinar(se)	*to comb (one's hair)*
duchar(se)	*to shower (oneself)*	vestir(se) (i, i)	*to get (oneself) dressed*

Recordatorio

Los pronombres recíprocos
Los pronombres **nos, os** y **se**
también sirven para referirse a
una situación de reciprocidad;
es decir, el uno al otro (*to each
other*).

Los buenos compañeros **se ayudan.**	*Good friends help each other.*
Mi mejor amiga y yo **nos visitamos** mucho.	*My best friend and I visit each other a lot.*
¿**Os escribís** tus amigos y tú por e-mail?	*Do you and your friends write each other e-mails?*

- **Otros verbos reflexivos**

Many verbs that are reflexive in Spanish do not have reflexive meanings in English, because the *-self* pronoun is not required in English.

callar(se)	*to be quiet*	preparar(se)	*to prepare (oneself)*
calmar(se)	*to calm (oneself) down*	quitar(se)	*to take off, to remove (from oneself)*
divertir(se) (ie, i)	*to have fun*	reunir(se)	*to get together, meet*
enamorar(se) de	*to fall in love with*	(me reúno)	
escapar(se)	*to escape*	sentar(se) (ie)	*to sit (oneself down)*
esforzarse (ue)	*to make an effort*	sentir(se) (ie, i)	*to feel*
mudar(se)	*to move (from one house to another)*	tatuar(se) (me tatúo)	*to get a tattoo (on one's body)*
		teñir(se) (i, i)	*to dye (one's hair)*

Verbs that change meaning

- The following verbs change meanings in the reflexive. Again, these verbs are not necessarily reflexive in English.

acordar (ue)	*to agree*	acordarse	*to remember*
beber	*to drink*	beberse	*to drink up*
comer	*to eat*	comerse	*to eat up*
dedicar (qu)	*to dedicate*	dedicarse a	*to give oneself to; to work as*
dormir (ue, u)	*to sleep*	dormirse	*to fall asleep*
hacer (*irreg.*)	*to make; to do*	hacerse	*to become*
ir (*irreg.*)	*to go*	irse	*to leave*
llamar	*to call*	llamarse	*to be named*
parecer (zc)	*to seem*	parecerse	*to look like*
poner (*irreg.*)	*to put, place*	ponerse	*to put on; to turn; to become*
volver (ue)	*to return*	volverse	*to become*

- These verbs also change meaning in the reflexive, and are most commonly used in the reflexive. Only the reflexive meanings are listed here.

burlarse de	*to make fun of*	darse (*irreg.*) cuenta	*to realize*
comportarse	*to behave*	equivocarse (qu)	*to make a mistake*
enterarse de	*to find out*	fijarse en	*to notice*

Verbs that are always reflexive

Some verbs are only used in the reflexive in Spanish. These do not necessarily have reflexive meanings in English.

arrepentirse (ie, i)	*to repent; to regret*	quejarse de	*to complain*
atreverse a	*to dare*	suicidarse	*to commit suicide*

Verbs of *becoming*

The following reflexive verbs express *to get/become* + *adjective* and have no reflexive meaning in English.

Me enfadé mucho cuando me insultó.

I got/became very mad when he insulted me.

aburrir → aburrirse	*to get/become bored*
alegrar → alegrarse	*to get/become happy*
enfadar → enfadarse	*to get/become angry*
enfermar → enfermarse	*to get/become sick*
enfurecer → enfurecerse (zc)	*to get/become furious*
enojar → enojarse	*to get/become angry*
emborrachar → emborracharse	*to get/become drunk*

NOTA LINGÜÍSTICA: verbos que expresan *to become*

When *to become* expresses a change, including physical, emotional, financial, and so on, the following expressions are used. How the change comes about determines which verb you should use.

- **hacerse:*** gradual change, over a period of time, normally accomplished by a conscious effort and implying a goal met; can be followed by a noun or an adjective

  Los Martínez **se hicieron** ricos en este país.

  The Martínez family became rich in this country.

  Su hijo **se hizo** médico.

  Their son became a doctor.

- **volverse:** physical or emotional change; often a sudden, dramatic, irreversible change; can be followed by a noun or adjective

  Cuando murió su hijo, **se volvió** loca.

  When her son died, she went (became) crazy.

  Esto **se ha vuelto** un problema.

  This has become a problem.

- **ponerse:** physical or emotional change; often sudden, must be followed by an adjective

  Me puse furioso con mis amigos.

  I became (got) furious with my friends.

  Mi padre **se ha puesto** muy gordo últimamente.

  My father has gotten (become) fat recently.

- **convertirse (ie, i) en:**† gradual change, showing conversion (religion, for example) or metamorphosis, followed by a noun

  César Chávez **se convirtió en** un portavoz de la lucha de los campesinos.

  César Chávez became a spokesperson for the farmworkers' struggle.

  La oruga **se convirtió en** mariposa.

  The catepillar became a butterfly.

---

*To express a gradual change that did not necessarily come about from a conscious effort, the phrase **llegar a ser** is used.

El elefante **llegó a ser** símbolo del partido republicano.

The elephant became a symbol of the Republican Party.

†Note that **convertir(se) a** means *to convert to.*

Muhamad Alí **se convirtió al** islamismo.

Muhammad Ali converted to Islam.

Actividad 1   ¿Reflexivo o no?

Completa el siguiente párrafo con los verbos entre paréntesis. Usa el presente de indicativo o el infinitivo, según el caso. **¡OJO!** Algunos verbos deben ser reflexivos y otros no. Incluye los pronombres reflexivos si son necesarios.

Hoy _____[1] (reunir: nosotros) todos los miembros de la Asociación de estudiantes latinos. Queremos _____[2] (acordar) la lista de eventos para el próximo semestre. Es seguro que Juan no va a votar porque siempre _____[3] (dormir) en medio de la reunión— por eso _____[4] (sentar) atrás.[a] Yo estoy en el comité de relaciones públicas, y después de la reunión tengo que _____[5] (ir) para hablar con la gente del periódico. Como soy tímido siempre _____[6] (poner) un poco nervioso en estas situaciones. Belén está en el comité de los afiches[b] y los _____[7] (poner) por todo el *campus* cada vez que hay un evento.

[a]*in the back*   [b]*posters*

Actividad 2   Asociaciones

Indica el verbo que corresponde a cada una de las siguientes ideas y luego inventa una oración con ese verbo.

Ejemplo: un error → equivocarse: Yo nunca me equivoco.

1. *Saturday Night Live*
2. sentir interés
3. el silencio
4. las cosquillas (*tickles*)
5. una cita romántica
6. una clase de matemáticas
7. alguien usa tu champú y tu cuchilla de afeitar sin tu permiso
8. un resfriado (*cold*)
9. oír las noticias
10. el nombre y apellido
11. una flor en el tobillo (*ankle*)
12. el despertador

Actividad 3   En la cafetería de la escuela secundaria

Completa el siguiente párrafo con la forma correcta de verbos de la lista. No repitas verbos.

aburrirse	burlarse	enamorarse	ponerse	sentarse
acordarse	comerse	irse	preocuparse	tatuarse
atreverse	darse cuenta	parecer	quejarse	teñirse

Mis amigos y yo _____[1] en la misma mesa todos los días. _____[2] (nosotros) todo el almuerzo en pocos minutos mientras _____[3] de que la comida está muy mala, excepto cuando es pizza. El grupo de deportistas _____[4] de los chicos que _____[5] el pelo de colores extravagantes y _____[6] por todo el cuerpo. Unas chicas del décimo grado _____[7] de que las están mirando unos chicos de un curso superior[a] y _____[8] rojas.

[a]chicos... *upper classmen*

Dos de ellas _____[9] inmediatamente de los chicos que las miran. Varios estudiantes _____[10] de que tienen una prueba[b] en la clase siguiente, pero no _____.[11]

Yo sé que voy a _____[12] en la próxima clase y quiero decir que estoy enfermo para _____[13] a mi casa, pero no _____.[14] ¿No te _____[15] familiar esta escena a ti, según tu experiencia en la escuela secundaria?

[b]*quiz*

Actividad 4   Encuesta

Usa los siguientes verbos para entrevistar a dos compañeros de clase. Puedes usar otros verbos si quieres.

Ejemplo: llamarse →   —¿Por qué te llamas José?
—Me llamo José porque así se llamaba mi abuelo.

aburrirse	**emborracharse**	**equivocarse**	**llamarse**	**quejarse**
atreverse a	**enamorarse**	**levantarse**	**parecerse**	**sentirse** + *adjetivo*

6. *GUSTAR* Y OTROS VERBOS SIMILARES

«...me encanta Depeche Mode...»*
«...ya sólo te queda dinero para un helado.»*

Gustar is the most common of a group of verbs in Spanish that require an indirect object. The English equivalent does not necessarily include an indirect object. The literal equivalent in English is *to be pleasing*. The subject in the English sentence (usually a person) is expressed as an indirect object in the Spanish sentence, and the direct object of *to like* becomes the subject of **gustar.**

(a + OI) OI	gustar	(subject)	→	subject	to like	OD
(A mí) Me	gustan	las artes.	→	I	like	the arts.

(literally: The arts are pleasing to me.)

Les gusta la química.   *They like chemistry. (Chemistry is pleasing to them.)*

Me gustas (tú) mucho.   *I like you very much. (You are very pleasing to me.)*

The English equivalents of some verbs like **gustar** have the same structure as the Spanish.

parecer (*to seem*)
  Me parece interesante.   *It seems interesting to me.*

importar (*to matter*)
  Estos problemas no **nos importan.**   *These problems don't matter to us.*

---

*«¿Quedamos en el híper?», *El país semanal*

- The subject is often not explicit in this structure, especially if it has been established.

—¿Te gustan **estas botas?**	*Do you like these boots?*
—¡Me encantan!	*I love them!*

- To clarify or emphasize the indirect object pronoun, use the prepositional **a** phrase: **a mí, a ti, a Pedro,** and so on.

A mí me gusta la música clásica, pero **a mi compañero de casa** no **le** gusta nada.	*I like classical music, but my roommate doesn't like it at all.*

- The order of the elements in a sentence is variable. The emphasis in each case is different.

Me gusta el chocolate. A mí me gusta el chocolate. El chocolate me gusta. El chocolate me gusta a mí.	*I like chocolate.*

- Information questions with **gustar**

To ask *Who likes . . . ?* use **¿A quién le gusta(n)...?**

—¿A quién le gusta el chocolate?	*Who likes chocolate?*
—A mí. / A mí no.	*I do. / I don't.*

¡OJO!: The answer is an indirect object, never the subject (**Yo, él,** and so on).

To ask what someone likes, use **¿Qué te/le(s) gusta...?**

—¿Qué te gusta?	*What do you like?*
—El chocolate.	*Chocolate.*

The answer (the thing liked) is a subject, not an object, in the response.

Other verbs like gustar

caer bien/mal — *to like/dislike (someone)*

Tu compañero de casa **me cae** muy bien.	*I like your housemate. (I think he is nice.)*
	to agree with (food)
Las cebollas no **me caen** bien.	*Onions don't agree with me.*

convenir — *to be suitable, a good idea*

Ese plan no **te conviene.**	*That plan is not suitable / a good idea for you.*

doler — *to hurt*

Me duele la cabeza.	*My head hurts. (I have a headache.)*

encantar/fascinar — *to love (things)*

Me encanta/fascina el café colombiano.	*I love Colombian coffee.*

hacer falta	*to need*	
Les hace falta un abrigo para el invierno.		*They need a winter coat.*
importar	*to matter*	
Eso no **me importa** nada.		*That doesn't matter to me at all.*
interesar	*to interest*	
Nos interesa mucho la historia del Caribe.		*We are very interested in Caribbean history.*
molestar	*to bother*	
Me molesta que lleguen tarde.		*It bothers me that they arrive late.*
parecer	*to seem*	
Me parece que eso no es verdad.		*It seems to me that that is not true.*
preocupar	*to worry*	
Nos preocupan tus notas.		*Your grades worry us.*
quedar	*to have left*	
Me quedan sólo 5 euros.		*I only have 5 euros left.*
	to suit; to look (good/bad) on	
Ese vestido no **te queda** bien.		*That dress doesn't suit you well (look good on you).*
tocar	*to be one's turn*	
¿A quién **le toca** ahora?		*Whose turn is it now?*

Actividad 1   Asociaciones

Paso 1   ¿Qué se te ocurre (*What comes to mind*) cuando piensas en los siguientes verbos? Inventa oraciones relacionadas con tus circunstancias.

Ejemplos: hacer falta   → Me hacen falta unos zapatos para correr.
caer bien/mal → El novio de mi mejor amiga me cae muy mal.

1. hacer falta
2. caer bien/mal
3. encantar/fascinar
4. convenir
5. doler
6. importar/interesar
7. molestar/preocupar
8. parecer
9. quedar

Paso 2   En parejas, comparen sus oraciones. ¿Coincidieron en algo?

Actividad 2 Oraciones incompletas

Completa las siguientes oraciones con las palabras que faltan. **¡OJO!** Puede ser una de las siguientes cosas.

- la **a** personal
- el objeto indirecto
- uno de estos verbos: **doler, faltar, fascinar, gustar, parecer**

Ejemplo: _A_ mí no _me_ toca organizar la reunión de nuestra asociación.

1. Me _____ mil dólares para pagar la matrícula.
2. _____ Juan y Carlos _____ encanta la poesía.
3. Nos _____ mucho _____ nosotros el tema de la política.
4. ¿A ti no _____ los pies cuando bailas mucho? A mí sí.
5. _____ María le _____ mal que no asistas a la reunión.
6. A mi equipo de baloncesto _____ toca jugar mañana.
7. Al representante del partido progresista le _____ hablar con los jóvenes.
8. A los miembros del club de ajedrez no _____ conviene acostarse tarde hoy.
9. Me alegro de que a ti _____ caigan bien mis compañeros musulmanes.
10. _____ mi profesor de informática le _____ el nuevo programa.

Actividad 3 Minidiálogos

Paso 1 Empareja cada una de las preguntas o declaraciones con la respuesta correspondiente.

1. _____ ¿Te gusta la paella?
2. _____ A mí me encantan los pimientos fritos.
3. _____ ¿Quién ganó ayer el partido de fútbol?
4. _____ Oye, ¿te hace falta la computadora esta noche?
5. _____ ¿Por qué no vamos al nuevo restaurante español esta noche?

a. A mí también, pero no me caen bien.

b. Me encantaría ir, pero no puedo porque sólo me quedan $20 para todo el fin de semana. ¿Por qué no vamos mejor al cine?

c. ¡Me fascina!

d. Ni lo sé ni me importa.

e. No, no la necesito hasta mañana por la tarde, así que puedes usarla cuando quieras.

Paso 2 Ahora, en parejas, inventen respuestas a las siguientes preguntas.

1. El dentista te pregunta: «¿Por qué necesita verme con urgencia?»

2. Una amiga te pregunta: «¿Por qué no te compraste el vestido azul que te gustaba tanto?»

3. Tu madre te pregunta: «¿Por qué bebes tantos refrescos sin azúcar? No son buenos para ti, ¿sabes?»

4. Un amigo te pregunta: «¿Por qué no viniste con nosotros a ver la película japonesa doblada (*subtitled*)?»

5. Tu compañero/a sentimental te pregunta: «¿Te gusto?»

Actividad 4 Reacciones

En parejas, túrnense para dar su reacción a cada uno de los siguientes temas usando uno de los verbos como **gustar**. La otra persona debe añadir si su reacción es similar o no usando frases con **a mí también/tampoco**.

> *Ejemplo:*   las ciencias exactas   →
> —Las ciencias exactas me aburren. / A mí me aburren las ciencias exactas.
> —A mí también. / Pues a mí no; a mí me interesan mucho.

1. las ciencias sociales / las humanidades

2. la religión / la política

3. la música latina / el jazz

4. la situación económica de tu familia / del país

5. los deportes universitarios / los deportes profesionales

6. ahorrar dinero / ir de compras

7. ¿?

Recordatorio
odiar = *to hate*
Odio las   *I hate spinach.*
espinacas.
¡OJO! No es como **gustar**.

Serpientes y escaleras (1998), por el mexicano/americano Jamex de la Torre. La cruz cristiana con la serpiente evoca a Quetzalcoatl, dios de los antiguos mexicanos, representado por la serpiente emplumada (with feathers). ¿Dónde están las plumas en esta escultura?

El mundo hispano es mayormente católico. El porcentaje de católicos oscila entre el 75 por ciento (Guatemala) y el 96 por ciento (Honduras y Venezuela). Por esta razón, la religión católica tiene un papel importantísimo en las tradiciones culturales de cada país: muchas fiestas nacionales están relacionadas con la religión.

En gran parte de los países latinoamericanos, el catolicismo, traído al Nuevo Mundo por los españoles, se vio influenciado por las tradiciones de otras religiones locales, como las tradiciones indígenas, o importadas también, como la de los esclavos africanos. Un ejemplo es la santería, una mezcla de catolicismo con ritos de la religión politeísta de los yorubas africanos, que se practica por todo el Caribe. Otro es el famoso Día de los Muertos en México, que combina una celebración católica con una festividad de tradición indígena.

En la actualidad, la presencia de otros grupos religiosos se hace cada día más palpable en casi todos los países. Algunas sectas protestantes, como los evangelistas, tienen más y más seguidores en, por ejemplo, Guatemala y Panamá. España ya cuenta con[a] más del 1 por ciento de los musulmanes del mundo, a consecuencia de la emigración de países del norte de África, especialmente Marruecos, mientras que en otros países hay pequeñas pero vibrantes comunidades judías, como es el caso de la Argentina y México. Estas comunidades no católicas, aunque de bajo porcentaje, reflejan una realidad diversa y cambiante en la población hispana.

Finalmente, es importante mencionar otro dato.[b] Muchos países, como España y la Argentina, tienen un alto porcentaje (más del 30 por ciento) de personas no religiosas. Estas personas con frecuencia siguen las tradiciones católicas por razones familiares y culturales, pero no se consideran creyentes[c] y no practican la religión. Esto muestra que en casi todos los países la separación de la religión y el estado es un hecho.[d] Puede haber alguna manifestación de las creencias religiosas en la política, como por ejemplo en el debate sobre el aborto. Pero la religión en la vida pública latinoamericana no es necesariamente más fuerte que en los Estados Unidos y en algunos países la separación es incluso más obvia. Por ejemplo, en algunos países no es aceptable que los dirigentes políticos invoquen su fe o que se rece en actos públicos.

[a]cuenta... *has*   [b]*fact*   [c]*believers*   [d]*fact*

Tertulia   Practicar la religión

- ¿Qué religiones predominan en el país de Uds.? ¿Tiene la religión una presencia importante en la vida de su país? ¿Cómo se explica eso?
- Imaginen cómo ha de ser (*how it must be*) compartir la religión de la inmensa mayoría de las personas del país. ¿Creen que habría (*there would be*) mucha presión religiosa o poca? ¿En qué aspectos de la vida?

Reflexiona antes de leer

Sobre la lectura

La siguiente lectura es un artículo que se publicó en la revista semanal *Carrusel* del periódico *El tiempo*, uno de los periódicos colombianos más importantes. El artículo está reproducido casi en su totalidad.

VOCABULARIO ÚTIL

la convivencia	la vida juntos
la culpa	*blame*
el fracaso	*failure*
el hogar	*home*
la soledad	*solitude; loneliness*
aguantar	*to put up with*
asumir (gastos / respon- sabilidad)	*to assume (expense/ responsibility)*
lograr	*to achieve*
tener en cuenta	*to keep in mind*
mensual	*monthly*

Actividad 1   Definiciones

¿Qué palabra del **Vocabulario útil** corresponde a cada definición?

1. Es un adjetivo que significa «todos los meses».
2. Este verbo expresa lo que sentimos cuando tenemos que aceptar algo que no nos gusta.
3. Es sinónimo de **conseguir** u **obtener.**
4. Es lo que sentimos cuando hacemos algo que sabemos que está mal.
5. Cuando una cosa sale mal, es decir, no resulta como se espera, decimos que es esto.
6. Es el lugar donde vivimos, no importa si es una casa o apartamento.
7. Es el sentimiento o la circunstancia de estar solo/a.

Actividad 2   La vida fuera del hogar familiar

¿Qué te parece la vida independiente? Responde a cada una de las siguientes ideas y luego compara tus respuestas con las de un compañero / una compañera. ¿Comparten los mismos sentimientos?

1. una cosa que siempre se debe tener en cuenta cuando vivimos independientemente
2. lo que más te molesta aguantar cuando convives con personas que no son de tu familia
3. lo que más echas de menos (*miss*) del hogar familiar
4. la cuenta (*bill*) mensual más alta
5. la responsabilidad más difícil de asumir

Estrategia de lectura: inferir el significado de lo que no sabemos usando el contexto

Cuando leemos, constantemente y de manera automática, hacemos inferencias sobre lo que estamos leyendo o vamos a leer. A medida (*As*) que avanzamos en la lectura, confirmamos nuestras suposiciones o las descartamos. Aunque de vez en cuando nos encontramos con una palabra o expresión nueva o poco conocida, casi nunca interrumpimos la lectura para buscarla en el diccionario. ¿Qué hacemos entonces?

- Nos fijamos en el contexto e intentamos deducir su significado.
- Relacionamos la palabra con otras palabras conocidas que tienen la misma raíz (*root*).
- Relacionamos la palabra con palabras similares en inglés.

Fíjate en este ejemplo de la lectura. ¿Qué significa la palabra **paso** en cada uno de los contextos a continuación? **¡OJO!** Es posible que en inglés se usen palabras diferentes en cada uno de los contextos.

- Toda persona que tome la determinación de salirse del hogar paterno, debe estar convencida del **paso** que va a dar.
- La persona que quiera abrirse **paso** en la vida debe sentirse capaz de asumir su nuevo papel económicamente.

Mientras lees el siguiente texto, intenta inferir el significado de las seis palabras subrayadas en la lectura.

Independizarse: el comienzo de una nueva vida

Toda persona que tome la determinación de salirse del hogar paterno, debe estar convencida del paso que va a dar. Los costos que eso representa, asumir la soledad que se siente al comienzo y tomar la vida con total responsabilidad, no es nada fácil.

El momento crucial

La persona que quiera abrirse paso en la vida debe sentirse capaz de asumir su nuevo papel económicamente y desde ese punto de vista emocional, pues es muy difícil vivir solo al principio. Además, «aunque existan las ganas de tener un espacio propio y una libertad total, en muchos casos se asume esa determinación sin tener algo básico y bien estructurado que le permita estabilizarse», dice Clara Inés Bonilla, socióloga de la Universidad Nacional.

Hay algo claro y es que la decisión no se debe tomar en momentos de crisis. «Muchas veces una discusión con la familia hace que muchos jóvenes se pongan a pensar en la posibilidad de irse, para no aguantar más esa situación», explica José Cabrera, psicólogo e investigador del Centro de Investigación y de Formación en Educación, CIFE, de la Universidad de los Andes.

Pero ésos no son los mejores instantes para tomar la decisión de independizarse, entre otras razones, porque seguramente no se cuenta con un <u>sustento</u> económico que sostenga[a] los gastos básicos de la añorada[b] independencia.

[a]*support*
[b]*deseada*

Empacando maletas[c]

Cuando la persona se encuentra totalmente decidida, la tarea inicial es empezar a organizar todo para que su nueva vida sea lo más placentera[d] posible. Sin embargo, «una de las cosas que más preocupa a quien decide irse es la actitud de los padres», añade Cabrera.

«Hay hogares en los que no aceptan de buena manera que su hijo, y menos una hija, busque ese espacio. Entonces, asumen una posición de rechazo[e] que en nada beneficia a la persona», explica el especialista. Y no es favorable porque quien desea irse de la casa puede tener sentimientos de culpa o pensar que no está haciendo bien las cosas.

«Lo ideal es que los padres entiendan que los hijos no son una pertenencia.[f] Ellos merecen abrir sus espacios, sobre todo cuando la decisión ha sido tomada con seriedad y <u>madurez</u>», asegura el psicólogo.

Sin embargo, hay que tener claro que la posición del papá y la mamá no es la de querer complicar la vida de su hijo porque lo que siempre quieren es su <u>bienestar</u>.

La soledad es muy dura

Para quienes están decididos a salir en busca de una nueva vida, no todo es color de rosa. Abandonar el «hotel mamá» es complicado. Saber que pasa de tenerlo todo a preocuparse por sus cosas, no es un paso fácil de dar.

La ropa limpia depende de él mismo, el pago de cuentas y servicios, el aseo[g] del apartamento y todo aquello que implica el <u>mantenimiento</u> correcto de su casa son cosas con las que quizá no pensó <u>enfrentarse</u> en el momento de tomar la determinación de independizarse. Sin embargo, son responsabilidades ineludibles[h] que se deben asumir sin ninguna discusión en ese papel nuevo de «jefe de hogar».

Pero la parte más difícil que tiene que afrontar[i] esa persona es la soledad. «Es muy difícil llegar al apartamento y saber que nadie lo está esperando...», comenta Cabrera. Incluso, una complicación que surge a raíz[j] de esta sensación de soledad es la de comenzar a pagar altas cuentas telefónicas porque con el teléfono buscan llenar ese <u>vacío</u>.

Hay algo que se debe tomar en claro y es que la independencia no sólo depende de un espacio físico sino un espacio simbólico. Hay personas que pueden convivir en casa de sus padres hasta una edad avanzada y no tienen ningún problema porque han sabido respetar los espacios y las normas de convivencia entre las dos partes son muy buenas. Esto, porque la independencia no sólo la define el tener un lugar para vivir fuera de la familia. Incluso, hay personas que no tienen que irse de su casa para sentirse independientes, porque han logrado tener buenas relaciones con su familia y se han sabido respetar los espacios y la individualidad de la persona, lo cual hace mucho más viable la convivencia.

Quienes han decidido en forma rápida, se han encontrado con mucho obstáculos que han determinado el regreso a su casa paterna, lo cual se convierte en una especie de fracaso. Por eso, para evitar este traspiés,[k] tenga la certeza[l] de dar pasos lentos, pero firmes y así podrá lograr su objetivo de ser una persona independiente, pero convencida de haber tomado la mejor decisión.

[c]Empacando... *Haciendo las maletas*

[d]*agradable*

[e]*rejection*

[f]*belonging*

[g]*limpieza*

[h]*unavoidable*

[i]*to face*

[j]surge... aparece a consecuencia

[k]*stumble* [l]tenga... *be sure*

(*continues*)

^m*budget*

ⁿ*location*

Tenga en cuenta los costos

Tal vez el factor más determinante para lograr independizarse de la familia es el factor económico. Para el economista Alberto Rangel «la decisión debe basarse en los ingresos básicos que tiene mensualmente, y así hacer el presupuesto^m de lo que va a gastar». Los costos mensuales pueden variar de acuerdo con el tipo de apartamento, la ubicaciónⁿ y el estilo de vida que lleve la persona.

Comprensión y discusión

Actividad 3 ¿Está claro?

Explica con tus propias palabras lo que dice el artículo.

1. ¿Cuál no es el momento adecuado para tomar la decisión de independizarse?
2. ¿Cuál es probablemente el factor más importante para tomar la decisión de irse de casa?
3. ¿Qué es lo más difícil de confrontar al dejar el hogar de los padres?
4. ¿Cuál es uno de los problemas que pueden causar los padres?

Actividad 4 ¿Qué piensas ahora?

Paso 1 ¿Cuál es el significado de las palabras subrayadas? Empareja cada palabra subrayada de la lectura con la definición correspondiente. Sólo seis de las nueve definiciones se usan: las otras son falsas o no son apropiadas en el contexto de esta lectura.

1. lo opuesto de no querer tener problemas o evitarlos
2. darse un golpe en la frente
3. cantidad de dinero necesaria para vivir
4. estado físico y mental que implica que ya no se es o se actúa como un niño
5. espacio donde no hay nada
6. lo que se hace para conservar la apariencia y el funcionamiento de algo
7. la etapa de la vida entre la juventud y la vejez
8. insultar u ofender a alguien
9. condición favorable de vida

Paso 2 ¿Cuántas definiciones pudiste deducir mientras leías, sin la ayuda del **Paso 1**?

Tertulia   Independizarse en los Estados Unidos

- ¿Cuándo suelen independizarse los jóvenes en el país de Uds.? ¿Por qué en este momento?
- ¿Sería interesante o informativo este artículo para lectores estadounidenses o canadienses? ¿Por qué? Si creen que no, ¿qué modificarían para hacerlo interesante?

REDACCIÓN Ensayo descriptivo

Tema

Un ensayo para el periódico estudiantil de una universidad latinoamericana en el que describas a los jóvenes de tu generación

Antes de escribir

- Piensa en los diferentes aspectos tratados en este capítulo: la religión, las afiliaciones políticas, el mundo universitario y otros temas que definan a tu generación, como, por ejemplo, los gustos con referencia a la música, la manera de hablar, la relación con la tecnología, etcétera.

- Haz una lista de las preguntas que puedan tener tus lectores (probablemente jóvenes) con relación al tema sobre el que vas a escribir.

- Haz un borrador con todas tus ideas. No te preocupes ahora del orden ni de la gramática, pero piensa y escribe en español. Si hay una palabra que no conozcas, deja un espacio en blanco o haz un símbolo.

Mientras escribes

- No olvides la importancia del orden. Debes incluir:
  - una introducción que incluya la tesis o idea central de tu ensayo
  - un cuerpo en el que desarrolles una idea en cada párrafo
  - una conclusión o resumen de tus ideas más importantes

- Recuerda que estás describiendo, por lo tanto escoge un vocabulario creativo.

- Busca en el diccionario y en tu libro de español aquellas palabras y expresiones sobre las que tengas duda.

Después de escribir

- Repasa los siguientes puntos.
  - el uso de **ser** y **estar**
  - la concordancia entre sujeto y verbo
  - la concordancia de género y número entre sustantivos, adjetivos y pronombres
  - la ortografía y los acentos
  - el uso de un vocabulario variado y correcto: evita las repeticiones
  - el orden y el contenido: párrafos claros, principio y final

- Finalmente, prepara tu versión para entregar.

No te olvides de mirar el Apéndice I, **¡No te equivoques!,** para evitar errores típicos de los estudiantes de español. Para esta actividad de escritura, se recomienda que prestes atención a **Maneras de expresar** *but* (página 352).

Consulta el *Cuaderno de práctica* para encontrar más ideas y sugerencias que te ayuden a escribir la composición.

▪ Gramática en contexto: La tertulia

Este libro de texto incluye actividades llamadas tertulias. El siguiente párrafo describe lo que es una tertulia y otros aspectos relacionados con ella. Complétalo con la forma correcta del presente de indicativo de los verbos entre paréntesis. Cuando no hay un verbo entre paréntesis, escriba el pronombre necesario (de objeto directo, indirecto o reflexivo/recíproco).

Uno de los pasatiempos que más _____[1] gusta a los estudiantes universitarios, y a los hispanos en general, es la tertulia. Una tertulia se forma con varias personas que conversan sobre temas que _____[2] _____[3] (interesar): el cine, la literatura, el fútbol, y cómo no, la política. Por eso, una reunión de amigos _____[4] (hacerse) una tertulia siempre que se hable de algo que requiere una opinión. La gente _____[5] (reunirse) en cualquier lugar para charlar, con frecuencia en un bar o un café. Típicamente, la hora de la tertulia es después del almuerzo o la cena, lo que _____[6] (conocerse) como «la sobremesa». La sobremesa puede durar varias horas; las personas simplemente no _____[7] (levantarse) de la mesa después de la comida y siguen charlando, generalmente tomando café.

Los hispanos tienden a[a] expresar sus opiniones apasionadamente sin _____[8] (enfadarse) entre ellos. Entre los hispanos, es más aceptable que una persona _____[9] diga a otra que no tiene razón, sin que esa persona _____[10] considere un insulto, especialmente si son buenos amigos y _____[11] conocen bien.

Hay lugares famosos por sus tertulias —a veces _____[12] conocemos a través de la literatura y de la historia intelectual. Un ejemplo es el famoso Café Gijón de Madrid, donde _____[13] reunían escritores, políticos y artistas, incluso algunos toreros,[b] en los años 20 y 30 del siglo XX.

¿Existen las tertulias en los Estados Unidos? Si ocurren, ¿dónde suelen ocurrir? ¿De qué se habla principalmente?

[a]tienden... *tend to*   [b]*bullfighters*

🏛 Proyecto en la comunidad

¿Cuáles son algunas de las asociaciones (religiosas, políticas, deportivas, profesionales, etcétera) de las personas latinoamericanas en tu ciudad o tu estado? Escoge una de ellas y entrevista a uno o varios de sus miembros para saber algo de la historia y objetivos de la asociación.

👥 Tertulia final   Mi generación

Con frecuencia se habla de una generación como una época, como un período histórico. Por ejemplo, la generación de los que nacieron después de la Segunda Guerra Mundial se llama los «*baby boomers*» y tiene características especiales. ¿Qué se dice de la generación de Uds.? ¿Qué piensan Uds. de su generación en contraste con otras generaciones? ¿Qué piensan sus padres/abuelos (o hijos) de la generación de Uds.?

Capítulo 3 Raíces

«De tal palo tal astilla»*

Una boda es una de las grandes celebraciones familiares. ¿Cuándo fue la última vez que hubo una gran reunión de tu familia? ¿Cuál fue el motivo? ¿Quiénes asistieron?

En este capítulo

- **Estudio de palabras**
  - El parentesco (Los parientes)
  - Días importantes
  - Para hablar de la familia

- **Estudio de estructuras**
  - 7. La narración en el pasado: el pretérito de indicativo
    - **Nota lingüística:** cómo se expresa *ago*

- 8. La narración en el pasado: el imperfecto de indicativo
- 9. La narración en el pasado: cómo se combinan el pretérito y el imperfecto

- **Estudios culturales**
  - Los apellidos
  - La familia hispana en los Estados Unidos

---

*Literally: *From such a stick, such a splinter.*

Reflexiona antes de leer • **Las remesas familiares: una mina de oro para Latinoamérica**

En el título de este artículo «las remesas» se refiere al dinero que los emigrantes envían a sus familiares a su país de origen. ¿Por qué crees que estos envíos pueden ser «una mina de oro para Latinoamérica»? ¿Cuáles son tus prioridades (o las de tu familia) a la hora de gastar y ahorrar dinero? ¿Tienes otras personas a tu cargo (*under your care*) a las que debes ayudar?

Las remesas familiares: una mina de oro para Latinoamérica

Josefina y Ernesto, inmigrantes mexicanos radicados[a] en Texas, envían religiosamente todos los meses US $200 (doscientos dólares norteamericanos) a sus familiares en Jalisco que quedaron al cuidado de sus dos hijos. En fechas especiales y siempre que pueden, mandan «un poquito más», sumando[b] al año cerca de US $3.000, más o menos un 15 por ciento de lo que ganan en los Estados Unidos.

El de Josefina y Ernesto es un caso típico de las remesas de dinero que envían los emigrantes a sus países de origen. Vistas a gran escala, para Latinoamérica y el Caribe significan un ingreso[c] de unos US $17.000 millones (diecisiete mil millones de dólares norteamericanos), provenientes[d] principalmente de los Estados Unidos.

Ese cuantioso derrame[e] de dinero se dirige en casi 80 por ciento a Centroamérica, el Caribe y México. Algunos de esos países verían[f] seriamente comprometidas[g] su economía si dejaran de percibir[h] ese ingreso. Después del petróleo, las remesas han ocupado el segundo lugar como fuente[i] de entrada de divisas[j] en México. «Se han convertido en la fuente de ingresos más valiosa para varios países centroamericanos», señala el doctor Manuel Orozco, director de proyectos para la organización Diálogo Interamericano.

Pero ¿adónde va a parar[k] todo este dinero? Varios estudios indican que más del 80 por ciento de las remesas las utilizan las familias receptoras —en su mayoría pobres— en gastos como nutrición y vestimenta.[l]

[a]residing

[b]adding up to

[c]income

[d]coming
[e]cuantioso... *substantial pouring*
[f]would see
[g]compromised
[h]dejaran... *stopped receiving*
[i]source *[j]foreign currency*

[k]stop

[l]ropa

Después de leer

Cifras y porcentajes (*Numbers and percentages*). Empareja cada cifra o porcentaje con la descripción correspondiente. **¡OJO!** Hay una opción extra.

1. _____ $17.000 millones
2. _____ $3.000

   a. cantidad de dólares que los emigrantes envían desde los Estados Unidos a sus países de origen

   b. porcentaje del total de dinero enviado por los emigrantes en los Estados Unidos a Latinoamérica

3. _____ 80%

4. _____ $200

c. total anual de envíos de dinero a México de Josefina y Ernesto

d. porcentaje de las remesas económicas que se gastan las familias en ropa y comida

e. dinero que Josefina y Ernesto mandan mensualmente (*monthly*) a México

Reflexiona antes de mirar • **El misterio de los Reyes Magos**

¿Qué sabes del tema? ¿Puedes contestar las siguientes preguntas?

1. ¿Quiénes son los Reyes Magos?
2. ¿Qué es lo que seguían los Reyes Magos?
3. ¿Cuándo se celebra la fiesta de los Reyes Magos?

VOCABULARIO ÚTIL	
la estrella	*star*
el/la mago/a	*magician, wizard, sage*
el milagro	*miracle*
el/la peregrino/a	*pilgrim*
el rey	*king*

Después de mirar

Contesta las siguientes preguntas según lo que has aprendido en el vídeo.

1. ¿Por qué son importantes los Reyes Magos en muchos países hispanohablantes?
2. ¿Cuántos Reyes Magos había originalmente?
3. ¿Qué es lo que siguieron los Reyes para llegar a ver a Jesús?
4. ¿Qué tipo de regalos le llevaron?

⊛ **DE REPASO**

el/la abuelo/a
el/la esposo/a
el/la hermano/a (menor/mayor)
el/la hijo/a (único/a)
la madre / mamá
el padre / papá
el/la primo/a
el/la tío/a
la celebración (celebrar)
el cumpleaños
el Día de (Acción de) Gracias
la Navidad

■ El parentesco (Los parientes)

el/la ahijado/a	*godson / goddaughter*
el/la bisabuelo/a	*great grandfather / great grandmother*
madrina	*godmother*
padrino	*godfather*
el/la hermanastro/a	*stepbrother / stepsister*
el/la hijastro/a	*stepson / stepdaughter*
la madrastra	*stepmother*
el marido	*husband*
el medio hermano / la media hermana	*half-brother / half-sister*
la mujer	*wife*
el padrastro	*stepfather*
el/la sobrino/a	*nephew / niece*
la familia política	*in-laws*
el/la cuñado/a (hermano/a político/a)	*brother-in-law / sister-in-law*
la nuera (hija política)	*daughter-in-law*
el/la suegro/a (padre/madre político/a)	*father-in-law / mother-in-law*
el yerno (hijo político)	*son-in-law*
materno/a	*maternal (on the mother's side)*
paterno/a	*paternal (on the father's side)*

■ Días importantes

el bautizo	*baptism*
la boda	*wedding*
el brindis	*toast*
el entierro	*burial*
la fecha	*date*
la felicitación (¡Felicitaciones!)	*congratulations (Congratulations!)*
el nacimiento	*birth*
la Pascua Florida (de resurrección)	*Easter*
la Pascua Judía	*Passover*
la quinceañera	*girls' 15th birthday party*

Cognados: **el aniversario, (hacer) la primera comunión**

bautizar (c)	*to baptize*
brindar	*to toast*
enterrar (ie)	*to bury*
felicitar	*to congratulate*
nacer (zc)	*to be born*

■ Para hablar de la familia

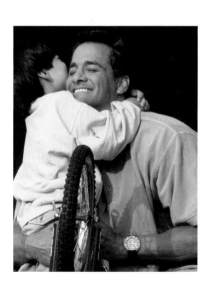

el abrazo	*hug*
la anécdota	*story*
el apodo	*nickname*
la bendición	*blessing*
el cariño	*affection*
el hogar	*home*
la herencia	*inheritance*
la memoria	*memory* (ability to remember)
la mudanza	*move* (from one address to another)
el parecido	*resemblance*
el recuerdo	*memory* (of one item); *recollection*

Cognados: **la adopción, la educación, la reunión (familiar)**

amar	*to love*
bendecir (*irreg.*)	*to bless, give a blessing*
casarse (con)	*to get married (to)*
crecer (zc)	*to grow up*
enviar (envío)	*to send*
estar (*irreg.*) **unidos/distanciados**	*to be close (familiar) / distant (occasional contact)*
heredar	*to inherit*
llevarse bien/mal	*to get along well/poorly*
llorar	*to cry*
mandar	*to send*
querer (ie)	*to love*

Cognados: **adoptar, educar (qu)**

Repaso: **mudarse, parecerse (zc) a, reír(se) (i, i), reunirse (me reúno)**

Actividad 1   Tu árbol genealógico

En parejas, túrnense para describir sus respectivas familias (diez miembros de cada una como mínimo) mientras la otra persona hace un árbol genealógico. Después, muéstrense el árbol que dibujaron para asegurarse de que está bien.

Actividad 2   Definiciones

Paso 1   ¿A qué palabra o expresión se refieren las siguientes definiciones?

1. intercambiar anillos
2. cerrar los ojos por última vez
3. ver la luz por primera vez
4. recibir dinero de alguien que ha muerto
5. desear lo mejor (felicidad / fortuna) de una forma religiosa
6. otra manera de decir **amor**
7. tener buenas relaciones con otras personas, comunicarse con ellos aunque vivan lejos

Paso 2   Ahora crea definiciones para otras dos palabras del vocabulario de **Días importantes** y **Para hablar de la familia.** Después léeselas al resto de la clase para que tus compañeros adivinen la palabra que defines.

Actividad 3 Tamalada

Paso 1 Mira esta pintura de la artista chicana Carmen Lomas Garza. La escena muestra un día especial en que la familia se reúne para comer y hacer tamales juntos. ¿Quiénes son los miembros de esta familia? Imagina cuál es la relación entre cada una de las personas de este cuadro.

Tamalada (*1988*), *Carmen Lomas Garza*

Paso 2 Ahora inventa a cinco parientes que faltan en el cuadro y las razones por las que no están en la tamalada.

Actividad 4 Días de fiesta

Entrevista a un compañero / una compañera sobre los días de fiesta en su familia y su actitud hacia esos días. ¿Cuáles son los días de fiesta más importantes en su familia y cómo los celebran? ¿Le gustan o no las reuniones familiares? ¿Por qué? Después comparen sus respuestas y prepárense para contar al resto de la clase algunos detalles interesantes de su conversación.

Actividad 5 Preguntas indiscretas

Entrevista a alguien de la clase haciéndole preguntas con las siguientes palabras. Luego cuéntale al resto de la clase la cosa más interesante, sorprendente o divertida que oíste de tu compañero/a.

Ejemplo: ¿A quién te pareces más en el físico y en la personalidad?

apodo	**llevarse mal**	**mudarse**
cariño	**llorar**	**parecido**
herencia	**memoria**	**recuerdo**

En los países hispanos el sistema de apellidos es más complejo que el anglosajón, ya que el sistema hispano incluye los apellidos del padre y la madre. De esta manera, como en el ejemplo de la felicitación de cumpleaños, la costumbre en un país de habla española es tener dos apellidos: en primer lugar el apellido del padre y en segundo lugar el apellido de la madre.

Jesús **Reyes** Aguilar   Belém **Huerta** de Reyes

Mayra Crystal **Reyes Huerta**

CUMPLEAÑOS

MAYRA CRYSTAL REYES HUERTA
cumplió 7 años el pasado 1ro. de mayo.
Sus padres Jesús Reyes Aguilar y Belém Huerta de Reyes desean que Dios la bendiga y la conserve muchos años más.

¡FELICIDADES!

Los dos apellidos forman parte del nombre oficial de una persona. Es el que aparece en todos los documentos importantes: pasaporte, certificado de nacimiento y otros. No existe el concepto del *middle name*, pero es muy común tener dos nombres (a veces más), por ejemplo, Mayra Crystal, Virginia Macarena, José Antonio, María Luisa, etcétera. Con frecuencia sólo se usa el primero.

Las mujeres en muchos países hispanos generalmente conservan al menos el primero de sus dos apellidos después de casarse. En algunos países, lo tradicional es que la mujer cambie su segundo apellido por el primero de su esposo, precedido de «de». Por ejemplo, en la felicitación de cumpleaños, vemos que la madre de Mayra tomó el primer apellido de su esposo como su segundo: Belém Huerta de Reyes. Sin embargo, muchas mujeres jóvenes, especialmente las profesionales, ya no siguen esta tradición.

En los Estados Unidos muchos de los inmigrantes hispanos optan por escribir un guión entre sus dos apellidos, por ejemplo, Virginia Adán-Lifante. Esto lo hacen para clarificar que los dos son sus apellidos y no un segundo nombre. Otros hispanos simplemente siguen el sistema de apellidos de este país.

Tertulia   Los apellidos

- ¿Qué ventajas o desventajas encuentran en el sistema de apellidos hispano comparado con el sistema anglosajón?
- Personalmente, ¿cambiarían su apellido por el de su esposo/a? ¿Por qué?
- ¿Qué apellidos piensan ponerles a sus hijos? ¿Sólo el del padre, el del padre y la madre, u otro original elegido por ti y por tu pareja? ¿Por qué?

ESTUDIO DE ESTRUCTURAS

7. LA NARRACIÓN EN EL PASADO: EL PRETÉRITO DE INDICATIVO

«Así que, obstinado, **se presentó** a la casa para proponerle matrimonio,... Pero la familia **se opuso...**»*

El pasado de indicativo

In Spanish there are four tenses (**tiempos**) in the indicative mood (**modo indicativo**) that deal with the different aspects of the past. They also exist in English.

pretérito / *preterite*	**corrí**	*I ran*
imperfecto / *imperfect*	**corría**	*I used to / would run*
presente perfecto / *present perfect*	**he corrido**	*I have run*
pluscuamperfecto / *pluperfect*	**había corrido**	*I had run*

You will be studying the uses of these four tenses in the next two chapters.

Forms of the preterite

Regular verbs

-ar: cantar		**-er**: correr		**-ir**: decidir	
cant**é**	cant**amos**	corr**í**	corr**imos**	decid**í**	decid**imos**
cant**aste**	cant**asteis**	corr**iste**	corr**isteis**	decid**iste**	decid**isteis**
cant**ó**	~~cantaron~~ *cantaron*	corr**ió**	corr**ieron**	decid**ió**	decid**ieron**

- The **nosotros** endings for the regular **-ar** and **-ir** verbs are identical to the endings of the present tense.

---

*El olor de la guayaba: Conversaciones con Gabriel García Márquez, Plinio A. Mendoza.

- Verbs with infinitives ending in **-car, -gar,** and **-zar** undergo a spelling change in the **yo** forms.

sacar (*to take out*)		**pagar** (*to pay for*)		**empezar** (*to begin*)	
sa**qué**	sacamos	pa**gué**	pagamos	empe**cé**	empezamos
sacaste	sacasteis	pagaste	pagasteis	empezaste	empezasteis
sacó	sacaron	pagó	pagaron	empezó	empezaron

- Verbs like **construir** and **leer** change the **i** to **y** in the third-person forms.

leer (*to read*)		**caer** (*to fall*)		**construir** (*to build*)	
leí	leímos	caí	caímos	construí	construimos
leíste	leísteis	caíste	caísteis	construiste	construisteis
le**y**ó	le**y**eron	ca**y**ó	ca**y**eron	constru**y**ó	constru**y**eron

-ir stem-changing verbs

Many stem-changing **-ir** verbs in the present tense also have a stem change in the preterite in the third-person forms.

$e \rightarrow ie, i$ **preferir**		$e \rightarrow i, i$ **pedir**		$o \rightarrow ue, u$ **morir**	
preferí	preferimos	pedí	pedimos	morí	morimos
preferiste	preferisteis	pediste	pedisteis	moriste	moristeis
prefirió	prefirieron	pidió	pidieron	murió	murieron
Otros verbs					
advertir sentir divertir(se) sugerir mentir		reír seguir (g) repetir servir		dormir	

Irregular verbs

dar		**decir**		**estar**	
di	dimos	dije	dijimos	estuve	estuvimos
diste	disteis	dijiste	dijisteis	estuviste	estuvisteis
dio	dieron	dijo	dijeron	estuvo	estuvieron

ir		**poder**		**poner**	
fui	fuimos	pude	pudimos	puse	pusimos
fuiste	fuisteis	pudiste	pudisteis	pusiste	pusisteis
fue	fueron	pudo	pudieron	puso	pusieron

querer		saber		ser	
quise	quisimos	supe	supimos	fui	fuimos
quisiste	quisisteis	supiste	supisteis	fuiste	fuisteis
quiso	quisieron	supo	supieron	fue	fueron

tener		traer		venir	
tuve	tuvimos	traje	trajimos	vine	vinimos
tuviste	tuvisteis	trajiste	trajisteis	viniste	vinisteis
tuvo	tuvieron	trajo	trajeron	vino	vinieron

Other irregular verbs

andar (*to walk*) → anduv-   **conducir** (*to drive*) → conduj-
caber (*to fit*) → cup-   **haber** (*aux. to have*) → hub-

¡OJO! There is no stress mark in any of the irregular forms of the preterite.

Uses of the preterite

The preterite is often the equivalent of the simple past in English.

Ayer **fue** nuestro aniversario
de boda.

*Yesterday was our wedding
anniversary.*

These are the contexts that require the preterite in Spanish.

- A complete action that took place in the past

Vivimos ocho años en esa casa.   *We lived in that house for eight years.*
Se amaron hasta la muerte.   *They loved each other until they died.*
Tuvimos diez horas para descansar.   *We had ten hours to rest.*
Estuvimos esperándolos media hora.   *We waited for them half an hour.*

- The beginning or end of an action

Empecé a trabajar a las 6:00 y
  terminé a las 12:00.
La ceremonia **tuvo lugar** (empezó)
  a las 7:00.
Nació en 1907 y **murió** en 2000.

Mis padres **se conocieron** en la
universidad.

*I started working at 6:00 and finished
  at 12:00.*
*The ceremony took place (began)
  at 7:00.*
*He/She was born in 1907 and died
  in 2000.*
My parents met in college.

- Sudden changes in the past

Los niños **se asustaron** con la
película.
Me puse muy nerviosa durante
la entrevista.

The children got scared by the movie.

*I got very nervous during the
  interview.*

NOTA LINGÜÍSTICA: cómo se expresa *ago*

Hace + tiempo + que + verbo en el pretérito

Hace tres años que **murió** mi abuela.   *My grandmother died three years ago*

Hace veinte años que mi familia **se mudó.**   *My family moved twenty years ago.*

Actividad 1   José Martí, el padre de la independencia cubana

Paso 1   A continuación aparecen algunos momentos importantes de la vida del gran intelectual cubano José Martí. Los verbos están en el presente histórico. Cámbialos al pretérito.

- 1853   **Nace** en La Habana, hijo de los españoles Mariano Martí Navarro y Leonor Pérez Cabrera.
- 1869   **Publica** sus primeros escritos políticos. Lo **detienen** e **ingresa** en la cárcel.
- 1870   Sus padres **piden** indulgencia para su hijo menor de edad.
- 1871   Martí **sale** deportado para España por haber escrito artículos políticos en defensa de la independencia de Cuba. En España **sigue** escribiéndolos.
- 1874   **Obtiene** el título de Licenciado en Derecho.
- 1875   **Viaja** a México. **Conoce** a su futura esposa, la cubana Carmen Zayas Bazán.
- 1877   **Se casa** con Carmen Zayas.
- 1878   **Regresa** a Cuba.
- 1879   **Es** deportado a España otra vez y **se va** clandestinamente a Nueva York.
- 1880   **Se reúne** en Nueva York con su esposa e hijos. **Colabora** con algunos periódicos.
- 1891   **Se separa** de su esposa y no **vuelve** a verla. **Se pone** muy enfermo.
- 1894   En Nueva York **prepara** la expedición armada a Cuba.
- 1895   **Muere** en combate durante la batalla por la independencia de Cuba.

Paso 2   Ahora, en parejas, siguiendo el modelo de la biografía de Martí, dile a tu compañero/a cinco fechas importantes en tu vida, explicando su importancia.

> *Ejemplo:*   1985, porque yo nací ese año.

Actividad 2   Otra versión de Caperucita Roja (*Little Red Riding Hood*)

Vuelve a contar el siguiente cuento de Caperucita Roja en el pasado usando el pretérito para los verbos que están en negrita (*bold*).

Un día la madre de Caperucita Roja **hace** magdalenas[a] y **envía** a su hija a llevarlas a casa de la abuelita. Caperucita **sale** de la casa y **empieza** a caminar por el bosque[b] para llegar a la casa de la abuelita. Poco después de salir de la casa **se encuentra** con el Lobo, que **se presenta** y le **dice:** «¿Hacemos una carrera?[c] A ver[d] quién llega antes a la casa de tu abuelita.» Caperucita **acepta** la apuesta[e] encantada. **Vuelve** a su casa y

saca su moto de motocross, **se pone** el casco[f] y **vuela** a través del bosque. Cuando el pobre Lobo **llega** a la casa de la abuelita, diez minutos más tarde que Caperucita, la niña le **da** un gran vaso de agua y un par de magdalenas de su mamá y la abuela le **hace** dos huevos fritos.

[a]*muffins*   [b]*forest*   [c]*race*   [d]A... *Let's see*   [e]*bet*   [f]*helmet*

Actividad 3   ¿Quién soy?

Piensa en una persona real o un personaje ficticio. El resto de la clase va a tratar de adivinar a quién representas haciéndote sólo preguntas en el pretérito. No importa que no sepas (*you don't know*) algo, pero no puedes mentir (*lie*).

Ejemplo: —¿Cuándo naciste?
           —Nací en...

Actividad 4   Entrevista

Usando los verbos de la lista, entrevista a un compañero / una compañera sobre su última reunión familiar.

Ejemplo: ¿Cuánto tiempo hace que se reunió tu familia la última vez?
           ¿Por qué se reunieron?

asistir	comer	ponerse (ropa)
brindar	conocer(se)	reunirse
celebrar	ir	tener

8. LA NARRACIÓN EN EL PASADO: EL IMPERFECTO DE INDICATIVO

«...en cada ciudad **había** una telegrafía, y los telegrafistas, cómplices de su colega de Aracataca, le **hacían** llegar a la muchacha los mensajes de amor que éste le **transmitía** en código Morse.»*

Forms

Verbos regulares					
cantar		**correr**		**decidir**	
cant**aba**	cant**ábamos**	corr**ía**	corr**íamos**	decid**ía**	decid**íamos**
cant**abas**	cant**abais**	corr**ías**	corr**íais**	decid**ías**	decid**íais**
cant**aba**	cant**aban**	corr**ía**	corr**ían**	decid**ía**	decid**ían**

Verbos irregulares					
ir		**ser**		**ver**	
iba	íbamos	era	éramos	veía	veíamos
ibas	ibais	eras	erais	veías	veíais
iba	iban	era	eran	veía	veían

El olor de la guayaba: Conversaciones con Gabriel García Márquez, Plinio A. Mendoza.

Contexts and uses

- The imperfect has several equivalents in English.

Ella **dormía** mientras yo trabajaba.

$\left\{\begin{array}{l}\rightarrow \text{ \textbf{simple past} } \textit{She \underline{slept} while I worked.} \\ \rightarrow \textbf{\textit{used to}} \textbf{ + infinitive } \textit{She \underline{used to sleep} while} \\ \quad \textit{I worked.} \\ \rightarrow \textbf{\textit{would}} \textit{ She \underline{would sleep} while I worked.} \\ \rightarrow \text{ \textbf{past progressive} } \textit{She \underline{was sleeping} while} \\ \quad \textit{I worked.}\end{array}\right.$

¡OJO! There are two meanings for *would* in English, for which two different forms are used in Spanish. When *would* expresses a condition, use the conditional tense.

Yo no **haría** eso si fuera tú.	*I wouldn't do that if I were you.*

For habitual actions in the past, use the imperfect.

Ella **dormía** mientras yo trabajaba.	*She would sleep while I worked.*

- These are the contexts that require the imperfect in Spanish.

Usual actions in the past (in contrast with the present or a specific point in the past)

Cuando **iba** al colegio **me levantaba** a las 7:00.	*When I was going to school I used to get up at 7:00.*
En los veranos **íbamos** a Pensilvania a visitar a los abuelos.	*In the summer, we would go to Pennsylvania to visit my grandparents.*

Descriptions in the past

Yo **era** una niña tímida y me **encantaba** leer.	*I was a shy child and I loved to read.*
Eran las 11:00 de la noche cuando nos llamaron.	*It was 11:00 P.M. when they called.*
No **había** luna y **hacía** bastante frío.	*There was no moon and it was quite cold.*
Cuando **tenía** 80 años mi abuela **tocaba** el piano de maravilla, aunque no **podía** oír bien.	*When she was 80 years old my grandmother played the piano wonderfully, although she couldn't hear well.*

Description of an action in the past as it was happening, possibly in contrast with another action that occurs suddenly (preterite)

En el 2000 yo todavía **vivía** en San Antonio.	*In 2000 I was still living in San Antonio.*
Hacía mucho frío, así que encendimos la calefacción.	*It was very cold, and that's why we turned on the heat.*

- The imperfect progressive is used to give a stronger sense of development of the action.

Cuando llamaste yo **estaba** escribiendo el informe.	*When you called, I was writing the paper.*

Actividad 1 ¿Quién dijo que todo tiempo pasado fue mejor?

Completa cada una de las explicaciones a continuación conjugando los verbos en el imperfecto de indicativo. Después, emparéjalas con una de las viñetas cómicas.

1. Los padres no _____ (ser) tan permisivos como los padres de hoy día, pero los jóvenes _____ (encontrar) la manera de hacer las mismas cosas que hacen hoy.

2. No _____ (haber) la opción de la cirugía plástica, y por eso la gente _____ (envejecer) normalmente.

3. No _____ (ser) extraño confundir el miedo con el respeto.

4. El decoro a veces _____ (venir) acompañado de represión sexual y comportamiento (*behavior*) sexista.

5. El excesivo respeto _____ (poder) causar que los hijos hicieran (*did*) cosas que realmente no _____ (querer) hacer.

6. La sociedad sólo _____ (aceptar) públicamente a las personas heterosexuales.

7. Cuando no _____ (haber) divorcio, los matrimonios _____ (tener) que vivir juntos aunque no se quisieran.

8. Se _____ (apreciar) otras cosas, como la familia y las conexiones sociales.

Actividad 2   La tamalada de mi familia

Lee la descripción que Carmen Lomas Garza dio de su pintura *Tamalada* (**Actividad 3, Estudio de palabras**). Los verbos están en el presente. Cambia la descripción al pasado, como si estuvieras describiendo (*as if you were describing*) ese día a gente que no puede ver la pintura. Los verbos en negrita son verbos que se pueden cambiar. ¡**OJO!** El imperfecto aparece con frecuencia en la forma progresiva, como, por ejemplo, **estaba ayudando**. Luego añade tres o cuatro oraciones para completar la historia. Para empezar, puedes seguir el ejemplo.

> *Ejemplo:*   Ese día nos reunimos para hacer una tamalada. Todos hacíamos tamales...

Ésta es una escena de la cocina de mis padres. Todos **están haciendo** tamales. Mi abuelo **tiene** puestos rancheros azules y camisa azul. Yo **estoy** al lado de él, con mi hermana Margie. **Estamos ayudando** a remojar[a] las hojas secas del maíz.[b] Mi mamá **está poniendo** la masa[c] de maíz sobre las hojas, y mis tíos **están incorporando** la carne a la masa. Mi abuelita **está ordenando** los tamales que ya están enrollados, cubiertos y listos para cocinar. En algunas familias sólo las mujeres **preparan** tamales, pero en mi familia todos **ayudan**.

[a]*to soak*   [b]hojas... *dry corn husks*   [c]*dough*

Actividad 3   Antes y ahora

En parejas, comparen los siguientes momentos del pasado con la actualidad. De acuerdo con sus respuestas, ¿que tenían los dos en común durante su niñez (*childhood*) y adolescencia? ¿La vida de Uds. se parece más ahora o antes?

1. cómo celebrabas tu cumpleaños cuando eras pequeño/a

2. un domingo típico de tus años en la escuela secundaria

3. tu rutina diaria del último año en la secundaria

4. el día de fiesta más importante para tu familia y cómo se celebraba durante tu niñez

Actividad 4 Cuentos por contar (*Tales to be told*)

Lee el siguiente pasaje de la Cenicienta (*Cinderella*) en que el imperfecto establece el ambiente de la historia y el pretérito marca el comienzo de la acción. Luego, en grupos pequeños, inventen el principio de un cuento hasta el punto en que empieza la acción (como en el ejemplo de la Cenicienta). ¡OJO! Lo primero que deben decidir es si va a ser un cuento tradicional, un cuento de terror, etcétera.

Había una vez una muchacha muy buena que **vivía** con su madrastra y sus hermanastras en una casa que **estaba** en un pueblo donde **había** un príncipe muy guapo. A la muchacha la **llamaban** Cenicienta, porque siempre **estaba** manchada de cenizas, porque **tenía** que trabajar constantemente limpiando la casa de su madrastra.

Un día, llegó un emisario del joven príncipe...

9. LA NARRACIÓN EN EL PASADO: CÓMO SE COMBINAN EL PRETÉRITO Y EL IMPERFECTO

«Aquella casa donde él **vivió** de niño no **era,** en realidad, la de sus padres, sino la de sus abuelos maternos.»*

«...el hombre que **vino** una tarde a pedir tranquila y ceremoniosamente la mano de Luisa, **era** uno de aquellos forasteros que **suscitaban** recelos en la familia.»*

Both preterite and imperfect equally represent the past. They are different in the sense that each one focuses on a different aspect of the past events.

- The **preterite** marks punctual actions with a definite beginning or end. This makes the preterite the necessary tense to narrate *the backbone of a story*. Pay attention to the following version of the story of Cenicienta.

El Hada Madrina **se apareció** en la casa de la Cenicienta y con unos golpes de su varita mágica la **vistió** como una princesa. Entonces la Cenicienta **fue** a la fiesta del Príncipe. Allí el Príncipe la **vio** inmediatamente y la **sacó** a bailar. **Estuvieron** juntos hasta la medianoche, pero en el momento en que **empezaron** a sonar las campanadas de las 12:00, la Cenicienta **tuvo** que salir corriendo sin despedirse.

The Fairy Godmother appeared in Cinderella's house and with a few strokes of her magic wand dressed her up like a princess. Then Cinderella went to the Prince's party. There the Prince noticed her immediately and danced with her. They were together until midnight, but the moment the bells began to toll 12:00, Cinderella had to run away without saying good-bye.

This version of the story is quite complete, but it offers none of the interesting details that delight children.

El olor de la guayaba: Conversaciones con Gabriel García Márquez, Plinio A. Mendoza.

- In contrast, the **imperfect** focuses on the development of actions or states, regardless of their onset or conclusion. The point of reference is marked by actions in the preterite tense. Thus, the imperfect offers a <u>background description</u> and embellishes the story.

<u>**Eran** las 7:00 de la noche y las hermanastras de la Cenicienta</u> **acababan** de salir cuando el Hada Madrina se apareció en la casa. Con unos golpes de su varita mágica el Hada Madrina vistió a la Cenicienta como una princesa: <u>el vestido **era** rosa y</u> **estaba** bordado en oro. <u>La Cenicienta también **llevaba** una diadema de diamantes</u>. Entonces la Cenicienta fue a la fiesta del Príncipe. <u>Su carroza, que en realidad **era** una calabaza, **iba** tirada de magníficos caballos blancos y negros. La noche **era** espléndida, pues **había** luna llena y no **hacía** frío.</u> Cuando llegó a la fiesta, el Príncipe vio inmediatamente a la Cenicienta y la sacó a bailar. Después no se separó de ella ni un solo momento. <u>El Príncipe **era** el hombre más guapo y encantador que nadie pudiera imaginar. La Cenicienta se **sentía** feliz en sus brazos mientras todas las chicas del baile, entre ellas sus hermanastras, la **miraban** con envidia.</u>

It was 7:00 P.M. and Cinderella's stepsisters were just leaving when the Fairy Godmother appeared in Cinderella's house. With a few strokes of her magic wand the Fairy Godmother dressed up Cinderella like a princess: the dress was pink and was embroidered in gold. Cinderella also wore a diamond tiara. Then Cinderella went to the Prince's party. Her carriage, which was in fact a pumpkin, was pulled by magnificent white and black horses. The night was splendid, since there was a full moon and it was not cold. When she arrived at the party, the Prince noticed Cinderella immediately and danced with her. After that, he didn't leave her alone for a moment. The Prince was the most handsome and charming man anyone could imagine. Cinderella felt happy in his arms while all the girls at the ball, including her stepsisters, looked at her with envy.

- The **preterite** and **imperfect** often appear in the same sentence. In this case, the imperfect offers a description to frame the action or state marked by the preterite.

Yo ya **estaba durmiendo** cuando **sonó** el teléfono.

I was already asleep when the phone rang.

¡OJO! Actions or states expressed in the imperfect need to be framed by an action in the preterite, even if this action is not in the same sentence. A story cannot be told in the imperfect, because this tense cannot offer a sequence of events to constitute a story. However, the imperfect is often used to build up the ambiance for a story—the reader or listener expects something to happen soon.

Había una vez una niña que **vivía** en el bosque con su mamá. Al otro lado del bosque, **vivía** su abuelita. En el bosque **había** muchos animales, entre ellos un lobo feroz. Un día, la mamá le **dio** un cesto con comida a la niña para que se lo llevara a su abuelita.

Once upon a time there was a little girl who lived in the forest with her mother. On the other side of the forest lived her grandmother. In the forest there were many animals, among them a ferocious wolf. One day, the mother gave the girl a basket with food so she could take it to her grandmother.

- Due to the different focus on the aspect of an action or state, some Spanish verbs are translated with different English verbs depending on whether they are in the preterite or the imperfect.

	Imperfecto		**Pretérito**	
	to know		*to meet*	
conocer	**Conocía** a su familia.	*I knew his family.*	**Conocí** a su familia.	*I met his family.*
	to know		*to find out (to know for the first time)*	
saber	**Sabíamos** la verdad.	*We knew the truth.*	**Supimos** la verdad.	*We found out the truth.*
	to be able / can		*to manage / be able / succeed*	
poder	**Podía** visitarlos.	*I could visit them (but may not have).*	**Pude** visitarlos.	*I was able to visit them.*
	not to be able / cannot		*cannot / to fail*	
no poder	**No podía** visitarlos.	*I couldn't visit them (and may not have tried).*	**No pude** visitarlos.	*I couldn't (failed to) visit them (but tried).*
	to want		*to attempt / try*	
querer	**Quería** verte.	*I wanted to see you (but may not have done so).*	**Quise** verte.	*I wanted/tried to see you.*
	not to want		*to refuse*	
no querer	**No quería** verte.	*I didn't want to see you (but may have done so anyway).*	**No quise** verte.	*I refused to see you.*

Actividad 1   La Llorona

La Llorona es una leyenda de la tradición popular mexicana. Es una historia para asustar a los niños, porque los adultos les dicen que la Llorona se lleva a los niños que salen solos de noche. A continuación hay una de las muchas versiones de la Llorona. Complétala con la forma correcta del pretérito o imperfecto de cada verbo entre paréntesis.

_____[1] (haber) una mujer, quien _____[2] (llamarse) María, que un día _____[3] (conocer) a un ranchero muy joven y guapo. Los dos _____[4] (casarse) y _____[5] (tener) dos hijos. Pero después de un tiempo, el esposo la _____[6] (abandonar) por otra mujer. El hombre todavía _____[7] (querer) a sus hijos, pero no a María. Ésta, enfadada y celosa, _____[8] (tirar) a sus hijos al río. Inmediatamente _____[9] (arrepentirse) y _____[10] (querer) salvarlos, pero no _____[11] (poder) y _____[12] (morir) en el intento. Al día siguiente, los habitantes del pueblo _____[13] (saber) de la muerte de María y esa misma noche la _____[14] (oír) llorar llamando a sus hijos. Desde ese día la ven por la orilla del río, con el vestido que _____[15] (llevar) cuando murió, buscando a sus hijos.

Actividad 2   En la fiesta de cumpleaños de Mayra

Completa el siguiente párrafo con la forma correcta del pretérito o imperfecto del verbo correcto de la lista.

conocer   **poder**   **querer**   **saber**

Ayer se celebró el primer cumpleaños de mi nieta Mayra. Como está tan pequeña fue una fiesta puramente familiar. Yo _____[1] bien a todas las personas que asistieron. Sólo faltaba mi compadre Manuel, que no _____[2] asistir a la fiesta porque está visitando a su hija en Chicago. Bueno, la verdad es que _____[3] a una persona, al nuevo novio de mi hija Dora, y me pareció un muchacho bueno. Me contó que cuando era pequeño _____[4] ser torero, pero ahora es profesor de español. En la fiesta yo _____[5] que mi nuera está embarazada. No saben Uds. qué alegría nos dio, porque ellos _____[6] tener hijos y no _____.[7] Antes de la fiesta el único que _____[8] lo del embarazo era mi hijo José. Todos en la fiesta _____[9] bailar para celebrar con alegría, pero no _____[10] porque se fue la luz.

Actividad 3   ¿Qué recuerdas?

Entrevista a un compañero / una compañera sobre la última vez que asistió a una de las siguientes cosas. Intenta reunir todos los detalles que puedas sobre cada ocasión.

Ejemplo: ¿Cuándo fue la última vez que hubo un bautizo en tu familia? ¿Quiénes fueron los padrinos? ¿Cuántos años tenías? ¿Lo celebraron? ¿Qué había para comer? ¿Te divertiste?

1. un bautizo (o *bar/bat mitzvah*)
2. un entierro o funeral
3. un nacimiento
4. un aniversario de algo
5. un brindis
6. una herencia
7. una bendición

Actividad 4   Versión completa de la Caperucita Roja

En parejas, y basándose en la narración de la **Actividad 4** de la sección sobre el pretérito (página 85), cuenten otra vez el cuento de Caperucita Roja. Añadan muchos detalles esta vez haciendo todos los cambios que quieran para hacer su cuento muy original. No se olviden de comenzar su cuento con la frase tradicional: **Había una vez** o **Érase una vez.**

Ejemplo: Había una vez una niña que tenía una chaqueta roja con caperuza (*hood*), y por eso todo el mundo la llamaba Caperucita Roja. Su papa, que era policía en una gran ciudad, murió en servicio cuando Caperucita tenía tres años, y su mamá decidió mudarse a un pequeño pueblo cerca de la abuelita, que tenía una casa en el bosque...

Actividad 5 Miedos

En grupos, contesten las siguientes preguntas y prepárense para presentar un resumen de las respuestas al resto de la clase.

1. ¿Qué cosas te asustaban de niño/a? ¿Cómo explicas ese miedo?
2. ¿Cuándo se te quitó el miedo?
3. ¿De qué tienes miedo ahora?

Actividad 6 La historia de tu familia

En parejas, cuéntense algo de la historia de sus familias. A continuación se sugieren algunas ideas.

- la historia de cuándo y cómo llegó tu familia a este país
- cómo se conocieron tus padres y qué carrera tenían antes de que nacieras (*you were born*)
- por qué vivió tu familia donde vivía antes y por qué vive donde vive ahora
- algo que pasó que cambió la vida de la familia

ESTUDIO CULTURAL La familia hispana en los Estados Unidos

Crecimiento y juventud de la población hispana Como en casi todos los países latinoamericanos, la población hispana de los Estados Unidos es también joven: casi el 35 por ciento de los latinos tiene menos de 18 años, en comparación con el 26 por ciento de la población en general (y sólo el 23 por ciento de la población blanca). Además, la población hispana en los Estados Unidos es la que crece más rápidamente, a causa de un aumento[a] en la inmigración y de un nivel de natalidad[b] más alto que en los otros grupos: 84 nacimientos por cada 1,000 latinas entre 15 y 44 años, en comparación con 57 por cada 1,000 mujeres de raza blanca. El 20 por ciento de las familias tienen tres o más hijos, en comparación con sólo el 13 por ciento de las familias negras y el 10 por ciento de las blancas.

Ingresos familiares La media de ingresos[c] entre las familias latinas con padres casados ($37.000 apróx.) sigue estando muy por debajo de la de las familias blancas ($60.000 apróx.) y negras ($51.000). Un 21 por ciento de las familias hispanas vive en la pobreza,[d] una proporción similar a la de las familias negras (23 por ciento) en contraste con el 12 por ciento de media nacional y el 10 por ciento de familias blancas.

[a]*increase*   [b]nivel... *birth rate*   [c]media... *average income*   [d]*poverty*

Tipos de familias La mayoría de las familias hispanas tiene una estructura tradicional con una pareja casada (68 por ciento). Casi el 24 por ciento de las familias hispanas son formadas por la madre sola con los hijos. Estos datos se contrastan con el 82 por ciento y el 13 por ciento respectivamente para familias blancas.

Lengua y cultura Los hispanos están divididos en tres grupos según identificación personal: el 56 por ciento de los hispanos en los Estados Unidos se considera dominantemente hispanohablante, el 20 por ciento bicultural y el 23 por ciento dominantemente anglohablante. El 97 por ciento de los dominantes de español y los biculturales se identifican como hispanos más que como estadounidenses, y el 69 por ciento de los biculturales habla español en casa predominantemente.

Tertulia   La familia y la cultura

- Según la información de este **Estudio cultural,** ¿cuáles parecen ser los retos (*challenges*) más importantes para las familias hispanas en la próxima generación?
- ¿Creen Uds. que es normal identificarse con su grupo cultural más que con su país? ¿Cómo se puede explicar esto?

LECTURA El olor de la guayaba:
conversaciones con Gabriel
García Márquez

 Reflexiona antes de leer

Sobre la lectura

VOCABULARIO ÚTIL	
el brujo	*wizard*
el forastero	*foreigner*
el llanto	*crying*
la mariposa	*butterfly*
la queja	*complaint*
el recién nacido	*newborn*
el suceso	*incident*
arder	*to burn*
asustar	*to scare*
no... sino	*not... but rather (opposition after a previous negative)*

A continuación aparecen algunos párrafos de una biografía del escritor colombiano Gabriel García Márquez, conferido el premio Nobel de Literatura en 1982 y autor de *Cien años de soledad, El otoño del patriarca, El amor en los tiempos del cólera,* por nombrar sólo algunas de sus famosas obras (*works*). El tema de estos párrafos es la niñez del escritor, especialmente la presencia de sus abuelos en su vida, que García Márquez reconoce como determinantes en su estilo de escritor.

Actividad 1 Oraciones incompletas

Completa las siguientes oraciones con palabras del **Vocabulario útil.**

1. A mí no me _____ los cuentos de brujas y monstruos.
2. El ataque ocurrido el 11 de septiembre fue uno de los _____ más trágicos de la historia de los Estados Unidos.
3. En la noche, a lo lejos, los españoles vieron _____ muchos fuegos, y por eso la llamaron Tierra del Fuego.
4. La mujer de la foto no es mi hermana, _____ mi tía Margarita.
5. Aunque Sara es una buena niñera (*babysitter*), creo que no está preparada para cuidar a un _____.
6. Harry Potter es el _____ más famoso de los tiempos modernos.
7. Si tienen alguna _____ con nuestros servicios pueden rellenar este formulario y enviarlo a la Oficina del Consumidor (*Consumer*).
8. Mi abuela llamaba _____ a las personas que venían al pueblo de otros lugares.
9. El _____ de ese niño me está poniendo nerviosa: no deja de (*won't stop*) llorar.

Actividad 2 Influencias y parecidos familiares

En parejas, contesten las siguientes preguntas.

1. ¿Qué personas de tu familia han tenido más influencia sobre ti? ¿A quién te pareces físicamente y en tu personalidad?
2. ¿Qué recuerdos de la infancia tienes de tus abuelos? ¿Hay alguna parte de su casa que recuerdes de manera especial? Descríbela.

Estrategia de lectura: el lenguaje literario

El lenguaje literario se caracteriza por la intención del autor de crear un texto que se aparte del lenguaje cotidiano o familiar para provocar placer estético en los lectores. Por lo tanto, a través de este tipo de lenguaje se intenta evocar imágenes intensas y sugerentes. Lee este ejemplo tomado de la lectura.

«Un patio donde ardía en las noches de mucho calor el aroma de un jazminero (*jasmine plant*)...»

Lo normal sería decir que los jazmines **olían** (*smelled; were fragrant*) en las noches de verano. Pero el autor usa el verbo **arder** para explicar la intensidad del olor del jazminero y al mismo tiempo refuerza la idea de calor intenso en la noche. ¿Qué tienen de literario las siguientes citas del texto?

- «...a medida que fue envejeciendo y quedándose ciega, aquella frontera entre los vivos y los desaparecidos se hizo cada vez más endeble (*weak*),...»
- «Circunstancias muy especiales habían hecho de él un niño extraviado (*lost*) en el universo de gentes mayores,...»

El olor de la guayaba: conversaciones con Gabriel García Márquez (fragmentos), Plinio A. Mendoza

La abuela gobernaba la casa, una casa que luego él recordaría grande, antigua, con un patio donde ardía en las noches de mucho calor el aroma de un jazminero[a] y cuartos innumerables donde suspiraban[b] a veces los muertos. Para doña Tranquilina, cuya[c] familia provenía[d] de la Goajira, una península de arenales[e] ardientes, de indios, contrabandistas[f] y brujos, no había una frontera[g] muy definitiva entre los muertos y los vivos. Cosas fantásticas eran referidas por ella como ordinarios sucesos cotidianos. Mujer menuda[h] y férrea,[i] de alucinados[j] ojos azules, a medida que fue envejeciendo[k] y

Gabriel García Márquez, autor colombiano

[a]*jasmine plant*
[b]*sighed*
[c]*whose*
[d]*came*
[e]*sandy terrain*
[f]*smugglers*
[g]*border; line of separation*

[h]*pequeña*
[i]*inflexible; strict* [j]*haunting, wild; surprised* [k]*getting older*
[l]*blind* [m]*muertos*
[n]*weak*
[o]*sighs*

[p]*tuberose* [q]*crickets* [r]*abruptly*

quedándose ciega,[l] aquella frontera entre los vivos y los desaparecidos[m] se hizo cada vez más endeble,[n] de modo que acabó hablando con los muertos y escuchándoles sus quejas, suspiros[o] y llantos.

Cuando la noche —noche de los trópicos, sofocante y densa de olores de nardos[p] y jazmines y rumores de grillos[q]— caía brusca[r] sobre la casa, la abuela inmovilizaba en una silla a Gabriel, entonces un niño de cinco años de edad, asustándolo con los muertos que andaban por allí: con la tía Petra, con el tío Lázaro o con aquella tía Margarita,

Margarita Márquez, que había muerto siendo muy joven y muy linda, y cuyo recuerdo habría de arder[s] en la memoria de dos generaciones de la familia. «Si te mueves —le decía la abuela al niño— va a venir la tía Petra que está en su cuarto. O el tío Lázaro».

Hoy, casi cincuenta años después, cuando García Márquez despierta en plena noche[t] en un hotel de Roma o de Bangkok, vuelve a experimentar[u] por un instante aquel viejo terror de su infancia: muertos próximos[v] que habitan la oscuridad.

Aquella casa donde él vivió de niño no era, en realidad, la de sus padres, sino la de sus abuelos maternos. Circunstancias muy especiales habían hecho de él un niño extraviado[w] en el universo de gentes mayores, abrumadas[x] por recuerdos de guerras, penurias[y] y esplendores de otros tiempos. Luisa, su madre, había sido una de las muchachas bonitas del pueblo. Hija del coronel Márquez, un veterano de la guerra civil respetado en toda la región, había sido educada en una atmósfera de severidad y pulcritud,[z] muy castellana[aa] por cierto, propia de las viejas familias de la región, que de esta manera marcaban distancia con los advenedizos[bb] y forasteros.

Pasando por alto tales distancias, el hombre que vino una tarde a pedir tranquila y ceremoniosamente la mano de Luisa, era uno de aquellos forasteros que suscitaban recelos[cc] en la familia. Gabriel Eligio García había llegado a Aracataca como telegrafista, luego de abandonar sus estudios de medicina en la Universidad de Cartagena. Sin recursos para llevar a término[dd] su carrera, había decidido asumir aquel destino de empleado público y casarse. Después de pasar revista[ee] mentalmente a todas las muchachas del pueblo, decidió pedir la mano de Luisa Márquez: era bonita y muy seria, y de una familia respetable. Así que obstinado se presentó a la casa para proponerle matrimonio, sin haberle dicho o escrito[ff] antes una sola palabra de amor. Pero la familia se opuso.[gg]

Luisa no podía casarse con un telegrafista. El telegrafista era oriundo[hh] de Bolívar, un departamento de gentes muy estridentes y desenfadadas[ii] que no tenían el rigor y la compostura[jj] del coronel y su familia. Para colmo,[kk] García era conservador, partido contra el cual, a veces con las armas, el coronel había luchado toda su vida.

A fin de distanciarla de aquel pretendiente,[ll] Luisa fue enviada con su madre a un largo viaje por otras poblaciones[mm] y remotas ciudades de la costa. De nada sirvió: en cada ciudad había una telegrafía, y los telegrafistas, cómplices de su colega de Aracataca, le hacían llegar a la muchacha los mensajes de amor que éste le transmitía en código Morse. Aquellos telegramas la seguían adonde fuera,[nn] como las mariposas amarillas a Mauricio de Babilonia. Ante[oo] tanta obstinación la familia terminó por ceder.[pp] Después del matrimonio, Gabriel Eligio y Luisa se fueron a vivir a Riochacha, una vieja ciudad a orillas del Caribe, en otro tiempo asediada[qq] por los piratas.

A petición del Coronel, Luisa dio a luz[rr] a su primer hijo en Aracataca. Y quizá para apagar los últimos rescoldos del resentimiento[ss] suscitado[tt] por su matrimonio con el telegrafista, dejó al recién nacido al cuidado de sus abuelos. Así fue como Gabriel creció en aquella casa, único niño en medio de innumerables mujeres.

---

[s]habría... *would burn*

[t]en... *in the middle of the night*
[u]vuelve... *he once again experiences*   [v]*nearby*

[w]*perdido*
[x]*overwhelmed*   [y]*poverty*

[z]*neatness*   [aa]*Castilian*

[bb]*outsiders*

[cc]suscitaban... *raised suspicion*

[dd]llevar... *terminar*

[ee]pasar... *to review*

[ff]sin... *without having said or written to her*
[gg]se... *objected*

[hh]*originalmente*
[ii]*carefree*   [jj]*composure*
[kk]Para... *To make matters worse*

[ll]*suitor*
[mm]*pueblos*

[nn]adonde... *wherever she went*
[oo]*In the face of*
[pp]terminó... *ended up giving in*

[qq]*besieged*
[rr]dio... *gave birth*
[ss]rescoldos... *residual feelings of resentment*   [tt]*provocado*

Comprensión y discusión

Actividad 3 ¿Está claro?

Completa las oraciones con las palabras o frases entre paréntesis correctas.

1. A la abuela de Gabriel García Márquez (le gustaba / no le gustaba) contar historias sobre personas (vivas / muertas).
2. La abuela era (gorda / delgada), tenía los ojos (verdes / azules).
3. Cuando envejeció la abuela no podía (oír / ver) bien.
4. La casa donde Gabriel vivió de niño era la casa de sus (padres / abuelos).
5. El abuelo de Gabriel era (telegrafista / militar).
6. Los abuelos de Gabriel (querían / no querían) que su hija Luisa se casara con Gabriel Eligio García porque éste era (local / forastero) y (liberal / conservador).
7. El padre de Gabriel García Márquez tenía (buenos / malos) compañeros telegrafistas.
8. García Márquez pasó su niñez rodeado de (niños / mujeres).

Actividad 4 ¿Qué piensas ahora?

Esta lectura consiste en fragmentos de la biografía sobre Márquez escrita por Mendoza. ¿Te parece que esta biografía es simplemente un texto informativo o tiene un estilo literario? Justifica tu opinión identificando y explicando cuatro ejemplos del texto.

Tertulia   Leyendas familiares

Esta historia de Gabriel García Márquez convierte a sus abuelos en personajes de leyenda, no muy diferentes de los personajes que él mismo creó en sus obras, y es posible que así los recuerden las próximas generaciones de su familia. Y es que todas las familias tienen alguna leyenda. A veces sólo son anécdotas pequeñas e intranscendentes que crecen con el tiempo —en realidad casi toda la familia duda que ocurriera así, pero se siguen contando. Cuéntense (*Tell each other*) historias interesantes de su familia, aun que no las crean.

Ejemplos: En mi familia se cuenta que...
Mi abuelo/a (papá / mamá...) dice que...

REDACCIÓN   Narrar una anécdota familiar

Tema

Una anécdota sobre tu infancia para contribuir a un libro de recuerdos familiares con motivo del quincuagésimo (50th) aniversario de boda de tus abuelos.

Antes de escribir

- Escoge una anécdota.
- Piensa en los lectores (tus abuelos y el resto de la familia) y en las preguntas que van a hacer sobre lo que vas a escribir. Aunque conozcan la historia, querrán (*they will want*) saber tu punto de vista.
- Haz un borrador con todo lo que recuerdes sobre esa historia. No te preocupes ahora del orden ni de la gramática, pero piensa y escribe en español. Si hay alguna palabra que no conozcas deja un espacio en blanco o haz un símbolo.

Mientras escribes

- Ordena las ideas de tu borrador.
- Incluye descripciones de las personas, lugares y emociones de tu anécdota.
- No olvides el esquema de una narración.
  - **Introducción:** informa sobre el tiempo, el lugar y la importancia del evento que vas a narrar.
  - **Nudo:** cuenta lo que sucedió.
  - **Desenlace:** cuenta como terminó la historia.
- Busca en el diccionario y en tu libro de español aquellas palabras y expresiones sobre las que tengas duda.

Después de escribir

- Repasa los siguientes puntos.
    - el uso del pretérito y el imperfecto
    - el uso de **ser** y **estar**
    - la concordancia entre sujeto y verbo
    - la concordancia de género y número entre sustantivos, adjetivos y pronombres
    - la ortografía y los acentos
    - el uso de un vocabulario variado y correcto: evita las repeticiones
    - el orden y el contenido: párrafos claros, principio y final
- Finalmente, escribe tu versión final.

No te olvides de mirar el Apéndice I, **¡No te equivoques!,** para evitar errores típicos de los estudiantes de español. Para esta actividad de escritura, se recomienda que prestes atención a **Cómo se expresan** *to go* **y** *to leave* (página 352).

Consulta el *Cuaderno de práctica* para encontrar más ideas y sugerencias que te ayuden a escribir la composición.

▪ Gramática en acción: la canción *El abuelo*

Éstas son las primeras estrofas (*verses*) de una canción conocida del cantautor argentino Alberto Cortez, dedicada a su abuelo español. Complétalas con la forma correcta del pretérito o del imperfecto de cada verbo entre paréntesis.

El abuelo un día
cuando _____[1] (ser) muy joven
allá en su Galicia, _____[2] (mirar) el horizonte
y _____[3] (pensar) que otra
    senda[a]
tal vez _____[4] (existir).
Y al viento del Norte
que _____[5] (ser) un viejo amigo,
le _____[6] (hablar) de su prisa,[b]
le _____[7] (mostrar) sus manos
que mansas[c] y fuertes,
_____[8] (estar) vacías,[d]
y el viento le _____[9] (decir):
«Construye tu vida
detrás de los mares,
allende[e] Galicia».

Y el abuelo, un día
en un viejo barco[f]
_____[10] (marcharse[g]) de
    España.
El abuelo un día
como tantos otros,
con tanta esperanza.
La imagen querida
de su vieja aldea[h]
y de sus montañas
_____[11] (llevarse) grabada[i]
muy dentro del alma[j]
cuando el viejo barco
lo _____[12] (alejar[k]) de España.

Y el abuelo un día
_____[13] (subir) a la carreta[l]
de subir la vida.
_____[14] (empuñar[m]) el arado,[n]
_____[15] (abonar[o]) la tierra
y el tiempo _____[16] (correr).
Y _____[17] (luchar) sereno
por plantar el árbol
que tanto _____[18] (querer).
Y el abuelo un día
_____[19] (llorar) bajo el árbol
que al fin _____[20] (florecer[p]).
Lloró de alegría cuando _____[21] (ver) sus manos,
que un poco más viejas
no _____[22] (estar) vacías.

Y el abuelo, entonces,
cuando yo _____[23] (ser) niño,
me _____[24] (hablar) de España,
del viento del norte,
de la vieja aldea
y de sus montañas.
Le _____[25] (gustar) tanto
recordar las cosas
que _____[26] (llevar) grabadas
muy dentro del alma
que a veces callado,
sin decir palabra,
me _____[27] (hablar) de España.

[a]*path*   [b]*hurry*   [c]*gentle*   [d]*empty*   [e]más allá de   [f]*boat*   [g]*irse*
[h]*small village*   [i]*recorded*   [j]*soul*   [k]*to take away*   [l]*cart*
[m]*to grasp*   [n]*plow*   [o]*to fertilize*   [p]*to blossom*

Proyectos en tu comunidad

Entrevista a algunos miembros de una familia hispana en tu comunidad para saber cuáles son los días familiares más importantes para ellos, cómo los celebran, etcétera. También investiga cómo son las relaciones entre sus miembros, si es una familia que se siente unida o no, qué los acerca y qué los separa. Luego compárala con tu propia familia.

 Tertulia final   **Problemas que afectan a las familias de hoy**

- ¿Cuáles son los problemas que más afectan a las familias en los Estados Unidos? ¿divorcios y separaciones? ¿mudanzas (*moves*)? ¿falta de tiempo? ¿demasiadas actividades para los hijos? ¿trabajo de ambos padres? ¿otros problemas?

- ¿Te afectaron a ti algunas de estas cosas? ¿Tienen solución? ¿Qué haces o piensas hacer para que tu vida familiar sea diferente de la de tus padres, especialmente si tienes hijos?

Lo cotidiano

En Tenochtitlan (1945), *mural de Diego Rivera, se ve el mercado de la gran ciudad azteca en plena actividad.*

Lo cotidiano tiene que ver con las cosas que pasan cada día. ¿Cuáles son las actividades que forman tu vida cotidiana? ¿Te gusta tener una rutina o eres una persona que preferiría no tenerla? ¿Cuáles son tus formas preferidas de romper la rutina?

el tiempo libre   **los medios de comunicación**
                    la tecnología

el trabajo   **las vacaciones**
                    la comida

«*No es más rico el que más tiene, sino el que menos necesita.*»

—Y SOBRE TODO, QUIERO QUE AL CHICO ME LO PREPARE A FONDO[a] PARA GANAR EN UN CONCURSO[b] DE LA TELEVISIÓN.

[a]*a... in depth*   [b]*contest*

Chiste de Antonio Mingote (Diario ABC, España)

¿Te estás preparando tú a fondo en algo? ¿Cuáles son tus metas (goals)? Hay personas que desde pequeños se han preparado para ser lo que hoy son. ¿Conoces a alguien así?

En este capítulo

■ Estudio de palabras

- Oficios y profesiones
- La búsqueda de trabajo
- Hablando del trabajo

■ Estudio de estructuras

10. Hablando de accidentes y acciones no planeadas: **se** accidental
11. El pasado con relevancia en el presente: el presente perfecto de indicativo
    - **Nota lingüística:** cómo expresar *yet* y *already*

12. El pasado antes del pasado: el pluscuamperfecto de indicativo
    - **Nota lingüística:** el participio pasado como adjetivo

■ Estudios culturales

- Crecimiento de trabajo en las ciudades de Latinoamérica y situación de los beneficios en el mundo hispano
- Representación de trabajadores hispanos por ocupaciones en los Estados Unidos

*By the sweat of your brow . . .

Reflexiona antes de leer • **Los oficios que la modernidad está eliminando**

¿Cuál es la diferencia entre un oficio y una profesión? Da ejemplos de cada uno de ellos. ¿Qué oficios crees que están a punto de desaparecer? ¿y qué profesiones?

Los oficios que la modernidad está eliminando, *Cecilia Gutiérrez*

En las últimas décadas, debido a la modernización, la tecnología y un estilo de vida más agitado, diversos oficios que se realizaban[a] en la ciudad han desaparecido. Ya casi nadie manda a arreglar[b] un reloj ni mucho menos[c] piensa en que habrá alguien que reparará[d] el punto corrido de una media.[e]

Actividades de este tipo eran frecuentes hasta hace algunos años. Entendidos[f] en el tema opinan que este cambio se ha provocado por la constante modernización de los procesos productivos, pero también en los nuevos estilos de vida que se han asimilado como consecuencia de esta estructura de la sociedad.

Para Julián Rodríguez, sociólogo de la Universidad de Chile, el modo de vida actual, con una fuerte cultura del desecho,[g] ha hecho que escasee[h] el tiempo para buscar arreglo[i] a los desperfectos.[j] Por otra parte, los accesorios y muchos artículos que se utilizan en los hogares son fabricados en serie[k] a muy bajo costo, por lo que casi siempre es más costoso reparar que reemplazar.[l]

Asimismo,[m] cambios más globales provenientes del mundo de la informática han afectado el ámbito[n] laboral. Un ejemplo es lo que ocurre con el sistema de correo[o] que ha tenido que modificar sus labores[p] debido a la irrupción del e-mail. Si bien[q] toda la correspondencia comercial sigue realizándose a través del correo tradicional, gran parte de las cartas privadas se efectúan a través de la computadora. De esta forma, dicen los expertos, el oficio de cartero[r] es otro de los trabajos que terminarán por desaparecer.

[a]se... *were carried out*
[b]manda... *sends out for repair*
[c]ni... *much less*
[d]habrá... *there is anyone who might repair*
[e]punto... *run in a stocking*
[f]Expertos

[g]*waste*
[h]ha... *has made scarce*
[i]buscar... *try to fix* [j]*flaws*
[k]en... *on an assembly line*
[l]*replace*
[m]De la misma manera
[n]área, campo
[o]sistema... *postal service*
[p]funciones [q]Si... *Although*

[r]*postal carrier*

Después de leer

Contesta las preguntas según la información del artículo.

1. ¿Cuáles son las causas de la desaparición de ciertos oficios?
2. ¿Por qué tenemos una cultura del desecho?
3. ¿Qué está causando una reducción en el sistema de correos?

Reflexiona antes de mirar • **Perú: un país de contrastes**

¿Qué sabes del tema? ¿Puedes contestar las siguientes preguntas?

1. ¿Con qué países tiene fronteras el Perú?
2. ¿Qué tipos de clima existen en el Perú?
3. ¿Qué montañas atraviesan el país?

VOCABULARIO ÚTIL	
la arcilla	*clay*
el espárrago	*asparagus*
el oro	*gold*
la plata	*silver*
los recursos naturales	*natural resources*
ganarse la vida	*to earn a living*

Después de mirar

Según lo que has visto en el vídeo sobre el Perú, identifica al menos dos datos sobre cada uno de los siguientes temas.

1. países que tiene frontera con el Perú
2. tipos de clima
3. recursos naturales
4. tipos de contrastes

ESTUDIO DE PALABRAS

⊛ **DE REPASO**

la carrera

la compañía

parcial

el empleo / el trabajo

la entrevista (entrevistar[se])

el estrés

la experiencia (laboral)

el jefe / la jefa

las referencias

la responsabilidad
(responsable)

el trabajo a tiempo completo

el salario / el sueldo

el/la supervisor(a)

■ Oficios y profesiones

Los oficios

el/la agricultor(a)	*farmer*
el/la albañil	*construction worker*
el/la basurero/a	*garbage collector*
el/la cocinero/a	*cook*
el/la electricista	*electrician*
el/la fontanero/a	*plumber*
el/la jardinero/a	*gardener*
el/la pintor(a)	*painter*

Cognado: **el/la mecánico/a**

Las profesiones

el/la abogado/a	*lawyer*
el/la asistente de vuelo	*flight attendant*
el/la bibliotecario/a	*librarian*
el/la consultor(a)	*consultant*
el/la ingeniero/a	*engineer*
el/la maestro/a	*teacher*
el/la trabajador(a) social	*social worker*
el/la vendedor(a)	*salesperson*

Cognados: **el/la arquitecto/a, el/la piloto, el/la profesor(a) universitario/a, el/la programador(a) (técnico/a en programación), las relaciones públicas**

■ La búsqueda de trabajo

EMPLEOS
780

**781   Empleos/
Ofertas**

Beauty Salons

NECESITO **BARBERO** (a) para Barbería en Villa Prades.☎ 754-2582.

Nuevo Salón Milenio Area Río Piedras solicita con experiencia 3 estilistas y 2 técnica uñas con clientela **Ofic. 789-1369, 720-9694,**

de Screen y puertas de screen con experiencia. Area Este preferiblemente. Tel.(1-787) 888-0425.

SE SOLICITA: FOREMAN, VARILLEROS (AS), **TRABAJADORES (as)** diestros en trabajos de hormigón para trabajo permanente en fábrica de barreras contra sonido. Area Vega Alta. Traer referencias de trabajo. Salario a discutir. 883-5653, Empresa con igualdad oportunidad de empleo.

SOLICITO PERSONA para pintar propiedad área de Manatí. . Inf. 253-7262

Garajes

SE BUSCAN **Pulidores(as)** con exp en Uretano. **Garage**

Sr Montes
Profesionales

AUTO MOTION sollicita Secretaria(o), recepcionista(o). CompaÑia automotriz área Carolina. Trabajo general de oficina. Atender público, responsable. organizado(a) , bilingÜe. Sr. Hernandez.
☎ 791-5331 ☎ 791-1572

CASA SANTA LUISA 720-2215 Caimito R. Piedras, solicita **Enfermeras** (os) practicas para turnos rotativos.

Restaurant/ Fast Food

COCINERO(A) CON exp. y referencias. Gaby's BBQ Paseo De Diego #116, Río Piedras. **7AM a 4 PM.** L- S

y Relojes.
1-800 587-1668
www.lasamericasjewelers.com

Empleos Generales

!MERCHANDISER! CON RUTAS ESTABLECIDAS EN TODA LA ISLA INTERESADOS EN DISTRIBUIR BOMBONES SUIZOS. INF. 723-2862.

CAJEROS(AS). Entrevistas sábado 27 de enero. De 11AM-12:30PM. Colón Service Station. Carr 2 Km 29.1. Bo. Espinoza. Vega Alta. (Fte. Area Cárcel Mujeres)

DRIVER Area Metropolitana 250-0140 U-495-4075

Choferes a domicilio.

los anuncios/avisos clasificados	*classified ads*
la carta de interés	*cover letter*
de recomendación	*letter of recommendation*
el conocimiento	*knowledge*
el currículum (vitae)	*résumé, CV*
el curso de	
perfeccionamiento/capacitación	*training course*
la formación	*education, training*
la solicitud	*application*
formarse	*to educate/train oneself*

■ Hablando del trabajo

el (período de) aprendizaje	*learning/training (period)*
el ascenso	*promotion*
el aumento (de sueldo)	*(salary) increase; raise*
la capacidad de (adaptarse / aprender / trabajar en equipo)	*ability/capacity to (adapt/ learn/work as a team)*
el contrato	*contract*

(continues)

el desempleo	*unemployment*
el despido	*lay-off; dismissal (from job)*
los días feriados	*holidays*
el/la empleado/a	*employee*
el/la empleador(a)	*employer*
la empresa	*corporation*
el éxito	*success*
la firma	*signature*
el fracaso	*failure*
el/la gerente	*manager, director*
la huelga	*strike*
la guardería infantil	*day-care center*
los impuestos	*taxes*
la jubilación	*retirement*
la licencia (por maternidad/ matrimonio/enfermedad)	*(maternity/marital/sick) leave*
la manifestación	*demonstration*
el mercado	*market*
la meta	*goal*
la práctica laboral	*internship*
el puesto	*position*
la renuncia	*resignation*
el seguro (de vida / médico / dental)	*(life/medical/dental) insurance*
el sindicato	*labor union*
el/la socio/a	*partner*

Cognados: **los beneficios, el objetivo**
Repaso: **horario**

ascender (ie)	*to promote*
aumentar	*to increase*
contratar	*to contract*
despedir (i, i)	*to lay off, fire*
emplear	*to employ*
estar (*irreg.*) desempleado/a	*to be unemployed*
firmar	*to sign*
jubilarse	*to retire*
renunciar	*to resign*

Actividad 1 Asociaciones

Paso 1 ¿Qué asocias con las siguientes descripciones?

1. una compañía internacional famosa en todo el mundo
2. un trabajo con muchas responsabilidades
3. un trabajo de tiempo parcial
4. un empleo que causa poco estrés
5. un tipo de experiencia laboral útil para ser presidente de un país
6. un buen salario para una persona que acaba de terminar sus estudios universitarios
7. un número apropiado de semanas de vacaciones al año

Paso 2   ¿Qué palabras del vocabulario asocias con las siguientes imágenes?

1.

2.

3.

4.

Actividad 2   Palabras derivadas

En parejas, escojan cinco o seis palabras del vocabulario y escriban todas las palabras derivadas (con la misma raíz) de cada una que conozcan.

Ejemplo: la carta → cartero, cartera, cartear

Actividad 3   Reivindicaciones laborales

Paso 1   Imagínense que los empleados de una empresa están hartos (*fed up*) de sus condiciones de trabajo. Por eso, su sindicato ha decidido hacer una manifestación. En grupos pequeños, inventen un contexto para esta situación. ¿Qué tipo de empresa es y cuáles son los problemas laborales de los trabajadores?

Manifestación (*1934*), *Antonio Berni, Argentina*

Paso 2   Ahora hagan una pancarta (*sign or banner*) para la manifestación que exprese sus reivindicaciones, por ejemplo, sus derechos como trabajadores y/o aspectos que piden que se mejoren en su situación laboral.

> *Ejemplos:*   ¡Renuncia, gerente, no te quiere la gente!
> ¡Más sueldo, menos horas!

Actividad 4   Encuesta: Los estudiantes de la clase y los trabajos

Hazles preguntas a un mínimo de seis compañeros de clase para saber la siguiente información. Después compara los resultados de tu encuesta con los de otros compañeros.

1. los tipos de trabajo que han tenido (*have had*) hasta ahora
2. el tipo de trabajo que aspiran tener después de graduarse de la universidad
3. lo que hicieron para buscar empleo

Actividad 5   Tu último trabajo

Paso 1   En grupos de tres o cuatro estudiantes, túrnense para describir el último trabajo que tuvieron o todavía tienen. Mencionen el sueldo (¡aproximado!), los beneficios, el horario, etcétera. Hablen también de lo que más les gusta de este trabajo y de lo que menos les gusta.

Paso 2   Después de haber escuchado a todos los miembros del grupo, determinen quién tiene o tuvo el mejor/peor trabajo y por qué. ¿Y cuál fue el trabajo más común o más raro?

Actividad 6   El trabajo ideal

Paso 1   ¿Buscas un trabajo para este verano? ¿de tiempo parcial? ¿para después de graduarte? Haz una lluvia de ideas (*brainstorm*) sobre tu trabajo ideal, apuntando tantos detalles como puedas.

Paso 2   Ahora escribe el anuncio que te gustaría ver en el periódico sobre ese puesto. Los siguientes anuncios pueden servirte de modelo.

-IMPORTANTE EMPRESA FARMACEUTICA, SOLICITA

MONITOR CLINICO

- Escolaridad mínima a Nivel Licenciatura.
- Edad de 25 a 35 años.
- Experiencia en Monitoreo de Estudios Clínicos.
- Manejo de Programas de Computo, Procesador de Textos y Base de Datos.
- Inglés 80%.
- Buenas relaciones interpersonales.
- Excelente presentación.

OFRECEMOS :   ✔ Sueldo según aptitudes.
✔ Excelente paquete de prestaciones.
✔ Agradable ambiente de trabajo.

**Interesados enviar Curriculum Vitae al Fax 57 29 46 57
At'n. Recursos Humanos.**

**Importante Empresa
Líder en su Ramo
Solicita**

Corrector de Estilo

Requisitos generales:
- Estudios en Comunicación, Traducción o carrera afín
- Buena presentación
- Buena capacidad de aprendizaje
- Inglés 100%
- Disponibilidad de horario
- Organizado
- Habilidad para comunicarse
- Excelente ortografía

Ofrecemos:
- Agradable ambiente de trabajo
- Sueldo acorde al puesto
- Prestaciones superiores a las de la ley

Interesados mandar currículum con fotografía reciente a **Arquímedes 130 piso 4, Col. Polanco** o al fax 52-82-75-12
Atn. Lic. Mauricio Solís.
Inútil enviarlo si no cumple requisitos

Actividad 7   Entrevista de trabajo

Con un compañero / una compañera representa una entrevista de trabajo usando como base los anuncios de la **Actividad 6** (incluyendo tu anuncio ideal). A continuación hay algunas pautas para organizar la entrevista.

Entrevistador(a)
- Preguntas sobre la preparación académica y experiencia laboral previa
- Preguntas sobre actitudes y metas personales

Entrevistado/a
- Respuestas positivas
- Preguntas sobre las condiciones de trabajo y los beneficios

Un limpiabotas en Cuenca, Ecuador. ¿Has visto alguna vez a alguien en los Estados Unidos haciendo este trabajo?

«En América Latina, el sector informal urbano era la principal fuente de empleos en 1990–1998, en promedio,[a] seis de cada diez nuevos empleos fueron creados por las microempresas, los trabajadores por cuenta propia y los servicios domésticos. El empleo del sector informal creció un 3,9 por ciento anual, mientras que el empleo del sector formal creció sólo un 2,1 por ciento en esa región.» (Informe sobre empleo y protección social en el sector informal, Oficina Internacional del Trabajo, 3/2000)

El sector informal es el segmento del mercado laboral que ofrece trabajo independiente o en pequeños grupos y que queda fuera de las estadísticas oficiales y reglamentos gubernamentales, ofreciendo además poca protección a los trabajadores en cuanto a beneficios médicos y de todo tipo.

Beneficios

Los beneficios laborales varían ampliamente no sólo de un país a otro, sino también de una empresa u ocupación a otra. España es probablemente el país hispanohablante más avanzado en cuanto a beneficios, que pueden ser mejores incluso en comparación con los Estados Unidos. Por ejemplo, el beneficio de maternidad es de dieciséis semanas con sueldo completo, más dos semanas extras por cada hijo si es un embarazo[b] o adopción múltiple. Este beneficio puede ser utilizado por la madre o el padre, pero en el caso de que el hijo sea biológico, la mujer debe tomar las seis semanas de descanso posteriores al parto.[c]

[a]en... *on average*   [b]*pregnancy*   [c]*delivery*

🖼 Tertulia

- ¿Hay un sector informal de empleos en el país de Uds.? ¿Cuáles son esos trabajos?
- ¿Cómo se comparan los beneficios por maternidad o paternidad de los españoles con los que existen en el país de Uds.? ¿Cuáles son las ventajas y desventajas de tener un buen sistema de beneficios?

ESTUDIO DE ESTRUCTURAS

10. HABLANDO DE ACCIDENTES Y ACCIONES NO PLANEADAS:
   SE ACCIDENTAL

¡Otra vez **se** me acabó la tinta (*ink*) en la impresora!	*I ran out of ink in the printer again!*
Hoy no **se** te pueden olvidar los libros de la biblioteca.	*Today you cannot forget the library books.*

Forms

Unexpected events that may have been caused by or accidentally happened to a person are frequently expressed in Spanish using a construction with **se,** often referred to as *accidental* **se.** The desired effect is to show someone (who could be the actual "doer" of the action) as the "victim" of the mishap.

sujeto verbo OD	→ **se** OI verbo sujeto
(Yo) Olvidé la cita.	→ **Se** me olvid**ó** la cita.
I forgot the date.	→ *The date slipped my mind.*
Isabel perdió los contratos	→ **Se** le perd**ieron** los contratos.
Isabel lost the contracts.	→ *The contracts got lost on her.*

- Frequently used verbs with this construction

acabar/terminar	*to run out (of something)*
caer	*to fall*
olvidar	*to forget*
perder	*to lose*
quedar	*to remain / to leave (behind)*
quemar	*to burn*
mojar	*to get wet*
romper	*to break*

Uses

- The accidental-**se** construction is grammatically a reflexive action: it appears as if the object of the action does something to itself. The indirect object shows who "suffers" from the action and, very likely, who actually caused the accident. The indirect object may not always appear; either we do not know who caused the accident or may not want to acknowledge what we did.

Se cayó la leche.	*The milk fell. (not known how)*
Se me cayó la leche.	*The milk fell. (I dropped it.)*
Se rompieron las gafas.	*The glasses broke. (not known how)*
Se me rompieron las gafas.	*My glasses broke. (I broke them.)*
Se te rompieron las gafas.	*Your glasses broke. (You broke them.)*

—¡Papi, se cayó la leche!	*Daddy, the milk spilled!*
—Ya veo. ¿Cómo se te cayó?	*I see. How did you spill it? (How did it spill on you?)*

¡OJO! Possession with the accidental **se** can be marked by the indirect object pronoun, as in the reflexive constructions that describe daily routine. Observe the different owners in this pair of sentences.

Se me rompieron **las** gafas.	*My glasses broke. / I broke my glasses.*
Se me rompieron **tus** gafas.	*I broke your glasses.*

- To avoid redundancy, the subject is dropped, as is the norm in Spanish.

—¿Dónde está **la leche?**	*Where's the milk?*
—No hay. **Se nos acabó** esta mañana.	*There is none. It ran out this morning. (We ran out of it.)*

¡OJO! **La leche** here is not a direct object, but a subject. **La** cannot be substituted for a subject.

- To emphasize or clarify the indirect object, a prepositional phrase **a** + *pronoun* is added.

—¿**A quién** se le olvidó comprar la leche?	*Who forgot to buy the milk?*
—**A Pepe.** Y **a mí** se me olvidaron los huevos.	*Pepe did. And I forgot the eggs.*

- The accidental-**se** construction is very flexible, and the parts of the sentence can appear in different order. But **se** must always appear before the verb and the indirect object pronoun, if there is one.

Se les terminó la paciencia.	*They ran out of patience.*
La paciencia **se les terminó.**	*They ran out of patience.*
A los empleados **se les terminó** la paciencia.	*The employees ran out of patience.*
Se les terminó la paciencia a ellos.	*They ran out of patience.*

Actividad 1 Oraciones incompletas

Completa las siguientes oraciones. A todas les falta algo: **se,** el objeto indirecto o uno de los verbos de la lista.

acabar	**olvidar**	**perder**	**quemar**	**romper**

Ejemplo: A mí no __se__ __me__ olvidó mandar la solicitud hoy.

1. A mí _____ _____ pierden las llaves y _____ me _____ la comida con frecuencia.

2. A ti nunca se _____ _____ nada.

3. A mis amigos siempre se _____ _____ la fecha límite de los trabajos de clase.

4. _____ nos _____ las solicitudes ayer.

5. ¿No _____ _____ _____ nunca las gafas a Ud.?

Actividad 2   ¡Uy! (*Oops!*)

Algunas personas en estas situaciones van a decir **¡Uy!** Mira los dibujos y explica lo que pasa en cada uno de ellos usando la construcción con **se** accidental.

1.   2.   3.

Actividad 3   Incidentes comunes

Paso 1   ¿Eres una persona torpe (*clumsy*)? ¿Qué incidentes te suelen ocurrir y cuáles no? Haz una lista.

Ejemplo: Se me quedan las llaves dentro del coche algunas veces.

Paso 2   Pregúntales a tus compañeros si les suelen ocurrir los mismos incidentes que a ti. Después, entre todos, indiquen cuáles son los incidentes más comunes entre los estudiantes universitarios.

Actividad 4   ¡Qué vergüenza! (*How embarrassing!*)

Cuéntales a los compañeros sobre un momento vergonzoso que te ocurrió en el trabajo o mientras buscabas algo que habías perdido. No olvides usar la construcción con **se** accidental siempre que sea posible.

Ejemplo: El verano pasado, cuando yo trabajaba en una oficina, se me cayó una taza de café sobre unos documentos importantes que había en una mesa.

11. EL PASADO CON RELEVANCIA EN EL PRESENTE: EL PRESENTE PERFECTO DE INDICATIVO

«Entendidos en el tema opinan que este cambio se ha provocado por la constante modernización de los procesos productivos...»*

«Asimismo, cambios más globales provenientes del mundo de la informática han afectado el ámbito laboral.»*

Forms

- presente indicativo de **haber** + participio pasado (**-ado/-ido**)

he	bail**ado**	*I have danced*
has	com**ido**	*you have eaten*
ha	viv**ido**	*he/she has lived*
hemos	**hecho**	*we have done/made*
habéis	**visto**	*you (pl.) have seen*
han	s**ido**	*they / you (form. pl.) have been*

- The past participle is an invariable form when it is part of the present perfect tense. It always ends in **-o** and appears after the conjugated form of **haber.** Regular forms of the past participle are formed according to the following pattern:

  habl**ar** → habl**ado**   com**er** → com**ido**   viv**ir** → viv**ido**

- **Irregular forms** of the past participle for some of the most commonly used verbs in Spanish include the following:

abrir	→ abierto	hacer	→ hecho	resolver	→ resuelto
cubrir	→ cubierto	imprimir	→ impreso	romper	→ roto
decir	→ dicho	ir	→ ido	ver	→ visto
descubrir	→ descubierto	morir	→ muerto	volver	→ vuelto
escribir	→ escrito	poner	→ puesto		

¡OJO! For verbs that are derivatives of another verb, the ending of the past participle will follow the pattern of the root verb.

| escribir | → escrito | hacer | → hecho | poner | → puesto |
| describir | → descrito | rehacer | → rehecho | proponer | → propuesto |

Uses

The present perfect in Spanish, as in English, expresses actions that were completed or started in the past but still are relevant in the present.

| Durante los tres últimos veranos **he trabajado** como consejero en un campamento para niños. | *During the last three summers I have worked as a counselor in a children's camp.* |
| Mi amigo Juan **ha viajado** por todo el mundo por su trabajo. | *My friend Juan has traveled all over the world with his job.* |

---

*«Los oficios que la modernidad está eliminando.» *La Tercera* en Internet. Chile.

Capítulo 4: Con el sudor de tu frente...

ya *yet, already*

¿**Ya** empezaste a trabajar en la nueva empresa?	*Did you start working at the new company yet?*
Ya he mandado la carta de interés para ese trabajo.	*I have already sent a letter of interest for that job.*

ya no *not anymore*

Raúl **ya no** trabaja allí.	*Raúl doesn't work there anymore.*

todavía/aún *still*

—¿**Todavía (Aún)** trabajas en la empresa de tu familia?	*Do you still work for your family's company?*
—Sí, **todavía (aún)** trabajo con mi padre.	*Yes, I still work with my father.*

todavía no / aún no *not yet / still. . .not*

—Raúl **todavía (aún) no** ha empezado a trabajar en su nuevo puesto, ¿verdad?	*Raúl still has not started working at the new job yet, right?*
—No, **todavía no.**	*No, not yet.*

Actividad 1   Cosas por hacer

Completa cada una de las oraciones con la forma correcta del presente perfecto del verbo de la lista.

descubrir	encontrar	morir	ser	terminar
decir	hacer	probar	tener	

1. Yo no ___he terminado___ [finished] mi carrera todavía: pero ya ___he terminado___ [finished] la mayoría de los requisitos.

2. La Sra. Grandinetti no ___ha encontrado___ [has not found] trabajo todavía, pero ___ha sido___ [has been reviewed] entrevistada para varios puestos.

3. Los científicos ___han descubierto___ [have discovered] una nueva droga contra el cáncer. Esta droga se ___ha sido___ [has been] en mil ratones diagnosticados con cáncer; éstos están en tratamiento hace un año y ninguno ___ha muerto___ [has died] todavía.

4. Estoy muy triste por haber perdido el trabajo. Lo peor es que aún no les ___he dicho___ [have not told] nada a mis padres.

5. ¿Tú ___has tenido___ [have you ever had] alguna vez una entrevista por teléfono?

Actividad 2   ¿Una vida convencional?

Paso 1   Haz una lista de las cuatro actividades más interesantes que has hecho en tu vida y de otras cuatro que todavía no has hecho, pero que tienes muchas ganas de hacer.

> *Ejemplos:*   He saltado en paracaídas (*parachute*).
> Todavía no he viajado fuera de los Estados Unidos.

Paso 2   Ahora busca a otros estudiantes en la clase que no hayan hecho las cosas que te interesan a ti y que también tengan interés en experimentarlas.

> *Ejemplo:*   —¿Has viajado fuera de los Estados Unidos?
> —No, nunca he viajado afuera de los Estados Unidos.
> (O: Sí, he viajado a México; fui el año pasado.)
> —¿Te gustaría (*Would you like*) hacerlo?
> —¡Me encantaría! (*I would love to!*) (O: Lo siento, pero no me interesa por ahora.)

Actividad 3   Entrevista sobre la experiencia laboral

Hazle una pequeña entrevista a un compañero / una compañera sobre sus experiencias en el campo laboral y después comparte con la clase lo que averigües (*find out*). Presta atención al uso del presente perfecto de indicativo y la expresión «alguna vez». Trata de obtener todos los datos posibles sobre su experiencia.

> *Ejemplo:*   —¿Has tenido alguna vez un jefe antipático?
> —Sí.
> —¿Por qué dices que era antipático? ¿Cómo era y qué hacía?

Algunas ideas para la entrevista:

- tener un empleo sin contrato / sin beneficios
- llegar tarde al trabajo varias veces seguidas
- tener más de un mes de vacaciones
- trabajar para una empresa de _____
- usar la excusa de estar enfermo/a para tomar el día libre
- solicitar un puesto en otra ciudad
- recibir un aumento de sueldo
- trabajar en un puesto que se odia
- ser mesero/a

12. EL PASADO ANTES DEL PASADO: EL PLUSCUAMPERFECTO DE INDICATIVO

Había trabajado en la compañía seis años cuando me nombraron gerente.	*I had worked in the company for six years when they named me manager.*
Al final de ese año fiscal, la empresa **había perdido** una gran cantidad de dinero.	*At the end of the fiscal year, the company had lost a large amount of money.*

Forms

imperfecto de **haber** + participio pasado (**-ado/-ido**)

había	bail**ado**	*I had danced*
habías	com**ido**	*you had eaten*
había	viv**ido**	*he/she had lived*
habíamos	**hecho**	*we had done/made*
habíais	**visto**	*you (pl.) had seen*
habían	**sido**	*they / you (form. pl.) had been*

Repaso

Past participle forms: **Estudio de estructuras 11**

Uses

- The past perfect or pluperfect is a tense used to refer to an action that occurred prior to a point of reference in the past.

Cuando me ofrecieron el trabajo en la Telefónica, yo ya **había aceptado** el puesto en AT&T.	*When they offered me the position at Telefónica, I had already accepted the job at AT&T.*
Para junio de 2001, yo ya **había terminado** la secundaria y me **había casado.**	*By June of 2001, I had already finished high school and had gotten married.*

In the sequence of events in these examples, the actions in the past perfect occurred before the other actions or time reference.

- The past perfect is often used in reported speech, that is, in reporting what someone said that someone (else) had done.

El supervisor le preguntó a Ana si la **habían llamado** para ofrecerle el puesto.	*The supervisor asked Ana if they had called her to offer her the job.*
Ana contestó que no **había recibido** ninguna oferta de trabajo todavía.	*Ana answered that she had not received any job offer yet.*

¡OJO! In some contexts both preterite and pluperfect can be used. As a rule of thumb, it is better to use the pluperfect for actions that occurred prior to another action in the same context, even more so when **ya, todavía, todavía no** are involved in the action.

In Spanish, as in English, the past participle can be used as an adjective. In this case, the past participle must agree in number and gender with the noun it modifies, as would any other Spanish adjective.

| la vida agit**ada** | *hectic life* |
| un estilo de vida más agit**ado** | *a more hectic lifestyle* |

The past participle as an adjective is used in two important constructions in Spanish.

- After **ser** in the passive voice (see **Capítulo 12**)

    | Muchos artículos que se utilizan en los hogares **son fabricados.** | *Many articles that are used in homes are manufactured.* |

- After **estar** to describe resulting conditions

    | Cuando llegamos, la puerta ya **estaba cerrada.** | *When we arrived the door was already closed.* |

Actividad 1   La búsqueda de empleo de Emilia

Indica los verbos entre paréntesis correctos para completar los siguientes párrafos. Todos los verbos entre paréntesis están en el pretérito y el pluscuamperfecto. **¡OJO!** Aunque en algunos casos sería posible usar ambas formas, usa el pluscuamperfecto cuando se indique por el contexto que una acción ocurrió antes que otra en el pasado.

Antes de mandar las cartas de interés, Emilia ya (leyó / había leído)[1] muchos anuncios de trabajo, y también (consultó / había consultado)[2] la oficina de recursos profesionales en su universidad. En total, Emilia (solicitó / había solicitado)[3] veinte puestos diferentes. Para los puestos que más le interesaban (hizo / había hecho)[4] búsquedas en el Internet para saber todo lo referente sobre[a] las compañías que los ofrecían con el fin de escribir una buena solicitud.

Finalmente le (dieron / habían dado)[5] una entrevista en el periódico *La Jornada*, uno de sus puestos más deseados. Justo antes de que la llamaran[b] para establecer la entrevista, le (dijo / había dicho)[6] a su madre cuánto le gustaría tener ese puesto, pero que no esperaba que la llamaran, porque era un puesto muy competitivo.

Hoy ya lleva un año trabajando en *La Jornada* y está contentísima. (Hablé / Había hablado)[7] con ella ayer y me dijo que éste era el trabajo con el que ella (soñó / había soñado)[8] mientras estudiaba en la universidad.

[a]todo... *everything about*   [b]Justo... *Just before they called her*

Actividad 2   El empleo de Emilia

Completa el siguiente párrafo sobre el primer día de Emilia en su nuevo trabajo con la forma correcta del pretérito, el presente perfecto o el pluscuamperfecto de los verbos de la lista. En algunos casos puede haber más de una respuesta. **¡OJO!** Uno de los verbos aparece dos veces en las respuestas.

decir	llegar	poner	recibir	terminar
invitar	mostrar	preparar	responder	ver

Emilia _____¹ muy temprano a la oficina su primer día de trabajo. Sin embargo, no fue la primera en llegar: antes que ella, ya _____² su jefa. La jefa la _____³ con cordialidad y la _____⁴ a un café de la máquina. «_____⁵ en tu mesa unos informes para que los estudies entre hoy y mañana», le _____⁶ la jefa a Emilia. «Los _____⁷ para la formación de Luis, tu compañero de mesa. Pero él ya _____⁸ de usarlos. Creo que te interesarán.» Emilia le _____⁹ que ya _____¹⁰ el paquete. Después la jefa le _____¹¹ toda la oficina.

Actividad 3 ¿Quién lo dijo?

Empareja cada una de las oraciones con la persona que pudo haberla dicho. Después forma una oración de estilo indirecto. Sigue el ejemplo. Puedes sustituir el verbo **decir** por **informar, explicar, reportar** o **contar**.

Ejemplo: El gerente: «Terminé de entrevistar a los candidatos.» → El gerente dijo que había terminado de entrevistar a los candidatos.

1. ____ La economía del país subió entre los años 1995 y 2000.

2. ____ Los trabajadores han pasado toda la noche en huelga.

3. ____ Tres estudiantes han recibido una beca de estudios.

4. ____ Despedí a esos empleados porque no podían trabajar en equipo.

5. ____ Hice un curso de capacitación el año pasado.

a. el candidato a un puesto

b. la consejera de estudiantes de escuela secundaria

c. el ministro de economía

d. el periodista

e. la gerente

Actividad 4 Mi vida

Menciona una cosa que ya había ocurrido en tu vida y otra que no había ocurrido todavía antes de las siguientes fechas o eventos. Hay varias formas de expresar estas ideas.

Ejemplos: 1998 → En 1998, yo no había empezado la escuela secundaria (todavía).

2000 → Antes de 2000, yo (todavía) no había estudiado español.

1984 → Para 1984, mis padres ya se habían divorciado.

1. 1984
2. el enero de 2000
3. ir a la escuela
4. llegar a la universidad
5. 2006
6. 1998
7. tomar este curso
8. cumplir ¿? años

Los trabajadores hispanos en los Estados Unidos, por lo general, están más representados en ocupaciones menos remuneradas que las profesionales. Hay varias razones para esta circunstancia, entre ellas la constante llegada de inmigrantes de países latinoamericanos que aceptan trabajos básicos por falta de educación, de conocimiento del inglés o de documentación legal.

A continuación, se puede ver el porcentaje de trabajadores de origen hispano en comparación con otros grupos de la población en algunas ocupaciones y profesiones.* Se calcula que hay más de 38 millones de hispanos en los Estados Unidos según datos de 2002, por lo cual es la minoría más grande del país.

Profesiones	Hispanos	Blancos	Negros	Otros
Abogados				
Hombres	2,2%	94,4%	2,5%	1,4%
Mujeres	3,4%	88,1%	6%	2,4%
Camareros				
Hombres	16,7%	65,3%	8,8%	9,2%
Mujeres	5,8%	85,7%	4,4%	4,1%
Legisladores				
Hombres	0,7%	83,7%	8,2%	7,4%
Mujeres	3,9%	81,6%	11,7%	2,8%
Limpiadores de edificios				
Hombres	15,1%	62,3%	19,3%	3,3%
Mujeres	16%	58%	23%	3%
Maestros, escuela elemental				
Hombres	4,3%	85,1%	8,8%	1,8%
Mujeres	4,4%	83,1%	10,4%	2,1%
Profesores universitarios				
Hombres	3,1%	83,4%	4%	9,5%
Mujeres	3,8%	84%	6,3%	5,9%
Trabajadores agrícolas				
Hombres	34%	56%	19,3%	2,3%
Mujeres	30%	59%	23%	3,7%

*Los datos en la tabla están basados en las cifras de la Oficina del Censo de los Estados Unidos, del censo de 1990.

Tertulia   El futuro para los hispanos en el trabajo

¿De qué manera se puede lograr una mayor representación de los hispanos en ocupaciones mejor remuneradas? ¿Qué cambios políticos te parecen necesarios para conseguirlo? ¿Creen Uds. que la discriminación positiva (*affirmative action*) es un medio de lograrlo?

Reflexiona antes de leer

Sobre la lectura

La lectura de este capítulo se publicó en el suplemento semanal del periódico español *El País* sobre economía y empleo.

VOCABULARIO ÚTIL

el aprendizaje	*learning process; apprenticeship*
el conocimiento	*knowledge*
el esfuerzo (por)	*effort*
el/la novato/a	*beginner; novice*
los recursos humanos	*human resources*
la voluntad (de)	*will/desire (to)*
cometer errores / equivocarse	*to make mistakes*
superar(se)	*to advance*
antiguo/a	*old*
en definitiva	*in short*

Actividad 1 Definiciones

Paso 1 Completa las siguientes oraciones con palabras del **Vocabulario útil.**

1. Creo que, _____, lo más importante es que terminemos el trabajo a tiempo.

2. Todo el mundo _____, por eso se dice que «errar es humano».

3. El interés en _____ es lo que hace que avancemos en la vida.

4. Si tienes preguntas sobre los beneficios debes hablar con el departamento de _____.

5. Todos los trabajos tienen una etapa de _____.

Paso 2 Ahora forma tus propias oraciones usando cada una de las siguientes palabras.

antigua   conocimiento   esfuerzo   novato   voluntad

Actividad 2 Ejemplos de tu vida laboral

En muchas entrevistas, el candidato / la candidata al puesto debe dar ejemplos específicos de su vida laboral o de cómo solucionaría un problema en el trabajo. ¿Qué ejemplos de tu vida laboral darías si en una entrevista de trabajo te pidieran hablar sobre los siguientes aspectos? (Si no tienes ejemplos de tu vida laboral, puedes inventarlos.)

1. una ocasión en que te equivocaste pero supiste resolver el problema de forma positiva

2. tu capacidad para trabajar en equipo

3. la relevancia de tus conocimientos en el área de trabajo

4. tu voluntad para superarte

5. tus metas a corto y a largo plazo (*short- and long-term*).

Estrategia de lectura: nivel de formalidad y tipo de lectores

No es lo mismo escribir para un público general que para un público especializado en un tema. De la misma forma, un texto dirigido a adolescentes utilizará un tono y un lenguaje diferente de un texto sobre el mismo tema dirigido a personas mayores.

1. Lee los dos primeros párrafos de la lectura e indica qué tipo de lectores tiene en mente su autor.
   - personas a punto de jubilarse
   - estudiantes de la escuela secundaria
   - personas que acaban de empezar su carrera profesional
2. Ahora fíjate en la persona de los verbos. ¿Cuál es la terminación más frecuente de los verbos: **yo, tú,** tercera persona...? ¿Qué puede implicar esa terminación? ¿Es una técnica para acercarse o alejarse de los lectores? Si el autor del artículo usara (*were to use*) expresiones impersonales con **se,** ¿cómo afectaría (*would affect*) eso la lectura?
3. Finalmente, ¿puedes hacer una predicción sobre la profesión de la persona que escribe?

RECURSOS HUMANOS PRIMER EMPLEO: los empresarios prefieren una actitud de aprendizaje, *Manuel Díaz, consultor**

Una vez terminados los estudios, después de haber completado numerosos cursos de formación complementaria, haber enviado un sin fin[a] de currículos y someternos[b] a diversos procesos de selección, por fin encontramos trabajo.

Tras[c] todos los esfuerzos de las etapas[d] anteriores, noches en vela[e] estudiando, superar[f] los tests... alcanzamos la meta soñada y encontramos nuestro primer empleo.

Entonces, nos damos cuenta de que todos los sinsabores[g] por los que hemos pasado para formarnos profesionalmente, con el objetivo de encontrar un puesto de trabajo, resulta que sólo han servido para empezar un nuevo camino en la vida. Todo aquello que veíamos lejano y utópico, donde seríamos felices con nuestro trabajo, se convierte en el primer peldaño[h] de una larga y difícil escalera.[i]

A poco de[j] posicionarnos en nuestro sitio nos percatamos[k] de que sólo con los conocimientos adquiridos, de los que nos ufanábamos[l] en las entrevistas, «sólo», repito, cubrimos un discreto porcentaje sobre la tarea que nos han encomendado.[m]

Ahora empieza el verdadero aprendizaje. Ahora es cuando, realmente, hay que convertirse en una esponja[n] y absorberlo todo; ahora es cuando hay que escuchar, ver, estudiar, analizar y aprender.

Los empresarios van a mirar más en nosotros nuestra actitud de aprendizaje que nuestros conocimientos generales. A los jefes les interesa más una persona con un talante[o] positivo, con una actitud de aprendizaje, una férrea voluntad[p] y capacidad de trabajo, que lo que

[a]sin... *endless amount*
[b]*undergoing; subjecting ourselves*
[c]*Después de* [d]*stages*
[e]en... *awake* [f]*salir bien en*

[g]*troubles*

[h]*step* [i]*ladder*
[j]A... *Soon after* [k]nos... *notice*
[l]*boasted*

[m]nos... *has been assigned to us*

[n]*sponge*

[o]*actitud*
[p]férrea... *iron will*

*Text by Manuel Díaz, line art by Pedro Castro, *El país,* June 20, 1999.

podamos resolver, que por otra parte siendo novatos, y aunque nos pese,[q] no nos van a ceder[r] responsabilidades, ni siquiera de nivel medio.

Por ello, debemos preguntar, consultar antes de tomar decisiones, pedir consejo a los compañeros más antiguos y, en definitiva, ser cautos[s] y positivos.

No pasa nada si nos equivocamos. Somos jóvenes y novatos. Estamos aprendiendo y, a veces, de los errores cometidos se pueden sacar grandes enseñanzas.

Una persona debe estar formándose continuamente en su vida profesional. Los técnicos de recursos humanos consideramos que el axioma anterior es válido para toda la vida laboral. Ésta la podemos dividir en varios segmentos.

1. En los cinco primeros años de nuestra vida laboral, nuestro objetivo ha de ser la formación especializada.

2. Durante los cinco siguientes debemos rotar por distintas áreas para, por un lado, conocer más actividades que la nuestra propia, y por otro lado, para decidir, en definitiva, qué tipo de trabajo nos gusta realmente.

3. El siguiente quinquenio[t] es el de la consolidación profesional, y de ahí en adelante[u] debe ser el convertirnos en un gran profesional de nuestra actividad.

Pero para ello, primero hay que observar, absorber y demostrar que tenemos la voluntad de llegar muy lejos.

[q]aunque... *although it may bother us* [r]dar

[s]*cautious*

[t]cinco años
[u]de... *from that point on*

Comprensión y discusión

Actividad 3 ¿Está claro?

Completa con tus propias palabras las siguientes ideas de la lectura.

1. Después de mucho trabajo de preparación para conseguir un trabajo, cuando por fin lo conseguimos, descubrimos que...
2. Los conocimientos formales que adquirimos estudiando sólo son...
3. El verdadero aprendizaje empieza cuando...
4. Para los jefes, los empleados ideales...
5. Si cometemos un error en el trabajo...
6. El consejo más importante de los expertos en recursos humanos es...
7. Los expertos en recursos humanos piensan que la trayectoria laboral ideal...

Actividad 4 ¿Qué piensas ahora?

Vuelve a pensar en tu predicción sobre el tipo de lectores interesados en el artículo. ¿Se ha confirmado tu predicción? ¿Te parece que la información contenida en el artículo puede ser útil para ese tipo de lectores? ¿Por qué? ¿Te identificas tú de alguna manera con esos lectores? ¿Por qué?

Actividad 5 Buenos empleados

En parejas, hagan una lista de las que pueden ser las características generales más importantes en los empleados desde el punto de vista de un empleador.

Tertulia ¿Qué actitud se prefiere en un compañero / una compañera de trabajo?

Normalmente se habla de lo que prefieren los empleadores en cuanto a los empleados, y viceversa. Pero no se puede olvidar que el ambiente de trabajo, en gran parte, lo crean los compañeros de trabajo. ¿Cómo son los compañeros ideales? ¿Han tenido Uds. malas experiencias con sus compañeros de trabajo? ¿Se consideran Uds. buenos compañeros?

REDACCIÓN   La carta de interés que acompaña un currículum

Tema

Una carta de interés para un trabajo: puedes usar uno de los puestos que aparecen en los anuncios de la **Actividad 6** en **Estudio de palabras.**

Antes de escribir

Haz una lista de las razones por las que quieres este puesto y otra de tus calificaciones, por ejemplo: estudios, experiencia, etcétera. Piensa y escribe en español. Si no sabes alguna palabra deja un espacio en blanco o haz un símbolo.

Mientras escribes

- Recuerda que tu lector es un empleador, por lo tanto debes usar un lenguaje muy formal.
- Sigue la estructura de una carta de negocios.
  - el encabezamiento: nombre y dirección de la persona que escribe la carta
  - fecha (¡**OJO!** En español se pone primero el día y después el mes.)
  - destinatario: nombre y dirección de la persona a la que va dirigida la carta
  - saludo, por ejemplo: «Estimado/a Sr./Sra. ...»
  - cuerpo, tres partes: introducción, desarrollo y conclusión
  - despedida o cierre, por ejemplo: «atentamente»
  - firma
- Busca en el diccionario y en tu libro de español aquellas palabras y expresiones sobre las que tengas duda.

(continues)

Después de escribir

- Repasa los siguientes puntos.
  - el uso de los tiempos verbales
  - la concordancia entre sujeto y verbo
  - la concordancia de género y número entre sustantivos, adjetivos y pronombres
  - la ortografía y los acentos
  - el uso de un vocabulario variado y correcto (evita las repeticiones)
  - el orden y el contenido (párrafos claros, principio y final)
- Finalmente, prepara tu versión para entregar.

 No te olvides de mirar el Apéndice I, **¡No te equivoques!,** para evitar errores típicos de los estudiantes de español. Para esta actividad de escritura, se recomienda que prestes atención a **Maneras de expresar** *because (of)* (página 353).

Consulta el *Cuaderno de práctica* para encontrar más ideas y sugerencias que te ayuden a escribir la composición.

REFLEXIONES

Gramática en acción: César Estrada Chávez (1927–1993)

Completa el párrafo con la forma correcta del pretérito, imperfecto, presente perfecto o pasado perfecto de cada uno de los verbos entre paréntesis.

César Chávez (1927–1993)

César Chávez es uno de los grandes activistas sociales del siglo XX. Gracias a su liderazgo las condiciones laborales de miles de trabajadores agrícolas, mayormente hispanos, _____[1] (mejorar) ostensiblemente en las últimas décadas. Chávez _____[2] (nacer) en Arizona. En 1939, su familia _____[3] (mudarse) a California para trabajar en el campo, porque su padre _____[4] (tener) que vender la tierra en la que _____[5] (trabajar).

A César no le _____[6] (gustar) la escuela, probablemente porque su inglés no _____[7] (ser) muy bueno. Su familia _____[8] (hablar) español en casa y el español _____[9] (estar) prohibido en la escuela. En 1942, después de terminar el octavo grado, César _____[10] (dejar) de estudiar porque su padre _____[11] (sufrir) un accidente el año anterior. Ya en su vida adulta, sin embargo, la educación fue una de las grandes pasiones de César Chávez, quien _____[12] (decir): «El objetivo de toda educación debe ser el servicio a otros.»

En 1962 _____[13] (fundar) un sindicato de trabajadores agrícolas (*United Farm Workers*), con su gran compañera de trabajo, Dolores Huerta. Chávez fue un líder incansable y profundamente religioso que _____[14] (creer) firmemente en la lucha no violenta. _____[15] (Hacer) varias largas huelgas de hambre y _____[16] (organizar) una marcha pacífica de 340 millas de Delano a Sacramento. Las banderas de su lucha con las palabras «Huelga» y «Viva la causa» se _____[17] (hacer) famosas en todo el mundo.

Chávez _____[18] (morir) cuando sólo _____[19] (tener) 66 años. Póstumamente, _____[20] (recibir) la Medalla de la Libertad, el honor civil más importante en los Estados Unidos. El siguiente párrafo es un fragmento de uno de sus discursos en español.

«Compañeros, así como una sola familia deberemos siempre... siempre actuar como una sola familia, porque estamos en la misma causa, la misma necesidad porque compartimos —fíjense— compartimos el mismo futuro. No valemos nada solos, pero juntos valemos mucho. La gente tiene que sentir su ser, sentir que sí se puede, sí se puede, que se puede hacer!»

Proyectos en tu comunidad: la presencia laboral hispana donde tú vives

Escoge una de las siguientes opciones.

- Haz una búsqueda en la red en la Oficina del Censo de tu país. Si eres de los Estados Unidos, mira si los porcentajes de trabajadores hispanos en tu estado en las diferentes ocupaciones del gráfico del **Estudio cultural** (página 120) son similares a las de nivel nacional. ¿Puedes explicar las diferencias entre los porcentajes nacionales y estatales? Si eres del Canadá, compara tu provincia con las estadísticas del gráfico.

- Entrevista a una persona hispana que trabaje en tu universidad: un profesor / una profesora (¡pero no del curso que estés tomando!), una persona en un cargo administrativo, una persona que hace la limpieza y mantenimiento, etcétera. Puedes usar las siguientes sugerencias para las preguntas de la entrevista.
  - origen de su familia
  - cuándo llegó su familia a este país
  - si está satisfecho/a con su actual ocupación
  - el papel del español en su vida diaria
  - sus metas laborales

Tertulia final   Problemas laborales

- ¿Cuáles son los problemas laborales más graves que afectan a los diferentes grupos étnicos o raciales en este país? En tu opinión, ¿ha habido progreso suficiente en las últimas décadas en relación con los grupos menos privilegiados? ¿Cómo se puede mejorar la situación?

- ¿Cómo se presenta la situación laboral para tu generación? ¿Cómo ha cambiado la situación en relación con la generación de tus padres?

«El mundo es un pañuelo.»*

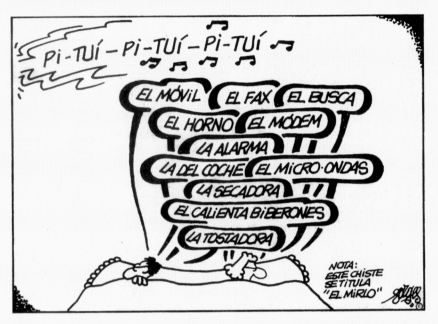

El mirlo es un pájaro. ¿Por qué el dibujante (comic artist) pone el título del chiste en una nota aparte? ¿Cuál es el mensaje de este chiste? ¿Estás de acuerdo?

En este capítulo

■ Estudio de palabras
- Los medios de comunicación
- La computación y otras tecnologías
- No sólo tecnología

■ Estudio de estructuras
13. El presente de subjuntivo: introducción y contexto de influencia
14. Los mandatos formales e informales
    - Nota lingüística: cortesía en las peticiones

■ Estudios culturales
- Avances tecnológicos y científicos en los países hispanos
- La tecnología en los países hispanos

---

*Literally: The world is a handkerchief.

Reflexiona antes de leer • **Latinoamérica a sus pies**

¿Usas mucho el Internet? ¿Para qué cosas? ¿Cuáles son las páginas que más usas? ¿Cómo determinas tú si una página es buena o no?

Latinoamérica a sus pies: www.lanic.utexas.edu, *Kevin B. Fagan*

[a]*initials*

Las siglas[a] de esta página de Internet corresponden al *Latin American Network Information Center*. Basado en la Universidad de Texas en Austin, este sitio nos da acceso a cualquier información sobre América Latina, ya sea por país o por tema. Son insuperables la cantidad de datos actualizados[b] que contiene y su estupenda organización.

[b]*datos... up-to-date information*

[c]*business*
[d]*covers*

Los temas principales aparecen primero divididos por países en orden alfabético. Después se trata el tema de la economía con subdivisiones de negocios,[c] comercio y finanzas. En el área de la educación, la página abarca[d] desde *kindergarten* hasta la universidad, incluida la educación a distancia.

[e]*laws*

[f]*development*
[g]*resources*

La política comprende las formas de gobierno, las leyes,[e] las fuerzas armadas, los derechos humanos, la inmigración y los pueblos indígenas. En el campo del desarrollo,[f] se presentan los temas de agricultura, recursos[g] naturales, medio ambiente y desarrollo sostenido. En cuanto a estudios, hay un área de humanidades (con arte, lenguas y literatura), mientras que el campo de las ciencias incluye arquitectura, salud y oceanografía. Bibliotecas, museos y estadísticas entran en el ramo[h] de referencias. Todos los medios de comunicación están listados, incluidos el cine, la radio y la televisión. Para el entretenimiento, hay sitios sobre comida, deportes y viajes. Como broche de oro,[i] el tema de la computación e Internet tiene su propia sección. En resumen,[j] es un verdadero «árbol de la ciencia».

[h]*area (lit. branch)*

[i]*broche... finishing touch*
[j]*En... In summary*

Después de leer

Completa las siguientes oraciones con información del texto, usando tus propias palabras siempre que sea posible.

1. En el contexto de Internet, un sinónimo de página es...
2. El artículo se titula «Latinoamérica a sus pies» porque...
3. LANIC es...
4. Los temas que podemos encontrar en esta página son...
5. Algunos de los adjetivos que indican que es una crítica positiva son...

Reflexiona antes de mirar • **Agricultura de precisión en la Argentina**

¿Qué sabes del tema? ¿Puedes contestar las siguientes preguntas?

1. ¿Qué es la agricultura de precisión?
2. ¿Dónde está la Pampa?
3. ¿Qué tipos de cultivo son importantes en la Argentina?

VOCABULARIO ÚTIL	
la cosechadora	*harvester*
la Pampa	*region of vast plains in Argentina*
el rendimiento	*performance*
la sembradora	*sower*
la soja	*soy*
ubicar(se)	*to locate*

Después de mirar

¿Cierto o falso? Si puedes, corrige las ideas falsas.

1. La soja no se cultiva mucho en la Argentina.
2. La nueva tecnología permite que cada parte de un lote produzca al máximo.
3. La cosechadora y la sembradora son manuales.
4. Según el mapa de rendimiento se hace un plan de siembra.
5. La nueva tecnología sólo puede evaluar grandes áreas de cultivo.

⊛ DE REPASO

la computadora
el fax
la fotocopia
la foto(grafía)
la radio
el teléfono
la televisión
hacer (*irreg.*) fotos

■ Los medios de comunicación

el aparato	*appliance; machine*
la emisora de radio	*radio station*
el/la locutor(a)	*radio host*
el mensaje	*message*
la noticia	*piece of news*
las noticias	*news*
el noticiero	*news(cast); news program*
el periódico	*newspaper*
el/la periodista	*journalist*
la prensa	*press; media*
el/la presentador(a)	*TV host(ess); anchorperson*
el programa informativo / de entretenimiento / deportivo	*information / entertainment / sports program*
el reportaje	*news report*
la revista	*magazine*

Cognados: **el artículo, el canal de televisión, el satélite, el teléfono móvil/celular**

■ La computación y otras tecnologías

el archivo	*file*
el buscador	*search engine*
el correo electrónico / e-mail	*e-mail*
el disco duro	*hard drive*
la impresora	*printer*
el/la informático/a	*computer programmer*
la dirección de Internet	*Internet address*
la línea	*line*
la página web	*web page*
la pantalla	*screen*
la Red	*Internet (lit. net)*
el servidor	*server*
el sitio web	*web site*
la tecla	*key*
el teclado	*keyboard*
el/la usuario/a	*user*

Cognados: **el Internet, el portal, el programa**

almacenar	*to store*
archivar	*to file*
borrar	*to erase*
buscar (qu)	*to look for; to search*
enviar (envío) (un fax / un mensaje)	*to send (a fax/message)*
funcionar	*to function, work*
grabar	*to record*
guardar	*to save*
hacer (*irreg.*) **una búsqueda**	*to look for; to search*
hacer clic	*to click*
imprimir	*to print*
pulsar	*to click*

Cognados: **calcular, copiar, chatear, formatear, fotocopiar**
Repaso: **mandar**

◼ No sólo tecnología

el aislamiento	*isolation*
el punto (.)	*dot*
la sigla	*(capital) letter used to abbreviate a name*
la soledad	*solitude; loneliness*
la ventaja	*advantage*

Cognados: **el avance, la comunicación**

aislar(se)	*to isolate (oneself)*
cara a cara	*face to face*

Actividad 1   La pantalla en español

Estudia esta imagen de la pantalla de una computadora en español.
¿Reconoces todos los nombres y funciones?

Actividad 2 Asociaciones

¿Con qué palabras del vocabulario asocias los siguientes nombres y títulos?

1. CNN
2. Matt Lauer y Katie Couric
3. Apple
4. *People* en español
5. *Sábado gigante*
6. *Resumen informativo*
7. Daisy Fuentes y Oprah Winfrey
8. el *Nuevo Herald* y el *New York Times*
9. todo sobre los buscadores: ¿buscador o portal?

Actividad 3 Definiciones y descripciones

Paso 1 Da la palabra que corresponde a la definición.

1. Es una máquina que se usa en casa o en una oficina. Puede ser eléctrica o electrónica.
2. Es el aparato que nos ayuda a poner en una hoja de papel la información almacenada en la computadora.
3. Es una información sobre algo que acaba de ocurrir.
4. Es algo que pulsamos en las computadoras y teléfonos. Lleva una letra, un número o un símbolo.
5. Lo que se hace con un documento cuando no se necesita más en la computadora.
6. Para este trabajo es necesario tener una pronunciación clara, y también una voz bien modulada.
7. Es un tipo de teléfono que no necesita cable.
8. Es un texto en una revista o periódico que se centra en un tema determinado.

Paso 2 Ahora te toca a ti describir con dos o tres oraciones un aparato eléctrico o electrónico que no esté en la lista de vocabulario pero que sea de uso común. Tus compañeros/as de clase deben adivinar cuál es. No importa que no sepas o no recuerdes el nombre de ese aparato en español; lo importante es que tus compañeros/as comprendan tu descripción.

Actividad 4 ¿Qué pasa aquí?

Describe con todos los detalles que puedas estas escenas. ¡Sé creativo/a!

Actividad 5 Hábitos de usuario

Paso 1 En parejas, hagan una lista de los aparatos tecnológicos que más usan: la computadora, el teléfono, la televisión satelital, etcétera. Después hablen de su uso: cuáles les parecen más necesarios y útiles, y cuáles no son imprescindibles (*essential*) para Uds.

Paso 2 Entrevista a dos o tres compañeros/as sobre sus hábitos como usuarios de la tecnología. Primero haz una lista de cinco preguntas relacionadas con la tecnología.

> *Ejemplos:* ¿Cuántas veces te conectas a la Red a la semana?
> ¿Cuántos teléfonos / líneas telefónicas tienes en tu casa?
> ¿Para qué usas la Red y cuáles son las páginas que más visitas?

Algunas civilizaciones precolombinas fueron muy avanzadas en diversos campos. Por ejemplo, los incas, un pueblo precolombino que dominó gran parte de lo que hoy es el Perú, el Ecuador, Bolivia y Chile, fueron excelentes administradores de su imperio, metódicos y organizados. Para ello contaban con un sistema de contabilidad y almacenamiento de datos,[a] aunque no conocían la escritura. Este sistema estaba basado en el quipu, un artefacto que consistía en una cuerda[b] grande a la que se ataban[c] cuerdas más pequeñas. Cada una de estas pequeñas cuerdas representaba una cosa y tenía un color diferente. Por ejemplo, si lo que se quería era saber la cantidad de ganado[d] que había en un pueblo, se asignaba para las vicuñas el color verde, para las alpacas el color blanco, etcétera. Estas cuerdas tenían nudos[e] de diferentes formas y tamaños para representar la cantidad que había de cada cosa. Por ejemplo, el número 476 se representaría haciendo cuatro nudos juntos cerca del final libre de la cuerda, luego un espacio seguido por siete nudos juntos, luego un espacio seguido por seis espacios juntos. La interpretación de los quipus requería a alguien especializado, los quipucamayoc.

Para pasar la información a través de su extenso imperio, los incas también tenían un sistema de correo muy organizado que consistía en una serie de mensajeros: un mensajero llevaba el quipu hasta un lugar determinado y se lo pasaba a otro mensajero, el cual continuaba el viaje hasta otro punto, y así hasta que el quipu llegaba a su destino.

En tiempos más recientes, varios artifactos importantes fueron inventados por hispanos. Merece la pena[f] mencionar al mexicano Guillermo González Camarena, inventor de la televisión a color en 1938; los españoles Narcis Monturiol e Isaac Peral, inventores del submarino en 1888; y el también español Juan de la Cierva, quien en 1919 inventó el autogiro, precursor del helicóptero. A continuación hay una lista de científicos hispanos que han recibido un Premio Nobel.

[a]almacenamiento... *data storage* [b]*rope* [c]*tied* [d]*livestock*
[e]*knots* [f]Merece... *It is worth*

Medicina y Fisiología

1906 Santiago Ramón y Cajal (España)
1947 Bernardo Alberto Houssay (la Argentina)
1959 Severo Ochoa (España)
1984 César Milstei (la Argentina)

Química

1970 Luis Federico Leloir (la Argentina)
1995 Mario Molina (México)

Física

1968 Luis Álvarez (los Estados Unidos)

Tertulia   Los inventos

- ¿Qué otros inventos (o maneras de hacer las cosas) propios de las culturas indígenas conoces? ¿Están presentes esas cosas o tecnologías de alguna manera en nuestra sociedad?
- ¿Cuáles son los inventos que han cambiado más la vida de la humanidad? ¿Por qué? ¿Cuáles crees que son más importantes para el ser humano: los adelantos tecnológicos o los de medicina?

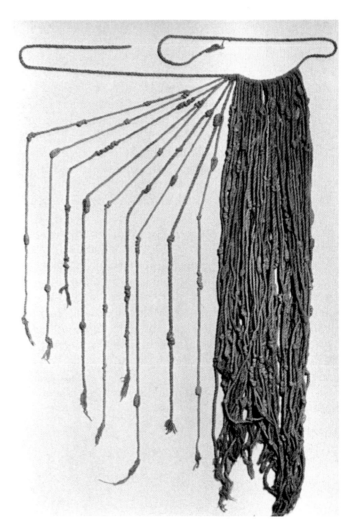

Quipu inca

ESTUDIO DE ESTRUCTURAS

13. **EL PRESENTE DE SUBJUNTIVO: INTRODUCCIÓN Y CONTEXTO DE INFLUENCIA**

«Les digo [a los negociadores] que no me **digan** nada.»*
«...y dice que las dos cifras probablemente **crezcan.**»*

Up to now you have reviewed and practiced verbs from the indicative mood. But Spanish also has the subjunctive mood (**modo subjuntivo**).

The subjunctive mood is mostly used in complex sentences, to reflect actions that are not considered plain reality. A complex sentence is a sentence with more than one clause (**cláusula**). A clause is a verb phrase within a sentence with more than one verb phrase. Every complex sentence has a main or independent clause (**cláusula principal o independiente**) and one or more subordinate or dependent clauses (**cláusula subordinada o dependiente**).

It is in the dependent clause that the subjunctive most often appears. The verbs in the main clauses are always in the indicative mood. But not all the dependent clauses have verbs in the subjunctive; they can also be in the indicative or in the infinitive form.

MAIN CLAUSE	SUBORDINATE CLAUSE	
Quiero	que me **ayudes.**	*I want you to help me.*
Quiero	ayudarte.	*I want to help you.*
Pienso	que ella ayuda mucho.	*I think she helps a lot.*
Es urgente	que nos **ayudes.**	*It's urgent that you help us.*
No hay nada	que le **guste.**	*There's nothing he likes.*
Lo hace	para que **estés** bien.	*She does it so you are OK.*

Forms

- **Regular forms of the present subjunctive**

-ar: cantar		-er: correr		-ir: decidir	
cante	cantemos	corra	corramos	decida	decidamos
cantes cantés	cantéis	corras corrás	corráis	decidas decidás	decidáis
cante	canten	corra	corran	decida	decidan

De puño y letra, Mike Ceaser.

- **Verbs with spelling changes**

  Verbs that end in **-gar**, **-car**, or **-zar** have a spelling change in the subjunctive.

-gar → gu: llegar		-car → qu: sacar		-zar → c: empezar	
llegue	lleguemos	saque	saquemos	empiece	empecemos
llegues llegués	lleguéis	saques saqués	saquéis	empieces empecés	empecéis
llegue	lleguen	saque	saquen	empiece	empiecen

- **Verbs with irregular *yo* forms in the present indicative**

  The irregular **yo** forms from the present indicative are used in the present subjunctive.

salir → salgo		oír → oigo		conocer → conozco	
salga	salgamos	oiga	oigamos	conozca	conozcamos
salgas salgás	salgáis	oigas oigás	oigáis	conozcas conozcás	conozcáis
salga	salgan	oiga	oigan	conozca	conozcan
Other verbs					
tener venir		decir traer		conducir introducir	producir

- **Stem-changing and irregular verbs**

  The stem-changing verbs follow a pattern similar to that of the present indicative: the stressed vowel becomes a diphthong. Notice, however, that the **-ir** stem-changing verbs have the second stem change (from the preterite tense) in the **vos, nosotros,** and **vosotros** forms.

e → ie: pensar		e → ie, i: divertir		e → i, i: pedir		o → ue, u: morir	
piense	pensemos	divierta	divirtamos	pida	pidamos	muera	muramos
pienses pensás	penséis	diviertas divirtás	divirtáis	pidas pidás	pidáis	mueras murás	muráis
piense	piensen	divierta	diviertan	pida	pidan	muera	mueran

- **Frequent irregular verbs**

ir		saber		ser	
vaya	vayamos	sepa	sepamos	sea	seamos
vayas vayás	vayáis	sepas sepás	sepáis	seas seás	seáis
vaya	vayan	sepa	sepan	sea	sean

Uses

In this section you will study a type of noun clause and when to use the subjunctive in this context. The following chapters will cover all the different contexts for complex sentences and when to use the subjunctive in each case.

Noun clauses (*cláusulas nominales*)

- A nominal clause is a clause that functions as a noun or a noun phrase, that is, as a subject or direct object.

Quiero **pan.**	**Pan** is a noun (**nombre** or **sustantivo**) and a direct object.
Quiero **comer.** Quiero **que comas.**	**Pan** can be substituted by the infinitive **comer** or the clause **que comas.** These are also functioning as a noun.

When the subject of the main verb is the same as the subject of the subordinate verb, the second verb is in the infinitive form.

Necesito comer ahora.	*I need to eat now.*
Queremos comprar otra computadora.	*We want to buy another computer.*
Espero imprimir el informe esta tarde.	*I hope to print the report this afternoon.*

When the main and subordinate verbs have different subjects, the second verb must be conjugated and preceded by **que.**

Quiero **que comas** ahora.	*I want **you** to eat now.*
Necesitamos **que** el departamento **compre** otra computadora.	*We need **the department** to buy another computer.*
Espero **que imprimas** el informe esta tarde.	*I hope **you** print the report this afternoon.*

¡OJO!

- **Que** is not optional in Spanish, as *that* is in English.
- Notice that there are several constructions in English to translate the Spanish subordinate clauses.

- **Types of noun clauses according to meaning**

    There are several types of noun clauses, depending on the type of verb or expression in the main clause. Each group requires either the subjunctive or indicative.

Cláusulas subordinadas → Subjuntivo	Cláusulas subordinadas → Indicativo
Influence	**Belief / Knowledge**
verbs that intend to provoke someone to do something **pedir, prohibir** (*to prohibit*), **querer,** etcétera	verbs and expressions that express what we know or believe as reality **creer** (*to believe, think*), **estar claro, pensar, saber,** etcétera
Emotion	**Perception**
verbs or expressions that show someone's emotional reaction toward another action **alegrarse, desear** (*to desire, want*), **ser lástima** (*to be a pity*), etcétera	verbs and expressions that show how we perceive reality physically **notar** (*to note*), **oír, percibir** (*to perceive*), **ver,** etcétera
Doubt / Denial	**Information**
verbs or expressions that reveal doubt about or deny another action **dudar** (*to doubt*), **no estar seguro/a** (*to not be sure*), **negar** (*to deny*), etcétera	verbs and expressions that report information **decir, informar** (*to inform*), **repetir,** etcétera

Noun clauses that require the subjunctive: verbs of influence

These are some of the most common verbs that trigger the use of the subjunctive in subordinate clauses.

aconsejar	*to advise*	permitir	*to permit*
decir (*irreg.*)	*to tell (as command)*	prohibir (prohíbo)	*to prohibit*
esperar	*to expect; to hope*	requerir (ie, i)	*to request; to require*
insistir en	*to insist on*	querer (ie)	*to want; to love*
ordenar	*to order; to command*	sugerir (ie, i)	*to suggest*
pedir (i, i)	*to ask for*	suplicar (qu)	*to beg*

Noun clauses that require the indicative

Cláusulas nominales + Indicativo					
Knowledge / Beliefs		**Perception**		**Information**	
creer	*to believe*	notar	*to notice*	decir (*irreg.*)	*to tell (relay information)*
estar (*irreg.*) claro	*to be clear*	oír (*irreg.*)	*to hear*	informar	*to inform*
estar seguro/a	*to be (feel) sure*	percibir	*to perceive*		
pensar (ie)	*to think*	sentir (ie, i)	*to feel*		
ser (*irreg.*) obvio	*to be obvious*	ver (veo)	*to see*		
ser seguro	*to be sure*				

¡OJO! All of these verbs in the negative require subjunctive. When negative, they do not reflect a reality that is known and proven for the speaker.

3.

Actividad 5 La humanidad y la tecnología

En parejas, hagan una serie de oraciones que expresen sus ideas sobre el valor de la tecnología a la humanidad. Para ayudarles pueden usar las siguientes cláusulas principales como guía.

Ejemplo: Sabemos que... → la humanidad ha desarrollado y avanzado la tecnología exponencialmente en los últimos cien años.

1. Sabemos que...
2. Creo que...
3. No creo (que)...
4. Se puede ver que...
5. En mi opinión, el problema con la tecnología es que...
6. De la tecnología, yo espero que...
7. ¿?

14. Los mandatos formales e informales

Conéctate a la Red.   No **termines** la conexión.

Commands (**Mandatos**) are also known as the imperative mood (**modo imperativo**). Therefore, this is the third mood you will learn.

The command system in Spanish is more complex than in English, not only because there are more personal endings (**tú, Ud., Uds., nosotros, vosotros,** and **vos**), but also because the informal commands (**tú, vos,** and **vosotros**) have different forms for affirmative and negative commands, and the order of pronouns changes accordingly.

Nosotros commands express *Let's* + verb. In Spanish they are rhetorical and primarily used in formal speech or writing. In colloquial speech the phrase **Vamos a...** is used instead.

¡**Vamos a** bailar!   *Let's dance!*

Forms

- The commands for **Ud., Uds.,** and **nosotros** have forms that are indentical whether they are affirmative or negative. They have the same form as the subjunctive.

  mand**ar** → mand**e**/mand**en**/mand**emos**

  le**er** → le**a**/le**an**/le**amos**

  viv**ir** → viv**a**/viv**an**/viv**amos**

- The commands for **tú, vos,** and **vosotros** are different in the affirmative and negative forms.

Tú

Affirmative forms: same form as third-person singular in the present indicative

  mandar → mand**a**   leer → le**e**   vivir → viv**e**

Several verbs have irregular forms.

  decir → **di**   ir → **ve**   salir → **sal**   tener → **ten**
  hacer → **haz**   poner → **pon**   ser → **sé**   venir → **ven**

Negative forms: same as second-person singular in the present subjunctive

  mandar → no mand**es**   leer → no le**as**   vivir → no viv**as**

Vos

Affirmative forms: infinitive without the **-r**, stress on last syllable

  mandar → mand**á**   leer → le**é**   vivir → viv**í**

Negative forms: same as second-person singular in the present subjunctive

  mandar → no mand**es**   leer → no le**as**   vivir → no viv**as**

Vosotros

Affirmative forms: infinitive without the **-r**, plus a **-d**

  mandar → mand**ad**   leer → le**ed**   vivir → viv**id**

Negative forms: same as second-person plural in the present subjunctive

  mandar → no mand**éis**   leer → no le**áis**   vivir → no viv**áis**

Spelling changes

Ud., Uds., and negative **tú** commands go through the usual spelling changes to maintain the sound in the infinitive stem.

-car → -qu-	tocar → to**qu**e	sacar → sa**qu**en
-gar → -gu-	cargar → no car**gu**es	llegar → lle**gu**e
-zar → -ce-	comenzar → comien**ce**n	lanzar → no lan**ce**s
-cer/-cir → -zc-	conocer → cono**zc**as	conducir → condu**zc**an

Summary of regular forms

- Subjects that have the same affirmative and negative forms:

	-ar → -e	**-er → -a**	**-ir → -a**
Ud.	mandar → ¡(No) mand**e**!	leer → ¡No le**a**!	imprimir → ¡No imprim**a**!
Uds.	mandar → ¡(No) mand**en**!	leer → ¡(No) le**an**!	imprimir → ¡(No) imprim**an**!
nosotros	mandar → ¡(No) mand**emos**!	leer → ¡(No) le**amos**!	imprimir → ¡(No) imprim**amos**!

- Subjects that have different affirmative and negative forms:

	Afirmativo			**Negativo**		
	Use third-person present indicative			Use present subjunctive		
tú	**-ar → -a** mandar → ¡Mand**a**!	**-er → -e** leer → ¡Le**e**!	**-ir → -e** imprimir → ¡Imprim**e**!	**-ar → -es** mandar → ¡No mand**es**!	**-er → -as** leer → ¡No le**as**!	**-ir → -as** imprimir → ¡No imprim**as**!
	Use infinitive minus **-r,** stress on final syllable			Use present subjunctive		
vos	**-ar → -á** mandar → ¡Mand**á**!	**-er → -é** leer → ¡Le**é**!	**-ir → -í** imprimir → ¡Imprim**í**!	**-ar → -és** mandar → ¡No mand**és**!	**-er → -ás** leer → ¡No le**ás**!	**-ir → -ás** imprimir → ¡No imprim**ás**!
	Use infinitive minus **-r,** add **-d**			Use present subjunctive		
vosotros	**-ar → -ad** mandar → ¡Mand**ad**!	**-er → -ed** leer → ¡Le**ed**!	**-ir → -id** imprimir → ¡Imprim**id**!	**-ar → -éis** mandar → ¡No mand**éis**!	**-er → -áis** leer → ¡No le**áis**!	**-ir → -áis** imprimir → ¡No imprim**áis**!

Recordatorio

Cuando hay más de un pronombre de objeto, el pronombre de objeto indirecto (**me/te/le/les/nos/os**) siempre precede al pronombre de objeto directo (**me/te/lo/los/la/las/nos/os**).

Use of pronouns with the commands

Affirmative commands

verb + pronouns (OI + OD) (one word)

Mánda**mela.**	*Send it to me.*
Quéden**se.**	*Stay.*

¡OJO! Many affirmative commands followed by pronouns require a stress mark, since the lengthening of the word makes the stress fall on the second-to-last or earlier syllable (**esdrújula** or **sobreesdrújula**).

Cómetelo todo.	*Eat it all up.*

Negative commands

no + pronouns (OI + OD) + verb (separate words)

No **me la** mandes.	*Don't send it to me.*
No **se** queden.	*Do not stay.*

En resumen: los mandatos					
-ar		**-er**		**-ir**	
Afirmativo	Negativo	Afirmativo	Negativo	Afirmativo	Negativo
tú	mand**a**	no mand**es**	lee	no le**as**	imprime	no imprim**as**
vos	mand**á**	no mand**és**	le**é**	no le**ás**	imprim**í**	no imprim**ás**
Ud.	mand**e**	no mand**e**	lea	no lea	imprim**a**	no imprim**a**
Uds.	mand**en**	no mand**en**	lean	no lean	imprim**an**	no imprim**an**
vosotros	mand**ad**	no mand**éis**	leed	no le**áis**	imprim**id**	no imprim**áis**
nosotros	mand**emos**	no mand**emos**	leamos	no leamos	imprim**amos**	no imprim**amos**

NOTA LINGÜÍSTICA: cortesía en las peticiones

Commands are a very strong form of request for many occasions. In fact they tend to be used more frequently to give instructions: recipes, directions, medical advice, and so on. These are other more polite forms of requesting in Spanish. They are preferably accompanied by **por favor**.

Question in present indicative (very familiar)

¿Me prestas la pluma?	*Can/Will you lend me the pen?*
¿Me pasas el libro?	*Can you pass me the book?*
¿Te importa ayudarme?	*Do you mind helping me?*

Questions with *poder* in the conditional or imperfect subjunctive

¿**Podría/Pudiera (Ud.)** ayudarme con este fax?	*Could you help me with this fax?*

Suggestions with *deber* in the conditional or imperfect subjunctive

Creo que **deberías/debieras** comprar un escáner nuevo.	*I think you should buy a new scanner.*

Actividad 1 Instrucciones en caso de tener problemas con su computadora

Paso 1 Las instrucciones de la siguiente lista están en el infinitivo, una de las formas en que se pueden dar instrucciones en español. De esta manera evitas tener que escoger entre mandatos formales o informales cuando no sabes a quién(es) van dirigidas. Cámbialas a mandatos de **tú,** para un público joven, y también mandatos de **Ud.,** para un público mayor o más formal.

Ejemplo: Calmarse. → Cálmate. Cálmese.

1. No sentirse demasiado frustrado; esto es normal.
2. No sentarse demasiado tiempo enfrente de la pantalla.
3. Levantarse con frecuencia y respirar profundamente diez veces.
4. No poner la computadora cerca de otros aparatos electrónicos para evitar interferencias.
5. Tener el manual de instrucciones siempre cerca.
6. Encender y apagar el aparato varias veces antes de llamar.
7. Recordar el modelo de la computadora.
8. Decir el número de serie del aparato.
9. No esperar solucionar el problema fácilmente.
10. Salir con los amigos inmediatamente y olvidarse de la computadora.

Paso 2 ¿Has tenido problemas con tu computadora alguna vez? ¿Cuál de las instrucciones anteriores te parece más útil? ¿Tienes otras recomendaciones? (Pueden ser serias.)

Actividad 2 A ti te toca, ¿no?

Usa los mandatos informales de los verbos entre paréntesis y pronombres, cuando sean necesarios, para completar la siguiente conversación entre Diego y Alberto, dos compañeros de cuarto. No te olvides de prestar atención al orden de los pronombres con respecto al verbo, y a los acentos cuando sean necesarios. (OI = objeto indirecto, OD = objeto directo)

Ejemplo: ¿Puedo ___prestarle___ (prestar + OI) la computadora a Juan?

ALBERTO: Diego, ¿puedo prestarle la computadora a Juan? La necesita para escribir un artículo sobre el nuevo programa.

DIEGO: No, no ___se la prestes___[1] (prestar + OI + OD); la última vez que la usó me borró tres documentos. ___Ve___[2] (ir) con él al laboratorio y ___enséñale___[3] (enseñar + OI) a usar las que hay allí.

ALBERTO: Bueno iremos (*we'll go*) luego. ¿Les mandaste las invitaciones a todos para la fiesta de cumpleaños de José?

DIEGO: No, ___Mándaselas___[4] (mandar + OI + OD) tú; yo no tengo tiempo y estoy cansado.

ALBERTO: Bueno, pero antes voy a leer el periódico un rato. ¿Dónde está?

(*continues*)

DIEGO: No _me lo preguntes_ [5] (preguntar + OI + OD) a mí. Tú lo tenías esta mañana para leer las noticias deportivas, ¿no?

ALBERTO: Bueno, pues voy a escuchar la radio un rato.

DIEGO: Está bien pero no _la escuches_ [6] (escuchar + OD) aquí, porque estoy estudiando. Además, Lydia llamó para ver si queríamos ir al cine. Dejó un mensaje en el contestador, así que _llámala_ [7] (llamar + OD).

ALBERTO: Está bien, y ¿qué le digo?

DIEGO: _Dile_ [8] (decir + OI) que sí y que luego podemos ir a cenar. _Mira_ [9] (mirar) en la Red el menú de La Familia Taquería, a lo mejor tienen algo especial hoy.

ALBERTO: ¡Oye, no _seas_ [10] (ser) tan fresco! _Haz_ [11] (Hacer) tú algo, que yo también estoy cansado.

Actividad 3 Consejos

Empareja cada una de las situaciones con las acciones correspondientes y convierte esas acciones en mandatos para expresar los consejos que le darías (*would give*) a las personas en cada situación.

> *Ejemplo:* Tu novio/a va a conocer por primera vez a tus padres.
> ser amable / ser antipático → Sé amable con mis padres.
> No seas antipático.

1. Tu padre no sabe dónde comprar su nueva televisión: si en el Compucentro que está cerca de su casa o en Electrotodo que está lejos, pero en donde las televisiones están en oferta hoy.

2. Tu hermana tiene el control remoto. Están pasando un programa cómico en el canal de Univisión y uno informativo en Telemundo.

3. Tu amiga está de visita en tu casa, y debe volver a su casa hoy. Las noticias del tiempo anticipan lluvia para hoy, pero dicen que mañana hará buen tiempo.

4. Tu hermano de 8 años no sabe si hacer la tarea antes de ver su programa favorito o después, a las 11:00 de la noche

5. Tu compañero/a de cuarto no sabe si ser honesta con la profesora y decirle por qué no entregó su composición a tiempo.

6. Tu amigo ha bebido bastante en una fiesta y ahora tiene prisa por ir a otra.

a. hacer ahora / hacer más tarde

b. salir hoy de regreso / salir mañana de regreso

c. ir a Compucentro / ir a Electrotodo

d. quedarse un rato más / tener prisa

e. poner Univisión / poner Telemundo

f. decir la verdad / decir una mentira

Actividad 4 Para no volverse loco con la computadora

Haz una lista de ocho o diez consejos para nuevos usuarios de
computadoras en general o para nuevos estudiantes de tu universidad
que tienen que usar los servicios informáticos de la universidad. Usa los
mandatos informales de **tú:** tu público probablemente es joven.

Ejemplo: Si tu computadora no funciona, antes de hacer otra cosa,
apaga la computadora y vuelve a encenderla.

Actividad 5 Un anuncio publicitario

En parejas, inventen un anuncio para uno de sus programas favoritos de
radio o televisión. Deben incluir varios mandatos. Antes de empezar,
piensen en lo siguiente:

- ¿Qué tipo de programa es?
- ¿Cómo se llama?
- ¿A qué tipo de persona le interesa este programa?
- ¿Qué adjetivos pueden usar para describirlo?

Como es de imaginar, el uso de la tecnología está directamente relacionado con el nivel de desarrollo de un país y el poder adquisitivo de sus ciudadanos. Por ejemplo, se calcula que en Latinoamérica hay 13 millones de personas con acceso a una PC en casa, en comparación con 183 millones en el Canadá y los Estados Unidos. Con un bajo poder adquisitivo, el problema de la piratería de programas informáticos también es mayor: el porcentaje de piratería es el 25 por ciento en los Estados Unidos y el 47 por ciento de promedio en todo el mundo, pero es el 58 por ciento en Latinoamérica.

En cuanto a líneas telefónicas también se nota gran disparidad entre los países más ricos y más pobres. En España y Puerto Rico hay más de 300 líneas por cada 1.000 habitantes, en el Uruguay, la Argentina y Costa Rica se acercan a 200, pero hay menos de 70 en Bolivia y el Perú y sólo 50 en el Paraguay, el nivel más bajo.

Lo mismo se revela del número de autos en cada país. En España hay 17 millones de vehículos para una población de 40 millones. El país que le sigue en número de autos es México, con 13 millones para sus 100 millones de habitantes.

¿Qué pasa con la población hispana en los Estados Unidos? En 2001 un 40 por ciento de las familias hispanas tenía computadora y acceso a Internet en casa, comparado con un 56 por ciento de media nacional. Los hispanos también están considerablemente por debajo en cuanto a la lectura de periódicos (el 66 por ciento en comparación con el 79 por ciento de media) y acceso a televisión por cable (el 61 por ciento y el 73 por ciento, respectivamente). Los hispanos ven la televisión tanto como el resto del país, pero escuchan la radio un poco más (el 87 por ciento comparado con el 84 por ciento media nacional).

Tertulia   La tecnología entre los hispanos

- ¿Qué indican los datos sobre el acceso y uso de la tecnología entre la población hispana dentro y fuera de los Estados Unidos? ¿Les sorprenden estos datos?

- Imagínense cómo leen estos datos las empresas de informática y de comunicaciones. ¿Qué puede resultarles interesante?

Reflexiona antes de leer

Sobre la lectura

Este artículo apareció en la revista *Latin Trade*, una revista de economía y negocios para Latinoamérica y los Estados Unidos.

VOCABULARIO ÚTIL	
el bufete	oficina de abogados
el/la cibernauta	*cyber-surfer*
la cifra	número, cantidad
el dominio	*domain*
la hazaña	*(heroic) deed*
afirmar	*to state*
conceder	*to give; to grant*
quitar	*to take away*
reclamar	*to claim*
valer *(irreg.)*	costar

Actividad 1   Asociaciones

Paso 1   Empareja cada una de las siguientes cifras, frases o ideas con un verbo o un nombre del **Vocabulario útil.**

1. $10,95
2. 1.000.000.000 (mil millones) de euros
3. hacer una declaración en un periódico
4. un permiso
5. subir al Monte Everest sin botella de oxígeno
6. juicio (*trial*)
7. una queja
8. robar
9. los territorios
10. chatear

Paso 2   Ahora, en parejas, piensen en otras ideas o cosas que asocian Uds. con cada una de las palabras de la lista.

Actividad 2   Hazañas

En pequeños grupos, comenten qué tipo de acciones o logros les causan admiración: deportivos y físicos, sociales, científicos, etcétera. Den algunos ejemplos de las hazañas que más les han impresionado.

Estrategia de lectura: estructura de los párrafos

La función de un párrafo es señalar que se está introduciendo una nueva idea. El uso de párrafos es esencial cuando se trata de textos periodísticos o científicos. Un texto sin párrafos resulta desordenado y difícil de leer.

1. Según tu experiencia, ¿son cortos o largos los párrafos en los artículos de prensa? ¿Por qué crees que son así?
2. Lee los tres primeros párrafos del texto a continuación. ¿Cuántas ideas importantes hay en cada párrafo?
3. Cuando hay citas en el texto, ¿cuántas citas se incluyen en un solo párrafo, por lo general?

De puño y letra,[a] *Mike Ceaser*

[a]De... *In [his] own handwriting*
[b]*monopolizes*

Un estudiante venezolano acapara[b] un dominio por accidente. Registró la eñe. Lo que empezó como un juego podría convertir a un venezolano de 20 años en un millonario.

A fines de 2000, José Guerrero, conocido por sus amigos como Rufi, leyó que los caracteres asiáticos se podían usar en las direcciones de las páginas electrónicas. De manera que el estudiante y cibernauta de 18 años organizó una competencia con un amigo.

El objetivo era registrar la mayor cantidad de direcciones de la World Wide Web con la letra más española de todas, la eñe, antes de que se les agotara[c] el dinero. Guerrero ganó al registrar ocho nombres de dominio por $15 cada uno, como España.com y Español.com.

[c]*terminara*

Guerrero dice que no pensó mucho más en su colección de nombres hasta principios de 2001, cuando varios periódicos de Madrid empezaron a llamarlo. VeriSign Corp., administrador norteamericano de nombres de dominio, había concedido a la firma española de dominios Arsys el privilegio de asignar nombres de dominio con vocales acentuadas y con la eñe.

[d]*applications*
[e]*descubrió*

Miles de personas presentaron solicitudes[d] por los derechos de diversos nombres de dominio en español. Pero Arsys halló[e] que España.com y Español.com no se podían distribuir porque el venezolano los había registrado hacía meses.

[f]*dijeron*

Guerrero dice que los españoles estaban «resentidos» y afirma que alegaron[f] que le podían quitar los dominios. «Pero no pudieron hacer nada», dice, «porque yo había hecho todos los pasos legales. Había registrado y pagado y los dominios eran míos».

Los españoles afirman que los registros de Guerrero no son legítimos porque los hizo hace mucho tiempo y sin seguir las reglas de VeriSign, que ha bloqueado las direcciones, por lo que no tienen valor, dice Alberto Calvo, portavoz[g] de Arsys. «Es obvio que no consideramos ético ningún método empleado con el fin de apropiación indebida[h] de nombres de dominio con fines lucrativos», dice Calvo. «Por este motivo realizamos la denuncia ante VeriSign y esperamos que puedan encontrar una solución satisfactoria para todos los afectados». Guerrero, quien dice que planea usar España.com como un web site de turismo, afirma que no pensaba en las ganancias cuando registró los dominios. Entretanto,[i] ha contratado a un bufete norteamericano para

[g]*representante*
[h]*no permitida*
[i]*Meanwhile*

defender sus derechos. El bufete de Boston también está negociando con posibles compradores de nombres de dominio.

Javier Marín, abogado de Guerrero, dice que los dominios registrados por el venezolano estaban libres cuando su cliente los registró. «Cualquiera que quiera reclamar el uso de estos dominios tendrá que pedirle permiso al señor Guerrero», agrega.[j] «Español y España son denominaciones genéricas que no se pueden definir como una marca o una identificación personal».

Si el resentimiento de los españoles tuviera un fundamento cultural, al menos podrían consolarse con el hecho de que Guerrero es hispanoamericano. En cambio, el dominio España.net lo adquirió un físico búlgaro[k] que vive en Madrid. Algunos venezolanos consideran la hazaña de Guerrero una especie de venganza poética contra el país que les llevó[l] un tesoro en perlas, personas y recursos naturales durante la era colonial. Pero Guerrero dice que no tiene nada contra los españoles. En realidad, le gustaría vivir en Barcelona, la ciudad de su equipo de fútbol favorito.

De momento, las direcciones de la Web no valen mucho porque VeriSign aún no ha activado caracteres que no son del inglés, como la eñe, para esas direcciones. Para llegar a una de las direcciones de Guerrero, el cibernauta debe escribir un largo y complejo código de lenguaje de computadora, o sea, un revoltillo[m] de letras, hasta que VeriSign resuelva la cuestión de la eñe.

Entretanto, el joven trabaja como diseñador de páginas electrónicas y administra varios web sites personales cuando no está escribiendo su novela sobre el narcotráfico internacional. Guerrero piensa estudiar computación en la universidad. Dice que trata de no pensar en la posible riqueza que pueden darle los nombres de dominio. «Les digo [a los negociadores] que no me digan nada», comenta. «Estoy en mi trabajo, haciendo mi trabajo. Si algún día sale algo de esto, listo». Cody Mecklenburg, presidente de la compañía de valoración de dominios Accurate Domains, pronostica que las direcciones no convertirán a Guerrero en un millonario, pero muy cerca de ello. Tasa[n] a España.com en unos US$350.000 y a Español.com en US$425.000, y dice que las dos cifras probablemente crezcan. En la locura[o] de los punto com, los inversionistas[p] pagaron US$75 millones por los derechos de business.com.

«Español.com tiene más valor porque mientras España.com probablemente se limite a España, Español.com se puede usar en todos los países donde se habla español», dice Mecklenburg. Guerrero no quiere saber nada. «No me gusta pensar en eso», afirma. «Porque si te dicen que te van a dar US$1 millón o US$2 millones y no te lo dan, te enojas. Sólo que sea más de los US$15 que pagué».

[j]adds

[k]físico... *Bulgarian physicist*

[l]quitó

[m]*jumble*

[n]*He values*

[o]*craze*
[p]*investors*

Comprensión y discusión

Actividad 3   ¿Está claro?

Las siguientes oraciones son falsas. Corrígelas.

1. Rufi Guerrero es un hombre de negocios venezolano.
2. El trabajo de Guerrero es comprar nombres de dominio.
3. El portavoz de Arsys dice que su compañía está dispuesta a pagar por los nombres de dominio de Guerrero.
4. Guerrero está muy enfadado con todos los españoles.
5. Los nombres de dominio de Guerrero ya se usan.
6. Es fácil escribir la eñe en una dirección de Internet.
7. Rufi Guerrero se representa legalmente a sí mismo.

Actividad 4   ¿Qué piensas ahora?

Después de haber leído el texto puedes confirmar tus ideas sobre la estructura de los párrafos, mostrando ejemplos de la lectura. ¿Cuántas ideas importantes hay en cada párrafo? ¿Cuántas citas se incluyen en un solo párrafo?

Actividad 5   Una negociación

En parejas, inventen una conversación telefónica entre José Guerrero y Alberto Calvo en la que Calvo intenta negociar la adquisición de los nombres de dominio España.com y Español.com de Guerrero. Recuerden: su compañía no quiere pagar mucho.

Tertulia   ¿*ñ* o no *ñ*?

Por siglos ha habido un debate sobre la «simplificación» y «homogenización» de la lengua. Con la llegada de las computadoras, se sugirió que el español escribiera el sonido de la letra **ñ** como lo hacen otras lenguas, con la *ny* del inglés (*canyon*) o *gn* del francés (*gagner*), de esa manera las computadoras españolas no necesitarían un teclado diferente. La **ñ** ganó y las computadoras españolas siguen teniendo la **ñ.**

- ¿Les parece una buena idea mantener la **ñ** a toda costa (*at any price*)?
- ¿Qué se podría «normalizar» en su lengua? Por ejemplo, piensen en cómo suenan en inglés las palabras *dough* y *tough* a pesar de que tienen las mismas cuatro letras finales. ¿Merecería la pena (*Would it be worth it*) reaprender a escribir su lengua para hacer más fácil la ortografía? ¿Por qué sí o por qué no?

Tema

Ensayo para la revista *Padres* sobre las causas y los efectos del uso de la tecnología entre los niños.

Antes de escribir

- Piensa en las preguntas sobre este tema que tengan tus lectores (los padres de familia). Escribe una lista de estas preguntas y házselas a tres o cuatro padres de familia.
- Haz un borrador en forma de ensayo con la información que has adquirido. No te preocupes ahora del orden ni de la gramática, pero piensa y escribe en español. Si hay alguna palabra que no sepas, deja un espacio en blanco o haz un símbolo.

Mientras escribes

- Ordena las ideas de tu borrador.
- Piensa en tu propósito. En esta composición no quieres convencer, sólo informar.
- Cita lo que dicen algunos de los entrevistados, eso le dará objetividad e interés a tu ensayo. (Ver **Cuaderno de práctica** para más información sobre las citas.)
- Utiliza una estructura de acuerdo con el esquema del ensayo: introducción, cuerpo, conclusión. (Ver **Cuaderno de práctica** para más información sobre la estructura de este tipo de ensayo.)
- Busca en el diccionario y en tu libro de español aquellas palabras y expresiones sobre las que tengas dudas.

Después de escribir

- Repasa los siguientes puntos.
  - ☐ las formas verbales
  - ☐ la concordancia entre sujeto y verbo
  - ☐ la concordancia de género y número entre sustantivos, adjetivos y pronombres
  - ☐ la ortografía y los acentos
  - ☐ el uso de vocabulario variado y correcto (evita las repeticiones)
  - ☐ el orden (párrafos claros; principio y final)
- Finalmente, escribe tu versión final.

No te olvides de mirar el Apéndice I, **¡No te equivoques!**, para evitar errores típicos de los estudiantes de español. Para esta actividad de escritura, se recomienda que prestes atención a **Cómo se expresa** *to think* (página 353).

Consulta el *Cuaderno de práctica* para encontrar más ideas y sugerencias que te ayuden a escribir la composición.

■ Gramática en acción: un chiste de expertos técnicos

Un ingeniero, un químico y un informático van en un coche y de repente éste deja de funcionar. Como buenos expertos, cada uno de ellos tiene una idea diferente para corregir el problema. Completa el chiste con la forma correcta de los verbos necesarios en el presente de indicativo, subjuntivo, infinitivo o imperativo (mandato). Usa la forma de **tú** si los mandatos son para una sola persona, y la forma de **Uds.** si son para dos personas, a menos que especifique **nosotros.**

BERNAL, EL INGENIERO:
Para mí es evidente que el motor _____[1] (tener) un problema. Les recomiendo que lo _____[2] (revisar: nosotros). Luis, _____[3] (abrir) el capó. Pancho, _____[4] (buscar) el manual del coche y _____[5] (dármelo). No _____[6] (preocuparse: Uds.): yo sé mucho de motores.

LUIS, EL QUÍMICO:
Pues yo creo que _____[7] (ser) un problema que tiene que ver con la gasolina y por lo tanto les sugiero que la _____[8] (analizar: nosotros). Bernal, _____[9] (hacer) un análisis del nivel de la gasolina. Pancho, _____[10] (añadir) este líquido especial al tanque. ¡_____[11] (ir: nosotros) a hacer esto y ya estamos en casa!

PANCHO, EL INFORMÁTICO:
¡No _____[12] (perder: nosotros) el tiempo! No es necesario _____[13] (hacer) nada de eso. Luis, no _____[14] (hacer) nada más. Bernal, _____[15] (sentarse) en el coche y _____[16] (encender) el motor, luego _____[17] (apagarlo), y _____[18] (volver) a encenderlo. No creo que _____[19] (tener: nosotros) que hacer nada más.

⚓ Proyecto en la comunidad

Haz una búsqueda de sitios de Internet que puedan ser interesantes para la comunidad hispana en general y para las personas que estudian español sobre cada una de los siguientes temas: economía, humanidades, educación y política. Tu lista debe tener dos sitios por lo menos con su respectiva descripción, especificando su utilidad y su diseño.

Puede ayudarte en esta búsqueda que les preguntes a algunas personas hispanas cuáles son las páginas que más usan o más les gustan.

▦ Tertulia final   ¿Es la tecnología siempre un avance y una ventaja?

No hay duda que los avances tecnológicos a lo largo de la historia de la humanidad han contribuido a mejorar la calidad y la duración de la vida. Sin embargo, la tecnología no siempre significa progreso positivo en todos los aspectos. Es posible que un avance técnico sea bueno para una cosa, pero no para otra. ¿Les preocupa a Uds. algún aspecto del uso cada vez mayor de la tecnología a todos los niveles de la vida humana? ¿Cuáles les preocupan más y por qué?

Capítulo 6 La buena vida

«A vivir, que son dos días.»

Merengue (1937), *del dominicano Jaime Colson.*

La Feria de Sevilla, España.

Las personas en estas imágenes se encuentran realizando una actividad que en los países hispanos tiene un marcado sentido social. Bailando, además de pasar su tiempo libre, muchas personas se identifican con su comunidad. ¿Hay algún baile que caracterice tu comunidad étnica? ¿Qué otras actividades sociales asocias con tu comunidad étnica o tu grupo social o de amigos?

En este capítulo

Reflexiona antes de leer • **España es el sueño americano**

¿Crees que es necesario que una persona tenga vacaciones laborales? ¿Qué tan largas deberían ser esas vacaciones? En tu opinión, ¿deben ser reguladas las vacaciones por la ley? ¿Por qué?

España es el sueño americano, *Carlos Fresneda*

Garantía legal

EEUU[a] Este país carece[b] de leyes que regulen las vacaciones y no ha ratificado el Convenio 132 de la Organización Internacional del Trabajo, que establece: «Toda persona a quien se aplique[c] el presente convenio tendrá derecho a vacaciones anuales pagadas».

España Además de haber ratificado el Convenio 132 en 1972, España reconoce el derecho a vacaciones pagadas desde 1926. Entonces, el descanso era de una semana. Hoy este derecho está salvaguardado[d] por la Constitución (art. 40.2) y el Estatuto de los Trabajadores (art. 38).

Duración

EEUU A falta de[e] textos legales que regulen los períodos de vacaciones, la práctica generalizada es de 9,6 días el primer año y 17 al cabo[f] de una década de trabajo. En los pequeños negocios la media baja a ocho días. Con todo,[g] el 21 por ciento de los empleados americanos renuncia a sus vacaciones.

España El Estatuto español fija un mínimo de 30 días naturales de vacaciones, el período más largo de toda la UE[h] por detrás de Austria, que reconoce cinco semanas. El calendario laboral español, con 14 días festivos, es el más generoso de Europa.

Jornada

EEUU Los trabajadores masculinos norteamericanos a tiempo completo realizan una media de 49,9 horas semanales; las mujeres trabajan 42 horas.

España El colectivo más agobiado,[i] los hombres empleados a jornada completa, trabaja 42,9 horas a la semana, casi una hora y cuarto menos al día. Los norteamericanos trabajan 1.966 horas al año; los españoles, 1.765.

Estrés

EEUU Entre el 15 por ciento y el 19 por ciento de las bajas[j] laborales que se producen en los Estados Unidos están relacionadas con el estrés. La mayoría de los trabajadores (el 60 por ciento) se siente oprimida por el tiempo.

España Las bajas por estrés en los países de la UE, incluida España, se estiman en un 10 por ciento del total. Según el Ministerio de Trabajo, sólo el 30 por ciento de los españoles percibe su labor como «frecuentemente estresante».

---

[a]Los Estados Unidos [b]*lacks*

[c]*se... it applies*

[d]protegido

[e]*A... Due to the lack of*

[f]*al... al final*
[g]*Con... Despite everything*

[h]Unión Europea

[i]*overburdened*

[j]ausencias

Después de leer

¿A quiénes se refieren las siguientes declaraciones: a los trabajadores españoles o a los estadounidenses? ¿Cómo se compara ese dato con el que se aplica a los trabajadores del otro país?

1. Tienen una ley constitucional que regula el derecho a las vacaciones.
2. Tienen menos de 30 días naturales de vacaciones al año, como norma.
3. Trabajan más que la mayoría de los países de la UE.
4. Los trabajadores más agobiados trabajan jornada completa, es decir, mañana y tarde.
5. Un alto porcentaje de los trabajadores se siente agobiado o estresado en su trabajo.

 Reflexiona antes de mirar • **La música caribeña**

¿Qué sabes del tema? ¿Puedes contestar las siguientes preguntas?

1. ¿Qué tipos de música latina conoces?
2. ¿Puedes reconocer alguna música de origen caribeño?
3. ¿Puedes nombrar algunos de los instrumentos que se usan con más frecuencia en la música caribeña?

VOCABULARIO ÚTIL	
el bajo	*string bass*
la canción	*song*
la orquesta	*orchestra*
el tambor	*drum*
tocar	*to play*

Después de mirar

Empareja cada país con un tipo de música y un instrumento que se usa en el vídeo para tocar esa música.

1. Cuba
2. República Dominicana
3. Puerto Rico

a. la bomba
b. el mambo
c. el merengue

d. el bajo
e. la tambora
f. los tambores

✪ DE REPASO

el descanso
la dieta
la siesta
el tiempo libre
las vacaciones
la vida
descansar
divertirse (ie, i)
dormir (ue, u) la siesta
escuchar música
estar (*irreg.*) a dieta
estar de vacaciones
hacer (*irreg.*) camping
viajar

■ La calidad de vida

el bienestar	*well-being*
el entretenimiento	*entertainment; pastime*
el nivel de vida	*standard of living*
el ocio	*leisure*
el pasatiempo	*pastime*
el ritmo de la vida	*pace of life*
disfrutar/gozar (c)	*to enjoy*
entretener(se) (*irreg.*)	*to entertain (oneself)*
pasarlo (o pasarla) bien	*to have a good time*
relajarse	*to relax*

■ Lugares y actividades para el tiempo libre

el baile	*dance*
la calle	*street*
el chiste	*joke*
la discoteca	*disco, dance club*
la feria	*fair*
el paseo	*stroll*

la piscina	*swimming pool*
la playa	*beach*
la plaza	*square*

Cognados: **el bar, el carnaval**

alquilar películas	*to rent movies*
bailar	*to dance*
bañarse/nadar	*to swim*
charlar/platicar (qu)	*to chat, converse*
contar (ue) un chiste	*to tell a joke*
hacer (*irreg.*) **una barbacoa**	*to have a barbecue*
hacer un crucigrama	*to do a crossword puzzle*
ir (*irreg.*) **al cine / al teatro /**	*to go to the movies / the*
a un concierto	*theater / a concert*
jugar al dominó / al ajedrez	*to play dominoes / chess*
pasear	*to stroll*
trasnochar	*to stay up all night*

■ ¡A la mesa!

el comedor	*dinning room/hall*

Cognado: **el banquete**

invitar	*to invite; to treat (offer to pay)*
oler a (huelo)	*to smell like*
saber (*irreg.*) **a**	*to taste like*

Repaso: **probar (ue)**

¡Buen apetito/provecho!	*Enjoy your meal!*

Actividad 1 Asociaciones

Paso 1 ¿Qué palabras y expresiones del vocabulario asocias con las siguientes ideas? ¡Hay muchas asociaciones posibles!

1. un domingo
2. un sábado por la noche
3. unas vacaciones
4. una reunión familiar
5. tus amigos
6. el verano
7. los disfraces

Paso 2 La lista del vocabulario en cuanto a formas de **divertirse** y **entretenerse** y los lugares para hacerlo no es completa en absoluto. ¿Cuáles palabras se pueden añadir?

Actividad 2 ¿Con qué se come esto?

¿Qué utensilios de comer se relacionan con las siguientes comidas y bebidas?

1. el té
2. el vino
3. el cereal con leche
4. el pollo en salsa
5. el helado
6. el agua
7. la pasta con salsa de tomate
8. la ensalada

Actividad 3 Definiciones

Paso 1 ¿A qué se refieren las siguientes definiciones?

1. Es un lugar en el que nos refrescamos cuando hace calor.
2. Es un rompecabezas (*puzzle*) de palabras y definiciones.
3. Quiere decir contar una historia para hacer reír a otras personas.
4. Quiere decir hablar con alguien.
5. Quiere decir cocinar en el jardín o en el parque.
6. Significa comer algo por primera vez.

Paso 2 Ahora te toca a ti crear las definiciones de cinco de las palabras de la lista de vocabulario. Tu compañero/a adivinará cuáles son las palabras que defines.

Actividad 4 ¿Calidad de vida o nivel de vida?

Paso 1 En parejas, comenten si las siguientes circunstancias significan tener una buena calidad de vida o tener un buen nivel de vida. Pueden ser las dos cosas.

1. poder comer al menos tres veces al día
2. tener más de un vehículo personal
3. tener fácil acceso al transporte público
4. poder descansar todo el fin de semana

5. tener un teléfono móvil y una computadora en casa

6. no tener ninguna deuda ni problemas económicos

7. tener un lugar agradable donde vivir

8. tener un mes de vacaciones pagadas al año

9. ver a los buenos amigos y a los parientes cercanos con frecuencia

Paso 2 Ahora discutan en parejas las siguientes preguntas.

1. ¿Cómo definirían Uds. la diferencia entre la calidad de vida y el nivel de vida?

2. ¿En qué consiste según Uds. «vivir bien»? Hagan una lista de todos los aspectos que pueden hacer agradable (o desagradable) la vida. Incluyan ejemplos.

Actividad 5   Entrevista

Entrevista a varios estudiantes de la clase para saber cuáles son las maneras más frecuentes de pasar los momentos de ocio entre tu grupo y para saber los pasatiempos y entretenimientos que más los/las divierten, aunque no sean los más frecuentes. Analiza los resultados de tu encuesta. ¿Son las respuestas que esperabas? ¿Coinciden las respuestas de tus compañeros con las tuyas?

Actividad 6   Lugares centrales de la ciudad

Paso 1 ¿Cómo es la vida social fuera de casa en tu ciudad? Menciona tres lugares para cada una de las siguientes oraciones.

1. los niños puedan jugar

2. los adultos vayan a conversar

3. los jóvenes vayan a divertirse

4. las familias enteras pasen su tiempo libre

Paso 2 ¿Es tu ciudad una ciudad típica de tu país? ¿Por qué sí o por qué no?

En el mundo hispano, tanto en pueblitos como en grandes ciudades, la gente tiende a usar mucho los espacios públicos. La calle, es decir, cualquier calle, es un lugar donde vive gente y donde hay o puede haber comercio, y por lo tanto, un lugar con alto valor social.

De aun más valor social que la calle, hay que destacar[a] las plazas. Algunas de ellas son grandes e importantes por su historia y arquitectura como la Plaza Mayor de Madrid, la Plaza de Mayo en Buenos Aires, la Plaza de Armas en Santiago de Chile o el Zócalo en México, D.F., por nombrar algunas de las más grandes y famosas. Pero hasta los pueblos más pequeños tienen su plaza, y en las grandes ciudades hay al menos una en cada barrio. Las plazas hispanas son un lugar de reunión, que viene desde que servían (y aún sirven en muchos casos) como área de mercado y de feria en la antigüedad. Las plazas son lugares de juego para los niños y de entretenimiento para los adultos, quienes se sientan en bancos[b] o pasean y miran todo lo que pasa alrededor.

Plaza de Armas, Santiago de Chile

No podemos hablar de la vida social sin hablar de los cafés, los bares y los restaurantes. Aunque se encuentran en casi todo los lugares del mundo, ir a estos establecimientos es mucho más común para personas de todas las edades en los países hispanos. En España, por ejemplo, el bar es un gran centro de la vida social del barrio: siempre hay un bar «de enfrente» o «de la esquina» y son lugares de reunión asidua[c] para amigos y familia. Por otro lado, a mayor o menor escala, el concepto del «café» tiene mucha más raigambre[d] en el mundo hispano que, por ejemplo, en los Estados Unidos.

Finalmente hay que hablar del mercado. Todas las ciudades y pueblos tienen mercados centrales o por barrios. Es allí donde se suele encontrar los productos más variados y frescos, y, por supuesto, los más tradicionales para la cocina del país. Aunque los nuevos supermercados con frecuencia hacen difícil la supervivencia de los mercados tradicionales, éstos siguen siendo lugares céntricos y, en muchos casos, espectaculares. Además, en casi todos los lugares existe un mercadillo semanal, con vendedores ambulantes, en el cual se venden ropa y cosas para la casa.

[a]*highlight*   [b]*benches*   [c]*frecuente*   [d]*tradición*

Tertulia   Comparaciones

- ¿Encuentran Uds. diferencias entre el uso que se hace de las calles y las plazas en su ciudad con el que se hace en las ciudades hispanas? ¿Qué ventajas y desventajas encuentran en que las calles sean un lugar «social»?
- ¿Qué otras diferencias notan Uds. entre las ciudades hispanas y las de su país con respecto a los bares, cafés y mercados?

Estudio de estructuras

15. El subjuntivo en cláusulas nominales: expresiones de emoción y duda

Siento que no puedas quedarte a cenar con nosotros.
No creo que esa sopa esté tan buena como la de mi mamá.

In **Capítulo 5** the subjunctive in nominal clauses for verbs and expressions of influence was introduced. In this grammar point you will study other contexts that require the subjunctive in nominal clauses: when the main verb expresses an emotional reaction to some event or doubt about its occurrence.

Verbs and expressions of emotion

agradecer (zc)	*to be grateful*
alegrar(se) (de)	*to be happy*
asombrar(se) (de)	*to be shocked/amazed*
avergonzar(se) (üe) (c) (de)	*to be ashamed*
enojar(se) (de)	*to become angry*
esperar	*to hope*
estar (*irreg.*) contento/a (de)	*to be happy that*
extrañar	*to seem strange*
gustar	*to like*
molestar(se) (por)	*to be bothered by*
tener (*irreg.*) ganas (de)	*to feel like; to want*
tener miedo	*to fear*
ser (*irreg.*) lástima	*to be a pity/shame*
ser extraño/raro	*to be unusual*
ser sorprendente	*to be surprising*
ser necesario/urgente/mejor/ peor	*to be necessary/urgent/better/ worse*
ojalá (que)	*I hope / I wish*

Ojalá comes from the Arabic expression *May Allah want/grant*. In Spanish, **ojalá** is no longer a verb, so it cannot be conjugated. It can only be used to express the wishes of the person who speaks.

Ojalá (que) todo vaya bien esta noche.	*I hope everything goes well tonight.*
Ojalá (que) no se me queme la comida hoy.	*I hope I don't burn the food today.*

Verbs and expressions of doubt

dudar	*to doubt*
no estar seguro/a	*to be unsure*
no creer	*to not believe*
no pensar (ie)	*to not think/believe*
ser dudoso	*to be doubtful*
no estar claro	*to not be clear*

> **Recordatorio**
>
> **Pensar** and **creer** in an affirmative sentence require the indicative. **No pensar** and **no creer** require the subjunctive, as what they refer to is no longer a certainty for the speaker.

Actividad 1 Cielito lindo

A continuación vas a leer la carta que «Cielito lindo» envía a una columna de consejos y la respuesta que recibió, la cual tú debes completar con los verbos y expresiones que le faltan. Puedes usar las que siguen, pero hay más. («Cielito lindo» es el título de una conocidísima canción mexicana.)

Un grupo mariachi

alegrarse	**esperar**	**(no) pensar**
(no) creer	**extrañar**	**ser raro**
dudar	**ojalá**	**ser urgente**

Querida Dolores:

Soy cantante de mariachi y estoy preparando una grabación (*recording*) demo para negociar un contrato. No me interesa hacerme rica. Sólo quiero cantar hasta que me muera. Pero tengo un problema como muchos latinos de mi generación: no hablo bien el español. He tratado de estudiarlo, pero no lo retengo. Trato de aprenderlo por mi cuenta escuchando canciones y viendo telenovelas, pero no encuentro con quién practicarlo. Daría cualquier cosa por saber el idioma de mi familia. Necesito hablar español para poder cantar en la televisión hispana; si no, me odiarán.

«Cielito lindo» en Texas

Querida Cielito lindo:

_____[1] de que quieras aprender español, pero _____[2] que vivas en Texas y no encuentres con quién practicarlo. _____[3] que no tengas algún familiar o amigo que pueda ayudarte. _____[4] que dejes de buscar excusas. _____[5] que hay muchas maneras de aprender idiomas, pero _____[6] que tú lo hayas intentado de verdad. _____[7] que encuentres pronto a alguien con quien conversar pues es la mejor manera de aprender. _____[8] que tengas mucho éxito con tus canciones.

Actividad 2 La buena vida para mí

Empareja cada frase con una cláusula nominal para formar oraciones que tengan sentido para ti. Tienes que conjugar el verbo de la cláusula nominal en el presente de indicativo o subjuntivo, dependiendo de la cláusula principal.

1. Ojalá (que)...
2. (No) Me gusta (que)...
3. Lamento (que)...
4. Estoy seguro/a de (que)...
5. (No) Creo (que)...
6. Espero (que)...

a. trabajar es bueno.
b. los profesores me dan mucha tarea para el fin de semana.
c. emborracharse es divertido.
d. las familias salen a comer de vez en cuando.
e. hay un concierto estupendo este fin de semana.

7. (No) Me molesta (que)...

8. Dudo (que)...

9. Es necesario (que)...

f. va a hacer buen tiempo el domingo para la barbacoa.

g. algunas personas hablan en el cine.

h. trasnochar todos los días es bueno para la salud.

i. ver la televisión toda la tarde es un buen entretenimiento.

j. lo vamos a pasar muy bien en la feria esta noche.

Actividad 3   Reacciones

¿Cómo reaccionas a las siguientes ideas? Repite cada una de ellas incluyendo una cláusula en que expreses tus emociones y digas si lo crees o no, haciendo los cambios que sean necesarios.

1. En otros países se vive mejor que en mi país.

2. La comida mexicana es la más rica del mundo.

3. Trabajar es un castigo (*punishment*).

4. Los hispanos creen que los anglosajones son aburridos.

5. Viajar con toda la familia es muy divertido.

6. Cenar todos los días en un restaurante es mejor que cenar en casa.

7. La mejor manera de relajarse es quedándose en casa.

8. Los anglosajones no saben bailar.

Actividad 4   Dudas y temores

En parejas, discutan cuáles son sus temores y dudas en la vida. Pueden ser muy específicos o muy generales, como lo prefieran.

Ejemplo: Pues uno de mis mayores temores es que yo no pueda conseguir un trabajo en el área de _____ que pague muy bien, pues dudo mucho que la economía sea mejor en el futuro.

16. CUANDO NO ES NECESARIO EXPRESAR EL SUJETO DE LA ACCIÓN: *SE* **IMPERSONAL**

En clase sólo **se** habla español.
En las plazas **se** puede ver la gente de todas las edades.

In order to avoid the use of a subject when it is not important, **se** is used in Spanish preceding the verb in third person, singular or plural.

The order of the verb and subject/object is not important, but **se** must immediately precede the verb.

Sólo **se** habla español en clase.   Sólo español **se** habla en clase.

En España **se** vive bien.   **Se** vive bien en España.

Uses

This construction is frequently used in the following contexts.

- When the action is done by people in general, so that it is not interesting or relevant to say who exactly does it. These actions are expressed in English by using *one*, *they*, *you*, or *people* as subject of the sentence, or by using a passive construction.

Se vive muy bien en España.	*People live very well in Spain.*
En España **se hablan** cuatro lenguas.	*Four languages are spoken in Spain.*
Se dice que el príncipe tiene novia.	*They say that the prince has a girlfriend.*

- When an action with a direct object, which is possibly also done by people, can be presented as if it was done by the thing itself.

El centro comercial **se abre** a las 9:00 de la mañana.	*The mall opens at 9:00 A.M.*
La puerta **se cierra** por control remoto.	*The door is closed by remote control.*
Se cortan las cebollas en rodajas.	*The onions are sliced.*

Recordatorio

You have already studied this construction in **Capítulo 4,** when you learned how to avoid blame with **se accidental.**

Se me cayeron los vasos y **se** me rompieron.	*The glasses fell and broke on me.*

As you can see in the above examples, this construction is often translated as the passive voice in English.

- The **se** construction varies some when the verb affects a person. In this case, the verb appears always in singular and the human object is an indirect object, which must always be introduced by **a** (or substituted by an indirect object pronoun.)

Hubo un incendio y se llamó **a los bomberos.**	→ Se **les** llamó.
There was a fire and the firefighters were called.	→ *They were called.*
Se despidió **a más de cien empleadas.**	→ Se **les** despidió.
More than a hundred employees were laid off.	→ *They were laid off.*
No se **me** dijo nada.	
I wasn't told anything.	

The reason to have human beings as indirect objects is because, as subjects, the sentence would show a reciprocal or reflexive action.

Se despidió a una docena de trabajadores. (Se les despidió.)

Los familiares **se despidieron** de Octavio. (Lo despidieron. / Se despidieron.)

¡OJO! When the verb is reflexive, that is, it already needs the reflexive pronoun **se, uno/a** is used instead of the impersonal **se.**

Uno se divierte mucho en la playa.	*One has fun at the beach.*
Una se relaja más en las vacaciones.	*One is more relaxed on vacation.*

Actividad 1   Qué tipo de *se*?

Indica qué tipo de **se** se usa en cada oración.

a. impersonal / instrucciones   c. accidental
b. con objeto indirecto de persona   d. recíproco / reflexivo

1. _____ En esta clase no se habla inglés.
2. _____ Uno se acuesta muy tarde en España.
3. _____ El reloj se me rompió cuando se me cayó.
4. _____ Eso no se dice.
5. _____ Se invitó a todos los profesores.
6. _____ Las hermanas se llaman con mucha frecuencia.
7. _____ La piscina se abre a las 10:00 de la mañana.
8. _____ No se nos avisó a tiempo.

Actividad 2   ¿Qué se hace en estos lugares y situaciones?

Explica qué cosas se hacen normalmente en las siguientes circunstancias.

1. un día normal en tu universidad
2. un sábado en tu universidad
3. un cuatro de julio en tu ciudad/pueblo
4. un día festivo de invierno/verano en tu estado

> ### Recordatorio
>
> As in English, the verb in third-person plural can be used in this type of sentence to express the impersonal *they.*
>
> | | |
> |---|---|
> | **Hacen** una salsa riquísima en el Mesón de Pablo. | *They make excellent sauce at Mesón de Pablo.* |
> | **Hablan** cuatro lenguas en España. | *They speak four languages in Spain.* |

Actividad 3　Otra manera de decirlo

Expresa las siguientes ideas usando una oración con **se**.

Ejemplo:　Alguien cierra la oficina a las 2:00. → La oficina se cierra
a las 2:00.

1. Alguien cierra las tiendas a las 7:00.
2. En esa frutería nadie puede pagar con tarjeta de crédito.
3. En mi universidad los estudiantes estudian mucho.
4. Si la gente toma el sol a las 2:00 de la tarde, se quema con facilidad.
5. Nadie me explicó lo que yo no podía hacer.
6. Llamaron a todos los profesores del departamento.
7. La gente puede perder mucho dinero en el casino.
8. Hablamos inglés aquí.
9. Convocaron a todos los miembros de la asociación.

Actividad 4　Una receta de cocina: Sopa de frijoles negros

Paso 1　Los frijoles, o habichuelas, sólo dos de los muchos nombres que
existen en el mundo hispano para *beans*, son sin duda uno de los
alimentos más básicos de todos los países donde se habla español. La
siguiente receta para sopa de frijoles fue sacada de la página web de la
famosa marca Goya, donde hay otras muchas y deliciosas recetas.
Después de leer las instrucciones, cámbialas para darlas usando **se**.

Ejemplo:　En una cacerola se calienta el aceite a fuego moderado.

Sopa de frijoles negros
El clásico: Elegante y delicioso. Disfrútelo como sopa o servido sobre arroz.

2 cucharadas de Aceite de Oliva Goya
3/4 taza de cebolla finamente picada
1/2 taza de pimiento verde finamente picado
2 cucharadas de Ajo Picado Goya o 4 dientes de ajo picados en trocitos
2 latas de 15.5 onzas de Frijoles Negros Goya, sin escurrir
2 cucharaditas de orégano
1-1/2 taza de agua
2 sobres de Sazón Goya sin Achiote
2 cucharadas de Vino Blanco de Cocinar Goya o vinagre de manzana
Aderezos opcionales:
Cebolla picada
Arroz blanco cocido
Crema agria

1. En una cacerola, caliente el aceite a fuego moderado. Añada, a la vez que
   mezcla, la cebolla, el pimiento y el ajo; sofría hasta que estén cocidos,
   alrededor de ocho a diez minutos.
2. Añada y mezcle el resto de los ingredientes. Deje hervir. Reduzca la
   temperatura y cocine a fuego lento por diez minutos. Sirva con los
   aderezos deseados.

Paso 2　Ahora da las instrucciones para hacer uno de tus platos favoritos o
un plato de tu tradición familiar.

Como lo expresan las palabras quechuas del título de este apartado,[a] la música y el baile son una parte de mucha importancia en la vida de los países latinoamericanos. Las actividades relacionadas con la música frecuentemente resultan una manera de compartir e identificarse con la comunidad a la que se pertenece. La música sirve para expresar no sólo la alegría y la tristeza de la vida cotidiana[b] o los eventos especiales de la vida, sino también las preocupaciones políticas y sociales.

Cuando se habla de la música latina muchas veces se piensa en la salsa, un estilo musical nacido en los barrios hispanos de Nueva York, resultado de la unión de los ritmos cubanos y puertorriqueños con otros como el jazz.

[a]sección   [b]daily

(continues)

Música representativa de Latinoamérica por países

---

*«Taki-Kuni» es una expresión en quechua. Se traduce como **el cantar me da vida** o **canto porque es un placer cantar.**

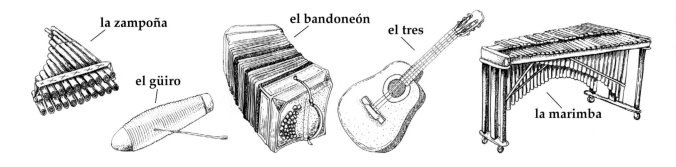

la zampoña

el güiro

el bandoneón

el tres

la marimba

Pero, si bien la salsa es muy popular en todos los países latinoamericanos, en el mundo hispano la música es mucho más diversa, contando cada país con sus propios estilos.

La herencia africana es muy importante, sobre todo en la música popular del Caribe (Puerto Rico, Cuba, la República Dominicana, Venezuela y Colombia), donde se ve esta influencia en ritmos e instrumentos musicales de percusión, así como en el uso de la marimba en varios países de Centroamérica, como Guatemala.

La herencia de las culturas precolombinas también está presente en la música popular latinoamericana. Así, por ejemplo, la música andina es considerada como la tradición musical más antigua de Sudamérica. Tiene su origen en el imperio inca y gran parte de los instrumentos de viento que la caracterizan, como las antaras o zampoñas[c] y las quenas[d] son de invención precolombina. Otro ejemplo de la huella[e] dejada por las culturas precolombinas son ciertos instrumentos creados por los pobladores originales del Caribe, como el güiro o las maracas, que todavía se usan hoy día en el imperio inca.

De la tradición europea viene la incorporación de instrumentos como la guitarra, el acordeón, el violín o el arpa[f] en muchos de los estilos musicales latinoamericanos, como por ejemplo en la variedad de la música mexicana o en el tango argentino. Como en otros aspectos de la cultura, las raíces indígenas, africanas y europeas se entrelazan en la música latinoamericana creando nuevos ritmos y dotándola[g] de la diversidad, belleza y originalidad que la caracteriza.

[c]antaras... *panpipes*   [d]*flutes*   [e]*mark*   [f]*harp*   [g]dándola

Tertulia   La música

- ¿Están Uds. familiarizados con algún tipo de música latinoamericana? ¿Y con algunos artistas en particular? ¿Qué les gusta de esta música y qué no les gusta?

- ¿Son la música y el baile importantes en la tradición cultural de Uds.? ¿y en su familia, en particular?

- En general, ¿piensan que la música es capaz de traspasar (*cross*) fronteras culturales? ¿Por qué? ¿Piensan que la música latinoamericana es más capaz de ser apreciada por los de otras culturas en este país, en comparación con la música de otros orígenes? Justifiquen sus respuestas.

LECTURA   México se devora su historia culinaria

Reflexiona antes de leer

Sobre la lectura

El artículo que vas a leer apareció en la revista del periódico colombiano *Tiempos del mundo.*

Actividad 1   Un concurso gastronómico

Indica las palabras del **Vocabulario útil** que mejor completen el párrafo. Si falta algún verbo debes conjugarlo apropiadamente.

Ayer se celebró en el restaurante Hermanos Santos un concurso _____[1] para _____[2] el Día de la Independencia. El público invitado al evento _____[3] los _____[4] preparados por cocineros y cocineras de todos los rincones de México. El primer premio lo recibió Inmaculada Martín por sus _____[5] rellenos de queso y carne molida. El segundo premio lo recibió Salustiano Flores por su postre de dulce de leche con _____.[6] _____,[7] el organizador del concurso, José Rodríguez, declaró mientras _____[8] un plato de mole poblano,[a] que todas las recetas eran dignas de recibir un premio.

[a] de Puebla, México

VOCABULARIO ÚTIL	
el chile	*pepper*
la nuez	*walnut*
la olla	*pot*
el platillo	*culinary dish*
degustar	*to taste*
devorar	*to devour; to eat up*
festejar	*to celebrate*
culinario/a	*culinary*
sin embargo	*however*
mas	*pero*

Actividad 2   Campos semánticos

Indica cuál de las palabras no pertenece a cada grupo y señala la relación entre las otras. Después añade una palabra o expresión más a cada grupo —no tienen que ser de la lista de **Vocabulario útil.**

1. mas   más   sin embargo
2. nuez   pollo   chile
3. platillo   olla   postre
4. degustar   festejar   devorar
5. culinario   cocinado   transformado

Estrategia de lectura: conectores de ideas

Los conectores de ideas son importantes en todo escrito, puesto que muestran la relación de una idea con la que le antecede, ya sea porque represente un contraste (**sin embargo**), añada una razón (**porque**), indique una semejanza (**igualmente**), etcétera. Un escrito sin conectores parecería un telegrama.

En el texto que sigue hay varios casos; por ejemplo, «**Por ello** puede decirse que este país, asiento de culturas milenarias, se devora a sí mismo en la historia de su cocina». Ahora, mientras lees subraya aquellos conectores de ideas que encuentres. ¿Qué matiz (*nuance*) añade cada uno?

México se devora su historia culinaria, *Roberto Cienfuegos*

En septiembre, los mexicanos festejan el mes de la Patria, y lo hacen en grande. Pero el festejo, que llega a su clímax la noche del 15 con el mundialmente conocido Grito de Dolores, que marcó el inicio de la Guerra de Independencia en 1810, comienza y termina en las cocinas del país. Allí, en ese espacio tan apreciado por las familias mexicanas, afanosas[a] abuelas, madres e hijas comparten[b] los secretos culinarios que por varias generaciones y siglos explican el arte y la magia de una cocina hoy clasificada entre las cinco primeras del mundo, más por su diversidad que por su profesionalización y/o documentación.

Por ello, puede decirse que este país, asiento[c] de culturas milenarias, se devora a sí mismo en la historia de su cocina. Vea si no.[d]

Para festejar septiembre, hacen mil y un platillos. Mas hay uno en especial que pertenece al noveno mes. Sí, se trata de[e] un chile, originario de Puebla, un estado en el centro de México y también reconocido mundialmente como una de las cunas[f] del mole, este último un platillo de génesis y raigambre[g] netamente mexicanos.

En efecto, el chile poblano da origen al platillo denominado chiles en nogada, considerado el plato barroco por excelencia. Pero también «es el plato más patriótico de México», explica el chef Mauricio Tomero Gatica durante una entrevista con *Tiempos del Mundo*. Los últimos once años de sus 29 años de vida, los ha dedicado predominantemente a estudiar, conocer y ensayar la cocina del mundo, incluyendo la mexicana, que es «la mía y [la que] conocí primero con mi abuela, luego con mi madre y ahora por mí mismo. Yo preparo ahora cosas que hacía mi abuela», narra.

Esta experiencia se repite en prácticamente cada una de las familias mexicanas. La cocina es una herencia, un asunto de familia, «y eso es lo importante de esta cocina nuestra».

A las ollas

Los chiles en nogada, cuyos ingredientes permiten una presentación que incorpora los colores verde, rojo y blanco que distinguen el lábaro patrio[h] mexicano, son típicos de agosto y septiembre. ¿Por qué? Los ingredientes, en especial la nuez de Castilla que procede del norteño estado de Chihuahua —aunque también de una zona aledaña[i] al hoy humeante[j] Volcán Popocatépetl—, sólo puede conseguirse en esta época del año. Mas no sólo esto.

Todos los ingredientes de este plato, entre ellos el chile poblano, la carne de cerdo, el acitrón —un dulce cristalizado típico de México—, las pasas,[k] las almendras,[l] el durazno,[m] la manzana llamada *panochera* y aun las peras, tienen cuna mexicana. Con todos esos ingredientes, el chile —de tamaño generoso— se rellena[n] una vez que se ha desflemado[o] y/o se le retiran las venas y las semillas.[p] Esto con el fin de aminorar[q] su sabor picante.

Antes, el chile se escalfa[r] y se pela, en un proceso laborioso y prolongado. «Todos estos ingredientes son de México», refiere Romero Gatica, quien evoca el origen de los chiles en nogada. De acuerdo con la crónica,[s] este platillo fue preparado por primera vez en el siglo XIX

[a]*laborious* [b]*share*

[c]*site*
[d]Vea... *See for yourself*

[e]*se... es*

[f]*lugares de origen*
[g]*origen*

[h]lábaro... *national flag*

[i]*cerca*
[j]*smoking*

[k]*raisins* [l]*almonds* [m]*peaches*

[n]se... *is stuffed/filled*
[o]*cooled down* [p]venas... *veins and seeds* [q]*minimize*

[r]*poach*

[s]*historia*

Chiles en nogada

por unas monjas poblanas[t] en el marco de una celebración especial, la visita del emperador Agustín de Iturbide, autoproclamado[u] emperador de México en 1822. El plato incluye una crema de nuez, llamada nogada, y se corona[v] con granos de granada[w] dulce color rojo escarlata. El verde chile completa el toque tricolor del manjar setembrino.[x]

Pero esto es sólo un plato de los centenares[y] que preparan, a veces durante varios días, los mexicanos. Y aunque la cocina consume mucho tiempo, su producción se agota,[z] aunque con placer y fasto[aa] eso sí, en casi nada.

Misteriosos manjares

El mole, una pasta[bb] que tiene como base el chile, es quizá la manifestación culinaria más compleja de México, hecho con base en una serie de ingredientes que van desde el chocolate, la tortilla de maíz quemada, el comino,[cc] el anís y hasta el jitomate.[dd] Pero hay también moles verdes, hechos a partir de[ee] la pepita[ff] verde e incluso la lechuga. Los moles, cuya variedad se diversifica de acuerdo con la geografía de los estados de Oaxaca, Veracruz, Puebla, trasuntan[gg] no sólo el mito culinario sino esencialmente el social. Es un plato imprescindible[hh] en los grandes festejos familiares, ya sea el matrimonio, un nacimiento, el cumpleaños y hasta en ocasión de la muerte en México.

Para todos los presupuestos

Romero Gatica afirma que la cocina de México, a diferencia de otras en el mundo, es accesible a todo el pueblo. En pocas palabras, «no es clasista», expresa al compararla, por ejemplo, con el arte culinario francés. «Cocina mexicana buena se puede encontrar desde en un changarro —figón[ii] o cantina barata— hasta en un restaurante fino.» No es el caso de la cocina francesa, afirma. «Se necesita más dinero para acceder[jj] a la cocina francesa buena», refiere. Para este joven chef, «por variedad», la cocina mexicana figura entre las primeras cinco del mundo, al lado de la francesa, la española, la china y la italiana.

[t]monjas... *nuns from Puebla*
[u]*self-proclaimed*

[v]se... *is topped*   [w]*pomegranate*
[x]*toque... tricolor touch of this September delicacy*
[y]*hundreds*
[z]se... *se extingue*   [aa]placer... *pleasure and extravagance*

[bb]*paste*

[cc]*cumin*   [dd]*tomato*
[ee]a... *starting with*   [ff]*seed*

[gg]*transcribe*
[hh]*indispensable*

[ii]*restaurante económico*

[jj]*to have access to*

(continues)

Aunque poco documentada y tampoco profesionalizada, la variedad de la cocina mexicana la coloca entre las primeras del mundo. En los últimos años, se ha mejorado la presentación de la cocina mexicana para «hacerla más refinada», dice el entrevistado.

Sobre los mitos y verdades del chile en la comida mexicana, Romero Gatica admite que la cocina mexicana es una de «ingredientes muy fuertes. El chile es muy fuerte». Mas no todos los platillos tienen por qué serlo, sostiene. Reconoce, sin embargo, que la cocina mexicana es «muy difícil» de adaptar a otras partes del mundo. Esto, primeramente, por la fuerza del paladar[kk] mexicano, pero también porque es complicado conseguir los ingredientes fuera de México.

Por ejemplo, cita el caso de los chiles frescos mexicanos. La misma semilla, refiere, da un chile dulce en España. Aun así «hay chiles que se pueden adaptar, pero no es fácil».

En cambio, señala, en México se hace cocina española y francesa de «óptima calidad». De hecho, asegura, mucha de la cocina que se conoce como mexicana en realidad no es auténtica. Esto es porque «la genuina cocina mexicana no es tan adaptable a otro país» ni por paladar ni por sus ingredientes.

[kk]*palate*

Comprensión y discusión

Actividad 3   ¿Está claro?

Di si las siguientes oraciones son ciertas o falsas de acuerdo con la lectura. Si son falsas, corrígelas. Si son ciertas, añade todos los datos que sepas sobre esa idea.

1. Esta lectura trata de las festividades mexicanas.
2. El mes de la patria en México es noviembre.
3. El Grito de Dolores señala el final de la Guerra de la Independencia.
4. El mole es un tipo de carne.
5. Los ingredientes para preparar el chile en nogada vienen de diferentes lugares de Latinoamérica.
6. La palabra **nogada** viene del Grito de Independencia.
7. Rellenar los chiles requiere mucho trabajo.
8. Se puede hacer excelente cocina mexicana en cualquier parte del mundo.
9. La cocina mexicana es buena, pero no se puede comparar con las grandes cocinas del mundo.
10. Una cosa interesante de la cocina mexicana es que es una cocina para todas las clases sociales.

Actividad 4   ¿Qué piensas ahora?

Entre toda la clase hagan una lista de los conectores que hay en el texto, explicando el matiz que añade cada uno. Luego den un ejemplo con cada uno de ellos.

Actividad 5   Ingredientes y platos típicos

¿Cuáles son los ingredientes más importantes de la comida de tu país?
¿Cuáles son los platos típicos de tu estado o región? ¿En qué ocasiones o
épocas del año se hacen? Explica cómo se prepara alguno de esos platos.

Tertulia   La cocina de los Estados Unidos o el Canadá

¿Existe una cocina típica de los Estados Unidos o del Canadá? Si Uds.
creen que sí, ¿por qué se caracteriza: por sus ingredientes, métodos de
preparación, manera de comer, etcétera? Si creen que no, justifiquen su
opinión. ¿En qué se basan? ¿Con qué países o cocinas la comparan?

Tema

Un ensayo para una revista de viajes sobre un lugar ideal para pasar las vacaciones comparándolo con otro(s) lugar(es).

Antes de escribir

- Haz una lista de todos los lugares buenos que conozcas para pasar las vacaciones y selecciona uno. Luego piensa con qué otro lugar puedes compararlo, por ejemplo, Caracas y Nueva York, o DisneyWorld y Six Flags.
- Haz un borrador de tu ensayo incluyendo todas las cosas que se pueden hacer en ese lugar, lo que se puede comer, etcétera, y cómo se comparan todas estas cosas con las del otro lugar. No te preocupes ahora del orden ni de la gramática, pero piensa y escribe en español. Si hay alguna palabra que no sepas, deja un espacio en blanco o haz un símbolo.

Mientras escribes

- Ordena las ideas de tu borrador.
- Piensa en tu lector: personas que quieren hacer un viaje, pero no saben adónde. Si quieres, puedes seleccionar un tipo determinado de lector: jóvenes, familias, personas jubiladas, etcétera, y así reducir la cantidad de información que debes presentar.
- Piensa en tu propósito: en esta composición no quieres convencer, sólo informar.
- Sigue la estructura propia de un ensayo: introducción, cuerpo, conclusión. (Ver el *Cuaderno de práctica* para más información sobre la estructura de este tipo de ensayo).
- Busca en el diccionario y en tu libro de español aquellas palabras y expresiones sobre las que tengas dudas.

Después de escribir

- Repasa los siguientes puntos.
  - ☐ el uso de los tiempos verbales
  - ☐ el uso de **ser** y **estar**
  - ☐ la concordancia entre sujeto y verbo
  - ☐ la concordancia de género y número entre sustantivos, adjetivos y pronombres
  - ☐ la ortografía y los acentos
  - ☐ el uso de un vocabulario variado y correcto (evita las repeticiones)
  - ☐ el orden y el contenido (párrafos claros; principio y final)

- Finalmente, escribe tu versión final.

No te olvides de mirar el Apéndice I, **¡No te equivoques!,** para evitar errores típicos de los estudiantes de español. Para esta actividad de escritura, se recomienda que prestes atención a *Por y para* (página 354).

Consulta el *Cuaderno de práctica* para encontrar más ideas y sugerencias que te ayuden a escribir la composición.

Cancún, México

REFLEXIONES

▨ Gramática en acción: trabajar para vivir

Completa el siguiente texto con las formas correctas de los verbos en el presente de subjuntivo o indicativo, o el infinitivo, según sea necesario. En varios casos, se debe elegir la opción más correcta para completar la oración con **se**.

Los hispanos no dudan que uno _____[1] (tener) que trabajar para vivir, pero creen firmemente que nunca se _____[2] (deber) vivir para trabajar. A los hispanos les extraña que en los Estados Unidos la gente _____[3] (llegar) a vivir para trabajar. Para ellos es una lástima que una persona no _____[4] (saber) el valor verdadero de la vida, el cual no está necesariamente relacionado con el trabajo, sino con la alegría de disfrutar de la vida. De ahí[a] numerosas frases y refranes: «¡A vivir, que son dos días!»; «Con queso, pan y vino se anda mejor el camino!»; «Desnudo nací, desnudo me muero: ni gano ni pierdo!»

Quizá de esta actitud _____[5] (venir) el estereotipo de hispanos perezosos que tienen algunos estadounidenses. Por ejemplo, en este país a mucha gente les parece sorprendente que en España y Latinoamérica _____[6] (haber) un tiempo para la siesta. Se detecta una mezcla de envidia y desdén[b] en esta reacción: es bueno _____[7] (tener) tiempo para una siesta, pero es mejor que no se _____[8] (perder) el tiempo.

Sin embargo, hoy _____[9] (se / ø) sabe que la siesta _____[10] (ser) una sanísima[c] costumbre. Los expertos en salud dicen que es necesario que _____[11] (uno/ se) _____[12] (relajarse), aunque sólo sean veinte minutos, durante la jornada laboral. A los más estresados _____[13] (se les / se) recuerda: no es seguro para nada que _____[14] (producir: nosotros) más y mejor trabajando más horas.

Desgraciadamente, en los países hispanos, especialmente en las grandes ciudades, _____[15] (se / ø) está perdiendo la costumbre de la siesta: se _____[16] (vivir) lejos del lugar del trabajo y se _____[17] (hacer) más cosas a lo largo del día.

En fin, está claro que el trabajo nos _____[18] (poder) proporcionar satisfacción, pero es dudoso que _____[19] (ser) la parte más divertida de nuestra vida. Hispano o anglosajón ¿quién no desea que le _____[20] (tocar) la lotería para no trabajar más?

[a]De... *Hence*   [b]envidia... *envy and disdain*   [c]*very healthy*

Proyectos en tu comunidad

En este capítulo se han comentado varios aspectos de la vida que resultan esenciales para la calidad de vida de la mayoría de los hispanos de cualquier país o clase social: suficiente tiempo libre, vida social, buena comida y música para compartir con los parientes y amigos.

- Investiga un poco y haz una lista de los lugares en donde los hispanos de tu comunidad se reúnen para divertirse, además de en casa.

- Entrevista a una o dos personas hispanas de tu comunidad sobre sus ideas de lo que es tener una buena vida. ¿Qué les gusta hacer en su tiempo libre? ¿Adónde les gusta ir? Si vivieron muchos años en su país de origen antes de llegar a tu país, ¿qué añoran (*miss*) de la vida que dejaron?

 Tertulia final   ¿Trabajar para vivir o vivir para trabajar?

No hay duda de que mucha gente en los Estados Unidos y el Canadá disfruta de un buen nivel de vida, especialmente si se compara con países más pobres. ¿Pero cómo es la calidad de vida en esos países? Las siguientes preguntas pueden ayudar a articular la tertulia.

- Si han visitado otros países, ¿qué les pareció la vida allá en comparación con la de su país?

- ¿Cómo es posible que incluso inmigrantes que tuvieron que venir a este país por falta de oportunidades añoren la forma de vivir de su propio país?

- ¿Creen que en este país se trabaja para vivir o se vive para trabajar? ¿Cómo se explica eso?

- ¿Qué cambios podrían mejorar la manera de vivir en este país?

Nuestra sociedad

Lugar natal, *del ecuatoriano Eduardo Kingman*

¿Cómo defines tú el concepto de sociedad? ¿Con qué sociedad te identificas más?
¿Qué aspectos de la sociedad de hoy día te parecen más preocupantes?

la igualdad

la justicia

la emigración la sociedad

la globalización

Capítulo 7 Nos-otros

« Ni son todos los que están, ni están todos los que son.»

Lugares como éste son de gran importancia para la comunidad, pues son el centro de sus actividades diarias y de todo evento social y político. ¿Cuáles son los lugares principales de tu comunidad? ¿Qué actividades ocurren en esos lugares?

En este capítulo

Reflexiona antes de leer • **Dos idiomas, múltiples beneficios**

En tu opinión, ¿qué ventajas (*advantages*) o desventajas ofrece el hablar dos idiomas? ¿Por qué? ¿Cuáles pueden ser algunos de los motivos por los que algunas veces los hijos de los inmigrantes no aprenden la lengua de sus padres?

Dos idiomas, múltiples beneficios, *Isis Artze*

Cada vez que su hijo Kian, de 5 años, le pregunta: «Mamá, ¿por qué tengo que hablar en español?», Jeannette Betancourt se recuerda que criar[a] a hijos bilingües es una lucha continua. Esta madre colombiana, residente en Queens, Nueva York, y casada con un irlandés-americano, le responde que hablar el español le da una ventaja, y le cuenta las oportunidades que ella ha tenido por poder comunicarse en dos idiomas.

Bertha Pérez, profesora de educación y de estudios bilingües en la Universidad de Texas en San Antonio, y autora de *Learning in Two Worlds*, dice que muchos padres tienen el concepto erróneo de que los niños se confunden al ser expuestos[b] a más de una lengua. «¡No ocurre!», afirma. «La realidad es que bien pueden aprender dos, y aún más idiomas, igual que aprenden otras materias[c] como ciencias».

Otros padres se preguntan cuándo es el momento debido[d] para enseñar una segunda lengua. Según Pérez: «Mientras más pequeños, mejor,[e] porque tienen mayor posibilidades de desarrollar[f] los sistemas de pronunciación y no tener acento en ninguno de los dos idiomas».

Betancourt, quien trabaja en el *Sesame Workshop* y tiene un doctorado en educación, les aconseja a los padres que no se desanimen[g] cuando sus hijos, como el pequeño Kian, prefieren hablar sólo un idioma, y que den el ejemplo al insistir en la práctica continua de la segunda lengua. Ella está segura de que, cuando sean mayores, sus niños le agradecerán[h] el valor de ser bilingües.

[a] *to raise*
[b] *exposed*
[c] *subject matters*
[d] correcto
[e] Mientras... *The younger, the better*
[f] *developing*
[g] se... *get discouraged*
[h] apreciarán

Después de leer

Completa las siguientes oraciones con ideas de la lectura.

1. Lo mejor de ser bilingüe es (que) _____.
2. Lo más difícil de criar hijos bilingües es (que) _____.
3. Lo increíble para muchos padres es (que) _____.
4. Betancourt es una mujer que _____.

Reflexiona antes de mirar • **La emigración japonesa a Latinoamérica**

¿Qué sabes del tema? ¿Puedes contestar las siguientes preguntas?

1. ¿Qué orígenes tiene la población latinoamericana?
2. ¿Dónde se pueden encontrar comunidades japonesas importantes en Latinoamérica?

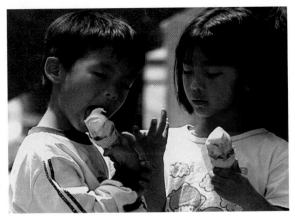

VOCABULARIO ÚTIL	
el asentamiento	*settlement*
la hacienda	*farm*
nipón/nipona	japonés/ japonesa
enriquecer (zc)	*to enrich*
hostilizar (c)	*to harass*

Después de mirar

¿Cierto o falso? Corrige las oraciones falsas según la información del vídeo.

1. La comunidad japonesa en Latinoamérica es muy pequeña.
2. Los primeros inmigrantes japoneses llegaron a finales del siglo XVIII.
3. Los países latinoamericanos con mayor población de origen nipón son el Ecuador y México.
4. Los primeros inmigrantes japoneses llegaron para comprar haciendas.
5. La comunidad japonesa no se ha adaptado bien en los países americanos.

ESTUDIO DE PALABRAS

✴ DE REPASO

el barrio
la discriminación
el/la emigrante/inmigrante
el idioma / la lengua / el lenguaje
la nacionalidad
el origen
el país
el pasaporte
la población
nacer (zc)

■ La identidad nacional

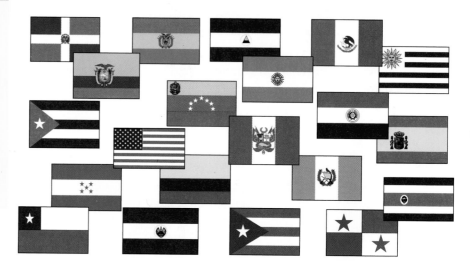

la bandera	*flag*
la ciudadanía	*citizenship*
el/la ciudadano/a	*citizen*
el/la compatriota	*fellow citizen*
la costumbre	*habit; tradition*
la frontera	*border*
mi/tu/ (...) gente	*my/your/(. . .) people*
la lengua materna	*mother tongue*
el nivel	*level*
el nivel económico	*economic standard*
el orgullo	*pride*
la patria	*homeland*
la pobreza	*poverty*
la raíz (las raíces)	*root(s)*
la riqueza	*richness; wealth*
el símbolo	*symbol*
la sobrepoblación	*overpopulation*
mi/tu/(...) tierra	*my/your/(. . .) homeland*
la zona residencial	*residential area*

Repaso: **el nivel de vida**

avanzar (c)	*to advance; to move up*
crecer (zc)	*to grow up*
criar(se) (me crío)	*to raise, to be raised*
estar (*irreg.*) acostumbrado/a a	*to be accustomed to*
orgulloso/a	*proud*

■ La experiencia en otro país

el bilingüismo	*bilingualism*
la desesperanza	*hopelessness; despair*
la desilusión	*disappointment; disillusionment*
la esperanza	*hope; expectation*
la ilusión	*hope; delusion*
el rechazo	*rejection*
la residencia	*residence*
la tarjeta de residente	*resident (green) card*

Cognado: **la nostalgia**

acostumbrarse a	*to get used to*
echar de menos	*to miss*
faltar*	*to miss*
rechazar (c)	*to reject*
superar(se)	*to advance (in life); to excel*
tener (*irreg.*) **papeles**	*to have legal papers*

Cognados: **adaptarse a, legalizar (c)**

bilingüe	*bilingual*

Cognados: **(i)legal**

***Faltar** es un verbo como **gustar**.

Actividad 1 Asociaciones

¿Qué palabras del vocabulario asocias con las siguientes cosas?

1. los colores rojo, blanco y azul
2. el inglés
3. Tijuana y El Paso
4. el pasaporte
5. una ciudad de más de 20 millones de personas
6. ganar menos de 30.000 dólares / más de 400.000 dólares al año para una familia de cuatro personas
7. pasar la niñez y la adolescencia y llegar a ser adulto
8. romperse una pierna y dos años después ganar un maratón en los juegos olímpicos
9. tener muchas ganas de volver a casa y estar con la familia
10. esperar y desear una cosa que después no llega

Actividad 2 Palabras con las mismas raíces

¿Cuántas palabras conoces que tengan las mismas raíces que las palabras de la lista a continuación? Piensa en todo el vocabulario en español que tú ya sabes, y no sólo en el vocabulario de esta lección.

1. el origen
2. la discriminación
3. la población
4. la lengua
5. la ciudadanía
6. la residencia
7. legal
8. pobre
9. la esperanza
10. la patria

Actividad 3 Símbolos

Paso 1 Haz dos listas: una con cinco cosas o ideas que para ti sean símbolos de tu país; y otra con cinco cosas que en tu opinión representen la comunidad latina de tu país.

Paso 2 Compara tus listas con las de dos o tres compañeros/as de la clase. ¿En qué coinciden y en qué son diferentes? ¿Cómo explican sus diferencias?

Actividad 4   Un retrato muy personal

Paso 1   Llena este formulario con tu información personal.

Nacionalidad	_____
País de residencia	_____
País(es) de origen de tu familia	_____
Lugar(es) donde tienes tus raíces	_____
Lengua materna	_____
Otras lenguas	_____
Nivel de vida	_____
Ciudad(es) donde creciste	_____
Algo que hayas tenido que superar en la vida	_____
Tu mayor ilusión en la vida	_____
Tu mayor desilusión hasta ahora	_____

Paso 2   Compara tu información con la de uno/a o dos compañeros/as. ¿Qué tienen en común? ¿En qué aspectos notan grandes diferencias?

Actividad 5   ¿Qué es lo mejor de América?

Usando el vocabulario del capítulo y en pequeños grupos, hagan una lista de lo mejor y lo peor que su país les ofrece a las personas que en él habitan. El anuncio de Dodge puede darles algunas ideas.

Actividad 6   Encuesta: Razones para emigrar

Haz una encuesta entre varios miembros de la clase sobre cuándo y por qué vinieron sus familias a este país. Luego, entre toda la clase, hagan una lista de esas razones.

Actividad 7   La nostalgia

Imagínate que por alguna razón tienes que emigrar de tu país. ¿De qué sentirías nostalgia y por qué? Puedes empezar con la frase «Sentiría nostalgia de...»

¿Qué es lo Mejor de América?

"Libertad"
"Poder Subir de Nivel"
"El Programa Espacial"
"La Tecnología"

La libertad de llegar muy lejos, subir muy alto, lograrlo todo.

- Puertas Deslizables Eléctricas con Sistema de Detección de Obstáculos,¹ y Puerta Trasera Eléctrica - Las Primeras en la Industria.
- Asiento Infantil Integrado Disponible.¹ Un sistema de BROCHE en el asiento trasero compatible con asientos infantiles que no son de fábrica.
- Tercera Fila de Asientos 50/50 Disponible. Se quedan o se van, usted decide.
- Control de Temperatura para Tres Zonas.¹ Porque a algunos les gusta calientito, y a otros, no.

La Totalmente Nueva Dodge Caravan Diferente.
*La Mejor Minivan en la Historia.*¹

«Es el mayor lazo[a] de unión que puede existir entre los países americanos, es nuestro tesoro[b] más grande. El oro[c] que nos dejaron los españoles, como dijo Borges, a cambio del que se llevaron.» Carlos Fuentes, escritor mexicano (1928–)

«Lenguaje de blancos y de indios, y de negros, y de mestizos, y de mulatos; lenguaje de cristianos católicos y no católicos, y de no cristianos, y de ateos; lenguaje de hombres que viven bajo los más diversos regímenes políticos.» Miguel de Unamuno, escritor español (1846–1936)

[a]*tie*   [b]*treasure*   [c]*gold*

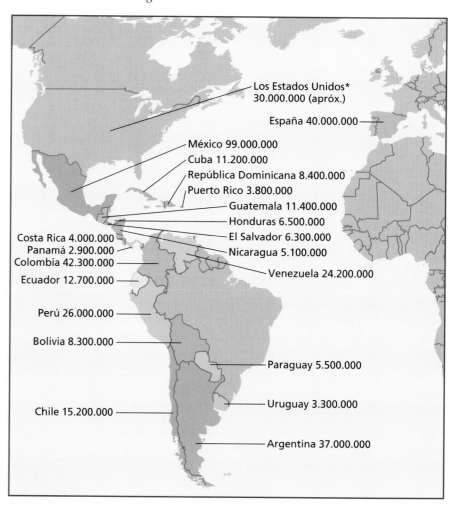

Los países hispanohablantes y su población: datos del Anuario estadístico 2001, Comisión Económica para Latinoamérica y el Caribe.

*De acuerdo con la Oficina del Censo de los Estados Unidos, la población general en el año 2000 era de 281 millones de personas. En la actualidad se calcula que hay alrededor de 40 millones de personas de origen hispano, de los cuales la mayoría habla español como lengua materna o lengua de herencia familiar.

El español es una de las lenguas derivadas del latín, como el italiano, el francés, el portugués, el catalán, el gallego y el rumano. También se le puede llamar castellano, pues su origen es Castilla, uno de los reinos de la Península Ibérica antes de que España fuera[d] el país unificado que hoy conocemos. Los conquistadores y colonizadores españoles llevaron su lengua a América y terminó por convertirse en el idioma de todos los países donde hubo dominación española. Hoy día existe una comunidad de aproximadamente 400 millones de personas que hablan español y viven en veintiún países. Los Estados Unidos es uno de estos países, pues aunque el castellano no es lengua oficial, sus más de 35 millones de hispanos lo hacen el cuarto o quinto país en número de hispanohablantes. En los países de Guinea Ecuatorial y las Filipinas el español es una lengua de importancia histórica, aunque ahora esté perdiendo hablantes.

El español coexiste con otras muchas lenguas en los países donde se habla. En España hay otras tres lenguas oficiales (el catalán, el euskara y el gallego). En América, el panorama lingüístico es impresionantemente rico. En Sudamérica, por ejemplo, hay 375 lenguas identificadas en la actualidad (se sabe que muchas se han perdido y de las que siguen existiendo muchas están en peligro[e] de extinción). Éstos son algunos datos.

- Sólo en Bolivia hay aproximadamente 35 lenguas indígenas.
- En el Perú hay más de 4 millones de hablantes de quechua.
- En Chile hay unas 250.000 personas que hablan mapuche y araucano.
- En el Paraguay, el guaraní es una lengua oficial junto con el castellano.

[d]*was*   [e]*danger*

Tertulia   La lengua como vínculo

- La lengua es uno de los rasgos (*features*) culturales que más identifica a una comunidad. ¿Qué otros elementos o ideas pueden ser la base del concepto de comunidad?
- Piensen en el papel del español en los Estados Unidos. ¿Por qué creen que es importante (o no es importante) que lo estudien y lo hablen personas que no son hispanas?
- Si fueran inmigrantes ¿sería importante para Uds. que sus hijos aprendieran su lengua? Si algunos de Uds. son hijos de inmigrantes ¿aprendieron la lengua de sus padres? Hablen un poco sobre su experiencia.

17. PALABRAS INDEFINIDAS, NEGATIVAS Y POSITIVAS

«...durante esas larguísimas horas en que **no** vimos **ni** escuchamos en los medios a Bush **ni** a **ninguno** de sus ministros o colaboradores.»*

«y no tener acento en **ninguno** de los dos idiomas»†

Palabras positivas		Palabras negativas		Palabras indefinidas	
todo el mundo	*everyone*	ningún, ninguno/a(s)	*none, no*	algún, alguno/a(s)	*some*
siempre	*always*	nada	*nothing*	algo	*something*
también	*also*	nadie	*no one*	alguien	*someone*
o (...o)	*or/either (… or)*	nunca; jamás	*never*	algunas veces	*sometimes*
		tampoco	*neither*		
		ni (... ni)	*neither (… nor)*		

- In a negative sentence either the word **no** or a negative word precedes the verb.

No puede ayudarme **nadie**. = **Nadie** puede ayudarme.
No one can help me.

No vino **nadie**. = **Nadie** vino.
No one came.

Yo **no** tengo hermanos **tampoco**. = Yo **tampoco** tengo hermanos.
I don't have siblings either.

Tú **no** quieres bailar **nunca**. = Tú **nunca** quieres bailar.
You never want to dance.

Recordatorio

Double negative. Spanish, unlike English, can take more than one negative word in the same sentence. This happens if the word **no** is the first negative word in a sentence.

- **Alguno** and **ninguno** have two singular masculine forms: **algún/alguno** and **ningún/ninguno.** Like **un/uno,** these words are shortened when used as an adjective before a masculine noun. The longer forms, **alguno** and **ninguno,** are pronouns.

Algún día vengo a visitarte. — *Someday I will come visit you.*
Estoy buscando mi paquete, pero no hay **ninguno** aquí. (**ningún paquete**) — *I am looking for my package, but there isn't one (are none) here.*

- **Algunos/as** can be substituted by **varios/as.** (However, **varios/as** may imply more quantity than **algunos/as.**)

—¿Tienes **algún** pariente en otro país? — *Do you have any relative(s) in another country?*

—Sí, tengo **algunos/varios.** — *Yes, I have some/several.*

---

*«El martes que EU perdió la inocencia», Jorge Ramos Ávalos
†«Dos idiomas, múltiples beneficios», Isis Artze

- **Ninguno** is not used in the plural, except with words that are always plural.

  No hay **ningunas** tijer**as** en la mesa.　　*There are no scissors on the table.*

- **O... o / ni... ni:** Often only one of the pair is used.

  (O) Hablas ahora **o** te callas para siempre.

  No prefiero **(ni)** éste **ni** el otro.

  (Either) You speak now or you stay quiet forever.

  I don't prefer this one or that one.

Actividad 1　Nuestra comunidad universitaria

Corrige las siguientes frases para que muestren, en tu opinión, la realidad de tu universidad.

1. Hay un programa de aviación.
2. Siempre hay fiestas los miércoles por la noche.
3. Todo el mundo habla más de dos lenguas.
4. No hay ningún profesor aburrido.
5. Todos los servicios para los estudiantes son totalmente gratuitos.
6. Muchos profesores tienen 18 años.
7. Todos los estudiantes son irresponsables y perezosos.
8. Los deportes y los equipos deportivos nunca son importantes aquí.

Actividad 2　Collage

Paso 1　¿Qué se ve en este collage? Corrige las siguientes oraciones para que sean ciertas.

1. Se ve a algunas personas trabajando en un hospital.
2. No se ve a ningún niño.
3. Todos los símbolos e imágenes son muy positivos.
4. Se ven muchos pies.
5. Hay varias fotos de iglesias.
6. Sólo hay palabras en náhuatl (una lengua indígena de México).
7. Podemos ver varios mapas y vehículos.
8. El collage no tiene ningún colorido.

Paso 2　En tu opinión, ¿qué representan los diferentes elementos de este collage? ¿Qué símbolos pondrías tú en un collage similar para representar a tu propio país? Coméntalo con algunos compañeros.

México, *de Eduardo Guzmán Ordaz. Guzmán es de Oaxaca, México, y vive en San Francisco.*

Actividad 3 ¿Somos como ellos?

Inventa varias preguntas sobre las personas de las fotos: su aspecto, su talento y su personalidad. Después hazles esas preguntas a algunos compañeros de clase, en grupo o individualmente. **¡OJO!** Las preguntas deben generar respuestas que requieran una de las palabras o expresiones indefinidas o negativas.

> *Ejemplos:* Santana → ¿Hay alguien en tu familia / entre tus amigos que lleve el pelo como Santana? ¿Siempre llevas sombrero como Santana?
>
> Isabel Allende → ¿Has leído todas las novelas de Isabel Allende? ¿Tienes parientes en Chile como ella?
>
> Jennifer López → ¿Te interesa algo de Jennifer López (su música, su actuación, su persona)? ¿Alguien en esta clase canta tan bien como Jennifer López?

Carlos Santana

Isabel Allende

Jennifer López

Actividad 4 ¡Qué raro! (*How weird!*)

Escribe tres preguntas sobre algo que te parezca raro que haga una persona y luego hazlas a todos los compañeros de clase que puedas. El objeto es que tus compañeros usen una palabra negativa en su respuesta. Pero si alguien responde afirmativamente, ¡puedes decir que esa persona es rara!

> *Ejemplos:* ¿Siempre comes con los pies?
> ¿Tienes algún amigo marciano (*Martian*)?

18. CLÁUSULAS QUE FUNCIONAN COMO ADJETIVO: EL INDICATIVO Y EL SUBJUNTIVO EN CLÁUSULAS ADJETIVALES

«...y le cuenta de las oportunidades **que ella ha tenido por poder comunicarse en dos idiomas**»*

«Betancourt, **quien trabaja en el** *Sesame Workshop***...,** les aconseja a los padres que no se desanimen...»*

Adjective clauses (**cláusulas adjetivales o relativas**) function like adjectives. They add information about a noun that appears in the main clause.

- **adjetivo** (que describe **países**)

  En el mundo hay veintiún países **hispanohablantes.**

  In the world there are twenty-one Spanish-speaking countries.

- **cláusula adjetival** (que describe **países**)

  Hay veintiún países **que tienen el español como lengua oficial.**

  There are twenty-one countries that have Spanish as the official language.

The adjective clause **que tienen el español como lengua oficial** is comparable in function to the adjective **hispanohablantes.**

A *relative pronoun* (**pronombre relativo**)[†] connects the main and adjective clauses (hence, adjective clauses are also referred to as *relative* clauses). There are several options in Spanish, but the most frequent one is **que.** Two other common relative pronouns are **quien** and **donde.**

When to use the subjunctive or indicative in the adjective clause

Indicativo	Subjuntivo
The indicative is used in the adjective clause when the clause refers to something that the speaker knows exists.	The subjunctive is used if the clause refers to something that does not exist, or if the speaker is unsure of or denies its existence.
Conozco a **alguien** que **vive** allí. (The speaker knows of the existence of the antecedent, **alguien.**)	**No** conozco a **nadie** que **viva** allí. (**Nadie** is a negative antecedent.)
Voy a escribirles una nota de agradecimiento a todos los que me **mandaron** un regalo. (Gifts were sent and the speaker knows the senders exist.)	Voy a escribirles una nota a todos los que me **manden** un regalo. (The speaker does not know who those people are, since the gifts have not been sent yet.)
Busco a un doctor que **vive** en este edificio. (The speaker knows of the existence of a doctor, although the name or exact location may be unknown.)	Busco un doctor que **viva** en este edificio. (The speaker does not know if there is actually a doctor who lives there.)
¡OJO! Notice the use of personal **a** in this sentence: the doctor is real, and therefore is treated as a human entity.	**¡OJO!** Notice that the personal **a** is not used in this sentence: the doctor is only a concept, not a real human being.

---

*«Dos idiomas, múltiples beneficios», Isis Artze
[†]You will study all relative pronouns in Spanish in **Capítulo 9.**

- If the antecedent of a relative pronoun is a negative word, the **subjunctive** is used in the adjective clause.

No hay nada que **podamos** hacer por ahora.

There's nothing we can do for now.

No hay ningún estudiante que no **sepa** la importancia de aprender español.

There is no student who does not know the importance of learning Spanish.

- If the antecedent is an indefinite word, the mood of the adjective clause is decided depending on whether the speaker knows the actual existence of the antecedent.

Busco a **alguien** en la compañía que **sepa** chino.

I'm looking for someone in the company who knows Chinese. (I don't know if there is such a person.)

Busco a **alguien** que sabe chino; me han dicho que trabaja en este departamento.

I'm looking for someone who knows Chinese; I've been told he or she works in this department.

Actividad 1   En la clase

¿Qué tipo de personas hay en la clase? Entérate (*Find out*) si hay personas en la clase que tengan una de las siguientes características.

> *Ejemplo:* tener una moto (*motorcycle/moped*) →
> —¿Hay alguien que tenga una moto?
> —En la clase hay una persona que tiene una moto. / En la clase no hay ninguna persona que tenga una moto.

1. tener una moto
2. ser hispano/a
3. estar enamorado/a
4. hablar más de dos lenguas
5. querer que se legalice la marihuana
6. echar de menos a sus padres
7. sentirse orgulloso/a de su país
8. sentir nostalgia de la escuela secundaria
9. deber dinero a alguien

Actividad 2 El desfile (*parade*) del Día de la Raza

Paso 1 El 12 de octubre, *Columbus Day* en los Estados Unidos, se celebra en los países hispanos el encuentro (*meeting*) de las culturas europeas con las civilizaciones americanas y el nacimiento de una nueva raza, la mestiza. Esta raza fue denominada «raza cósmica» por el filósofo mexicano José Vasconcelos. Para los hispanos que viven en los Estados Unidos, el Día de la Raza es una oportunidad para celebrar la existencia de la pluralidad cultural, étnica y racial como componente a su vez de la sociedad estadounidense. Tiene un fuerte sentido comunitario, especialmente entre los chicanos. Mira la escena y di si las siguientes oraciones son ciertas. Corrige las falsas.

Representación de mujeres indígenas en un desfile del Día de la Raza en México, D.F.

1. Hay alguien que lleva una bandera de los Estados Unidos.
2. No hay nadie que lleve una bandera de México.
3. Hay varias personas que visten trajes típicos.
4. No hay ninguna persona que esté mirando el desfile.
5. Hay un hombre que está saludando (*greeting*) a la gente.

Paso 2 Usa las oraciones del **Paso 1** como modelo para describir otras cosas que se ven (o no se ven).

Paso 3 Con un compañero / una compañera piensen en algún desfile importante que Uds. conozcan bien y hagan oraciones similares a las del **Paso 1** basadas en ese desfile. Recuerden usar de forma apropiada las palabras negativas e indefinidas.

Actividad 3   México: más allá de tu imaginación

Paso 1   Completa las siguientes oraciones basadas en el anuncio de
«México: más allá de tu imaginación», de acuerdo con tu opinión.

1. Este anuncio está dirigido a las personas que _____.
2. Si una persona es de origen mexicano, lo bueno de viajar a México es
   que _____.
3. Seguro que este anuncio les interesa a los hijos de los emigrantes
   que _____.
4. No creo que este anuncio esté dirigido a las personas que _____.

Paso 2   Imagínate que un pequeño grupo de compañeros y tú han fundado
una nueva compañía especializada en organizar viajes al lugar de
Latinoamérica que ustedes elijan. Ahora necesitan una buena campaña
de publicidad. Primero, pónganle un nombre a su compañía que refleje
(*reflects*) sus objetivos geográficos y comerciales. Después, escriban un
anuncio comercial que integre al menos tres de las siguientes oraciones
(que deben completar).

1. _____ (Nombre de la compañía), al servicio de las personas que...
2. Si quiere visitar un lugar que...
3. No va a encontrar otra compañía que...
4. Tenemos precios que...
5. Viaje con nosotros, hará el viaje que...
6. ¿?

«Poco a poco todo americano nacido o venido del sur del Río Grande deja de ser americano y se convierte en latinoamericano forzoso.[a] Lo que en sí[b] no está ni bien ni mal, con una sola condición: que los otros americanos, los anglos, dejen también de ser americanos a secas[c] y se vuelvan angloamericanos... Hay que[d] resistirse a la usurpación por medio de la palabra. Americanos son todos, y no sólo los del norte, el inglés y la *Church of England*.»

(*Cambio 16*, 18/5/1992, p. 5)

«This is not America», *del artista de origen chileno Alfredo Jaar, apareció en forma de un anuncio de neón cambiante en* Times Square.

«América» no significa lo mismo para todos ni en todos los contextos. De hecho,[e] como puede verse en la cita[f] anterior, algunas personas rechazan el término «América» para referirse a los Estados Unidos, puesto que[g] este uso excluye al resto de los países del inmenso continente que se llama América.

Por otra parte, existe una gran conciencia de hermandad[h] y de «americanismo» entre los habitantes de los países americanos de lengua española y portuguesa, que con frecuencia se refleja[i] en el arte y en las canciones populares. Las coincidencias lingüísticas e históricas así como la lucha común por casi todos los países para conseguir economías y gobiernos estables, hace que sea muy fácil para las personas de un país americano identificarse con las de otros.

[a]*compulsory*   [b]Lo... *Which in itself*   [c]a... *only*   [d]Hay... Es necesario   [e]De... *In fact*   [f]*quote*   [g]puesto... *since*   [h]*brotherhood*   [i]se... *is reflected*

 Tertulia   ¿Sienten hermandad?

- ¿Creen que entre los estadounidenses existe la hermandad hacia otros países? ¿Con cuáles países se sienten hermanos? Expliquen sus respuestas.

Reflexiona antes de leer

Sobre la lectura

VOCABULARIO ÚTIL	
el juramento de lealtad a la nación	pledge of allegiance
el miedo	fear
asegurar	to secure
enternecer (zc)	to move (emotionally)
enterrar (ie)	to bury
aliviado/a	relieved
aterrado/a	terrified
atónito/a	astonished
desencantado/a	disenchanted
por supuesto	of course

La lectura para este capítulo se publicó en la edición en español del *Nuevo Herald*, el periódico en español más importante de Miami. Su autor, el periodista Jorge Ramos Ávalos (1958–), tiene una larga y distinguida carrera en el Noticiero de Univisión desde 1986. El Noticiero de Univisión no es sólo el de mayor audiencia entre los 35 millones de hispanos en Estados Unidos, sino que también es visto en trece países de Latinoamérica. Ramos es autor de cuatro libros, escribe una columna semanal publicada en treinta y cinco periódicos en el continente americano y colabora diariamente con un comentario en la Cadena Latina de radio. En 2001 fue galardonado con el premio Maria Moors Cabot de la Universidad de Columbia (el premio más antiguo de periodismo internacional) y ha ganado siete *Emmys* por su labor periodística. Ramos está considerado como uno de los latinoamericanos más influyentes de los Estados Unidos.

Actividad 1   Frases incompletas

Completa cada una de las siguientes oraciones con una palabra o expresión del **Vocabulario útil**. Si es un verbo, conjúgalo en la forma correcta; si es un adjetivo, ten presente el género y el número.

1. Todos nos sentimos muy _____ cuando por fin mi padre llamó y nos dijo que estaba bien.
2. En los Estados Unidos, todos los niños recitan diariamente en su escuela _____.
3. Ver a los niños salir de la escuela es una imagen que me _____.
4. Cuando me dijo lo que había pasado no me lo podía creer. Me quedé _____.
5. Recuerdo que en mi primer viaje a los Estados Unidos hubo mucha turbulencia en el vuelo y yo estaba _____.
6. Mi esposo y yo vinimos a este país para _____ un futuro mejor a nuestros hijos.
7. Después de su divorcio, Elena se siente _____ del amor y las relaciones estables.
8. Marta es una persona muy tímida. Tiene _____ de comunicar sus sentimientos y prefiere _____ en lugar de hablar de ellos.

---

*los Estados Unidos

Actividad 2   Sentimientos

Paso 1   Cuéntale a un compañero / una compañera una ocasión en que algo hizo que te sintieras:

aliviado/a   aterrado/a   atónito/a   desencantado/a

Paso 2   Ahora, comparte con tu compañero/a algunas de las cosas/imágenes que más te enternecen. Si algunas de esas cosas te parecen muy claras, que no se pueden negar, puedes introducirlas usando la expresión **por supuesto.**

> *Ejemplo:*   Por supuesto que me enternecen los bebés dormidos. Además,...

Estrategia de lectura: ¿hecho u opinión?

Es importante recordar que cualquier persona que escribe tiene un punto de vista sobre lo que escribe. Este punto de vista u opinión se puede reflejar incluso en artículos que sólo pretenden ser ensayos informativos. Los lectores experimentados comprenden fácilmente cuando el texto relata meramente un hecho y cuando contiene una opinión, más o menos explícita.

El texto de esta sección es un artículo de una columna de opinión, lo cual implica que se quiere exponer un punto de vista. Pero el punto de vista puede presentarse de manera más o menos provocativa. La siguiente oración es un ejemplo.

> Quizás no hubo vacío (*gap*) de autoridad durante esas larguísimas horas en que no vimos ni escuchamos en los medios de comunicación a Bush ni a ninguno de sus ministros o colaboradores.

¿Crees que la oración implica alguna duda sobre la representación de la autoridad? Si crees que asume una postura crítica, ¿te parece que se trata de una crítica moderada o agresiva?

A medida que leas el texto, marca las oraciones o párrafos donde el autor va más allá de simplemente presentar los hechos o narrar lo que pasó.

El martes que EU perdió la inocencia, *Jorge Ramos Ávalos*

Nos habíamos levantado temprano y Nicolás estaba muy contento. Días atrás mi hijo había comenzado la escuela y ya le estaba perdiendo el miedo a quedarse sin sus padres por unas horas. Pero cada vez que lo acompañaba para dejarlo en el colegio, me señalaba con su dedito al cielo y decía: «Mira, papá, ésa es mi bandera». Esa mañana parecían flotar las 13 franjas[a] horizontales rojas y blancas con las cincuenta estrellas enterradas en el azul. Se refería por supuesto a la bandera norteamericana.

Ese martes 11 de septiembre del 2001 me quedé unos minutos más en la escuela y vi a mi hijo Nicolás ponerse la mano en el pecho,[b] al igual que cientos de sus compañeros de primaria,[c] y declamar[d] en inglés: «*I pledge allegiance to the flag of the United States of America...*». Me enterneció ver a un niño de apenas tres años de edad repetir, si bien mecánicamente, el saludo a la bandera de los Estados Unidos. Soy

[a]*stripes*   [b]*chest*
[c]*escuela elemental*   [d]*recite*

^e*better said*

^f*light rain* ^g*was fighting*

^h*except*

ⁱ*She hung up*

^jtorres... *twin towers*
^kNos... *We stood up, mute*
^lse... *crashed*

^mdesaparecida ⁿavión

^o*feasible*

^plo... *sudden events*
^qdar... *to take a shower*

^rtomaba

^sse... empezó

^timaginado

^uhincaba... *kneeled*
^v*bold*

^wcanciones

^x*little dolls*
^yse... *jumped into the emptiness*
^z*incinerated*

mexicano (más bien^e muy mexicano), pero los Estados Unidos me ha dado las oportunidades que no encontré en mi país y, además, mis dos hijos nacieron en esta nación de inmigrantes. Salí contento de la escuela y regresé corriendo a casa, para hacer un poco de ejercicio, seguido por mi perro Sunset.

Tras una ligera llovizna^f el sol peleaba^g con las nubes y me quemaba la cara. Era una mañana típica del sueño americano: casa en los suburbios, un buen trabajo, dos hijos maravillosos y el futuro asegurado. En todo tenía razón, menos^h en lo de futuro asegurado. Cuando llegué a la casa fui a la cocina a tomar un poco de agua y mi esposa Lisa recibió una llamada por teléfono. Era una amiga. Colgóⁱ inmediatamente y la vi correr para encender el televisor. No le hice mucho caso, hasta que gritó: «¡No puede ser!» Las imágenes de la televisión transmitían a nivel nacional el extrañísimo caso de un avión enterrado en una de las torres gemelas^j del *World Trade Center* de Nueva York. Nos paramos, mudos,^k frente al televisor. Y ahí mismo vimos atónitos cómo otro avión comercial se estrellaba^l contra la segunda torre causando una enorme explosión. «¿Qué es esto?», dije en voz alta. «¿Qué está pasando?» La posibilidad de un accidente quedaba desvanecida^m con el choque de la segunda aeronave.ⁿ Una falla en la torre de control de alguno de los tres aeropuertos de Nueva York habría sido detectada y corregida por cualquier piloto experimentado. Sí, la única posibilidad factible^o era la de un acto terrorista. Hice un par de llamadas a la oficina —como periodista vivo de lo inusual, de lo repentino^p y hay mañanas en que no sé en qué país del mundo acabaré durmiendo— y me fui a dar un duchazo.^q El plan era irme directo al aeropuerto y tomar el primer vuelo de Miami a Nueva York. Lisa me sorprendió cuando jalaba^r una toalla tras salir de la bañera. «Bombardearon también el Pentágono», me informó y se echó^s a llorar.

El mundo lineal, seguro, tranquilo, que sólo unos minutos antes había vislumbrado^t para mi hijo Nicolás se transformó en un escenario caótico, impredecible, lleno de miedos. Y los Estados Unidos, que estaba muy mal acostumbrado a pelear fuera de su territorio y a sentirse prácticamente invulnerable a ataques terroristas internacionales, hincaba la rodilla^u por unos angustiantes momentos. El ataque había sido audaz,^v cruel y bien planeado. Luego vendrían los mares bipartidistas de patriotismo y el contraataque. Pero la inocencia estaba perdida.

Por supuesto, no me pude ir a Nueva York en avión. Todos los aeropuertos del país cerraron. Y la ciudad de la que Frank Sinatra aseguró que nunca duerme —...*a city that doesn't sleep*— durmió. Aterrada. Desencantada. Sin cantos.^w Doce, trece, catorce, quince horas pasé en la televisión reportando sobre el peor día en la historia de los Estados Unidos en lo que se refiere al número de muertos por un acto terrorista o de guerra. Y describí 100, 200, mil veces cómo un avión se estrellaba en las torres gemelas de Nueva York y cómo unos muñequitos^x desesperados se tiraban al vacío^y para no morir calcinados^z. Desde las 9:30 de la mañana hasta las 8:30 de la noche de ese martes el presidente George W. Bush prácticamente desapareció del mapa. Había «evidencia creíble», diría luego el portavoz presidencial, de que la Casa Blanca y el avión presidencial estaban también en la lista de objetivos terroristas. Así que el *Air Force One,* como chapulín[aa] supersónico, saltó de Sarasota en la Florida (donde sorprendió a Bush el primer ataque) a una base aérea en Louisiana, a otra en Nebraska, a otra en Virginia.

[aa]*grasshopper*

El Presidente, ausente pero seguro, reapareció en vivo[bb] para dar un discurso[cc] a la nación a las 8:32 de la noche del martes en la Casa Blanca, adonde había llegado esa misma tarde. Quizás no hubo vacío de autoridad durante esas larguísimas horas en que no vimos ni escuchamos en los medios de comunicación a Bush ni a ninguno de sus ministros o colaboradores. Quizás todas las órdenes fueron dadas desde el avión. Quizás ahí estaba el mandatario en pleno[dd] control. Quizás. El código Delta —una operación de emergencia antiterrorista— estaba en efecto. La seguridad era la prioridad. Pero poder que no se ve, poder que no se ejerce.[ee] La noche terminó con los mismos aviones destruyendo las mismas torres y las mismas imágenes de seres[ff] desesperados lanzándose[gg] al vacío.

[bb]en... *live*
[cc]*speech*

[dd]*full*

[ee]no... *is not exerted*

[ff]personas [gg]*throwing themselves*

Cuando por fin salí de los estudios de televisión estaba lloviendo. No abrí el paraguas y caminé, lento, hacia el auto. Prendí[hh] la radio para escuchar aún más noticias. No pude más. Apreté el botón que dice CD y oí a Madonna cantar *Hey mister D.J.* Mi mente, lo admito, descansó. Llegué a casa, comí un sándwich de mantequilla, preparé leche con chocolate —como cuando era niño— y me metí a la regadera.[ii] Al salir fui al cuarto de Nicolás y le toqué el estómago en un ritual que sigo desde que nació. Sí, estaba respirando. Y respiré. Aliviado. Así, el mismo martes que los Estados Unidos perdió su inocencia yo perdí la convicción de que el futuro de mi hijo Nicolás sería mejor que el mío. Lo despeiné[jj] suave, delicadamente, mientras dormía y me acordé que esa misma mañana me dijo orgulloso en su escuela: «Mira, papá, ésa es mi bandera».

[hh]*I turned on*

[ii]me... *I got in the shower*

[jj]Lo... *I ruffled his hair*

Comprensión y discusión

Actividad 3   ¿Está claro?

Paso 1   Busca en el texto las frases u oraciones que confirman estas ideas.

1. El hijo del autor se siente americano.
2. El autor se siente mexicano, pero tiene gran afecto por los Estados Unidos.
3. Los ataques terroristas del 11/9 hicieron que los estadounidenses se sintieran vulnerables dentro de su propio país.
4. El 11/9 le quitó al autor la confianza en la seguridad futura de su hijo.
5. Los Estados Unidos perdieron parte de su arrogancia el 11/9.
6. Ramos tuvo la sensación de que la autoridad del país no estuvo clara durante unas horas.

Paso 2   El artículo de Ramos refleja los miedos profundos que un acto terrorista despierta en nosotros. Cuando esto ocurre, cosas muy simples pueden convertirse en ritos llenos de significado. Busca en el artículo las cosas que le producen miedo al autor del artículo como consecuencia de la experiencia del 11/9 y en qué otras cosas encuentra alivio (*relief*).

Actividad 4   ¿Qué piensas ahora?

Paso 1   Comparte con un compañero / una compañera las partes del texto que marcaste por contener una opinión. ¿Coincide su apreciación con la tuya?

Paso 2   ¿En qué aspectos de lo que cuenta Ramos Ávalos se nota una opinión? ¿Crees que su opinión parece implicar una crítica sobre algo de lo que ocurrió el día de la tragedia? ¿Crees que presenta una crítica severa o moderada? ¿Por qué?

Paso 3   Como sabes, este artículo fue publicado en el *Nuevo Herald* de Miami. Piensa en los lectores usuales de este periódico, y en la relevancia de la experiencia de su autor para este público. ¿Se podría encontrar este artículo en alguno de los periódicos locales de tu ciudad o pueblo?

Actividad 5   Símbolos e imágenes

«El martes que EU perdió la inocencia» ofrece imágenes y símbolos que nos hace conectar fácilmente con la idea y sentimientos que desea transmitir el autor. En grupos pequeños, comenten esos símbolos, explicando el efecto que pueden causar en los lectores. **¡OJO!** No olviden pensar en el punto de vista particular de personas que no son nativas de los Estados Unidos.

> *Ejemplo:*   La escuela primaria → Es una imagen con la que todos podemos conectar, pues casi todo el mundo en los Estados Unidos ha ido a la escuela primaria o ha tenido hijos que han ido. La escuela es el lugar donde comienza la independencia de una persona. Si uno tiene hijos, la escuela puede ser una experiencia dulce y triste a la vez, pues para muchos padres es difícil aceptar el paso del tiempo y piensan que los hijos crecen rápidamente.

Tertulia   El 11/9 fue el día que...

Cada persona tiende a recordar ciertas cosas diferentes y específicas que marcaron su vida en una fecha importante para la comunidad entera o todo el país. En grupos, hablen de cómo fue ese día en su vida. Éstas son sólo algunas de las preguntas que pueden ayudarles a pensar en el tema.

> ¿Qué recuerdas de ese día?
> ¿Cómo te sentiste?
> ¿Cómo vivió tu familia una situación tan intensa?
> ¿Qué es lo que no vas a olvidar nunca de ese día?

REDACCIÓN   Una biografía

Tema

Entrevista a un(a) inmigrante. Antes de la entrevista, prepara un mínimo de diez preguntas para obtener información sobre su vida y su experiencia como inmigrante. Con esta información escribe una biografía de esa persona para compartirla con tu clase de español.

Antes de escribir

- Prepara tus preguntas con cuidado. Piensa en tu audiencia y en la información que querrán saber.
- Una vez que tengas la información, haz un esquema de cómo organizarás los eventos. Haz tu esquema en español, sin preocuparte ahora de la gramática. Si hay alguna palabra que no sepas, deja un espacio en blanco o un símbolo.

Mientras escribes

- Introducción y tesis: a pesar de que escribes una biografía, todavía necesitas una presentación y una explicación que reflejen la importancia de la persona de quien escribes.
- Párrafos: asegúrate de que usas párrafos bien organizados en los que hablas de cada uno de los aspectos que quieres destacar de la vida de esta persona.
- Citas: Como has entrevistado a la persona, es pertinente citar algunas de sus palabras. Para ello recuerda usar « / ».
- Consultas: Busca en el diccionario y en tu libro de español aquellas palabras y expresiones sobre las que tengas dudas.

(continues)

Después de escribir

- Repasa los siguientes puntos.
  - ☐ el uso de los tiempos verbales
  - ☐ la concordancia entre sujeto y verbo
  - ☐ la concordancia de género y número entre sustantivos, adjetivos y pronombres
  - ☐ la ortografía y los acentos
  - ☐ el uso de un vocabulario variado y correcto (evita las repeticiones)
  - ☐ el orden y el contenido (párrafos claros; principio y final)

- Finalmente, escribe tu versión final.

No te olvides de mirar el Apéndice I, **¡No te equivoques!**, para evitar errores típicos de los estudiantes de español. Para esta actividad de escritura, se recomienda que prestes atención a **Cuándo usar *ir, venir, llevar* y *traer*** (página 355).

Consulta el *Cuaderno de práctica* para encontrar más ideas y sugerencias que te ayuden a escribir la composición.

REFLEXIONES

Gramática en acción: la vuelta (*return*)

Aunque muchos emigrantes sueñan con volver a su país de origen, el regreso puede ser también una experiencia difícil: no es extraño que se sientan diferentes en su propio país por sus nuevas costumbres y forma de hablar. Entonces es normal que el emigrante repatriado se sienta desilusionado, pues el país idealizado que tenía en su recuerdo resulta muy diferente del que es en la realidad. Así lo expresa Tato Laviera, un poeta puertorriqueño de Nueva York.

> ahora regreso con un corazón boricua,[a] y tú,
> me desprecias, me miras mal, me atacas mi hablar,
> mientras comes McDonalds en discotecas americanas.*

El siguiente texto es sobre un inmigrante imaginario que sueña con volver a su país. Llena los espacios en blanco con la forma apropiada de los verbos entre paréntesis en el presente de subjuntivo o indicativo; los otros espacios en blanco requieren una palabra indefinida o negativa.

Yo, aquí, voy a hacer como mi primo Tomás: unos años trabajando duro y ahorrando y luego me vuelvo a mi país. Aquí no tenemos a _______:[1] _______[2] familia _______[3] amigos. Bueno, sí, tenemos _______[4] amigos, pero _______[5] es como los amigos de allá. Y _______[6] nos sentimos a gusto,[b] porque esta gente de aquí no se parece en _______[7] a nosotros.

Cuando volvamos, voy a comprar un terreno[c] que _______[8] (estar) cerca de mi pueblo y que _______[9] (ser) grande. Me voy a construir una casa bien linda que _______[10] (tener) un huerto con naranjos, aguacates y bananos[d] y una buena cocina donde se _______[11] (reunir) toda mi familia los días de fiesta. No necesito una casa que _______[12] (ser) grande, pero sí quiero una casa desde la que se _______[13] (ver) las montañas.

Espero que mis hijos no _______[14] (ser) demasiado grandes cuando podamos volver. No quiero que me _______[15] (pasar) como le pasó a mi cuñado: _______[16] de sus cuatro hijos quiso regresar. Decían que ellos ya estaban grandes que aquí tenían una vida que los hacía felices. ¡Ay, no sé! Dios quiera que ___________[17] (poder) volver pronto.

[a]puertorriqueño (Borinquen = Puerto Rico) [b]a... *at home, comfortable*
[c]*piece of property* [d]huerto... *grove with orange, avocado, and banana trees*

---

*«Nuyorican», *AmeRícan* Houston; Arte Público Press, 1985.

🕊 Proyectos en tu comunidad: la presencia cultural hispana donde tú vives

Puedes elegir una de las dos opciones siguientes.

• Entrevista a alguna persona hispana de tu ciudad sobre lo que él/ella considera su comunidad. Éstas son algunas de las preguntas que se pueden hacer: ¿Quiénes forman su comunidad? ¿Hay una comunidad de personas de su lugar de origen? ¿Es esa comunidad importante en su vida? ¿Por qué? Podrías preguntarle también sobre si desea volver a su país de origen en el futuro y sobre lo que le gusta y no le gusta de la vida en este país.

• Investiga qué tipo de asociaciones u organizaciones de tipo social o profesional en tu ciudad o estado son especialmente de hispanos. Si son muchas, concéntrate en una o dos. ¿Cómo se llaman? ¿Dónde y cuándo se formaron? ¿Cuáles son sus objetivos?

👥 Tertulia final   Nuestras comunidades

¿Qué entienden Uds. por comunidad? ¿Puede uno/a pertenecer a más de una comunidad al mismo tiempo? ¿Cómo puede variar el concepto de comunidad de una persona a otra o de unas circunstancias a otras? ¿De qué comunidades se sienten parte? Entre las diferentes razones por las cuales se identifican con ciertas comunidades, ¿cuáles les molestan más? ¿Cuáles merecen su respeto? Expliquen por qué.

«Para recoger hay que sembrar.»

—Avanza la desertización, crece el agujero de
la capa de ozono, agonizan los mares-basureros,
se contamina el aire. Los políticos están muy
preocupados por lo que habrá que hacer... para
ganar las elecciones.

Conciencias naturales, *Mingote*

¿Qué te parece el título Conciencias naturales *para un libro de chistes sobre el medio ambiente? ¿Estás de acuerdo con el comentario de Mingote sobre los políticos en su chiste? ¿Qué cosas te preocupan a ti en este momento?*

En este capítulo

Reflexiona antes de leer • **La guerra del agua**

¿Sabes algo sobre la situación con respecto al agua en nuestro planeta? ¿Hay abundancia o escasez (*shortage*) de agua? ¿Cuáles son algunas de las regiones de tu país que tienen problemas con el suministro (*supply*) del agua? ¿A qué se deben esos problemas?

La guerra del agua, *Jack Epstein*

Cuando Kofi Annan, el secretario general de la Organización de Naciones Unidas (ONU), dijo que el agua era una posible «causa de conflictos y guerras», obviamente estaba pensando en Latinoamérica.

En Ciudad de México, Santiago de Chile y Lima se agotan[a] las reservas subterráneas del líquido. El bombeo excesivo del manto acuífero[b] ha provocado que la capital mexicana se hunda[c] más rápidamente que Venecia; ahora el agua se trae desde una distancia de 200 kilómetros. En Chile, el agotamiento de los embalses[d] necesarios para la energía hidroeléctrica causó apagones[e] generalizados hace unos años.

En Lima casi nunca llueve y el abastecimiento[f] de agua depende de los ríos que bajan de los Andes. La escasez de agua potable causó una epidemia de cólera en 1991, la primera en un siglo.

El consumo mundial de agua potable se duplica cada veinte años. Es hora de que los líderes latinoamericanos cambien la situación: programas para conservar el agua, nuevas instalaciones de tratamiento, tecnologías y obras de irrigación para conservar el agua de lluvia. Los negocios agrícolas deben pagar el agua que consumen.

Obviamente, los gobiernos que no pueden costear[g] el cloro[h] para purificar el agua necesitarán ayuda de instituciones internacionales de préstamo como el Banco Mundial y el Fondo Monetario Internacional. Esas instituciones, en vez de promover la privatización del agua deben costear la reparación de las infraestructuras. Si se mejora el cobro de impuestos, los gobiernos regionales podrían pagar las reparaciones.

[a]se... se terminan
[b]manto... *water stratum*
[c]se... *is sinking*
[d]*dams*
[e]*blackouts*
[f]*supply*
[g]*afford* [h]*chlorine*

Después de leer

Contesta las siguientes preguntas según lo que leíste.

1. ¿Cuáles fueron las consecuencias de la escasez de agua en México DF, Santiago y Lima?
2. Según el artículo ¿qué se debe cambiar en Latinoamérica para mejorar la situación con respecto al agua?
3. ¿De qué forma está creciendo el consumo de agua potable en el mundo?
4. ¿Qué no podrán costear los países pobres?
5. ¿Qué deben hacer el Banco Mundial y el Fondo Monetario Internacional?

Reflexiona antes de mirar • **Radiación ultravioleta en Bolivia**

¿Qué sabes del tema? ¿Puedes contestar las siguientes preguntas?

1. ¿Qué problemas pueden ocurrir con las radiaciones solares?
2. ¿Qué capa de la atmósfera nos protege de las radiaciones?
3. ¿Por qué las radiaciones solares son un peligro en Bolivia?

VOCABULARIO ÚTIL	
el daño	*harm*
el escudo	*shield*
la quemadura	*burn*
dañino/a	*harmful*
nocivo/a	*harmful*

Después de mirar

¿Cierto o falso? Corrige las oraciones falsas según la información del vídeo.

1. Los índices de radiación ultravioleta B en la región del altiplano boliviano son nocivos.
2. Si la capa de ozono es muy densa causa daño.
3. El problema de Bolivia es que está muy cerca del mar.
4. Las radiaciones nocivas afectan la piel y el pelo.
5. Bolivia no puede hacer nada para proteger a su población.

⊛ **DE REPASO**

■ El medio ambiente

el agua
el aire
el árbol
la atmósfera
la ciudad
la contaminación
el mar / el océano
la naturaleza
el planeta
exportar / importar

el agujero	hole
el bosque	forest
la capa de ozono	ozone layer
el cielo	sky; heaven
el combustible	fuel
el consumo	consumption
la cosecha	harvest; crop
el efecto invernadero	greenhouse effect
la madera	wood
el pesticida	pesticides
el recurso	resource
la selva	jungle; tropical rain forest
la sequía	drought
la tierra	soil

Cognados: **la agricultura, el desierto, la ecología, la erosión, la explotación, la extinción, el valle**

cortar	to cut
crear	to create
desperdiciar	to waste
proteger (j)	to protect
sembrar (ie)	to sow

Cognados: **consumir, cultivar, extinguir (extingo), preservar, reducir (zc)**

agrícola	agricultural

■ La ciudad y los servicios urbanos

Semana Santa y limpia

No tires nada al suelo

Echa una mano
SEVILLA LIMPIA · TAREA DE TODOS

LIPASAM

la acera	*sidewalk*
la basura	*garbage*
el contenedor (de basura, de reciclados)	*(garbage, recycling) bin*
el envase	*container (bottle, can, etc.)*
el humo	*smoke*
el mantenimiento	*maintenance*
el piso	*floor*
la recogida (de basura)	*garbage pickup*
botar	*to throw away*

Cognado: **reciclar**

desechable　　　　　　*disposable*

Cognado: **reciclable**

■ El desarrollo y la economía

el acuerdo / el tratado	*agreement / treaty*
la bolsa	*stock exchange*
la deuda (externa)	*(foreign) debt*
el Fondo Monetario Internacional (FMI)	*International Monetary Fund (IMF)*
la inversión	*investment*
los inversionistas	*investors*
los países desarrollados / en vías de desarrollo	*developed countries / developing countries*
la sostenibilidad	*sustainability*

Cognados: **la gasolina, la globalización, la nacionalización, la privatización**

invertir (ie, i)	*to invest*
sostener (*irreg.*)	*to sustain*
sostenible	*sustainable*

Actividad 1   Asociaciones

¿Qué asocias con las siguientes palabras?

1. el agua
2. la economía
3. las empresas
4. los países
5. el campo
6. la botella
7. la ciudad
8. verde

Actividad 2   ¿Qué se ve?

Paso 1   En parejas, describan lo que se ve en esta escena urbana.

Paso 2   Ahora descríbele otro tipo de escena a tu compañero/a. Él/Ella tendrá que adivinar qué tipo de lugar es (el desierto, la selva, etcétera).

Actividad 3   ¡Busca al intruso!

Indica la palabra que no pertenece al grupo y explica por qué es distinta a las demás.

1. la agricultura   el desierto   la cosecha
2. el cielo   el bosque   la madera
3. consumir   explotar   proteger
4. sembrar   reciclar   cultivar
5. reducir   cortar   crear
6. la deuda   la inversión   el acuerdo
7. la madera   el petróleo   la bolsa
8. la acera   el envase   el piso

Actividad 4   Palabras relacionadas

Paso 1   Relaciona las siguientes palabras con otras de la lista de vocabulario. ¿Qué significan? Da un sinónimo o un antónimo o explica su significado con otras palabras.

Ejemplo: basurero → basura: Es el hombre que trabaja recogiendo la basura; también puede ser un contenedor para la basura.

1. el desperdicio   5. seca   9. pisar
2. la creación   6. deber   10. el cultivo
3. la inversión   7. celestial
4. acordar   8. el consumo

Paso 2   Ahora, en parejas, fíjense en cada una de las palabras del vocabulario y hagan una lista con todas las palabras derivadas que conozcan.

Actividad 5   Problemas medioambientales

Paso 1   Haz una lista de los cuatro o cinco problemas medioambientales que te preocupan a ti más, tanto a nivel local como a nivel global.

Paso 2   Ahora compara tu lista con las de dos o tres compañeros/as. ¿Están de acuerdo en general? ¿En qué difieren? Digan por qué escogieron esos problemas.

Actividad 6   Juanito en la playa

Juanito, un niño imaginario que vive en una zona muy pobre de la ciudad, es un personaje que aparece en una serie de collages del artista argentino Antonio Berni. En grupos pequeños, comenten lo que se ve en la pintura y lo que ésta representa, en su opinión. **¡OJO!** No olviden usar el subjuntivo para expresar juicios de valor.

Ejemplo: Creo que el artista quiere expresar que **es horrible** que muchos niños **vivan** en estas condiciones.

Juanito en la playa *(1973), de Antonio Berni.*

Uno de los problemas que el deterioro de la vida en el campo causa en algunos países latinoamericanos es la emigración en masa de los campesinos[a] hacia las ciudades. Muchas personas de origen rural se marchan[b] a la ciudad en busca de mejor trabajo y condiciones sociales, que no siempre encuentran. Esto ha provocado una gran masificación en las ciudades. Según datos de la ONU más del 75 por ciento de la población de los países latinoamericanos vive en las ciudades y este porcentaje seguirá creciendo.

México, D.F.

En el área de México, D.F., por ejemplo, viven aproximadamente 30 millones de habitantes, es decir, casi un tercio[c] de la población de todo el país. Otras ciudades masificadas de Latinoamérica son Buenos Aires (11 millones), Lima (7, 5 millones) y Santiago de Chile (5 millones), sin contar con las megalópolis del Brasil: San Pablo y Río de Janeiro.

El rápido crecimiento de las ciudades impide que se lleve a cabo[d] una adecuada planificación urbanística, por lo que algunos barrios no reciben un apropiado suministro de luz y agua. Esto tiene como consecuencia el que millones de personas vivan en terribles condiciones. Además, ciudades como México DF están muy contaminadas, por lo que algunos de sus habitantes sufren de enfermedades respiratorias, especialmente los niños. Afortunadamente, las autoridades mexicanas no son ajenas[e] al problema de la mala calidad del aire y buscan medios de aminorarlo. Por ejemplo, se han establecido turnos para usar los coches y así, dependiendo de la matrícula del auto, éste no puede circular un determinado día de la semana.

[a]*farmers*   [b]se... van   [c]*third*   [d]se... *they carry out*   [e]*unfamiliar*

Tertulia   Nuestro aire

- Este estudio cultural trata de la masificación urbana y los efectos que esto tiene en la calidad del aire que respiramos. ¿Existen problemas similares en el país de Uds.? ¿En qué lugares?

- ¿Qué cosas se pueden hacer, que no se están haciendo ahora, para solucionar estos problemas?

19. EL FUTURO Y EL FUTURO PERFECTO DE INDICATIVO

«Obviamente, los gobiernos que no pueden costear el cloro para purificar el agua **necesitarán** ayuda… »*

«No **matarás**.»†

«**Habré terminado** el libro para el verano.»

Future

Forms

The base form for regular verbs is the infinitive form plus the following endings for all three types of infinitives: **-é, -ás, -á, -emos, -éis, -án.**

Verbos regulares					
-ar → crear		**-er → proteger (j)**		**-ir → invertir (ie, i)**	
crear**é**	crear**emos**	proteger**é**	proteger**emos**	invertir**é**	invertir**emos**
crear**ás**	crear**éis**	proteger**ás**	proteger**éis**	invertir**ás**	invertir**éis**
crear**á**	crear**án**	proteger**á**	proteger**án**	invertir**á**	invertir**án**

The irregular verbs use the same endings, but have irregular stems.

Verbos irregulares					
decir		**haber**		**hacer**	
diré	diremos	habré	habremos	haré	haremos
dirás	diréis	habrás	habréis	harás	haréis
dirá	dirán	habrá	habrán	hará	harán

poder		**poner**		**saber**	
podré	podremos	pondré	pondremos	sabré	sabremos
podrás	podréis	pondrás	pondréis	sabrás	sabréis
podrá	podrán	pondrá	pondrán	sabrá	sabrán

salir		**tener**		**venir**	
saldré	saldremos	tendré	tendremos	vendré	vendremos
saldrás	saldréis	tendrás	tendréis	vendrás	vendréis
saldrá	saldrán	tendrá	tendrán	vendrá	vendrán

---

*«La guerra del agua», *Latin Trade* (Sept. 2002)
†uno de los diez mandamientos (*commandments*) de la Biblia

Uses

- **An action that is expected to happen.** The use of the future instead of the present tense or the expression **ir a** + *verb* usually implies a more formal style.

  Habrá dos tipos de ciudades en el futuro.

  There will be two types of cities in the future.

- **A future action that includes an act of will or power,** such as a personal resolution or telling someone what he or she will do. This is the equivalent to *will / will not* and the old-fashioned and formulaic *shall / shall not*.

  Tú **harás** lo que yo diga.
  No **matarás.** No **robarás.**
  Este semestre **estudiaré** todos los días para que no se me acumule el trabajo.

  You will do as I say.
  Thou shall not kill. Thou shall not steal.
  This semester I'll study every day, so that work doesn't pile up on me.

- **Probability about an action occurring in the present** (*I wonder . . . , Probably . . .*). This use of the future tense is probably the most frequent one when speaking. (The counterpart for the past is the conditional, which you will see in **Capítulo 10.**)

  —Son ya las 9:00. ¿Dónde **estará** David?
  —**Habrá** un atasco en la autopista.

  —*It's already 9:00. I wonder where David is.*
  —*There is probably a traffic jam on the highway.*

Future perfect (*Futuro perfecto*)

Forms

The future perfect is formed with the future of **haber** followed by a past participle.

futuro de **haber** + participio pasado	
habré desarroll**ado**	**habremos** hech**o**
habrás crec**ido**	**habréis** vist**o**
habrá consum**ido**	**habrán** puest**o**

Repaso

past participle forms: **Capítulo 4**

Uses

As in English, the future perfect is used to refer to a future action that will be completed by a certain time.

Cuando mi padre se jubile, yo **habré terminado** mis estudios en esta universidad.

When my father retires, I will have finished my studies at this university.

Si no hacemos nada para protegerla, **habremos destruido** la Amazonia al final de este siglo.

If we don't do anything to protect it, we will have destroyed the Amazon by the end of this century.

NOTA LINGÜÍSTICA: el presente con significado de futuro

Future actions are expressed by the present tense, both indicative and subjunctive, more often than with the future tense.

Present Indicative

The present often refers to actions that are expected to occur in the future. This is not possible in English. The future tense, *to be going to* + verb, or the present progressive express future actions in English.

¡OJO! The present progressive is never used to express the future in Spanish.

Mi hermana **llega** mañana de Lima.	*My sister is coming tomorrow from Lima.*
El lunes te **traigo** el libro.	*On Monday, I'll bring you the book.*
Mi padre **se jubila** el año que viene.	*My father is retiring next year.*
Vamos a salir a las 8:00.	*We are leaving at 8:00.*

Present Subjunctive

The present subjunctive often refers to actions that have not occurred yet.

Quiero que **vengas** a verme.	*I want you to come to see me.*
(The action of coming will happen later.)	
No olvides llamarme cuando **llegues.**	*Don't forget to call me when you arrive.*
(The action of arriving will happen later.)	

Actividad 1   ¿Presente, futuro o futuro perfecto?

¿Qué tiempo se puede usar para expresar las siguientes ideas en español? Escoge uno de los siguientes e intenta explicar por qué.

a. el futuro de probabilidad
b. el futuro perfecto
c. el futuro como mandato
d. el futuro de intención
e. el futuro de expectativa
f. el presente de indicativo (**ir** + *infinitivo* + **a**)
g. el presente de subjuntivo

> *Ejemplo:*   Carol <u>will have</u> the baby in June.
> e: Expresa lo que creen que va a pasar.

1. _____ You <u>will go</u> to bed no later than 10:00. I don't want to discuss this any more.
2. _____ I <u>wonder</u> where the kids are?
3. _____ This year <u>I will be</u> more patient with my parents, I promise.
4. _____ I hope you <u>write</u> me sooner this time.
5. _____ <u>They will not have left</u> yet by the time you arrive.
6. _____ <u>I am leaving</u> tomorrow around 10:00.
7. _____ We <u>won't do</u> that again, is that clear?
8. _____ My flight <u>departs</u> at 7:10.
9. _____ Don't worry, I <u>bet</u> the kids are on the patio playing.
10. _____ By the end of the year, we <u>will have finished</u> the addition in the house.

Actividad 2   ¿Qué estarán haciendo en este momento?

¿Qué crees que estarán haciendo en este momento las personas de la lista?
Recuerda usar las formas del futuro para expresar lo que tú te imaginas que
hacen.

1. el presidente de los Estados Unidos
2. los japoneses/los australianos
3. tu padre/madre
4. tu mejor amigo/a
5. tus compañeros que no están en clase hoy

Actividad 3   Los diez mandamientos

En parejas, escriban diez reglas sobre el comportamiento que debe observar
un ciudadano modelo en este mundo. Como modelo, pueden pensar en la
forma de los diez mandamientos de Moisés, que en español se expresan
usando el futuro, por ejemplo, «No matarás».

La adivinata (2004), *José Miguel Bayro Corrochano*

Actividad 4   ¿Cómo será la vida dentro de treinta años?

En pequeños grupos, describan cómo imaginan la vida dentro de treinta
años. Piensen no sólo en su propia vida y en la de sus familias, sino también
en la situación mundial en cuanto a avances tecnológicos, problemas
medioambientales o políticos y cualquier otro aspecto de la vida que les
parezca interesante.

Actividad 5   ¿Qué ves en tu futuro?

Paso 1   Forma oraciones con el futuro o el futuro perfecto usando la información a continuación. Las oraciones deben expresar cómo tú te imaginas tu futuro dentro de diez o quince años.

> *Ejemplos:*   trabajar de _____ → **Trabajaré** de arquitecto/a (profesor/a, etcétera).
>
> casarme → **Me casaré** en veinte años. O: **Me habré casado...**

1. trabajar de _____
2. (no) casarme
3. tener _____ hijos
4. poder hablar _____ perfectamente
5. decirle a todo el mundo que la universidad _____ es la mejor
6. saber todo lo que hay que saber sobre _____
7. hacer buenas acciones por _____
8. poner toda mi confianza en _____
9. salir un nuevo aparato que _____
10. en general, en el mundo (no) haber _____

Paso 2   Ahora pregúntale a un compañero/una compañera sobre su futuro usando las frases del **Paso 1**.

20. CLÁUSULAS QUE FUNCIONAN COMO ADVERBIOS: EL INDICATIVO Y EL SUBJUNTIVO EN CLÁUSULAS ADVERBIALES

«Todavía falta que quince países más hagan lo mismo **para que** entre en vigencia.»*

«**Cuando** Kofi Annan, el secretario general de la Organización de Naciones Unidas (ONU), dijo que el agua era una posible "causa de conflictos y guerras", obviamente estaba pensando en América Latina.»†

Adverbs express time, manner, or location (when, how, and where) in relation to the verb in a sentence, for example, **pronto, bien, nunca, allí.** An adverbial clause functions as an adverb in relation to the main clause of a sentence.

Adverbial clauses are easy to identify because of their conjunctions, that is, the word or group of words that join the main and subordinate clauses. Adverbial conjunctions include **aunque, para que, tan pronto como, después de (que)**, and so on.

Adverbial clauses take either indicative or subjunctive, depending on whether the action they express has taken place or not. A few conjunctions occur only with the indicative, a group of conjunctions is associated only with the subjunctive, and yet another group can appear with both indicative and subjunctive.

---

*«A vender oxígeno», *Semana.* 26/11/01 p. 118
†«La guerra del agua», *Latin Trade*, Sept. 2002

Adverbial conjunctions that require the indicative: explaining facts

- These clauses explain facts and their causes, often translated as *because* or *since* in English. The most common conjunction of this kind is **porque.**

Juan no quiere ir **porque tiene** miedo.	*Juan doesn't want to go because he is afraid.*

Other conjunctions that require the indicative

como	*given that*
puesto que	*since*
ya que	*due to the fact that*
Es importante reciclar, **puesto que** los recursos del planeta **son** limitados.	*It's important to recycle, given that the planet's resources are limited.*

Adverbial conjunctions that require the <u>subjunctive</u>: contingency, purpose, and actions that do not take place

<u>S</u>in que	*without*
<u>A</u> fin de que	*in order to; so that*
<u>C</u>on tal que	*provided that*
<u>A</u> menos que	*unless*
<u>P</u>ara que	*in order to; so that*
<u>E</u>n caso de que	*in case*
<u>S</u>iempre y cuando	*as long as*
<u>A</u>ntes de que	*before*

¡OJO! You can try to memorize this list by remembering the nonsense word **SACAPESA,** made up of the first letters of all eight conjunctions in the list.

All these conjunctions imply that the action in its clause has not occurred, because they express contingencies (**a menos que, con tal que**) or purpose (**para que, a fin de que**), or because the action cannot happen or will not happen before the action in the main clause (**antes de que, sin que**). In other words, all actions introduced by these conjunctions are not "real" in the sense that they have not occurred or they do not occur habitually and, therefore, cannot be expressed in the indicative.

Los países ricos deben ayudar a los pobres, **a fin de que** éstos **puedan** salir de la pobreza.	*Rich countries must help the poor ones so that the latter can overcome their poverty.*
No sobreviviremos en este planeta **a menos que cuidemos** mejor el medio ambiente.	*We will not survive on this planet unless we take better care of the environment.*
Es necesario proteger la capa de ozono **antes que sea** demasiado tarde.	*It's necessary to protect the ozone layer before it is too late.*
No me importa que llegues tarde, **con tal que llegues** hoy.	*It doesn't matter that you arrive late, as long as you arrive today.*
En caso de que llegues antes que yo, toma la llave.	*In case you arrive before me, take the key.*
Debemos cuidar el planeta **para que** nuestros nietos también lo **puedan** disfrutar.	*We must care for the planet so that our grandchildren can also enjoy it.*

Un poco de sol no es malo, **siempre y cuando** te **protejas** bien la piel.	*A little sun is not bad provided that you protect your skin well.*
No podemos seguir talando la Amazonia **sin que sufran** las comunidades indígenas.	*We cannot continue to cut down the Amazon without the indigenous communities suffering.*

¡OJO! When the subject of the main clause is the same as the subject of the adverbial clause, a preposition + infinitive, not a conjunction, is used. For example, in the following pairs of sentence, the first sentence of each pair has two clauses with two different subjects. In the second sentence of each pair, the *preposition + infinitive* is used because the subject is the same for both verb phrases.

Cuidemos (<u>nosotros</u>) nuestro mundo **para que** las próximas <u>generaciones</u> también puedan vivir en él.	*Let's take care of our world so that the next generations can also live in it.*
Cuidemos (<u>nosotros</u>) nuestro mundo **para** disfrutarlo (<u>nosotros</u>) por más tiempo.	*Let's take care of our world to enjoy it (so that we can enjoy it) longer.*
Le daré (<u>yo</u>) la llave **antes de que** se vaya (<u>él</u>).	*I'll give him the key before he leaves.*
Te daré (<u>yo</u>) la llave **antes de** salir (<u>yo</u>).	*I'll give you the key before leaving (before I leave).*
<u>Lisa</u> entra siempre en la casa **sin que** <u>nadie</u> se dé cuenta.	*Lisa always comes in without anyone noticing.*
<u>Lisa</u> entra siempre **sin** encender (<u>Lisa</u>) la luz.	*Lisa always comes in without turning the light on.*

Conjunctions that take the indicative and subjunctive: *when* and *how*

Time conjunctions		Manner conjunctions	
cuando	*when*	aunque	*although*
después de (que)	*after*	como	*as*
en cuanto	*as soon as*	de modo que	*in a way that*
hasta que	*until*		
mientras que	*while*		
tan pronto como	*as soon as*		

These conjunctions take the indicative or subjunctive depending on whether the action in their clauses has taken place (indicative), is an action that takes place habitually (indicative), or is a pending action that has not occurred yet (subjunctive).

- pending action → subjunctive

Me llamará **en cuanto llegue** a casa.	*He'll call me as soon as he gets home.*

- habitual action → indicative

Me llama **en cuanto llega** a casa.	*He calls me as soon as he gets home.*

- past action → indicative

  Mientras hubo qué comer, los invitados no se fueron.

  While there was food to eat, the guests didn't leave.

- pending action → subjunctive

  Debemos seguir luchando **mientras haya** problemas con respecto a la capa de ozono.

  We must continue to fight while there is a problem with the ozone layer.

Sometimes the choice of indicative or subjunctive depends on a subtle matter of emphasis.

  Aunque tengo el dinero, no compro coches grandes porque consumen mucha gasolina.

  Even though I do have the money, I don't buy big cars because they use a lot of gas.

The indicative implies "*I can afford it.*"

  Aunque tenga el dinero, no compro coches grandes porque consumen mucha gasolina.

  Even if I have the money, I don't buy big cars because they use a lot of gas.

The use of the subjunctive does not clarify whether or not "*I can afford it.*" It could be a matter of principle.

Actividad 1   Cambiemos el mundo sin cambiar el planeta

Completa las siguientes ideas con conjunciones de la lista. Puede haber más de una conjunción posible en algunos casos. ¡**OJO!** Presta atención a las conjunciones que requieren subjuntivo o indicativo en cada contexto.

SÓLO SUBJUNTIVO	SÓLO INDICATIVO	INDICATIVO O SUBJUNTIVO
antes de (que)	porque	tan pronto como
a fin de (que)		aunque
para (que)		cuando
siempre y cuando		después de
sin (que)		

1. El gobierno español hizo una campaña publicitaria _____ los españoles ahorren energía.

2. El mensaje general es que podemos hacer cosas importantes por el planeta _____ hacemos pequeños cambios en nuestra manera de vivir y consumir.

3. En los años 80, hubo otra campaña del gobierno español cuyo lema decía: «_____ Ud. pueda pagarlo, España no puede».

4. Es obvio que se pueden hacer cambios importantes en cuestiones medioambientales, _____ todos se preocupen seriamente por el planeta y no sólo por el desarrollo económico.

5. Me parece bien que haya una ley que obligue a todo el mundo a reciclar _____ reducir la cantidad de recursos que usamos.

6. Por ejemplo, _____ no tengamos más petróleo, seguro que habrá muchos carros que funcionen con energía solar o eléctrica.

(continues)

7. Mucha gente ya recicla todos los envases que usa, _____ sería más fácil botarlos.

8. Mira el número dentro del triángulo en el envase _____ de botarlo, _____ lo recicles si es posible. No tires nada _____ saber antes si es reciclable o no. Otro consejo: aplasta y reduce los cartones de la leche, _____ así no ocupan tanto espacio en la basura.

El hombre es extraordinario. Con sólo sustituir el baño por la ducha somos capaces de prevenir la escasez de agua. Cambiemos el mundo sin cambiar el planeta.

Desarrollo Sostenible   MINISTERIO DE MEDIO AMBIENTE

Actividad 2   Cada oveja (*sheep*) con su pareja

Usa las frases para completar las siguientes oraciones de una manera lógica. No te olvides de conjugar los verbos de las frases en el subjuntivo o indicativo, según el caso.

1. Todos los días cuando llego a casa _____.

2. Sin embargo ayer tan pronto como llegué a casa _____.

3. Suelo ducharme con poca agua aunque _____.

4. Sé que todos los lunes llevas los envases a reciclar antes de que _____.

5. Pero la semana que viene los tendrás que llevar después de que _____.

6. Toda mi clase de biología piensa que los países deben llegar a acuerdos para proteger el medio ambiente mientras _____.

7. Mis profesores de economía confían en que los países en vías de desarrollo seguirán probando nuevas técnicas agrícolas hasta que _____.

8. Las generaciones posteriores pueden sufrir una gran escasez de recursos naturales puesto que _____.

9. Es esencial que ahorremos tantos recursos como _____.

a. ser posible
b. Manuel regresar porque necesitas que te ayude
c. conseguir resolver los problemas sobre la alimentación de la población
d. gustar las duchas largas
e. echar una siesta porque estaba muy cansada
f. (nosotros) gastar demasiados recursos
g. Manuel llegar del trabajo
h. regar (*to water*) las plantas
i. el agujero negro ser una amenaza

Actividad 3 El congreso (*conference*)

Completa el siguiente mensaje electrónico con la forma correcta en el subjuntivo o el indicativo de los verbos entre paréntesis.

¡Hola, Juan!

¿Cómo estás? Yo muy bien, aunque, como siempre, _____[1] (tener) muchas cosas que hacer. Aquí en esta universidad, como sabes, todos los años el departamento de agricultura celebra un congreso cuando _____[2] (comenzar) el semestre de primavera. Este año el tema del congreso es sobre productos transgénicos y se hará un poco antes, tan pronto como _____[3] (volver: nosotros) de las vacaciones. Tenemos mucho que organizar antes de que los visitantes _____[4] (llegar). El año pasado asistieron científicos de diversos estados y todos los estudiantes graduados trabajamos mucho mientras _____[5] (tener) lugar las sesiones. Este año también trabajaremos hasta que todo _____[6] (estar) listo. De hecho,[a] en cuanto _____[7] (terminar: yo) de escribir este mensaje, tengo una reunión con el fin de hacer nuestros horarios para el evento. Tenemos que organizarnos bien a fin de que todos _____[8] (poder) descansar. Lo mejor de estos congresos es que después de que _____[9] (terminar) la última sesión hay una gran cena para todos los organizadores.

Te dejo. Te escribo otra vez tan pronto como _____[10] (tener: yo) un rato libre.

David

[a]De... *In fact*

Una cosecha de soya transgénica

Actividad 4 Tu opinión

En parejas, completen las siguientes ideas de acuerdo con su opinión y con lo que saben sobre el medio ambiente.

1. La destrucción de la Amazonia continuará a menos que...
2. Los países latinoamericanos ceden (*give*) derechos de explotación de sus recursos a compañías internacionales para (que)...
3. Los países menos desarrollados tendrán serias preocupaciones ecológicas a menos que / sin que...
4. Yo creo que es bueno explotar _____ (un recurso) siempre y cuando / con tal que...
5. Es fácil reciclar cuando...
6. Los países desarrollados usarán menos petróleo tan pronto como...

Actividad 5 La ciudad del futuro

En un seminario organizado en Madrid por la Federación Española de Municipios y Provincias, se discutió cómo serán las ciudades del futuro: más verdes y con menos coches. En parejas, imagínense la ciudad ideal del futuro. ¿Cuándo será? ¿Cómo será? ¿Quiénes vivirán en ella? ¡**OJO!** En muchos casos necesitarán usar conjunciones adverbiales para explicar sus ideas.

Ejemplo: La ciudad del futuro no tendrá tantos coches para que no haya tanta contaminación atmosférica.

ESTUDIO CULTURAL La importancia de la economía sustentable

Los países latinoamericanos se enfrentan a un doble reto[a] de difícil situación. Por un lado, está la necesidad de explotar sus recursos naturales para avanzar en el camino de su desarrollo económico. Por otro lado, queda la necesidad imperiosa de preservar esos mismos recursos naturales, no sólo por el bienestar actual de sus propias comunidades de habitantes y los habitantes de todo el planeta, sino porque esos mismos recursos serán necesarios también en el futuro. Abusar de esos recursos puede suponer agotarlos, es decir, el equivalente a matar la gallina de los huevos de oro.[b]

[a]*challenge* [b]gallina... *the hen who laid the golden egg*

La idea de economía sustentable (o sostenible, como se dice en algunos países) parte de la premisa de que los recursos deben ser utilizados de manera que no se agoten, es decir, de modo que puedan sostenerse o mantenerse los recursos, y por tanto la economía que depende de ellos. Esto, claro está, no es tan fácil de llevar a cabo, y casi siempre requiere el acuerdo y la participación activa de los países desarrollados que explotan los recursos en los países en vías de desarrollo.

Quizás el ejemplo más típico de la importancia y la necesidad de buscar una economía sustentable en los países en vías de desarrollo es el de la Amazonia. Esta área, compartida por ocho países (el Brasil, Colombia, Bolivia, el Perú, el Ecuador, Venezuela, Guyana y Surinam), es la selva más grande del mundo, donde habitan hasta un 30 por ciento de todas las especies vivas del planeta y que contiene una quinta parte de toda el agua dulce. La Amazonia se está deforestando a pasos agigantados. Pero la pérdida de esta selva no sólo representa un problema para los ocho países latinoamericanos que la comparten, sino para absolutamente todas las personas que vivimos en la Tierra.

 Tertulia   El nivel de vida frente a los recursos naturales

- ¿Qué les parece más importante o eficiente a Uds., explotar los recursos naturales ahora para mejorar el nivel de vida de un país o preservar esos recursos como sea necesario aunque muchas personas no vivan mejor ahora?

- ¿Es esta pregunta pertinente en su país? ¿Están Uds. de acuerdo con la posición de su gobierno sobre este tema?

- ¿Por qué es la selva amazónica tan importante para todos los habitantes del planeta?

- ¿De quién es la responsabilidad de proteger la Amazonia? ¿Por qué?

Reflexiona antes de leer

Sobre la lectura

El siguiente texto es parte de un artículo más largo publicado en la revista colombiana *Semana*.

VOCABULARIO ÚTIL	
la directriz	*guideline*
el esquema	*outline; way of thinking*
el hielo	*ice*
acoger	*to accept*
acogerse a	*to participate voluntarily*
firmar	*to sign*
ante	*in the face of*
ello	*it*

Actividad 1   Oraciones incompletas

Completa el siguiente párrafo con la palabra del **Vocabulario útil** más apropiada. Cuando un verbo deba ser conjugado, usa el futuro.

Los presidentes de los dos países se reunieron para _____[1] el tratado que regulariza el uso de productos contaminantes. En un esfuerzo conjunto ambas naciones _____[2] el proyecto de inversión en nuevos productos. _____[3] el éxito que se prevé los demás estados de la región _____[4] también a este proyecto en un futuro próximo. Las _____[5] que estos países están tomando en lo referente al medio ambiente siguen el _____[6] que muchos piensan que es el mejor modelo a seguir. _____,[7] sin duda, contribuirá a la mejoría de las condiciones de vida de todos.

Actividad 2   Definiciones

Paso 1   ¿Qué palabras del **Vocabulario útil** corresponden a las siguientes definiciones?

1. Se pone en las bebidas para que se conserven frías.
2. Significa estar de acuerdo con una decisión.

Paso 2   Ahora crea definiciones para tres otras palabras del **Vocabulario útil.** Tus compañeros de clase tendrán que adivinar la palabra que defines.

Estrategia de lectura: el lenguaje no literario

Para un artículo científico o informativo el lenguaje debe estar supeditado a la información. La claridad de exposición es esencial, y por lo tanto, la organización del texto y de las oraciones debe ser lo más directa y aparente posible. Un texto científico/informativo incluirá los siguientes elementos.

- un título explícito
- una tesis o un tema principal presentado al principio del texto
- una sucesión de argumentos en defensa de la tesis o el tema
- un párrafo de cierre que resuma (*summarizes*) la posición defendida en el artículo

¿Puedes encontrar todos esos elementos en este texto?

A vender oxígeno*

Colombia se perfila[a] como un importante exportador de aire limpio y de servicios ambientales.

Limpiar el aire es un excelente negocio. Colombia está en capacidad de recibir por ello 435 millones de dólares al año, una cifra similar a las exportaciones de flores o banano, por prestar[b] un servicio novedoso: limpiar la atmósfera de gases de efecto invernadero como el dióxido de carbono (CO_2).

Este gas es el principal causante de varios dolores de cabeza para el mundo: la elevación de la temperatura en la Tierra, la aparición de fenómenos climáticos como «El Niño» o «La Niña» y la disminución del hielo de los glaciares.

Ante este problema los 180 países de la Convención de Cambio Climático crearon en 1997 el Protocolo de Kioto, un tratado que obliga a las naciones desarrolladas a reducir sus emisiones de gases de efecto invernadero, básicamente porque los países industrializados son responsables del 55 por ciento de la contaminación mundial.

De acuerdo con el protocolo, los países en vías de desarrollo, como Colombia, no tienen que reducir la emisión de gases por tratarse de lugares que no sólo emiten menos CO_2, sino que contribuyen a limpiar la atmósfera al producir más oxígeno. Lo que sí pueden hacer es vender servicios ambientales a través de los mecanismos de desarrollo limpio para la reducción y absorción de los gases de efecto invernadero.

Estos esquemas permiten el tráfico de aire limpio. Es decir, los países con exceso de emisiones de gases pueden comprar cuotas a los países que generan emanaciones[c] por debajo de los límites establecidos.

Para ello se crearon los Certificados de Reducción de Emisiones (CRE). Éstos son una especie de bonos[d] que compran las naciones más contaminantes —las industrializadas— para ayudar a financiar proyectos encaminados[e] a la reducción o absorción de CO_2 en países en vías de desarrollo.

Y es que para los países industrializados es más económico financiar proyectos de reducción de emisiones en otras partes que hacerlo en la propia casa. Dejar de producir una tonelada de CO_2 cuesta 286 dólares en los Estados Unidos, 582 dólares en Japón, 273 dólares en la Comunidad Europea y en países del Tercer Mundo puede valer

---

*From *Revista Semana,* Bogotá, Colombia, 2001.

[a]se... aparece

[b]dar

[c]emisiones

[d]*vouchers*

[e]dirigidos

apenas^f 26 dólares. Expertos y entidades multilaterales estiman que los mecanismos de desarrollo limpio tienen el potencial para generar inversiones en países en desarrollo por 7.500 millones de dólares anuales cuando el Protocolo de Kioto sea ratificado por las naciones que lo firmaron. A la fecha, cuarenta de ellas —entre éstas Colombia— han reiterado su voluntad de acogerse al protocolo. Todavía falta que quince países más hagan lo mismo para que entre en vigencia.

Así, el aire limpio podría convertirse en una especie de mercancía que puede ser transada en lo que el Banco Mundial ha denominado el «mercado mundial de carbono». Por ejemplo, si la *General Motors* necesita reducir sus emisiones de carbono en un millón de toneladas al año para cumplir con los límites fijados, puede comprar títulos CRE para financiar la forestación de tantas hectáreas como sean necesarias en otro país para absorber el millón de toneladas de CO_2 que necesita reducir.

Potencial exportador

Mediante la Ley 629 de enero de 2001 el gobierno colombiano acogió las directrices del Protocolo de Kioto, con lo que abrió la posibilidad para que el país incursione en la venta de servicios ambientales.

Un estudio del Banco Mundial, el gobierno suizo y diferentes organismos colombianos estima que el país estaría en capacidad de absorber hasta 23 millones de toneladas de CO_2 al año. En ese sentido el potencial de recursos para el país derivado de la venta de los CRE es inmenso.

A un precio conservador de 10 dólares por tonelada métrica de carbono que se absorba o deje de emitir se generarían 435 millones de dólares anuales en divisas. Si los Estados Unidos entran en el protocolo el precio de la tonelada de carbono podría aumentar a 19 dólares.

Una de las formas para conseguir CO_2 es reforestando y creando nuevos sitios de bosque pues los árboles tienen la capacidad de absorber este gas. Un nuevo proyecto forestal en Colombia, en promedio, puede absorber al año dieciocho toneladas por hectárea de CO_2 y, al mismo tiempo, producir doce toneladas de oxígeno.

Los bosques de Colombia crecen dos veces más rápido de lo que lo hacen las plantaciones forestales de Chile, donde la industria de servicios ambientales tiene un peso importante dentro de la economía. «Aquí tenemos una clara ventaja comparativa en términos de productividad ambiental», asegura el presidente de la Reforestadora el Guásimo S.A. (Sindicato Antioqueño).

El Foro francés para el medio ambiente mundial (Ffem) ofreció a Colombia 2.300 millones de pesos para que identifique la cantidad de CO_2 que sería capaz de obtener el proyecto ambiental que une a los dos parques naturales de Puracé y Cueva de los Guácharos, al sur del departamento del Huila. «Es importante emitir certificados de captura de carbono (CRE) que permitan conseguir recursos para conservar la diversidad biológica de esta área, que se está deforestando», afirma Eduardo Patarroyo, director general de la Corporación Autónoma Regional del Alto Magdalena.

De otro lado, estos proyectos traen beneficios sociales y ambientales. Por cada 1.000 hectáreas reforestadas de bosques se generan setenta y cuatro empleos permanentes. Esta misma área en ganadería genera

Marginal glosses:
^f*merely*
^gentre... *to take effect*
^hcomerciada
ⁱse introduzca
^j*Swiss*
^k*average*
^l*cattle raising*

sólo dieciséis puestos de trabajo. Así, la relación es de cuatro a uno entre la actividad de reforestación y ganadería.

Además de la reforestación y conservación de bosques se han identificado en el país diferentes proyectos potencialmente mercadeables[m] por ser de desarrollo limpio. Se destacan[n] procesos de reconversión industrial —particularmente de los sectores panelero y cementero[o] —y energéticos— producción de carbón verde.

[m]*marketable* [n]*Se... Stand out*

[o]*cane-sugar and cement*

Comprensión y discusión

Actividad 3 ¿Está claro?

Según la lectura, ¿cuáles de las siguientes ideas son ciertas o falsas? Busca la información falsa y corrígela.

1. Colombia puede ganar dinero limpiando la selva.
2. El dióxido de carbono es un gas bueno para la salud.
3. El Protocolo de Kioto es un acuerdo entre los países ricos para proteger la atmósfera.
4. Por el Protocolo de Kioto los países menos desarrollados pueden fabricar aire limpio y exportarlo a otros países.
5. Para los países desarrollados es más barato pagar las sanciones del Protocolo de Kioto que reducir las emisiones de CO_2.
6. El mercado de aire limpio en Colombia podría destruir sus espacios forestales.
7. «Mercado de desarrollo limpio» significa que es un negocio que deja grandes beneficios «limpios» de impuestos.
8. El negocio de mercado de desarrollo limpio será un desastre para otros sectores colombianos.

Actividad 4 ¿Qué piensas ahora?

Paso 1 Busca las siguientes ideas en el artículo indicando si te parecen apropiadas para un artículo informativo como éste. En varios casos sólo es necesario identificar el párrafo donde aparece la información.

Título:
Tema o tesis:
Planteamiento de un problema:
Ideas que apoyan el tema o la tesis:
Resumen final:

Paso 2 El texto de la lectura no muestra la última parte del artículo, de varios párrafos, que incluye el resumen de cierre. En parejas, inventen un párrafo final para la lectura.

Tertulia ¿Recursos de todos?

¿Cuál es la opinión de Uds. sobre lo que pretende el Protocolo de Kioto? ¿Les parece justo o importante que los países desarrollados firmen este acuerdo? ¿Por qué?

Tema

La ciudad donde tú vives está pensando cortar el programa de reciclaje. Escribe una carta al periódico local expresando tu opinión sobre esta decisión.

Antes de escribir

Haz un borrador con todos los puntos a favor o en contra del plan. No te preocupes ahora del orden ni de la gramática, pero piensa y escribe en español. Si hay alguna palabra que no conozcas, deja un espacio en blanco o haz un símbolo.

Mientras escribes

- Ordena las ideas de tu borrador.
- Organiza tu carta apropiadamente como texto que pretende expresar una opinión.
  - primer párrafo: tesis o idea principal, resumiendo tu argumento a favor o en contra
  - uno o dos párrafos que apoyen tu tesis
  - párrafo final con un breve resumen de tu posición o sugerencias sobre cómo se puede solucionar el problema
- Busca en el diccionario y en tu libro de español aquellas palabras y expresiones sobre las que tengas dudas.

Después de escribir

- Repasa los siguientes puntos.
  - ☐ el uso del pretérito y el imperfecto
  - ☐ el uso de **ser** y **estar**
  - ☐ la concordancia entre sujeto y verbo
  - ☐ la concordancia de género y número entre sustantivos, adjetivos y pronombres
  - ☐ la ortografía y los acentos
  - ☐ el uso de un vocabulario variado y correcto (evita las repeticiones)
  - ☐ el orden y el contenido (párrafos claros; principio y final)
- Finalmente, escribe tu versión final.

No te olvides de mirar el Apéndice I, **¡No te equivoques!,** para evitar errores típicos de los estudiantes de español. Para esta actividad de escritura, se recomienda que prestes atención a **Maneras de expresar** *to support* (página 355).

Consulta el *Cuaderno de práctica* para encontrar más ideas y sugerencias que te ayuden a escribir la composición.

REFLEXIONES

■ Gramática en acción: la explotación petrolera y los indígenas del Ecuador

Completa el siguiente texto conjugando los verbos, según sea necesario. Los verbos pueden estar en el presente de subjuntivo o indicativo, el futuro o el infinitivo.

La Amazonia, aunque _____[1] (ser) un área de valor esencial para la vida de nuestro planeta, está sufriendo una tremenda explotación de todo tipo que la pone en peligro. En ella viven numerosos pueblos indígenas, que también se ven terriblemente afectados por la destrucción de su hábitat. Los pueblos indígenas ecuatorianos (como los shuar, achuar, quichuas, záparos, etcétera), que viven en una zona de intensa explotación petrolera, han formado la Confederación de Pueblos Indígenas de la Cuenca Amazónica (COICA). La COICA trabaja para _____[2] (frenar[a]) dicha explotación, que el gobierno del Ecuador fomenta,[b] y que los dirigentes ecuatorianos y las empresas petroleras realizan sin _____[3] (tener) en cuenta las necesidades de estos pueblos.

Los pueblos de COICA temen por su futuro, pues a menos que las cosas _____[4] (cambiar) rápida y drásticamente, los lugares ancestrales de sus pueblos _____[5] (deteriorarse) tanto que las próximas generaciones no _____[6] (poder) vivir de forma tradicional. Si la situación no se mejora pronto, sus aguas contaminadas no _____[7] (tener) suficientes peces[c] para que ellos puedan subsistir y _____[8] (matar) de cáncer a un serio porcentaje de la población. Los más jóvenes _____[9] (verse) obligados a emigrar a los centros urbanos, aunque ello _____[10] (significar) la pérdida de sus tradiciones.

El líder shuar Adolfo Shacay explicó en una entrevista que su pueblo no está en contra de la explotación petrolera siempre y cuando se _____[11] (respetar) los derechos colectivos y el medio ambiente. Además, quiere que el dinero ganado por la explotación vaya en beneficio de los pueblos a fin de _____[12] (mejorar) su nivel de vida. Los shuar y achuar juntos con otros pueblos indígenas llevan años protestando. En la actualidad están en juicio contra[d] compañías petroleras de los Estados Unidos, y prometen que _____[13] (seguir) luchando hasta que la explotación de su tierra no _____[14] (ser) tan perjudicial para sus pueblos.

[a]to stop   [b]supports   [c]fish   [d]en... are suing

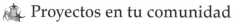 Proyectos en tu comunidad

Investiga uno de estos dos temas a continuación. Luego prepara un panfleto informativo de estos servicios para la comunidad hispana de tu ciudad. (Si encuentras panfletos sobre estos dos temas, podrías analizarlos y ver si te parecen bien o si podrían ser más informativos.)

- los servicios de que dispone tu ciudad para mantener limpio el medio ambiente y cómo pueden colaborar los ciudadanos
- los problemas medioambientales más urgentes en tu estado/provincia o área geográfica y cómo afectan a los habitantes

Tertulia final   Asociaciones ambientales

¿Qué asociaciones conocen Uds. que se encarguen de luchar por conservar en buen estado el ambiente de nuestro planeta? ¿En qué consisten sus esfuerzos? ¿Existe alguno de estos grupos en tu universidad o ciudad? ¿Has tomado parte de alguna forma en lo que hacen? ¿Por qué?

Capítulo 9 En busca de la igualdad

«Hoy por ti, mañana por mí.»

¿Cuál es el mensaje de este chiste español? ¿Podría reflejar algún tipo de actitud en tu país? ¿En qué manera?

[a] *people in their fifties*   [b] *Si... Had I known this, I would not have voted for them.*

En este capítulo

- **Estudio de palabras**
  - El individuo
  - Para hablar de temas sociales
  - Para expresar opiniones

- **Estudio de estructuras**
  - 21. Presente perfecto de subjuntivo

- 22. Palabras que conectan ideas y evitan repetición: los pronombres relativos
  - Nota lingüística: usos de **que**

- **Estudios culturales**
  - El machismo
  - Exclusión social: causas y consecuencias

doscientos treinta y nueve **239**

Reflexiona antes de leer • **Setenta y cinco años en defensa de la mujer**

En tu opinión, ¿cuáles son algunos de los «temas de mujeres»? ¿y los problemas más serios con los que se enfrentan las mujeres de tu país y del mundo en general? ¿Qué mujeres conoces que hayan contribuido mucho al avance social de la mujer en la sociedad?

Setenta y cinco años en defensa de la mujer, *Janelle Conaway*

Mucha gente cree que los «temas de mujeres» son los que se tratan en revistas que muestran estilizadas modelos en la portada.[a] Para la Comisión Interamericana de Mujeres (CIM), estos temas abarcan[b] la gama completa de aspectos hemisféricos, desde el comercio y la globalización hasta la paz y la seguridad.

¿Tiene hoy día la pobreza rostro[c] de mujer? ¿Cómo afecta la guerra a las mujeres? ¿Tienen las niñas las mismas oportunidades educativas que los varones?[d] ¿Reacciona el sistema judicial ante las víctimas de la violencia doméstica? ¿Cómo pueden las mujeres participar más plenamente en el liderazgo[e] democrático? Éstos son los tipos de preguntas que la CIM se plantea[f] todos los días en su esfuerzo[g] por mejorar la vida de las mujeres en las Américas.

Es una tarea intimidante, que empezó hace setenta y cinco años cuando un grupo de mujeres, cansadas de verse excluidas de las grandes reuniones intergubernamentales[h] hemisféricas, exigieron[i] ocupar un lugar en la mesa de negociaciones y acudieron[j] a la sexta Conferencia Internacional de los Estados Americanos que se celebró en La Habana, Cuba. Entre los veintiún países representados en esta conferencia de la Unión Panamericana, todos los delegados eran hombres. Acudieron mujeres de todas las Américas, no sólo para promover[k] su participación, sino para lograr la adopción del Tratado de Igualdad de Derechos, proyecto presentado por Alice Paul, del Partido Nacional de las Mujeres de los Estados Unidos.

No lograron la firma del tratado, pero finalmente pudieron hacerse oír en la conferencia, y con la creación de la CIM, consiguieron una voz permanente en defensa de los derechos civiles y políticos de la mujer. En un discurso[l] pronunciado a principios de este año en la OEA,[m] Yadira Henríquez, Secretaria de Estado de la Mujer de la República Dominicana y actual presidenta de la CIM, reconoció los esfuerzos de esas mujeres.

[a]*cover*
[b]*cover*
[c]*face*
[d]*hombres*
[e]*leadership*
[f]*se... poses* [g]*effort*
[h]*de varios gobiernos* [i]*demanded*
[j]*attended*
[k]*to promote*
[l]*speech* [m]Organización de los Estados Americanos

Después de leer

¿Cierto o falso? Corrige las oraciones falsas.

1. CIM significa Comisión Internacional de Mujeres.
2. Para la CIM, los temas de mujeres se encuentran en revistas como *Elle* y *Vogue*.

3. La tarea de la CIM comenzó hace más de 50 años.
4. Las mujeres que asistieron a la sexta Conferencia Internacional de los Estados Americanos no consiguieron nada.
5. Yadira Henríquez es una representante que fue a la Conferencia en La Habana.

 Reflexiona antes de mirar • **Tecnología para la prevención de violencia contra mujeres**

¿Qué sabes del tema? ¿Puedes contestar las siguientes preguntas?

1. ¿Cuáles son las mayores causas de la violencia contra las mujeres?
2. ¿Es fácil obtener protección contra la violencia doméstica?

VOCABULARIO ÚTIL	
el/la acosador(a)	*harasser*
el acoso	*harassment*
grabar	*to record*
saltan las alarmas	*the alarms sound*
amenazado/a	*threatened*
en seguida	*inmediata-mente*

Después de mirar

¿Cierto o falso? Corrige las oraciones falsas según la información del vídeo.

1. El vídeo trata de un sistema de prevención de violaciones (*rapes*).
2. Este sistema fue probado en una ciudad mexicana.
3. La mujer está conectada a un centro de información por medio de su teléfono celular.
4. En caso de emergencia, la mujer tiene que llamar a la policía en seguida.
5. El problema es que muchas mujeres no podrán pagar este sistema.

✳ DE REPASO

la diversidad
el estereotipo
el feminismo
el machismo
la manifestación
la oportunidad
la sociedad
el tema
la violencia
estar (*irreg.*) a favor / en contra

■ El individuo

el esfuerzo	*effort*
la hembra	*female*
el varón	*male*

Cognados: **el homosexual, la lesbiana**

esforzarse	*to make an effort*
ciego/a	*blind*
discapacitado/a (físicamente o mentalmente)	*(physically/mentally) handicapped*
mudo/a	*mute*
sordo/a	*deaf*

Cognado: **individual**

■ Para hablar de temas sociales

el analfabetismo	*illiteracy*
la asistencia social/pública	*social work / welfare*
los derechos civiles	*civil rights*
la discriminación de género	*gender/sexual discrimination*
la discriminación positiva	*affirmative action*
la igualdad	*equality*
la ley	*law*
la libertad	*liberty; freedom*
la lucha	*struggle*
el modelo	*model; pattern*
el/la modelo	*(fashion) model*
la ONG (organización	
no gubernamental)	*NGO (nongovernment organization)*
el/la preso/a	*inmate; prisoner*
el principio	*principle; beginning*
la prisión	*prison; jail*

Cognados: **el abuso, la actitud, la discriminación
social/sexual/racial/religiosa, la legalización, el privilegio**
Repaso: **el rechazo**

condenar	*to condemn; to convict*
exigir (j)	*to demand*
mejorar	*to improve*
oponerse (*irreg.*) **a**	*to oppose*
plantear(se)	*to consider; to pose (a question)*
promover (ue)	*to promote*

Cognados: **incluir (y), integrar, legalizar (c)**
Repaso: **rechazar (c)**

analfabeto/a	*illiterate*
marginado/a	*marginalized; alienated*

Cognado: **(in)justo/a**

■ Para expresar opiniones

la cuestión	*issue*
la posición / la postura	*position; opinion*
el tema	*issue; topic*
la voz	*voice*

Cognado: **la protesta**

con respecto a...	*with respect to . . .*
en cuanto a...	*regarding . . .*
sobre (el tema de)...	*about . . .*

Actividad 1 Asociaciones

¿Qué palabras del vocabulario asocias con las siguientes cosas?

1. hablar
2. votar en contra de algo
3. hacer pública una idea, por ejemplo, en los medios de comunicación
4. la acción afirmativa
5. pensar
6. la mujer/el hombre
7. no respetar los derechos de una persona
8. las drogas
9. un comportamiento correcto/incorrecto

Actividad 2　Una manifestación

Paso 1　¿Qué se ve en esta escena? ¿Por qué están allí esas personas? En parejas, describan lo que se ve. Usen su imaginación para crear un contexto para esta escena, usando las palabras del vocabulario.

Paso 2　Ahora van a hacer sus propios carteles para esta manifestación. Si lo prefieren, pueden buscar otra causa que tenga que ver con la igualdad.

Actividad 3　Palabras relacionadas y derivadas

En parejas, piensen en verbos, adjetivos o participios pasados relacionados con cada sustantivo de la lista a continuación. Luego, escriban una oración que ilustre el significado de cada uno de los verbos.

> *Ejemplo:*　ley → legalizar, legal
> Muchas personas están a favor de que se legalice el matrimonio entre homosexuales.

1. el abuso
2. el modelo
3. la libertad
4. la igualdad
5. la lucha
6. la discriminación
7. la condena
8. el estereotipo

Actividad 4　Martin Luther King, Jr.

Completa el párrafo con las palabras de la lista.

diversidad	exigir	igualdad	lucha
marginados	mejorar	modelo	voz

Yo creo que Martin Luther King, Jr. es un _____[1] para todos, no importa nuestro origen o etnicidad. Él luchó por _____[2] la situación de los africanoamericanos, pero al mismo tiempo les dio _____[3] a todos aquellos que se sentían _____.[4] Su _____[5] pacífica es un ejemplo de cómo _____[6] la _____[7] sin violencia. Gracias a él hemos dado un paso gigante hacia la aceptación de la _____[8] de nuestra sociedad.

Actividad 5 Definiciones

Paso 1 Da la palabra correspondiente a cada definición.

1. Describe a una persona que no sabe leer ni escribir.
2. Es conseguir que una cosa cambie para mejor.
3. Es pedir con determinación algo a lo que se tiene derecho.
4. Es un adjetivo para describir a una persona que siempre considera las necesidades de los demás antes de tomar una decisión.
5. Es la condición de una persona que la sociedad rechaza.

Paso 2 Ahora te toca a ti definir dos palabras del vocabulario para que tu compañero/a dé la palabra correcta.

Actividad 6 ¿A favor o en contra?

¿Cuál es tu posición con respecto a la política de discriminación positiva? ¿Por qué la defiendes o la atacas? Repasa el vocabulario sobre cómo expresar opiniones antes de comunicar tus ideas al resto de tu grupo.

ESTUDIO CULTURAL   El machismo

El *Diccionario de la Lengua Española de la Real Academia* define la palabra «machismo» como «actitud de prepotencia de los varones respecto a las mujeres». Prepotente es aquella persona que se considera con más poder que los otros. La palabra «machismo» se deriva de la palabra «macho», que significa animal del sexo masculino.

El machismo, que predomina en muchas sociedades, no sólo en las latinas, contribuye en gran medida[a] a los problemas de desigualdad social, laboral y educacional entre hombres y mujeres. La mujer en estas sociedades es considerada como un ser inferior al hombre e incapaz, por ejemplo, de tomar decisiones importantes con respecto a su vida o a la de su familia, o de ejercer[b] profesiones y ocupar puestos de importancia política y social. Si bien[c] se asocia la actitud machista con los hombres, hay que tener en cuenta que muchas mujeres transmiten y apoyan esta ideología. El machismo no sólo es responsable de las diferencias entre hombres y mujeres en el entorno[d] social, laboral y educacional, sino también de problemas muy serios como es la violencia doméstica.

[a]*extent*   [b]*practicing*   [c]*Si... although*   [d]*environment*

Michelle Bacheler es la ministra de Defensa de Chile, la primera mujer en ocupar este cargo en Latinoamérica.

María Teresa Fernández de la Vega es vicepresidenta del gobierno español.

Violeta Chamorro fue presidenta de Nicaragua de 1990 a 1997.

Afortunadamente, la sociedad hispana está experimentando cambios, y hoy en día empiezan a condenarse comportamientos[e] machistas que hasta ahora habían sido considerados normales. Este cambio de actitud viene acompañado de cambios en la legislación, los cuales son esenciales para asegurar la igualdad femenina en todos los campos de la vida social.

[e]*behavior*

Tertulia   El sexismo

- ¿Ven Uds. actitudes sexistas en su comunidad y en su país? ¿En qué aspectos de la vida? Den ejemplos concretos.
- ¿Cómo creen Uds. que es posible que una mujer defienda una actitud machista? ¿Qué pensarían que implica el hecho de que una mujer tenga una actitud machista?
- ¿Cuáles son, en su opinión, los cambios legales más importantes en su país que favorecen la igualdad de la mujer?
- ¿Creen que hay casos en que se discrimina al hombre?

ESTUDIO DE ESTRUCTURAS

Repaso

El presente perfecto de indicativo (**Capítulo 4**)
Formas irregulares del participio pasado (**Capítulo 4**)

21. PRESENTE PERFECTO DE SUBJUNTIVO

«Es increíble que nos **hayamos acostumbrado** a tanta desigualdad.»

«No hay nadie que me **haya ayudado** tanto como mi madre.»

Forms

Presente de subjuntivo de *haber* + participio pasado	
haya desarroll**ado**	**hayamos dicho**
hayas crec**ido** **hayás** crec**ido**	**hayáis hecho**
haya consum**ido**	**hayan visto**

The present perfect subjunctive for the expressions **hay** (*there is/are*) is **haya habido**.

Uses

The present perfect subjunctive is used in contexts where the present perfect tense and the subjunctive mood are required.

Nominal clauses

Es importante que las mujeres **hayan conseguido** representación en la OEA.

It's important that women have achieved representation in the OAS.

Adjectival clauses

¿Hay alguien en la clase que alguna vez se **haya sentido** discriminado/a?

Is there anyone in class who has ever felt discriminated against?

Adverbial clauses

Hace tres días que la chica falta sin que **se haya dado** cuenta nadie.

The girl has been missing for three days without anyone having noticed.

Aunque ya **hayamos avanzado** mucho en la lucha por la igualdad, queda mucho por hacer.

Although we may have advanced a lot in the struggle for equality, there is much left to do.

Actividad 1   La nueva mujer

Paso 1   Este cuadro fue pintado en la década de los 70, cuando se empiezan a producir muchos cambios en la manera en que la mujer se ve a sí misma. ¿Crees que las siguientes ideas están bien representadas en el cuadro? Escribe la forma correspondiente de cada verbo en el presente perfecto de indicativo.

La nueva generación de mujeres...

1. _____ (negarse) a ser comparada con la Virgen María.

2. _____ (rechazar) la imagen angelical como ideal de la mujer.

3. _____ (oponerse) a la humildad como característica definidora de la mujer.

4. _____ (incorporarse) con fuerza al mundo profesional y deportivo.

5. _____ (volverse) menos recatada (*modest*) en su forma de vestir.

6. _____ (ver) su cuerpo no como algo débil, sino lleno de fuerza.

7. _____ (negarse) a representar la imagen de tentadora y culpable de todo mal.

8. _____ (mirar) hacia el futuro con optimismo y sin temor.

9. _____ (sentirse) independiente y segura.

Paso 2   Ahora usa la forma del indicativo o del subjuntivo del presente perfecto que corresponda para completar las oraciones con el verbo entre paréntesis. Luego, di si estás de acuerdo con las siguientes afirmaciones de esta feminista latina.

Retrato de la artista como la Virgen de Guadalupe *(1978), de la artista chicana Yolanda López*

1. Es bueno que este cuadro _____ (hacerse) famoso.

2. Me parece interesante que Yolanda López _____ (usar) la serpiente de esa manera.

3. No creo que nosotros _____ (ver) un cuadro que represente mejor el cambio de actitud de las mujeres del siglo XX.

4. Ella expresa un mensaje muy importante, sin que el mérito artístico de la obra _____ (sufrir).

5. Cuando las mujeres _____ (conseguir) igualdad completa, este cuadro todavía representará la época de cambio.

Actividad 2 Hacia el reconocimiento de la voz indígena

Completa el siguiente párrafo con la forma correcta del pasado perfecto de subjuntivo o indicativo de cada verbo entre paréntesis, según sea necesario. Explica por qué se usa el indicativo o el subjuntivo en cada caso.

No hay muchos indígenas que _____[1] (recibir) tanta atención como la activista guatemalteca Rigoberta Menchú, desde que recibió el Premio Nobel de la Paz en 1992. Su fama _____[2] (poner) el problema de los indígenas en la mente de todos. Obviamente, es bueno para los pueblos indígenas latinoamericanos que Menchú _____[3] (hacerse) una persona tan famosa y respetada.

Otra persona que _____[4] (llegar) a ser un portavoz reconocido de los indígenas es el Subcomandante Marcos, líder del Movimiento Zapatista originado en los pueblos de Chiapas, México. Este movimiento desde los años 90 _____[5] (ser) fundamental para que la legislación mexicana _____[6] (empezar) a tomar en serio la situación de los indígenas.

En las universidades estadounidenses, desde los años 70 _____[7] (existir) programas de estudios relacionados específicamente con las minorías o con grupos históricamente desprivilegiados, como estudios africanoamericanos, chicanos, de las mujeres, etcétera. Es posible que esta tendencia también _____[8] (surgir) en Latinoamérica. Por ejemplo, es interesante que en la facultad de Derecho de la Universidad de Buenos Aires ya se _____[9] (crear) una cátedra[a] de Derecho de los Pueblos Indígenas.

[a]departamento

Actividad 3 Encuesta: Lo que han hecho y no han hecho los estudiantes de la clase

Paso 1 Prepara cinco preguntas para encuestar (*to poll*) a tus compañeros de clase sobre cosas inusuales que hayan hecho. Como no sabes si lo han hecho o no, deberás usar la forma del presente perfecto de subjuntivo.

Ejemplos: ¿Hay alguien que haya ganado un premio de lotería?

¿Cuántas personas hay en la clase que hayan ganado un premio de lotería?

Paso 2 Prepara un pequeño informe con los resultados de tu encuesta.

Ejemplo: En la clase hay dos personas que han ganado premios de lotería, pero no hay nadie que haya ganado un premio de más de 2.000 dólares.

Actividad 4 Reacciones

¿Cómo reaccionarías (*would you react*) a las siguientes noticias, si aparecieran en el periódico local?

Ejemplo: «Hemos descubierto una medicina que cura cualquier cáncer», afirma un equipo de investigadores. →
Es fantástico / Seguro que es mentira / No puedo creer que hayan descubierto una cura para todos los tipos de cáncer.

1. «Hemos descubierto una medicina que cura cualquier tipo de cáncer», afirma un equipo de investigadores.
2. «Se ha firmado un tratado de paz en el Oriente Medio. Tanto los israelíes como los palestinos han expresado su completa y profunda alegría.»
3. «Un informe del gobierno ha hecho públicos los resultados de un estudio sobre la diferencia entre los sueldos de las mujeres y los hombres: los sueldos de las mujeres latinoamericanas están por arriba de los de sus compañeros varones.»
4. «El dictador Humberto Viloche anunció ayer que ha iniciado el proceso para que se redacte una nueva constitución que ayude a restablecer el orden en el país.»
5. «El matrimonio entre homosexuales se ha convertido en una realidad indiscutible en nuestra sociedad.»

22. PALABRAS QUE CONECTAN IDEAS Y EVITAN REPETICIÓN: LOS PRONOMBRES RELATIVOS

«Mucha gente cree que los «temas de mujeres» son **los que** se tratan en revistas que muestran estilizadas modelos en la portada.»*

«Es una tarea intimidante, **que** empezó hace 75 años cuando un grupo de mujeres...»*

Spanish has a rich system of relative pronouns.

que	*that; which; who*
quien(es)	*(he / she / the one) who*
el/la/los/las que	*that; (he / she / the one) which/who*
el/la/los/las cual(es)	*that, which, who*
cuyo/a(s)	*whose*
donde	*where; in which*
lo que	*what; which*
lo cual	*what; which*

---

*«Setenta y cinco años en defensa de la mujer», Janelle Conaway, *Américas*, agosto del 2003.

A relative pronoun (**pronombre relativo**) is a word or phrase that introduces an adjective clause. They make our speech more efficient by referring to an antecedent (**antecedente**)—a word or phrase that has already been expressed—without having to repeat it. The antecedents are underscored in the following examples.

El activista político se llama Manuel. El activista político está sentado a la izquierda. → El activista político **que** está sentado a la izquierda se llama Manuel.
(*The political activist that is sitting on the left is named Manuel.*)

Es una tarea intimidante. Esta tarea empezó hace 75 años. → Es una tarea intimidante, **que** empezó hace 75 años.*
(*It's an intimidating task that began 75 years ago.*)

Debemos rendir homenaje a las pioneras. Las pioneras emprendieron la lucha por nuestros derechos. → Debemos rendir homenaje a las pioneras **que** emprendieron la lucha por nuestros derechos.
(*We should give homage to the pioneers who began the fight for our rights.*)

Relative pronouns can never be omitted in Spanish, as they are sometimes in English.

Américas es la revista **que** recibimos mensualmente.

Américas is the magazine (that) we receive monthly.

Que

The most commonly used relative pronoun in Spanish is **que. Que** is used to refer to things and people.

Las personas **que** hablan más de una lengua tienen una gran ventaja.

People who speak more than one language have a great advantage.

Los idiomas **que** no se estudian en la escuela son difíciles de conservar.

Languages that are not studied at school are difficult to maintain.

¡OJO! To avoid confusion with the expressions **para que, porque,** and **por qué, el/la, los/las** is used before **que** when **por** and **para** appear.

Éste es el libro **por el que** yo te cambié mi CD de Shakira.
Ésa es la compañía **para la que** trabaja mi madre.

This is the book for which I exchanged my Shakira CD with you.
That's the company for which my mother works.

Quien(es)

- **Quien(es)** refers exclusively to people. It is required after a preposition.

Las personas **con quienes** trabajo son de muchos grupos étnicos diferentes.

The people with whom I work are from many different ethnic groups.

Recordatorio

In Spanish, unlike English, a preposition must always precede the noun or phrase to which it is related.

Éstas son las personas **con quienes** trabajo.

*These are the people **with** whom I work. / These are the people I work **with**.*

¿**Para qué** es esto?

What is this for?

---

*«Setenta y cinco años en defensa de la mujer», Janelle Conaway, *Américas*, agosto del 2003.

- **Quien(es)** can be used in nonrestrictive clauses, which are clauses that offer information that is not essential to identify the antecedent. A comma always precedes these clauses.

La mujer de Manuel, **quien** me había prometido que me ayudaría, nunca vino a la reunión.

Manuel's wife, who had promised to help me, never came to the meeting.

¡OJO! The use of **quien(es)** in this context is restricted to formal spoken or written language, and cannot be used unless there is a comma (,) or a preposition.

- **Quien(es)** can also be used without an antecedent, as in many **refranes.**

Quien bien te quiere te hará sufrir.

(The one) Who really loves you will make you suffer.

El/La/Los/Las cual(es)

- These relative pronoun forms must agree in gender and number with the antecedent.
- These forms are a more formal option for **que** and **quien(es)** in nonrestrictive clauses.

Las Torres Gemelas, **las cuales (que)** fueron destruidas en un ataque terrorista, son ahora un símbolo de sufrimiento y perseverancia.

The Twin Towers, which were destroyed in a terrorist attack, are now a symbol of suffering and perseverance.

Juanjo Ramírez, **el cual (que/quien)** estudió el bachillerato conmigo, es ahora senador.

Juanjo Ramírez, who attended high school with me, is now a senator.

- **El/La/Los/Las cual(es)** are interchangeable with **el/la/los/las que** and **quien(es)** after a preposition.

El hombre **con el cual (quien)** estaba hablando es el senador Juanjo Ramírez.

The man with whom I was speaking is Senator Juanjo Ramírez.

El/La/Los/Las que

- These relative pronoun forms must agree in gender and number with the antecedent.
- They are interchangeable with **el/la/los/las cual(es), que,** and **quien** after a preposition.

Ésta es la guía turística **con la que (que / la cual)** he viajado por toda Guatemala.

This is the guide with which I have traveled through all of Guatemala.

- **El/La/Los/Las que** can also identify one antecedent from among other possibilities.

La hija de Juanjo, **la que** <u>se casó con el venezolano</u>, enseña clases de alfabetización para adultos.	*Juanjo's daughter, the one who married the Venezuelan, teaches adult literacy classes.*
El libro de Carlos Fuentes, **el que** <u>me acaban de regalar</u>, es estupendo.	*Carlos Fuentes's book, the one that was just given to me as a gift, is great.*

- **El/La/Los/Las que** can be used without an antecedent, like **quien**.

El que <u>esté libre de pecados</u> que tire la primera piedra.	*Let whoever is free of sin throw the first stone.*
Los que no están aquí no cuentan.	*Those who are not here don't count.*

Lo que / lo cual

These relative pronouns express ideas or actions (which are not masculine or feminine). **Lo cual** requires an antecedent, but **lo que** does not.

Lo que <u>más me gusta</u> es estar rodeada de mi familia.	*What I like most is to be surrounded by my family.*
Su marido tuvo que emigrar a España, **por lo que / lo cual** está criando sola a sus cuatro hijos.	*Her husband had to emigrate to Spain, due to which she is raising their four children alone.*

Cuyo/a(s)

This is a possessive adjective (not a relative pronoun) and therefore must agree with the possessed object.

Rigoberta Menchú, **cuyo grupo** étnico es maya quiché, es de Guatemala.	*Rigoberta Menchú, whose ethnic group is Maya Quiché, is from Guatemala.*
Guatemala es un país **cuya** población es predominantemente indígena.	*Guatemala is a country whose population is mainly indigenous.*

Donde

This pronoun expresses the idea *in (the place) which* or simply *where*.

Te espero **donde** (en el lugar en que) nos reunimos siempre.	*I'll wait for you (at the place) where we always meet.*
Fuimos al pueblo **donde** nació el abuelo.	*We went to the town where Grandpa was born.*

- **Conjunción** *that* **(Capítulos 5, 6 y 8)**
  Introduces nominal or adverbial subordinate clauses. The equivalent (*that*) is not always used in English.

Espero **que** vuelvas pronto.	*I hope (that) you come back soon.*
Creo **que** eso es justo.	*I think (that) that is fair.*

- **Pronombre relativo** *that/which/who* **(Capítulo 9)**
  Introduces adjective subordinate clauses.

El hombre **que** canta es mi novio.	*The man who is singing is my boyfriend.*
Es el libro con el **que** aprendí a leer.	*It's the book with which I learned to read.*

- **Interrogativo** *what? which?*
  Forms questions. It has a stress mark.

¿**Qué** es esto?	*What is this?*
¿**Qué** asiento prefieres?	*Which seat do you prefer?*

- **Comparativo** *than* **(Capítulo 1)**
  Forms part of the comparative construction of inequality.

Te quiero más **que** a mi vida.	*I love you more than my life.*
En Canadá hace más frío que en México.	*It's colder in Canada than it is in Mexico.*

- **Exclamativo** *What . . . !/ How . . . !*
  Introduces emphatic expressions. It has a stress mark.

¡**Qué** bonito!	*How nice!*
¡**Qué** maravilla de casa!	*What a wonderful house!*

Actividad 1   ¿Cuál falta?

Completa las siguientes oraciones con los pronombres relativos necesarios, según las opciones que se ofrecen.

¿*Que* o *quien(es)*?

1. El machismo es una actitud __la que__ perjudica el avance social de las mujeres.
2. Igualdad y libertad son los principios en __los que__ se basan los derechos humanos.
3. Martin Luther King Jr. y Malcolm X son los líderes afroamericanos __que__ más influenciaron los años 60 en los Estados Unidos.
4. El héroe de mi padre es César Chávez, a __quien__ tuvo el honor de conocer en su juventud.
5. Fernanda y Octavio son los muchachos con __quien__ trabajé en la ONG en Malawi.

[handwritten margin note: lo que – situation or abstract idea]

preposition

¿Que o el/la que?

6. Fernanda y Octavio son los muchachos ___que___ trabajan en Malawi, y Médicos Sin Fronteras es la ONG para ___la que___ trabajan.

7. Ésa es la razón por ___la que___ no nos vemos frecuentemente.

¿Cuyo(s), donde o lo que / lo cual?

8. ___Lo que___ más me molesta es que me digan que las cosas son así porque sí (_just because_).

9. Me gusta mucho la aventura de conocer otras culturas, por ___lo cual___ me entusiasma la idea de pasar dos años en el Cuerpo de Paz (_Peace Corps_).

10. Trabajaré ___donde___ me necesiten —no me importa el lugar.

11. El presidente de la universidad, ___cuyos___ esfuerzos por reclutar a minorías son admirables, hablará en nuestra escuela mañana.

12. La universidad admitió un 4 por ciento más de estudiantes hispanos este año, ___lo que___ ha alegrado a toda la comunidad.
   lo cual

Actividad 2   Refranes: quien / el que

Paso 1   Hay muchos refranes que comienzan con **quien** o **el que**. En español, como en casi todas las lenguas, se usa la forma masculina para hablar de manera genérica; es decir, **el que** significa «la persona que». Empareja estos refranes con una explicación lógica.

1. _____ El que todo lo quiere, todo lo pierde.

2. _____ Quien mucho abarca (_takes on_), poco aprieta.

3. _____ Quien mucho te quiere, te hará sufrir.

4. _____ Al que madruga, Dios le ayuda.

5. _____ Quien habla dos lenguas vale por dos.

a. El ocuparse de demasiadas cosas a la vez no permite controlarlas bien.

b. Es productivo empezar el día temprano.

c. Las personas bilingües tienen doble valor.

d. El mucho amor es causa de dolor.

e. La ambición puede arruinarlo (_ruin_) todo.

Paso 2   Ahora, en parejas, inventen algunos refranes basados en la vida de su universidad. Recuerden: **quien** es un pronombre que se aplica tanto a los hombres como a las mujeres y **el que** también puede usarse de forma genérica, pero **la que** es exclusivamente para el sexo femenino.

Actividad 3 Unión de ideas

Une las siguientes ideas en una sola oración por medio de los pronombres relativos. En este ejercicio usa sólo los pronombres **que** y **quien(es)**.

Ejemplo: Pepe es mi amigo. Te hablé de Pepe ayer. → Pepe es el amigo de quien te hablé ayer.

1. Pepe y Tina son hermanos. Los conocí en el aeropuerto.
2. Pepe trabaja en una agencia de viajes. Su agencia de viajes se especializa en viajes a Sudamérica y Centroamérica.
3. La madre de Pepe es la dueña de la agencia. Ella es vecina de mi tía Camila.
4. Tina tiene su propia agencia. Su agencia se llama *Splendid Tours.*
5. Mi hermano fue a Buenos Aires el año pasado. Compró los boletos en una agencia. La agencia es *Splendid Tours.*

Actividad 4 Es obvio que aún queda mucho por cambiar

El siguiente párrafo está basado en el anuncio. Complétalo con los pronombres apropiados (puede haber más de una posibilidad).

Es obvio que aún queda mucho por cambiar. Esto es _____¹ pensé cuando vi este anuncio en el periódico _____² recibimos en casa: un anuncio para las mujeres _____³ maridos son economistas u hombres de empresa. _____⁴ más me duele es que sé que muchas mujeres pensarán que es una idea magnífica y que esta revista es el regalo _____⁵ sus maridos necesitan. Y tampoco creo que haya muchos hombres _____⁶ se paren a pensar que el anuncio es abiertamente sexista. Voy a guardar el anuncio para mis hijas, para _____⁷ deseo un mundo mucho menos machista. Espero que ellas lleguen a conocer un país _____⁸ los anuncios de este tipo no tengan sentido.

Actividad 5   Información personal

Completa de manera lógica, con información personal, las siguientes oraciones.

1. Mi mejor amigo/a es (la persona)...
2. Mi profesor(a) de español es (la persona)...
3. Mis padres son (las personas)...
4. Mi compañero/a de cuarto/casa es (la persona)...
5. Lo que más me gusta / odio es...
6. Mi lugar ideal para vivir es donde... (**¡OJO!** Recuerda usar el subjuntivo si es un lugar imaginario.)

Actividad 6   Opinión y expresión

En parejas, escriban un párrafo que explique lo que se ve y la interpretación que Uds. dan a esta foto. **¡OJO!** Eviten las oraciones de una sola idea, para lo cual necesitarán usar los pronombres reflexivos.

Unos suben y otros bajan (*circa 1940*), por la *fotógrafa mexicana Lola Álvarez Bravo*

En Latinoamérica y el Caribe ser indígena, negro, mujer o discapacitado aumenta las posibilidades de pertenecer al grupo de los excluidos socialmente. La exclusión social se define como una escasez[a] crónica de oportunidades y de acceso a servicios básicos de calidad, a los mercados laborales y de crédito, a una infraestructura adecuada y al sistema de justicia.

Durante mucho tiempo, la pobreza y la degradación social que resultan de la exclusión social se consideraron problemas meramente económicos. Sólo en los últimos años se le ha dado mayor atención y análisis a una compleja serie de prácticas sociales, económicas y culturales que tienen como resultado la exclusión social y el acceso limitado a los beneficios del desarrollo para ciertos grupos de la población con base en su raza, etnia, género o capacidades físicas. Irónicamente, en Latinoamérica y el Caribe los excluidos no son una parte minoritaria de la población. En varios países los indígenas y grupos de ascendencia africana constituyen la mayoría. Estos últimos son considerados como los más invisibles de los invisibles: están ausentes en materia de liderazgo[b] político, económico y educativo. A pesar de su invisibilidad, se estima que constituyen cerca del 30 por ciento de la población de la región. El Brasil, Colombia, Venezuela y Haití tienen las concentraciones más numerosas de personas de raza negra.

La población indígena también tiene una gran presencia en Latinoamérica. Cerca de 40 millones de indígenas viven en Latinoamérica y el Caribe y constituyen el 10 por ciento de la población de la región pero el 25 por ciento del total de pobres. En el Brasil, el Perú, Bolivia y Guatemala, los grupos étnicos (afro-descendientes e indígenas) constituyen la mayoría de la población y el 60 por ciento de la población que vive en condiciones de pobreza.

[a]*shortage*   [b]*leadership*

¿Qué evoca este cartel del Ejército Zapatista de Liberación Nacional?

 Tertulia   La discriminación

¿Qué grupos creen Uds. que son discriminados en su país? ¿A qué se debe esa discriminación? Además de factores sociales, ¿influyen los hechos históricos en la discriminación de algunos grupos?

---

*Del *Informe del Banco Internacional de Desarrollo*, 2003.

Reflexiona antes de leer

Sobre la lectura

Este texto apareció en la sección de opiniones en un periódico guatemalteco. El texto menciona varios segmentos étnicos de la población.

los xincas y los mayas:	pueblos indígenas
los garífunas:	grupo étnico descendiente de esclavos africanos fugitivos que se mezclaron con los indígenas locales; habitan la zona costera de Guatemala, Honduras y Nicaragua
los ladinos:	mestizos que viven como blancos, y no según las tradiciones indígenas; un término típicamente guatemalteco

<table>
<tr><td colspan="2">VOCABULARIO ÚTIL</td></tr>
<tr><td>el adorno</td><td>ornament; decorative details</td></tr>
<tr><td>la carga</td><td>burden</td></tr>
<tr><td>el rasgo</td><td>feature</td></tr>
<tr><td>de hecho</td><td>in fact</td></tr>
<tr><td>supuestamente</td><td>supposedly</td></tr>
<tr><td>ya que</td><td>since; as</td></tr>
</table>

Actividad 1   La discriminación racial

Completa el siguiente párrafo usando cada una de las palabras o expresiones del **Vocabulario útil.**

Algunas personas se sienten discriminadas por tener _____[1] físicos que las identifican con un determinado grupo étnico. _____,[2] muchos son los individuos a los que se les ha negado un trabajo por cuestiones raciales. Para estas personas su apariencia representa una _____[3] que les impide obtener los mismos derechos que otras personas _____[4] tienen. Sin embargo, las características que nos identifican con nuestros orígenes, como el color de la piel o el tipo de pelo, deberían ser considerados por todos como preciados _____,[5] _____[6] son símbolos de nuestra herencia no sólo genética, sino también cultural.

Actividad 2   Asociaciones

¿Con cuáles de las palabras del **Vocabulario útil** asocias las siguientes definiciones?

1. algo que se utiliza para embellecernos
2. expresión usada para reafirmar una idea
3. expresión usada para decir que algo parece ser de cierta manera, aunque no lo sea
4. las características

Estrategia de lectura: oraciones largas

En español, en general, se prefieren las oraciones más largas que en inglés. Esto implica que cada oración contenga varias ideas. De hecho, las oraciones cortas o de una sola idea son cortas precisamente con el fin de hacer esa idea más contundente (*persuasive*). Un buen ejemplo es la primera oración de este artículo: «El racismo no es nada nuevo». Estudia las oraciones más largas de este texto, fijándote en cómo se unen las varias ideas que contiene cada oración.

Mujeres y niños en un mercado, Chichicastenango, Guatemala

Discriminación racial, *Carolina Vásquez Araya*

El racismo en Guatemala no es nada nuevo. A pesar de que ha sido disfrazado[a] con mil nombres distintos, sigue condicionando las relaciones entre todos sus habitantes.

Tener la piel más o menos y los rasgos más o menos mayanses,[b] puede significar muchas cosas distintas para un guatemalteco, desde menos oportunidades para la educación y el trabajo, hasta el abierto impedimento para que acceda a servicios básicos.

Y si para colmo[c] es mujer, todavía peor, porque sufrirá la discriminación racial en términos generales, más la de género incluso dentro de su propia comunidad.

Pero el racismo no es nada nuevo, ni aquí ni en los países desarrollados, donde ha tenido consecuencias que han cambiado el curso de la historia reciente. Y aunque Minugua* subraye en su informe que en Guatemala existe un «apartheid» de hecho, nada indica que este rasgo de la idiosincrasia nacional e institucional vaya

[a]*disguised*

[b]mayas

[c]*Y... And if on top of it all*

---

*Mision de Verificación de las Naciones Unidas en Guatemala

(*continues*)

^d en... *in the near future*

a desaparecer en el corto plazo,^d ni que se creen mecanismos efectivos para ir eliminando las tremendas desigualdades existentes dentro de la sociedad.

Uno de los problemas es que la discriminación está tan incrustada en la conducta y en la vida cotidiana de las personas, que no parece posible —no por lo menos en las próximas dos generaciones— construir una relación de igualdad y respeto entre ciudadanos que supuestamente son iguales ante la ley, y cuyos derechos y obligaciones, tal como se indica en la Constitución Política de la República, no distinguen entre mayas, xincas, garífunas o ladinos, así como no lo hace entre ricos y pobres.

Sin embargo, si no se va a erradicar el prejuicio entre los ladinos de cierto nivel socioeconómico, que perciben la multietnicidad del país como un signo de subdesarrollo, y cuya única aproximación positiva es a través del uso estereotipado de los indígenas en las imágenes folclóricas, por lo menos se podría exigir a las instituciones y a las entidades del Estado un rotundo^e cambio de actitud, eliminando de raíz cualquier forma de exclusión por razones étnicas o de género en todos los servicios que está obligado a brindar^f a la población.

^esubstancial

^fofrecer

Y es aquí donde el informe de Minugua, aún sin tener el poder de forzar al cambio, podría tener una trascendencia especial, ya que para los sectores políticos una sola palabra de los organismos internacionales tiene mucho más valor que años de denuncias de sus propios conciudadanos,^g especialmente si éstos pertenecen a los sectores menos favorecidos.

^g*fellow citizens*

En todo caso, es bueno comenzar a usar las palabras correctas: hay que decir racismo así, con todas sus letras y sin las ambigüedades de costumbre, porque es racismo lo que impide a los campesinos mayas tener acceso a la educación. Racismo es considerar a esa parte de la población una carga social que ha entorpecido^h el acceso de Guatemala a otros niveles de desarrollo. Racismo es olvidar sus necesidades a la hora de repartir el presupuestoⁱ nacional, y racismo es también incluirla como adorno en los capítulos más paternalistas del discurso político.

^h*hindered*

ⁱ*budget*

Comprensión y discusión

Actividad 3   ¿Está claro?

Contesta las siguientes preguntas con tus propias palabras.

1. Según la autora del texto, ¿existe el racismo en Guatemala?
2. ¿Cómo puede influir en la vida de un guatemalteco el hecho de tener rasgos mayanses?
3. ¿Por qué es peor ser una mujer y a la vez ser mayanse?

4. ¿Qué indica Minugua en su informe sobre Guatemala?

5. ¿Cree la autora que el racismo va a desaparecer pronto? ¿Por qué?

6. ¿De qué manera pueden aliviar el problema las entidades del Estado?

7. ¿Por qué puede ser transcendente el informe de Minugua?

8. ¿Cómo define la autora el racismo?

Actividad 4   ¿Qué piensas ahora?

Paso 1   Subraya (*Underline*) todas las oraciones que contengan más de una idea. ¿Qué hay más: oraciones simples o compuestas (una idea o más de una)? ¿Cuántas ideas puede haber en una sola oración?

Paso 2   En parejas, analicen una de las oraciones más largas, separando cada una de las ideas y señalando los conectores, es decir, las palabras o frases que unen las ideas. ¿Creen que sería normal que hubiera una oración tan larga en inglés?

Tertulia   La imagen del indígena de Guatemala

El texto indica el uso folclórico de la imagen del indígena en Guatemala. ¿A qué creen Uds. que se refiere? ¿Creen que en su país se hace uso de la imagen del indígena de la misma forma?

REDACCIÓN — Cuatro estrellas: escribir una reseña cinematográfica

Tema

Trabajas en la sección de ocio de tu periódico local. Hoy vas a escribir una reseña (*review*) sobre alguna de las películas existentes que circulan en el mercado que tratan el tema de la lucha por la igualdad ya sea racial, de género, etcétera.

Antes de escribir

Haz un borrador con todos los aspectos positivos y negativos de la película. No te preocupes ahora del orden ni de la gramática, pero piensa y escribe en español. Si hay alguna palabra que no sepas, deja un espacio o haz un símbolo.

Recordatorio	
el borrador	*draft*

Mientras escribes

- Ordena las ideas de tu borrador.
- No hay una forma fija de escribir una reseña, aunque como siempre tienes que pensar en tu posible lector e intentar contestar las preguntas que éste pueda tener sobre la película. **¡OJO!** No les cuentes a tus lectores todo lo que ocurre. Sin embargo, piensa en la música, calidad de los actores, fotografía, interés del tema, etcétera.
- Busca en el diccionario y en tu libro de español aquellas palabras y expresiones sobre las que tengas dudas.

Después de escribir

- Repasa los siguientes puntos.
  - ☐ el uso del pretérito y el imperfecto
  - ☐ el uso de **ser** y **estar**
  - ☐ la concordancia entre sujeto y verbo
  - ☐ la concordancia de género y número entre sustantivos, adjetivos y pronombres
  - ☐ la ortografía y los acentos
  - ☐ el uso de un vocabulario variado y correcto: evita las repeticiones
  - ☐ el orden y el contenido: párrafos claros, principio y final
- Finalmente, prepara tu versión para entregar.

No te olvides de mirar el Apéndice I, **¡No te equivoques!,** para evitar errores típicos de los estudiantes de español. Para esta actividad de escritura, se recomienda que prestes atención a *Historia, cuento y cuenta* (página 356).

Consulta tu *Cuaderno de práctica* para encontrar más ideas y sugerencias que te ayuden a escribir tu redacción.

REFLEXIONES

▪ Gramática en acción: aires de cambios

Completa el siguiente texto conjugando los verbos entre paréntesis en la forma apropiada del presente simple o del presente perfecto de subjuntivo o indicativo, según sea necesario. En los espacios en blanco que no estén seguidos de un infinitivo entre paréntesis, es necesario poner un pronombre relativo.

Varias escuelas secundarias españolas _____[1] (comenzar) a impartir clases de labores domésticas para que los adolescentes, especialmente los varones, _____[2] (aprender) a hacer las tareas de la casa, _____[3] tradicionalmente _____[4] (ser) hechas por las madres. Esto es necesario porque las mujeres, _____[5] ahora trabajan fuera del hogar mucho más que antes, _____[6] (dejar) de tener tiempo para hacer todas las cosas, mientras que los hombres, _____[7] trabajo nunca fue dentro de la casa, todavía no _____[8] (empezar) a hacer su parte. Las clases son absolutamente prácticas, según una de las profesoras, _____[9] dice que este aprendizaje son «habilidades para la vida». Además, este aprendizaje puede ayudar a la relación entre jóvenes parejas en una generación en _____[10] las mujeres ya _____[11] (asistir) masivamente a la universidad. Un informe del Ministerio de Trabajo de 2001 muestra que las mujeres todavía dedican una media de casi cuatro horas diarias al trabajo doméstico, mientras los hombres no llegan a cuarenta y cinco minutos. Es posible que _____[12] (empezar) la hora de repartir ese tiempo, ¿no?

⚓ Proyectos en tu comunidad

Haz una pequeña investigación en tu comunidad sobre los distintos recursos que hay disponibles para una persona que se sienta discriminada por razones de género, raza, minusvalía, etcétera. También puedes explorar aquellas entidades que se encarguen de facilitar la integración social de los individuos (escuelas para personas incapacitadas, oficinas de inmigración, etcétera) o proteger a los que han sufrido algún tipo de abuso (casas de acogida a víctimas de violencia doméstica, protección de menores, etcétera). ¿Hay algunos lugares específicos para las personas que no hablan inglés? No olvides explicar cómo supiste de estos recursos.

▪ Tertulia final   Las formas de discriminación

En este capítulo hemos hablado de algunos aspectos sobre la marginación y discriminación. Sin embargo, hay otros aspectos que no hemos comentado todavía, por ejemplo, la reacción de la sociedad ante los matrimonios interraciales o la adopción de niños por personas de una raza diferente. También, ¿creen Uds. que en nuestra sociedad se discrimina por razones religiosas? ¿Hay discriminación contra la gente obesa? ¿contra los no agraciados físicamente?

Un poco de historia

La Plaza de las Tres Culturas, México, D.F., es una plaza dedicada a la compleja historia mexicana: un pasado indígena, una colonización española y finalmente una era moderna que es un resultado de las anteriores.

¿Te interesa la historia? ¿Te parece importante aprenderla? ¿Crees que sabes bastante de la historia de tu país? En tu opinión, ¿qué lugar o lugares de tu país simbolizan más tu cultura?

historia　　　　　　　　　　　**presente**

　　　　　　pasado　　　　　　　　　　　　　　　　**futuro**

cultura　　　　　　　　　　　　　　　**sociedad**

　　　　　economía

«*Yo quiero que a mí me entierren como a mis antepasados, en el vientre[a] oscuro y fresco de una vasija de barro.*»[b]*

[a]*belly* [b]vasija... *clay pot*

Vasija mochica (o moche). La civilización mochica habitó en la costa central peruana durante los seis primeros siglos de la era cristiana. Su artesanía fue muy refinada.

En este capítulo

*De la canción «Vasija de barro» (1950), de los ecuatorianos Jorge Carrera Andrade, Hugo Alemán, Jaime Valencia, Gonzalo Benítez y Víctor Valencia.

Reflexiona antes de leer • **Popol Vuh, Libro del Consejo o de lo Común**

El Popol Vuh es el libro sagrado de los quichés. De autor desconocido, fue compuesto en el siglo XVI y fue traducido al español en el siglo XVIII. En este libro se cuentan la historia y tradiciones de los mayas quiché. ¿Qué cuenta la tradición judeocristiana sobre la creación del mundo? ¿Crees que hay otras civilizaciones con tradiciones similares?

Popol Vuh (fragmento), *versión de Fray Francisco Ximénez*

II *Donde se declara cómo todo era un caos y suspensión sin moverse cosa alguna antes de la creación y cuando estaba el cielo despoblado*

Lo primero que se nos ofrece tratar es que antes de la creación, no había todavía ni hombres ni animales, pájaros, pescados, cangrejos, palos, piedras, hoyos, barrancos, paja ni mecate,[a] y ni se manifestaba la haz[b] de la tierra; el mar estaba en suspenso, el cielo estaba sin haber cosa alguna que hiciera[c] ruido, no había cosa en orden, cosa que tuviese ser,[d] sino es el mar y el agua que estaba en calma y así todo estaba en silencio y oscuridad, como noche, solamente estaba el Señor y Creador Culebra[e] fuerte, Madre y Padre de todo lo que hay en el agua, estaba en una suma[f] claridad adornado y oculto entre plumas[g] verdes (que son las de los quetzales de que usaban los señores por majestad y grandeza[h]) y así se llama Qucumatz, Culebra fuerte y sabia[i] por su grande sabiduría y entendimiento,[j] y se llama aqueste[k] dios: Corazón del cielo, porque está en él y en él reside.

[a] cangrejos... *crabs, sticks, stones, holes, ravines, hay, nor maguey rope*
[b] superficie
[c] *made*
[d] tuviese... *had life*

[e] *Snake*
[f] *supreme* [g] *feathers*

[h] majestad... *majesty and grandeur*
[i] *wise* [j] sabiduría... *wisdom and understanding* [k] este

Después de leer

Identifica las siguientes ideas en el texto.

1. Al principio no había ninguna cosa viva.
2. No había luz.
3. El dios supremo es femenino y masculino.
4. El señor creador vive en la luz y está cubierto por un adorno verde.
5. Su nombre significa «corazón del cielo».

Reflexiona antes de mirar • **Las momias chiribayas
del Desierto de Atacama**

¿Qué sabes del tema? ¿Puedes contestar las siguientes preguntas?

1. ¿Qué es una momia?
2. ¿Con qué cultura asocias las momias?
3. ¿Por qué es importante estudiar las momias de civilizaciones antiguas?

VOCABULARIO ÚTIL	
la clave	*key*
la tumba	*tomb*
la vasija	*pot*
desaparecer (zc)	*to disappear*
enterrar (ie)	*to bury*
angosto/a	*narrow*

Después de mirar

¿Cierto o falso? Corrige las oraciones falsas según la información del vídeo.

1. Los chiribayas vivieron en lo que hoy es el Ecuador.
2. Vivían en una región tropical.
3. Su cultura todavía existe.
4. Sólo momificaban llamas.
5. Los arqueólogos también encontraron vasijas de cerámica en las
   tumbas.

ESTUDIO DE PALABRAS

⊛ DE REPASO

el/la azteca
la civilización
la cultura
el/la inca
el latín
el/la maya
el pueblo
la raza
mestizo/a

■ América

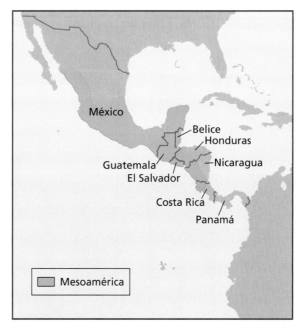

Mesoamérica es una región cultural prehispánica que comprende el centro y sur de México, Guatemala, El Salvador, el oeste de Honduras y Belice.

la etnia	*ethnicity*
el/la indígena	*indigenous man/woman*

Cognado: **indio/a**

■ Para hablar de la historia

Machu Picchu, la ciudad sagrada de los incas, está cerca de la ciudad peruana de Cuzco.

el ancestro	*ancestor*
el asentamiento	*settlement*
la conquista	*conquest*
el/la conquistador(a)	*conqueror*
Cristóbal Colón	*Christopher Columbus*
el/la defensor(a)	*defender*
el desarrollo	*development*
el descubrimiento	*discovery*
el imperio	*empire*
el emperador / la emperatriz	*emperor/empress*
el establecimiento	*establishment*
la fundación	*foundation (such as a city)*
la reina	*queen*
el reino	*kingdom*
el rey	*king*

Cognados: **la arqueología, el/la arqueólogo/a, la defensa, la invasión, el/la invasor(a), la pirámide, las ruinas, el territorio**

asentarse (ie)	*to settle*
conquistar	*to conquer*
desarrollar	*to develop*
descubrir	*to discover*
dominar	*to dominate; to rule*
establecer (zc)	*to establish*
fundar	*to found*
invadir	*to invade*
reinar	*to reign*

Cognados: **defender (ie)**
Cognado: **ancestral**

■ El paso del tiempo

Calendario azteca

la época	*epoch; times*
la fecha	*date*
el siglo*	*century*

Cognados: **la era, el milenio**

antes de Cristo (a. C.)	*BC*
después de Cristo (d. C.)	*AD*

Actividad 1 Campos del saber (*Fields of knowledge*)

¿Con qué disciplinas o campos del saber relacionas las siguientes palabras? Puede haber más de una asociación. Trata de dar un ejemplo que demuestre la asociación de cada uno de los campos. Puedes usar campos de la lista u otros campos.

la ciencia ficción	el gobierno	la religión
la economía	la historia	el urbanismo

Ejemplo: el desarrollo → la economía: desarrollo económico

1. el desarrollo
2. la invasión
3. el descubrimiento
4. Mesoamérica

5. la pirámide
6. el siglo
7. el indígena
8. la guerra

---

*Los siglos en español se expresan con números romanos: siglo XX = 20th *century*.

Actividad 2 Personas, lugares y situaciones

¿Que palabra del vocabulario asocias con las siguientes situaciones, personas y lugares?

1. Juan Carlos I de España
2. Alguien entra en tu casa y se instala en ella contra tu voluntad.
3. Tus padres no te permiten hacer nada de lo que tú quieres y exigen que hagas sólo lo que ellos desean.
4. un portero (*goalie*) de un equipo de fútbol
5. unos monumentos famosísimos de Egipto
6. los años 80 (del siglo XX) o los años después de la Segunda Guerra Mundial
7. el tiempo de los dinosaurios o el tiempo después de Cristo
8. los mayas y los mochicas, entre otros
9. el día exacto de tu examen final de español

Actividad 3 Creatividad

En parejas, escriban una frase utilizando por lo menos cuatro de las palabras del vocabulario. Luego compártanla con el resto de la clase. ¿Cuáles son las frases más originales?

Actividad 4 Verdades históricas

Forma oraciones sobre la historia de los pueblos indígenas de Latinoamérica, de España o de tu país usando los verbos a continuación. Si quieres, puedes sustituir palabras derivadas de los verbos.

Ejemplos: defender →
Los araucanos fueron buenos estrategas (*strategists*) y **defendieron** su tierra con valor.
Para los araucanos fue importante la **defensa** de su territorio.

1. defender
2. conquistar
3. desarrollar
4. dominar
5. descubrir
6. invadir
7. reinar
8. fundar

Actividad 5 ¡Peligro! (*Jeopardy!*): concurso (*game*) entre equipos

Paso 1 ¿Conoces el concurso televisivo «*Jeopardy!*»? Pues ¡a jugar! En equipos, piensen en una categoría y escriban cinco oraciones que sirvan de pistas (*clues*), asignando valores de 1, 2, 3, 4 ó 5 puntos a cada pista. Cada oración o su pregunta correspondiente debe incluir una palabra del vocabulario.

Ejemplos: PISTA: Este <u>pueblo</u> no africano construyó <u>pirámides</u>.
RESPUESTA: ¿Quiénes son los <u>mayas</u>?
PISTA: Son unas <u>ruinas</u> muy famosas en la península de Yucatán.
RESPUESTA: ¿Qué es Chichén Itzá?

Paso 2 Por turno, cada equipo lee sus pistas para que los otros equipos den las respuestas/preguntas. Gana el equipo que consiga más puntos.

Actividad 6 La historia de tu estado o país

En parejas, hablen de la historia de sus respectivos estados, provincias o países. Si son del mismo lugar, pueden hacerse preguntas para ver quién de los/las dos sabe más. Pueden usar las siguientes ideas para empezar.

- primeros pobladores y civilizaciones posteriores
- invasiones/colonizaciones
- personajes históricos importantes
- fundación de las ciudades más importantes

Ejemplo: Bolivia →
Los primeros asentamientos humanos comenzaron veinticinco siglos a. C. Alrededor del año 1000 a. C. ya estaban allí las civilizaciones Wankarani, Chiripa y otras. En el año 400 a. C., empezó la civilización Tihuanaco, que llegó a ser un gran imperio hasta el siglo XII. Después llegaron los aymaras y finalmente los incas, que conquistaron todo el territorio.

Bolivia se separó del Perú y se convirtió en nación independiente en 1826. Su primer presidente fue el general Antonio Sucre, que luchó con Bolívar por la independencia de las colonias de España. Bolivia se llama así por Bolívar.

La ciudad capital es La Paz, fundada en 1549. Otra ciudad importante, que fue la antigua capital, es Sucre, nombrada así en honor del general Sucre. Fue la primera ciudad fundada por los españoles, en 1538, y se llamó La Plata.

ESTUDIO CULTURAL   Culturas indígenas de Latinoamérica

Es posible que todo el mundo haya oído hablar de los aztecas, mayas e incas. Pero estas civilizaciones son sólo los grandes imperios que los españoles encontraron a su llegada a América, y que habían amalgamado a otros pueblos y etnias. Por ejemplo, los aztecas y mayas heredaron aspectos culturales primero de los olmecas y más tarde de los zapotecas y los toltecas, entre otros. De igual manera, los incas forman un pueblo que toma fuerza ya en el siglo XV de nuestra era, y con ellos culminan civilizaciones previas como las de los nazca y los mochica, entre otros. Esto no es sorprendente, pues hoy se cree que ha habido habitantes en América por más de 30.000 años.

La lengua española ha sido enriquecida por su contacto con las culturas y lenguas indígenas de América. La lista en la página 275 muestra algunos de los ejemplos más conocidos que también son semejantes en inglés.

El mapa muestra las áreas de asentamiento de varios grandes grupos en Centro y Sudamérica.

náhuatl (de los aztecas) y lenguas mexicanas

aguacate	chacal	tomate
chocolate	coyote	

arahuaco / taíno

banana	huracán	manatí
barbacoa	iguana	tabaco
caimán	maíz	yuca
canoa		

quechua (de los incas)

cóndor	mate
llama	pampa

tapí-guaraní

jaguar	petunia	tapir
maraca	tapioca	

![Tertulia icon] **Tertulia   Intercambio léxico**

- Las palabras originarias del continente americano que aparecen en la lista de la página 275 no están traducidas, porque son fáciles de entender. ¿Cuántas han pasado al inglés con pocos cambios?

- ¿Qué otras palabras de idiomas indígenas americanos conocen Uds. en inglés o en español? ¿Vienen algunas de lenguas indígenas norteamericanas de su país?

- ¿Creen que las culturas indígenas americanas han dejado una clara marca en las sociedades y países americanos actuales? ¿En qué países más y en cuáles menos? Intenten justificar sus respuestas.

ESTUDIO DE ESTRUCTURAS

Repaso

Formas del pretérito de indicativo (**Capítulo 3**)

23. CONTEXTOS DEL SUBJUNTIVO EN EL PASADO: EL IMPERFECTO DE SUBJUNTIVO

«...el mar estaba en suspenso, el cielo estaba sin haber cosa alguna que **hiciera** ruido, no había cosa en orden, cosa que **tuviese** ser...»*

Forms

The imperfect subjunctive is formed by dropping the -**ron** ending from the third-person plural (**ellos/as, Uds.**) of the preterite and adding these endings:

-ra	-ramos
-ras	-rais
-ra	-ran

pagar: pagaron → **paga-** + *ending*		**beber: bebie**ron → **bebie-** + *ending*		**vivir: vivie**ron → **vivie-** + *ending*	
paga**ra**	pagá**ramos**	bebie**ra**	bebié**ramos**	vivie**ra**	vivié**ramos**
paga**ras**	paga**rais**	bebie**ras**	bebie**rais**	vivie**ras**	vivie**rais**
paga**ra**	paga**ran**	bebie**ra**	bebie**ran**	vivie**ra**	vivie**ran**

There is another set of endings for the imperfect subjunctive, widely used in Spain but less so in most parts of Latin America, where it tends to be used only in formal speech or writing.

pagar		**beber**		**vivir**	
paga**se**	pagá**semos**	bebie**se**	bebié**semos**	vivie**se**	vivié**semos**
paga**ses**	paga**seis**	bebie**ses**	bebie**seis**	vivie**ses**	vivie**seis**
paga**se**	paga**sen**	bebie**se**	bebie**sen**	vivie**se**	vivie**sen**

*Popol Vuh, versión de Fray Francisco Ximénez.

Uses

The imperfect subjunctive appears in contexts that require the subjunctive and a past tense. In other words, the subordinate clause needs to be in the subjunctive and refers to the past. Compare the examples in present and past tenses in each of the three major contexts (types of clauses) for the subjunctive.

- Expressions of influence, doubt, judgment, and emotion (nominal clauses)

El jefe **dice** que **vayas** a su oficina.	*The boss says (for you) to go to his office.*
El jefe **dijo** que **fueras** a su oficina.	*The boss said (for you) to go to his office.*
No me **gusta** que me **griten.**	*I don't like to be yelled at.*
No me **gustó** que me **gritaran.**	*I didn't like to be yelled at.*

- Clauses that function like adjectives (adjective clauses)

En su opinión, no **hay** ningún país que **esté** haciendo lo suficiente para preservar sus culturas indígenas.	*In his opinion, there is no country that is doing enough to preserve its indigenous cultures.*
En su opinión, no **había** ningún país que **estuviera** haciendo lo suficiente para preservar sus culturas indígenas.	*In his opinion, there was no country that was doing enough to preserve its indigenous cultures.*
Busco a alguien que **pueda** ayudarme.	*I'm looking for someone who can help me.*
Buscaba a alguien que **pudiera** ayudarme.	*I was looking for someone who could help me.*

- Clauses that function like adverbs (adverbial clauses)

No **haré** nada hasta que tú me **des** el visto bueno.	*I won't do anything until you give me the go-ahead.*
No **iba a hacer** nada hasta que tú me **dieras** el visto bueno.	*I wasn't going to do anything until you gave me the go-ahead.*
Painal **es** un dios nahua que **anima** a la gente para que **pelee** bravamente.	*Painal is a Nahua god that cheers on people so that they fight bravely.*
Painal **era** un dios nahua que **animaba** a la gente para que **peleara** bravamente.	*Painal was a Nahua god that cheered on people so that they fought / would fight bravely.*

¡OJO! Although it is common for the imperfect subjunctive to appear in sentences where the main verb is in the past (preterite or imperfect), this is not always the case. It is the context of the situation and the meaning of the main verb that determine the use of the imperfect (versus the present or another subjunctive tense).

Dudo que nadie **vaya** a la fiesta esta noche.	*I doubt that anyone will go to the party tonight.*
Dudo que nadie **fuera** a la fiesta anoche.	*I doubt that anyone went to the party last night.*
Lamento que no te **estés divirtiendo** mucho esta noche.	*I regret that you are not having much fun tonight.*
Lamento que no te **divirtieras** mucho anoche.	*I regret you didn't have much fun last night.*

| Busco a alguien que **estuviera** allí cuando ocurrió el accidente. (La búsqueda ocurre ahora.) | *I am looking for someone who was there when the accident happened.* |
| Buscaba a alguien que **estuviera** allí cuando ocurrió el accidente. (La búsqueda ocurrió ayer.) | *I was looking for someone who was there when the accident happened.* |

- *Como si* + **imperfect subjunctive** *Como si* (*as if*) is always followed by the imperfect subjunctive (or pluperfect subjunctive*).

| John habla español **como si fuera** nativo. | *John speaks Spanish as if he were a native speaker.* |
| ¡No me trates **como si** no me **conocieras!** | *Don't treat me as if you didn't know me!* |

- **Courtesy** With the verbs **querer, poder,** and **deber,** the imperfect subjunctive is often used as the main verb to soften requests and advice. In English, this is expressed with *would, could,* and *should,* depending on each case.

Quisiera hablar con Ud. un momento.	*I would like to speak to you for a moment.*
¿**Pudiera** decirme la hora?	*Could you tell me the time?*
Debieras tomarte unas vacaciones.	*You should take a vacation.*

- **Wishes** The imperfect subjunctive is used in wishing expressions for things that are unlikely or impossible.

Ojalá + imperfecto de subjuntivo	*I wish*
Ojalá que **pudieras** venir esta noche.	*I wish you could come tonight.*
¡**Quién** + imperfecto de subjuntivo... !	*I wish*
¡**Quién pudiera** volar!	*I wish I (someone) could fly!*
¡**Quién supiera** lo que va a pasar en el futuro!	*I wish I knew what's going to happen in the future!*

Recordatorio

Ojalá + presente de subjuntivo = *I hope*

| **Ojalá** que **puedas** venir esta noche. | *I hope you can come tonight.* |

Actividad 1   La leyenda de Aztlán

Completa el siguiente párrafo con la forma apropiada del imperfecto de subjuntivo o del presente de subjuntivo de los verbos entre paréntesis.

«¿Hay alguien en la clase que _____[1] (saber) qué es Aztlán?» nos preguntó la profesora. Todos nos alegramos de que Jaime _____[2] (levantar) la mano y _____[3] (saber) la respuesta. Explicó que Aztlán es el lugar de donde partieron los mexicas, también conocidos como aztecas. El dios Huitzlopotchtli les había dicho que _____[4] (buscar: ellos) un lugar en el cual _____[5] (ver: ellos) un águila devorando una serpiente. Insistió en que en ese lugar _____[6] (fundar: ellos) la ciudad de Tenochtitlán para que _____[7] (establecerse) y _____[8] (dominar) el mundo.

---

*You will study this tense in **Capítulo 11.**

«Muy bien, Jaime», dijo la profesora. «Actualmente nadie sabe donde está el lugar que los mexicas llamaban Atzlán y no creo que nunca se lo _____[9] (encontrar). Según algunos expertos, es probable que _____[10] (estar) en lo que hoy llamamos Alta California, pero otros piensan que es posible que sólo _____[11] (ser) un lugar mítico y que nunca _____[12] (existir) en realidad», explicó la profesora.

Actividad 2 Perfil (*Profile*) de la adolescencia

Paso 1 Completa las siguientes oraciones de manera que reflejen tu vida de adolescente.

Cuando yo tenía 14 ó 15 años...

1. (no) me gustaba (que)...
2. odiaba (que)...
3. mis padres no me permitían que...
4. mis padres se aseguraban (*made sure*) de que...
5. (no) me gustaban las personas que...
6. tenía amigos que...
7. mis padres no me daban mi asignación (*allowance*) a menos que...
8. trabajaba de (ocupación) para (que)...

Paso 2 Compara tus respuestas con las de un compañero / una compañera. ¿Tenían Uds. muchas cosas en común?

Actividad 3 Ahora y antes

¿Cómo era la vida hace 100 años? ¿Cómo es ahora? Las siguientes oraciones expresan lo que ocurre en nuestro tiempo para que tú digas cómo era la situación hace unos 100 años. En el número 6 puedes hablar de algo que a ti se te ocurra.

Ejemplo: Ahora es normal que las mujeres sean profesionales. →
Hace 100 años, era poco común que las mujeres fueran profesionales.

1. Hoy día es normal que la mayoría de los jóvenes estadounidenses estudien en la universidad.
2. Ahora hay leyes que protegen los derechos de los indígenas en los Estados Unidos.
3. En la actualidad hay mucha gente que sabe de las culturas maya, azteca e inca.
4. Ahora, cada vez más (*more and more*), los padres quieren que sus hijos aprendan otro idioma además del suyo.
5. En nuestra era, la mayoría de los padres prefiere que sus hijas no se casen antes de los 25 años.
6. ¿?

Actividad 4 Deseos

Paso 1 Usa la expresión **ojalá** para expresar tres deseos sobre algo que es posible que ocurra y otros tres sobre algo más improbable o imposible. **¡OJO!** El presente de subjuntivo sirve para expresar cosas que bien pueden ocurrir (*I hope...*), mientras que el imperfecto de subjuntivo expresa deseos que no son factibles (*I wish...*).

> *Ejemplos:* Ojalá que encuentre un trabajo que me pague más de diez dólares por hora. (posible)
>
> Ojalá que hubiera en el mundo igualdad de derechos y protección legal para todas las personas. (improbable/ imposible)

Paso 2 Ahora compara tus deseos con los de varios compañeros. ¿Tienen Uds. deseos y preocupaciones comunes?

Actividad 5 Como si...

Forma oraciones según las indicaciones y de tal manera que tengan sentido para ti. Luego compártelas con el resto de la clase.

> *Ejemplo:* mi amigo/a (*nombre*) / (*el presente*) / como si / (*el imperfecto de subjuntivo*) →
> Mi amiga Sonia trabaja como si no tuviera nada que hacer para divertirse.

1. mi amigo/a (*nombre*) / (*presente*) / como si / (*imperfecto de subjuntivo*)
2. los políticos / (*presente*) / como si / (*imperfecto de subjuntivo*)
3. mi mamá (papá) me trata / como si / (*imperfecto de subjuntivo*)
4. (nombre) / habla español / como si (*imperfecto de subjuntivo*)
5. ¿?

Actividad 6 Dibujantes y burbujas (*bubbles*)

Usando el imperfecto de subjuntivo, inventa una oración para cada una de las burbujas vacías en los dibujos. Las oraciones deben contener una pregunta, comentario cortés o un deseo inalcanzable (*unreachable*) con **¡Quién... !** Vas a necesitar los verbos **querer, deber** y **poder.**

Repaso

Formas del futuro de indicativo (**Capítulo 9**)

24. SITUACIONES HIPOTÉTICAS: EL CONDICIONAL

«...fue la primera pirámide de las que **brotarían** en los treinta siglos siguientes.»*

Forms

The base forms of the conditional tense, both regular and irregular, are the same as those of the simple future tense and there are no irregularities in the endings.

infinitive + *ending*	
-ía	-íamos
-ías	-íais
-ía	-ían

Verbos regulares					
pagar		**beber**		**vivir**	
pagar**ía**	pagar**íamos**	beber**ía**	beber**íamos**	vivir**ía**	vivir**íamos**
pagar**ías**	pagar**íais**	beber**ías**	beber**íais**	vivir**ías**	vivir**íais**
pagar**ía**	pagar**ían**	beber**ía**	beber**ían**	vivir**ía**	vivir**ían**

Verbos irregulares					
decir		**haber**		**hacer**	
diría	diríamos	habría	habríamos	haría	haríamos
dirías	dirías	habrías	habríais	harías	haríais
diría	dirían	habría	habrían	haría	harían

poder		**poner**		**saber**	
podría	podríamos	pondría	pondríamos	sabría	sabríamos
podrías	podríais	pondrías	pondríais	sabrías	sabríais
podría	podrían	pondría	pondrían	sabría	sabrían

salir		**tener**		**venir**	
saldría	saldríamos	tendría	tendríamos	vendría	vendríamos
saldrías	saldríais	tendrías	tendríais	vendrías	vendríais
saldría	saldrían	tendría	tendrían	vendría	vendrían

---

*«Un mosaico de pueblos diseminados por tres milenios.»

Uses

The conditional in Spanish is used in the following cases.

- **Hypothetical actions** They often include a **si** (*if*) clause and they have a rigid structure, just like in English.

  Si + imperfecto de subjuntivo, condicional

Si **nevara** mucho, se **cerraría** el colegio.	*If it snowed (were to snow) a lot, the school would close.*

  As in English, the order of the clauses is interchangeable.

Si **nevara** mucho, se **cerraría** el colegio.	Se **cerraría** el colegio si **nevara** mucho.

  ¡OJO! The imperfect subjunctive in a **si**-clause does not refer to a past action, but to an unlikely or impossible event in the present.

  The **si**-clause may be implicit in an earlier question or statement, or a similar premise may be presented in a different format.

Ponte en el lugar de los indígenas. ¿Cómo te **sentirías** (si tú **fueras** indígena)? Yo no sé qué **haría** en esa situación (si yo **estuviera** en esa situación).	*Put yourself in the place of the indigenous people. How would you feel (if you were indigenous)? I don't know what I would do in that situation (if I were in that situation).*

NOTA LINGÜÍSTICA: cláusulas con *si* en el indicativo

Si + *present indicative, present indicative, future/imperative*

Si clauses in the indicative express hypothetical situations that take place routinely or are likely to occur, just like in English.

Si **nieva** mucho, se **cierra** el colegio.	*If it snows a lot, the school closes.*
cerrarán el colegio.	*the school will close.*
cierren el colegio.	*close the school.*

Si + *imperfect indicative, imperfect indicative*

In this case **si** is equivalent to **cuando,** and it refers to a repeated action in the past (not a hypothetical clause). It works the same in English as well.

Si **nevaba** mucho, se **cerraba** el colegio.	*If it snowed a lot, the school closed / would close.*

¡OJO! The present subjunctive is never used in the **si**-clause.

- **Future in the past** The conditional is used to express a future action with respect to another action in the past.

Colón le **dijo** a la reina Isabel que **encontraría** un camino más corto a Asia.	*Columbus told Queen Isabella that he would find a shorter route to Asia.*

- **Courtesy**   With certain verbs (**poder, querer, ser, estar, deber, tener**) the conditional adds courtesy to a request or a question.

¿**Podría** decirme la hora?	*Could you tell me the time?*
¿**Sería** tan amable / **Tendría** la amabilidad de ayudarme?	*Would you be so kind as to help me?*
¿Les **gustaría** / **Querrían** acompañarnos a cenar?	*Would you like to accompany us for dinner?*
Deberías hacer tu tarea inmediatamente.	*You should do your homework immediately.*

¡OJO! In the courtesy contexts, the conditional and the imperfect subjunctive are interchangeable.

- **Probability in the past**   This use of the conditional is equivalent to *I wonder* and *probably*. It is the past counterpart of the probability future (**Capítulo 8**).

¿Dónde **estaría** Manuel ayer durante la fiesta?	*I wonder where Manuel was yesterday during the party.*
Tendría un partido de béisbol.	*He probably had a baseball game.*

Recordatorio

When *would* is used to refer to actions that used to happen in the past, the imperfect indicative is used in Spanish.

Cuando yo era pequeña, **visitábamos** a mis abuelos todos los veranos.	*When I was a child, we would visit my grandparents every summer.*

Actividad 1   Situaciones del presente y el pasado

Completa los párrafos con la forma correcta de los verbos de las listas. Los verbos pueden conjugarse en el condicional, el presente de indicativo o el imperfecto de indicativo.

llamar   mimar (*to spoil*)   **ser**

De niña, si me enfermaba, mi mamá me _____[1] mucho. Ahora que estoy en la universidad, si me enfermo, ella me _____[2] por teléfono. _____[3] maravilloso si mi mamá pudiera cuidarme cuando estoy enferma.

estudiar   gustar   hacer   querer   viajar

Este verano, si tuviera dinero suficiente, lo cual es muy dudoso, _____[4] por los países andinos y _____[5] sus culturas precolombinas. Cuando tengo dinero, me _____[6] viajar. Si tú tuvieras dinero este verano, ¿qué _____[7]? ¿_____[8] acompañarme en mi viaje?

hacer   ganar   poder   tener

Cuando mis hermanos y yo éramos pequeños, mis padres no _____[9] tanto dinero como ahora y por eso mi familia y yo casi nunca _____[10] viajar. Pero si había un año en que mis padres _____[11] dinero extra, ese año con toda seguridad _____[12] un viaje.

Actividad 2 Hipótesis

Combina las frases de las dos columnas para formar oraciones o preguntas. Forma tus oraciones usando el imperfecto de subjuntivo o el presente de indicativo, dependiendo de lo habitual o posible de tus premisas.

Ejemplo: ir a la playa nudista con la clase / bañarse desnudo/a
(*to skinny-dip*)
Si fueras a una playa nudista con la clase de español,
¿te bañarías desnudo/a?

Si...

- ir a una playa nudista con la clase de español
- quedarse solo/a en el cuarto de un amigo/una amiga
- ganar un millón de dólares en la lotería esta semana
- tener dudas sobre algo relacionado con el español
- necesitar dinero urgentemente
- saber que un amigo tuyo ha cometido un crimen serio
- ¿?

- bañarse desnudo/a
- robar algo
- abrir sus cajones (*drawers*)
- volver a la universidad el próximo semestre
- llamar a la policía
- hacer una cita con el/la profesor(a) inmediatamente
- ¿?

Actividad 3 El futuro visto hace mucho tiempo...

Paso 1 ¿Qué dijeron o pensaron estas personas en ese entonces (*in their time*)?

Encontraré una nueva ruta a las Indias por el Occidente.

Ejemplo: Cristóbal Colón

Cristóbal Colón les dijo a los Reyes Católicos que encontraría una nueva ruta a las Indias por el Occidente.

1.

Un día estos españoles descubrirán cuánto sabemos nosotros de la astronomía.

Los mayas

2.

¡Qué brutos! Pronto todos tendrán que admitir que la tierra gira alrededor del sol.

Galileo

3.

Si los trabajadores del campo nos unimos, recibiremos mejor paga y mejores beneficios.

César Chávez

Paso 2 Piensa ahora en ti y en la gente que conoces. ¿Recuerdas alguna predicción que tú u otra persona hayan hecho? ¿Se cumplió esa predicción?

Actividad 4 ¿Cómo lo harían?

Los historiadores se sienten impresionados ante la belleza y complejidad de las creaciones arquitectónicas mesoamericanas. Uno de los mayores misterios es cómo pudieron subir las piedras a grandes alturas sin conocer la rueda. En grupos, usando el condicional para expresar hipótesis sobre el pasado, piensen en algunas de las posibles maneras en que fueron capaces de hacerlo, y luego compártanlas con la clase. ¡Usen su imaginación! ¿Cuál sería la forma más probable?

Recordatorio

Se usa el condicional para expresar probabilidad en el pasado (*they must have done*).

Actividad 5 La turista maleducada

Sue acaba de llegar al Ecuador para pasar un semestre y estudiar español, pero todavía no sabe bien decir las cosas con cortesía. ¿Cómo se podrían decir las siguientes cosas de manera más cortés?

1. A un camarero en un restaurante: «Otra cerveza.»

2. En la parada del autobús a un desconocido (*stranger*): «¿Qué hora es?»

3. A una dependienta en una tienda: «Otra camiseta más grande.»

4. A los padres de la familia con quienes se queda: «Llévenme a la universidad.»

5. Al taxista que la lleva al aeropuerto: «Más rápido. Estamos retrasados (*late*).»

Actividad 6 Dilemas

Paso 1 En parejas, comenten lo que harían en las siguientes situaciones. Por ser situaciones improbables, deberían usar la estructura **si** + imperfecto de subjuntivo.

Ejemplo: Acabas de cenar en un restaurante y te das cuenta de que no tienes dinero. →
Si yo acabara de cenar en un restaurante y me diera cuenta de que no tenía dinero, se lo pediría prestado a mis amigos.

1. Acabas de cenar en un restaurante y te das cuenta de que no tienes dinero.

2. Encuentras el cuaderno de calificaciones de uno de tus profesores. Allí están tus notas y ves que no son nada buenas.

3. Tu compañero/a de cuarto siempre usa tu champú y tu jabón.

4. Estás invitado/a a comer en casa de una familia mexicana. El primer plato es menudo (*tripe*).

5. Uno de tus mejores amigos te pide que escondas un pequeño paquete suyo en tu cuarto por unos días, pero no puede decirte por qué ni qué hay dentro del paquete.

Paso 2 Ahora inventen dos situaciones y cambien de pareja para preguntarles a otros compañeros cómo reaccionarían.

El acueducto de Segovia

Hasta el momento de la llegada de los españoles a América, y durante la época de las grandes civilizaciones precolombinas en América, España también vivió un largo proceso de evolución marcado por la llegada de diversas culturas a su territorio. Habitada originalmente por los íberos, de los que poco se sabe, España fue invadida por muchos pueblos de toda Europa, entre ellos los celtas, los vikingos y los griegos. Pero son los romanos en el siglo III a. C. los que definitivamente dejan su marca en la península, especialmente su lengua, el latín, que sería la base del español. El nombre España se deriva de *Hispania*, el nombre latino de la región. Tras la caída del imperio romano, un pueblo germánico, los godos,[a] se asentaron en lo que hoy es España. Y en el año 711 una invasión árabe llegó desde el sur, dando comienzo a ocho siglos de dominación musulmana, lo que también dejó una profunda huella[b] en la península.

[a]*Goths*   [b]*mark*

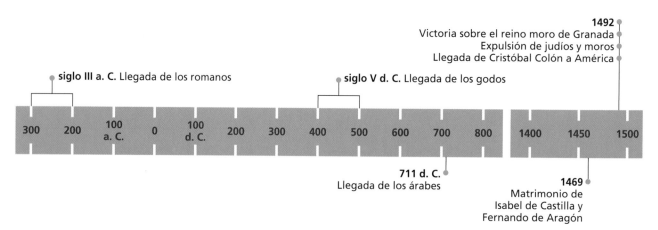

Antes de 1492, curiosamente el año en que Cristóbal Colón llegó a América, España no era un país como el que hoy conocemos. En ese año, los Reyes Católicos Isabel y Fernando ganaron la batalla contra el último reino árabe que quedaba en España: el reino de Granada. Con esa victoria, Isabel y Fernando, quienes habían unido con su matrimonio los dos poderosos reinos de Castilla y Aragón, empezaban a ver realizado su proyecto de unificar todos los reinos de la península bajo su poder. Ese mismo año decidieron unificar religiosamente el país y decretaron[c] la expulsión de todas las personas que no fueran católicas, es decir, los judíos y moros que no quisieran convertirse a la religión católica. Se puede decir que el año 1492 fue un año crucial en la historia de América y de España.

[c]*decreed*

Un muro de La Alhambra de Granada, España, con su delicado trabajo de estuco con versos coránicos y sus azulejos

Tertulia

- ¿Ven diferencias o semejanzas entre los comienzos históricos de España y los de su país?
- En su opinión, ¿cuáles han sido los años cruciales en la historia de su país?

Reflexiona antes de leer

Sobre la lectura

Esta lectura apareció en una revista que se llama *Geo*, y es la primera parte de un artículo más largo titulado «México antiguo». ¿Qué clase de revista piensas que es *Geo*? ¿Qué tipo de lectores puede tener? ¿Hay alguna revista similar que tú conozcas?

VOCABULARIO ÚTIL	
el acontecimiento	*event*
el águila	*eagle*
el florecimiento	*flourishing*
la huella	*track; print*
el/la vecino/a	*neighbor*
florecer (zc)	*to bloom*
hallar	*encontrar*
capaz	*capable*
meridional	*southern*
suyo/a	*his/hers/ theirs/yours (formal)*

Actividad 1   Oraciones incompletas

Completa las siguientes oraciones con una palabra apropiada del **Vocabulario útil.**

1. Acaban de _____ la _____ de un animal prehistórico que no se conocía.
2. Este libro no es mío, así que debe ser _____.
3. La región _____ de la Argentina y Chile es muy fría porque está muy cerca de la Antártida.
4. El _____ es un símbolo nacional en varios países, entre ellos los Estados Unidos y México.
5. El ataque contra las Torres Gemelas fue uno de los _____ más trágicos de este nuevo siglo.
6. Muchas personas prefieren vivir en una casa para tener menos _____ y tenerlos más apartados.
7. ¿Cuánto tiempo eres _____ de aguantar sin respirar?
8. Las lilas _____ en mayo.

Actividad 2   ¿Qué asocias con...?

Contesta las siguientes preguntas.

1. ¿Qué asocias con el adjetivo «antiguo/a»? ¿Con qué palabra en inglés lo relacionas?
2. ¿Qué asocias con la expresión «mosaico de pueblo»?
3. ¿Qué sabes o qué asocias con la frase «México antiguo»?
4. Si alguien usara la frase «los Estados Unidos antiguos», ¿te parecería extraño? ¿Por qué? ¿Con qué asociarías esta frase?

Estrategia de lectura: párrafo introductorio de un artículo

Es muy común que un artículo de una revista, e incluso de un periódico, lleve un pequeño párrafo que introduce el tema del artículo, a fin de estimular el interés de los posibles lectores. Este párrafo suele aparecer con letras más grandes que el resto, y no siempre aparece justo debajo del título. También puede estar junto a una foto en la primera página del artículo. Éste es el párrafo de introducción del artículo que vas a leer:

> Todo se inició cuando los olmecas lograron dominar la agricultura. Y acabó con la caída[a] del imperio azteca ante las tropas[b] de Cortés. En el ínterin,[c] mayas, teotihuacanos, toltecas, mixtecas, zapotecas y muchos otros pueblos dibujaron el mosaico cultural más variado y apasionante de la historia americana.

[a] *fall*   [b] *troops*   [c] En... *Meanwhile*

En parejas, antes de leer el artículo, hagan una lista de los temas que esperan que se traten, según el párrafo de introducción. Comenten también si, en su opinión, este párrafo expone de forma interesante el contenido del artículo que le sigue.

Cuando finalmente lean el artículo, verifiquen si sus expectativas eran correctas y si el párrafo anterior es una buena introducción.

Un mosaico de pueblos diseminados por tres milenios

Ocurrió en algún difuso momento entre los años 1500 y 1200 a. C., coincidiendo con el dominio de Micenas en el Mediterráneo y el éxodo judío de tierras egipcias. Entre los húmedos y pantanosos terrenos[a] al sur de Veracruz y junto al Golfo de México, un conglomerado humano empezó a distinguirse de sus vecinos merced[b] a su habilidad manual, su capacidad de organización y su inteligencia para cultivar el maíz. De origen desconocido, se denominaban[c] olmecas e iban a convertirse en los «padres» de las civilizaciones mesoamericanas. Suyas fueron las primeras obras de arte de las que se tienen noticias en esta parte del mundo: las gigantescas esculturas de piedra —destacan[d] las ocho cabezas de más de veinte toneladas cada una halladas en San Lorenzo— y los objetos ceremoniales que crearon un estilo iconográfico propio, donde animales como el jaguar y el águila desempeñaban[e] un rol preponderante. Fueron ellos quienes erigieron[f] en La Venta un amplio espacio cónico que, cronológicamente, fue la primera pirámide de las que brotarían[g] en los treinta siglos siguientes. En Tres Zapotes vivieron los precursores de la escritura jeroglífica, así como los inventores del calendario de dos ciclos y del sistema de la cuenta larga que, más tarde serían utilizados por diversos pueblos de la región.

La cultura olmeca, cuyo apogeo[h] duró hasta el siglo 600 a. C., influyó en todos sus vecinos, a través de los contactos mantenidos con los pueblos del valle central, de Oaxaca y de los límites meridionales de Mesoamérica. Las distancias que separan los distintos ámbitos geográficos de México han jugado un papel[i] crucial en la historia de sus pueblos. Porque, sin impedir las relaciones entre ellos, favorecieron el florecimiento simultáneo de culturas diferentes.

(*continues*)

[a] pantanosos... *swamp areas*

[b] *gracias*

[c] *llamaban*

[d] *stand out*

[e] *played*
[f] *erected*

[g] *would emerge*

[h] *peak*

[i] han... *have played a role*

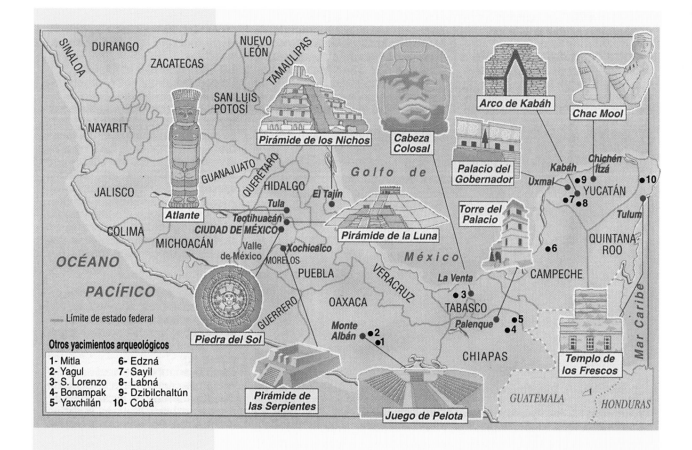

Otros yacimientos arqueológicos

1- Mitla	6- Edzná
2- Yagul	7- Sayil
3- S. Lorenzo	8- Labná
4- Bonampak	9- Dzibilchaltún
5- Yaxchilán	10- Cobá

Teotihuacán, dueña del valle

Casi al mismo tiempo, en el valle de México crecían las ciudades de Cuicuilco y Teotihuacán, y en el área de Yucatán y Chiapas daba sus primeros pasos la civilización maya. Respecto a Monte Albán, fue un importante centro económico de Oaxaca que conoció dos grandes fases[j] expansivas —Monte Albán I y II— y cuya caída, alrededor del año 700, está íntimamente relacionada con el declive[k] de Teotihuacán.

Esta ciudad se convirtió en la gran dominadora[l] del valle central desde el año 100 a.C. hasta el año 750 d.C. La cercanía[m] de las minas[n] de Pachuca dio a su gente el monopolio en la manufactura y comercio de obsidiana, materia prima fundamental para la fabricación de puntas de flecha,[o] cuchillos, hojas,[p] utensilios varios y adornos artesanales. Además, la zona era paso obligado en la ruta comercial desde la cuenca[q] de México hacia el oeste y el sur; y el centro poseía una gran trascendencia religiosa.

Todos los factores asociados dieron lugar a la ciudad más grande de la época. Ciertos historiadores cifran[r] hasta en 200.000 las personas que se aglomeraban[s] en una urbe[t] compuesta por 2.000 edificios de viviendas, 600 pirámides, 500 zonas comerciales y enormes mercados.

Con un extraordinario poderío militar, religioso y comercial, Teotihuacán se convirtió en el mayor imperio de la historia mesoamericana. Su influencia, notable en todos los campos, se

[j]*phases*
[k]*decline*
[l]*dominator*
[m]*proximity* [n]*mines*

[o]*puntas... arrowheads* [p]*blades*

[q]*valle*

[r]*estiman*
[s]*se... vivían juntos* [t]*ciudad*

dispersó^u hacia los cuatro puntos cardinales. Sus huellas pueden encontrarse en la zona del Golfo, en Oaxaca, en las tierras bajas mayas (Tikal), al oeste del Altiplano mexicano (Ixtepete y Tingambato) y en la cultura chalchihuite del norte desértico.

Cuanto más se conoce la grandeza de esta civilización, más difícil es descubrir las causas que condujeron a su espectacular y súbito derrumbamiento.^v Las teorías hablan de destrucciones rituales, invasiones foráneas e impresionantes sequías,^w pero nadie ha dado, aún, una respuesta concluyente^x al misterio.

Mientras esto ocurría en el noreste del valle central, una cultura esencial de Mesoamérica, la maya, despuntaba^y en Chiapas. Durante 1.500 años de evolución, los mayas edificaron^z la civilización más avanzada de la América precolombina. Sus imponentes^{aa} monumentos, sus conocimientos astronómicos y matemáticos, sus magníficas obras de arte, su intrincada organización social y su complicada escritura no tienen parangón^{bb} en otros pueblos.

[...] Por causas que aún son imprecisas, alrededor del año 800 la mayoría de las ciudades mayas del sur fueron abandonadas por sus habitantes, que emigraron hacia la península de Yucatán, tanto a la región Puuc (al noroeste) como a la franja^{cc} central. [...]

La zona central yucateca, por su parte, recibió a los itzáes o putones provenientes del sur de Tabasco y Veracruz. Ellos fueron los responsables de la primera etapa de esplendor de Chichén Itzá, acontecimiento que ocupó los últimos años de lo que se conoce como período clásico maya. De todos modos, los grandes edificios de Chichén Itzá —el Caracol, el Castillo, el templo de los Guerreros— se levantarían tiempo más tarde, cuando los toltecas invadieron Yucatán motivando un renacer que duraría hasta 1183.

Tollan, la ciudad mítica

Pero si todo esto ocurría en el país maya, la caída de Teotihuacán había sacudido^{dd} las estructuras del valle central. El reacomodamiento^{ee} de los pueblos habitantes de la región duró un siglo y medio, hasta que los toltecas, a finales del siglo IX, fundaron Tula (la mítica Tollan que los aztecas mencionaban tanto).

Erigida 65 kilómetros al noreste de Teotihuacán, nunca alcanzó el tamaño^{ff} de ésta ni fue un ejemplo de trazado^{gg} urbano, pero las 35.000 a 60.000 personas que la habitaron en el momento de su apogeo, convirtieron al estado tolteca en dueño de Mesoamérica hasta el año 1200.

Apoyados en su fuerza militar y su violencia, los toltecas llevaron su influencia por doquier.^{hh} El país maya, Oaxaca, la zona del golfo de México y los pueblos occidentales adoptarían, a partir de entonces, los rasgos más salientes de su cultura.

El dominio de Tula se extinguió alrededor del año 1100, pero desde ese momento, todo soberanoⁱⁱ mesoamericano que quisiera demostrar su alcurnia^{jj} debía tener ascendencia tolteca en su árbol genealógico. Su caída permitió resurgir a algunos pueblos de Oaxaca que habían vivido sometidos.^{kk} Tales fueron los casos de los mixtecas, al norte, y los zapotecas, al sur. [...]

(continues)

^uextendió

^vsúbito... *sudden fall*
^winvasiones... *foreign invasions and severe droughts*   ^x*conclusive*

^ycomenzaba
^zconstruyeron
^{aa}*imposing*

^{bb}comparación

^{cc}zona

^{dd}*shaken up*   ^{ee}*relocation*

^{ff}alcanzó... *reached the size*
^{gg}*design*

^{hh}por... *por todas partes*

ⁱⁱ*ruler*
^{jj}*ancestry*

^{kk}dominados

Desde Aztlán hasta el Gran Lago

Junto al mar, los huastecas —descendientes de los mayas-quiché— legaron[ll] sus trabajos en concha y hueso[mm] y un estilo arquitectónico propio en Tamuin. Al oeste de las montañas, los guerreros tarascos erigieron, en Tzintzuntzan, su capital, las yácatas, pirámides escalonadas[nn] y circulares sobre plataformas también escalonadas.

Mientras tanto, diferentes grupos migratorios se instalaban junto al Gran Lago del valle central, estableciendo varios centros de poder. Los últimos en llegar, provenientes de una misteriosa y mítica ciudad, Aztlán, fueron los aztecas o mexicas. Los pueblos ya ubicados[oo] les dieron un territorio entre otros dominios, lo que originó fricciones continuas. La tranquilidad para los seguidores de Huitzilopochtli sólo llegó en el siglo XIV, cuando fundaron las ciudades de Tenochtitlán y Tlatelolco.

A partir de allí, y tras la coronación[pp] de Acamapichtli como soberano, fue creciendo un impresionante imperio que, aunque jamás estuvo unificado, les llevó a dominar todo el centro de México, desde el Golfo al Pacífico y desde el desierto septentrional al istmo de Tehuantepec.

Fatal exceso de poder

Geniales estrategas[qq] de guerra, los mexicas fueron avanzando a medida que estratificaban[rr] la sociedad y centralizaban el poder en la figura del soberano. Esta concentración de mando[ss] resultaría fatal. Habitualmente respetuosos con el estilo de vida de los pueblos que iban sumando al imperio, el acceso al trono de Moctezuma II dio paso a una tiranía sangrienta y humillante[tt] que provocó rebeliones y un descontento generalizado. Los recelos, el encono y el ansia de venganza anidaban[uu] en muchos pueblos cuando Hernán Cortés desembarcó[vv] en Veracruz en abril de 1519. Ese estado de ánimo explica, en parte, las facilidades que los españoles encontraron para derrumbar,[ww] en apenas[xx] dos años, la última gran civilización precolombina de Mesoamérica.

[ll]dejaron [mm]concha... *conch shell and bone*

[nn]*with steps*

[oo]asentados

[pp]*crowning*

[qq]*strategists*
[rr]*stratified*
[ss]*command*

[tt]sangrienta... *bloody and humiliating*
[uu]Los... *The distrust, the rancor, and the hunger for revenge nestled*
[vv]*disembarked* [ww]*to topple*
[xx]*scarcely*

Comprensión y discusión

Actividad 3 ¿Está claro?

Empareja los detalles históricos con el pueblo correspondiente.

Detalles históricos

1. _____ Fundaron la ciudad de Tula en el siglo IX d. C.
2. _____ Eran descendientes de los mayas.
3. _____ Pueblo del norte de México.
4. _____ Pueblo del sur de México.
5. _____ Fueron los padres de las civilizaciones mesoamericanas.
6. _____ Tuvieron la ciudad más importante del valle Central hasta 750 d. C.

Pueblos

a. los olmecas
b. los zapotecas
c. los toltecas
d. los aztecas
e. los huastecas
f. los mixtecas
g. los mayas

7. _____ Su cultura comenzó en la región de Chiapas.

8. _____ También se llaman mexicas.

9. _____ Chichén-Itzá, en la península de Yucatán, es una de sus ciudades más representativas.

10. _____ Ser descendiente suyo se convirtió en prueba de nobleza (*nobility*).

11. _____ Tuvo un declive súbito (*sudden*) y misterioso.

12. _____ Tuvieron su apogeo antes del 600 a. C.

13. _____ Fundaron Tenochtitlán.

14. _____ Tuvieron la civilización más sofisticada de la Mesoamérica precolombina.

Actividad 4   La línea cronológica de *México antiguo*

Explica la importancia de las siguientes fechas, basándote en la información del artículo sobre México antiguo.

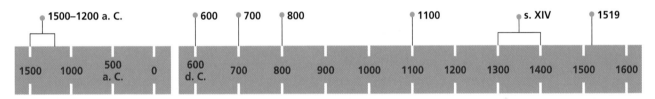

Actividad 5   Correcciones y explicaciones

Todas las oraciones siguientes contienen información falsa. Corrígelas y expándelas usando información de la lectura.

1. Todas las civilizaciones mesoamericanas surgieron al mismo tiempo.

2. Las distancias dentro del territorio de México fueron un obstáculo para que surgieran civilizaciones simultáneas.

3. Los pueblos posteriores a los olmecas sólo heredaron de éstos el concepto de las pirámides.

4. La superioridad de los españoles en la batalla les aseguró la conquista de los aztecas.

Tertulia   Hablando de civilizaciones

- ¿Qué temas se suelen enfocar para hablar de una civilización?
- Si Uds. fueran reporteros de otro planeta y estuvieran descubriendo la civilización estadounidense actual, ¿cómo la describirían? ¿Qué cosas creen Uds. que serían importantes de mencionar? ¿Cuál sería el legado (*legacy*) de esta civilización?

REDACCIÓN   Un ensayo (Paso 1)

Tema

La preparación de un borrador para un ensayo

Antes de escribir

- En esta última unidad vas a escribir un trabajo de investigación, con el cual podrás repasar las técnicas de escritura practicadas en capítulos anteriores, esta vez aplicadas a un texto un poco más extenso. Tu profesor(a) decidirá la extensión que debe tener tu trabajo y las opciones de tema.

- Para este capítulo, vas a preparar el borrador de tu ensayo, siguiendo las sugerencias a continuación. Un borrador es la primera versión de un escrito y es un paso importantísimo para cualquier tipo de escritura, especialmente para un trabajo de investigación. (En el **Capítulo 11,** tendrás la oportunidad de trabajar sobre la segunda versión.)

- Escoge un tema y haz la investigación necesaria. Es importante centrarse bien en ese tema.

- Decide a qué tipo de posibles lectores estará orientado el texto y cuál es su propósito: ¿informar? ¿convencer?

Recordatorio	
el borrador	*draft*
el ensayo	*essay*
la ortografía	*spelling*

Mientras escribes

- Crea un primer esqueleto del texto, aunque éste puede cambiar en la siguiente versión. Utiliza una o más de las técnicas de pre-escritura: la lluvia de ideas, la escritura automática o el esquema.

- El borrador debe ser pensado y escrito en español, aunque no sepas expresar perfectamente todas las ideas o cometas errores gramaticales y ortográficos: lo importante es poner en el papel las ideas que se van ocurriendo.

- Es importante incorporar en el borrador todos los aspectos del tema que podrías tratar, aunque luego decidas sólo centrarte en algunos.

- Finalmente, es aconsejable hacer una lista de palabras útiles relacionadas con el tema, aunque algunas estén al principio en inglés: la segunda versión del borrador será el momento de buscarlas en el diccionario.

Después de escribir

Guarda el borrador con los apuntes y las listas de palabras. Lo vas a necesitar en el **Capítulo 11.**

No te olvides de mirar el Apéndice I, **¡No te equivoqes!,** para evitar errores típicos de los estudiantes de español. Para esta actividad de escritura, se recomienda que prestes atención a **Cómo se expresa** *to ask* (página 356).

Consulta tu *Cuaderno de práctica* para encontrar más ideas y sugerencias que te ayuden a escribir el borrador.

■ Gramática en acción: las consecuencias de la llegada de los españoles a América para los indígenas

Completa los siguientes párrafos con la forma correcta de los verbos entre paréntesis. Puedes usar el pretérito o imperfecto de indicativo, imperfecto de subjuntivo o condicional.

No hay duda de que la población indígena _____[1] (sufrir) después de la llegada de los españoles y los otros europeos a América. Es cierto que los diferentes imperios precolombinos también _____[2] (hacer) guerras y _____[3] (causar) destrucción y muerte entre los pueblos vecinos antes de que _____[4] (llegar) los españoles. Pero no es posible que las consecuencias de esas guerras _____[5] (ser) comparables con el daño físico, emocional y cultural causado por los españoles y otros pueblos europeos posteriormente. Hoy día _____[6] (poder) existir en Latinoamérica una población indígena mucho mayor.

Los españoles _____[7] (traer) guerra, esclavitud y trabajo forzado a los indígenas americanos. Como si todo esto _____[8] (ser) poco, es probable que lo peor que les _____[9] (dejar) los españoles _____[10] (ser) en realidad sus enfermedades. Enfermedades tan comunes para los europeos como la influenza y la varicela[a] _____[11] (ser) desconocidas para los indígenas y fueron mortales para ellos, porque _____[12] (acabar) con millones de vidas en pocas décadas.

[a]*chicken pox*

◈ Proyectos en tu comunidad: La presencia indígena en el continente americano

Para efectos de este capítulo tu comunidad abarca todo el actual territorio de tu país. Investiga una de las palabras y culturas de la lista a continuación. El objetivo es averiguar (*to find out*) qué relación tienen con tu país y los países latinoamericanos.

Atzlán   Arahuacos   Taínos   Indios Pueblo   Inuit   Metis

▦ Tertulia final   Los pueblos indígenas en los Estados Unidos y el Canadá

En este capítulo Uds. han leído un poco sobre el pasado y el presente de los pueblos indígenas en países latinoamericanos. ¿Cómo se comparan su civilización y su historia a la de los pueblos indígenas de su país? ¿Cómo es la situación actual de estos pueblos? ¿Tienen una presencia importante en su estado o provincia? Deben intercambiar la información que sepan y buscar algunos hechos de los que no estén seguros.

«Vale un Perú.» *«Esto es Jauja.»*†

*La fortaleza de San Felipe del Morro, en San Juan de Puerto Rico,
domina la entrada a la bahía de San Juan. Fue construida en el siglo
XVI, y es uno de los varios puestos de defensa que se construyeron
para proteger la isla de los ataques extranjeros.*

En este capítulo

*Una expresión para referirse a algo muy rico o costoso: el Perú tiene importantes minas de plata.
†Jauja, la primera capital del Perú, por su riqueza y clima agradable se convirtió en sinónimo de vivir muy bien.

Reflexiona antes de leer • **En busca del Nuevo Mundo**

El autor del siguiente artículo es el político y escritor venezolano Arturo Uslar Pietri (1906–2001). Uslar Pietri defiende la idea de que América es un continente mestizo y que ésta es la verdadera razón para llamarlo «Nuevo Mundo». ¿Crees que los Estados Unidos y el Canadá también encajan (*fit*) en esa descripción? ¿Por qué?

En busca del Nuevo Mundo, *Arturo Uslar Pietri*

Lo que vino a realizarse en América no fue ni la permanencia del mundo indígena, ni la prolongación de Europa. Lo que ocurrió fue otra cosa y por eso fue Nuevo Mundo desde el comienzo. El mestizaje[a] empezó de inmediato por la lengua, por la cocina, por las costumbres. Entraron las nuevas palabras, los nuevos alimentos, los nuevos usos. Podría ser ejemplo de esa viva confluencia creadora aquella casa del capitán Garcilaso de la Vega en el Cuzco recién conquistado. En un ala[b] de la edificación estaba el capitán con sus compañeros, con sus frailes[c] y sus escribanos,[d] metido en el viejo y apretado pellejo[e] de lo hispánico, y en la otra, opuesta, estaba la ñusta[f] Isabel, con sus parientes incaicos, comentando en quechua el perdido esplendor de los viejos tiempos. El niño que iba a ser el Inca Garcilaso iba y venía de una a otra ala como la devanadera que tejía la tela[g] del nuevo destino.

Garcilaso de la Vega, el Inca, (1539–1616) —escritor peruano, hijo de noble español y princesa inca— escribió Comentarios reales, *sobre la historia y las instituciones del imperio inca, y la* Historia general del Perú, *sobre la conquista de esas tierras por los españoles y las guerras civiles.*

[a]*miscegenation (mixing of races)*

[b]*wing*

[c]*friars*   [d]*scribes*

[e]*apretado... tight skin*

[f]*princesa*

[g]*devanadera... spool that wove the fabric*

Después de leer

Decide si las siguientes oraciones son ciertas o falsas, y corrige las falsas según el texto.

1. Para Uslar Pietri el «Nuevo Mundo» lo fue porque antes era desconocido en Europa.

2. El mestizaje sólo es una cuestión de raza.
3. La familia del Inca Garcilaso tenía que vivir en dos casas diferentes.
4. El mestizaje en América implica creación y novedad.

 Reflexiona antes de mirar • **La Guerra Hispano-Americana**

¿Qué sabes del tema? ¿Puedes contestar las siguientes preguntas?

1. ¿En qué guerras lucharon los Estados Unidos en el siglo XIX?
2. ¿Hasta cuándo duró el imperio español?
3. ¿Qué sabes de la frase «*Remember the Maine*»?

VOCABULARIO ÚTIL	
el buque de guerra	*warship*
apuñalar	*to stab*
arribar	*to arrive*
culpable	*guilty*
al borde de	*on the edge of*

Después de mirar

¿Cierto o falso? Corrige las oraciones falsas según la información del vídeo.

1. La Guerra Hispano-Americana ocurrió a mediados del siglo XIX.
2. Fue una guerra entre Cuba y los Estados Unidos.
3. La guerra tuvo lugar en Maine.
4. La guerra implicó el final del imperio español.
5. Fue la primera guerra filmada.

⊛ **DE REPASO**

la arquitectura
el arte → las artes
el comercio
la conquista
la escultura
el gobierno
la iglesia
la pintura
conquistar
mestizo/a

■ La vida en la colonia

Una plantación de caña de azúcar

el alcalde / la alcaldesa	*mayor*
el colono	*settler*
el/la criollo/a*	*Creole*
el/la esclavo/a	*slave*
la esclavitud	*slavery*
el mestizaje	*miscegenation; mixing (of race/culture)*
el/la gobernador(a)	*governor*
la mina de oro/plata	*gold/silver mine*
la plantación de cacao/ caña de azúcar	*cocoa / sugarcane plantation*

Cognados: **el comercio marítimo, la provincia**
Repaso: **el emperador, la emperatriz, la reina, el rey**

■ El arte y el urbanismo: los edificios

el ayuntamiento	*town hall*
el castillo	*castle*
la catedral	*cathedral*
la monja	*nun*
el monje	*monk*
la oficina de correos	*post office*

Cognados: **el convento, la hacienda, el monasterio, el palacio**

---

*En Latinoamérica originalmente, **criollo/a** era una persona de ascendencia española pero nacida en el Nuevo Mundo. En la actualidad, el adjetivo **criollo/a** también se refiere a algo que es nativo de América, en contraste con lo extranjero.

■ El arte y el urbanismo: las partes de un edificio

Altar mayor de la Iglesia de la Compañía de Jesús,
Quito, Ecuador

la bóveda	*vault*
el campanario	*bell tower*
la cúpula	*dome*
la escalera	*stair*
la fachada	*façade*
el piso	*floor/story*
la torre	*tower*

Cognados: **el altar, la columna**

■ El arte y el urbanismo: los estilos artísticos

La Catedral de Santa María la Menor, Santo Domingo, República Dominicana

el Renacimiento	*Renaissance*
renacentista	*Renaissance (adj.)*
bello/a	*beautiful, pretty*
hermoso/a	*beautiful, pretty*
recargado/a	**con exceso de ornamentación**

Cognados: **abstracto/a, barroco/a, colonial, impresionista, neoclásico/a, surrealista**

■ Expresiones útiles para explicar ideas

de hecho	*in fact / de facto*
o sea	*that is*
por (lo) tanto	*therefore*

Actividad 1   Asociaciones

Paso 1   ¿Qué palabras del vocabulario asocias con las siguientes cosas y personas? ¿Por qué?

1. la comida de Nueva Orleáns
2. Napoleón Bonaparte y Josefina
3. una corona
4. un cartero
5. un monje
6. un servicio religioso
7. el mar
8. el azúcar
9. una misión de California

Paso 2 Di cuál de las palabras no pertenece a cada grupo y por qué.

1. la emperatriz la reina la gobernadora
2. la iglesia   el convento el castillo
3. barroco   abstracto   surrealista
4. la torre   el piso   la bóveda
5. el criollo   mestizo   el conquistador
6. la plantación   la provincia la hacienda

Actividad 2 Definiciones

Paso 1 ¿A qué palabras del vocabulario corresponden las siguientes definiciones?

1. un lugar público donde se reciben y entregan cartas
2. palabra que indica que se han mezclado dos o más razas
3. el trasladar en barco productos para su venta
4. la división territorial de algunos países
5. la persona que gobierna sobre un territorio
6. el lugar dentro de la catedral donde los sacerdotes celebran la misa
7. una finca agrícola, a menudo con casa donde habitan los dueños y/o agricultores

Paso 2 Ahora te toca a ti definir los siguientes términos, pero sin usar las palabras entre paréntesis.

 Ejemplo: la oficina de correos (las cartas, los sellos) →
      Es un lugar donde el público recibe y envía paquetes y
      mensajes para ser entregados a domicilio.

1. el ayuntamiento (el alcalde, el gobierno)
2. la catedral   (la iglesia, grande)
3. el esclavo   (África, la raza)
4. el monasterio   (la iglesia, la religión)
5. la columna   (la arquitectura, el Partenón)
6. el palacio   (la casa, rico)

Actividad 3 Estilos artísticos

Relaciona cada uno de los siguientes artistas con los diferentes estilos artísticos que aparecen en el vocabulario. ¿Conoces a otros artistas del mismo estilo?

1. Dalí 2. Van Gogh 3. Da Vinci 4. Velázquez 5. Miró

Actividad 4 Arquitectura

¿Qué elementos arquitectónicos se ven en estos edificios?

Actividad 5 La catedral de México

Completa este párrafo usando las siguientes palabras del vocabulario.

barroco	catedral	fachada	por (lo) tanto
bóveda	de hecho	iglesias	torres

La _____[1] de México se empezó a construir en 1535 y se terminó dos siglos después; _____[2] en su construcción participaron varios arquitectos diferentes. Uno diseñó sus altas _____,[3] otro, la _____.[4] La estupenda _____[5] exterior muestra elementos del neoclasicismo, el plateresco y de la ornamentación recargada del _____.[6] Es un edificio muy bello, _____[7] está considerado como una de las _____[8] más hermosas del Nuevo Mundo.

Actividad 6 Edificios famosos

Averigua cuál de los edificios que conoce le gusta más a uno/a de tus compañeros/as de clase. Éstas son algunas de las preguntas que le puedes hacer.

¿Cuándo fue construido? ¿Cómo es? ¿Para qué sirve?
¿Dónde se encuentra? ¿A qué estilo pertenece?

Actividad 7 Lo esencial en una ciudad

En parejas, comenten cuáles son los edificios esenciales en una ciudad o pueblo grande. ¿Por qué son tan importantes esos edificios? ¿Existen en la ciudad de origen de Uds.? ¿Son especiales en cuanto a su arquitectura? ¿Creen Uds. que hay diferencias entre la arquitectura de una ciudad hispánica y la de una ciudad de su país?

ESTUDIO CULTURAL El barroco

«El barroco, asimismo, abre un espacio donde el pueblo conquistado puede enmascarar su antigua fe y manifestarla en la forma y el color, ambos abundantes, de un altar de ángeles morenos y diablos blancos.»*

El barroco es un movimiento artístico que comienza en Europa en el siglo XVII y dura más o menos un siglo. En España es el movimiento preponderante en lo que se llama el Siglo de Oro de las artes. Es un estilo muy dramático que en arquitectura demuestra un gusto por el exceso de ornamentación. El barroco coincide con una época de gran actividad religiosa por toda Europa y por consiguiente en España. A las reformas propugnadas por Martín Lutero, la iglesia católica responde con una «Contrarreforma», es decir, con una defensa extrema de los valores tradicionales católicos. Esta actitud se refleja en las artes visuales, donde se producen obras que quieren enseñar e inspirar respeto: nada más provocador de piedad y miedo por la vida eterna que un Cristo sangrante[a] y moribundo, un mártir en sus últimos momentos de dolor o la imagen de la Virgen María como madre resignada[b] y sufriente. Estos símbolos fueron poderosísimos en la cristianización de los nuevos pueblos.

[a]*bleeding* [b]*defeated*

(*continues*)

Los cinco soles de México. Memoria de un milenio, Carlos Fuentes, Seix Barral, 2000

*La iglesia de Santa María de Tonanzintla, en
Cholula, Puebla, México: un ejemplo del barroco
mexicano*

Aunque el barroco llega a América un poco más tarde, lo hace en un
momento de gran expansión colonial y se convierte en un vehículo
extraordinario de expresión artística en las nuevas colonias. Muchas iglesias
bellísimas del Nuevo Mundo se hacen en esta época. La importancia del
barroco en América se debe a que es capaz de incorporar las estructuras
europeas con detalles pertenecientes al acervoᶜ cultural indígena, lo cual
da lugar a una estética mestiza. De esa manera, los artistas indígenas,
entrenados por los españoles, podían con frecuencia dejar su marca, como lo
muestra el escritor Carlos Fuentes en la cita que abre este **Estudio cultural.**

ᶜ*wealth*

Tertulia

- ¿Qué tendencias espirituales piensan Uds. que forman la base de su país?
  ¿Les parece una situación similar a la de los países hispanoamericanos?
- ¿Qué movimientos estéticos asocias más con su país o con su estado o
  provincia de origen? ¿Qué edificios o espacios públicos?

25. CONTEXTOS DEL SUBJUNTIVO EN EL PASADO: EL PASADO
PERFECTO O PLUSCUAMPERFECTO DE SUBJUNTIVO

Repaso

El imperfecto de subjuntivo
(**Capítulo 10**)

«...les prometió que volvería después que los siglos designados **hubiesen
pasado**...»*

«...y por lo mismo se disolvió sin que los miembros que le componían
hubiesen podido acordarse en las reformas que meditaban.»†

Forms

The pluperfect subjunctive is formed with the imperfect subjunctive of
haber followed by a past participle.

imperfecto de subjuntivo de *haber* + participio pasado	
hubiera desarroll**ado**	**hubiéramos hecho**
hubieras crec**ido**	**hubierais vuelto**
hubiera consum**ido**	**hubieran visto**

Recordatorio

The form of the imperfect subjunctive ending in **-ese** can also
be used for the pluperfect
subjunctive, but is less common.

yo **hubiese** consumido
ellos **hubiesen** ganado

Notice the examples at the
beginning of this **Estudio de
estructuras.**

Uses

The pluperfect subjunctive appears in contexts that require the subjunctive
and a pluperfect tense. Look at the examples for each type of clause.

- **Expressions of influence, doubt, judgment, and emotion (nominal
  clauses)**

  Los criollos se quejaban de que el
  gobierno no les **hubiera otorgado**
  todos sus derechos.
  Mis padres no creían que yo
  hubiera estudiado lo suficiente
  cuando vieron la C en cálculo el
  semestre pasado.

  *The Creoles complained that the
  government had not granted them
  all of their rights.*
  *My parents didn't think that I had
  studied enough when they saw the
  C in calculus last semester.*

- **Clauses that function like adjectives (adjective clauses)**

  Buscaban a alguien que **hubiera
  visto** el accidente.
  En su opinión, no había ningún
  país que **hubiera hecho** lo
  suficiente para preservar sus
  culturas indígenas.

  *They were looking for someone who
  had seen the accident.*
  *In his opinion there was no country
  that had done enough to preserve its
  indigenous cultures.*

---

*«Carta de Jamaica», Simón Bolívar, 1815
†«Mensaje al Congreso Constituyente de la República de Colombia», Simón Bolívar, 1830

- **Clauses that function like adverbs (adverbial clauses)**

Habría terminado el informe tan pronto como **hubiera recibido** el visto bueno. (Pero nunca lo recibió.)	*He would have finished the report as soon as he had received the go-ahead. (But he never got it.)*
El profesor se fue sin que yo le **hubiera dado** el examen.	*The professor left without my having given him the exam.*
Aunque sus antepasados **hubieran nacido** en España, los criollos se sentían americanos.	*Although their ancestors would have been born in Spain, the Creoles felt American.*

- *Si-*clauses in the past These clauses represent circumstances that cannot be changed because the time of the action has passed. They are followed or preceded by a conditional clause. (See also **Estudio de estructuras 26** in this chapter.)

Si yo **hubiera estudiado** más, habría sacado una nota mejor en el examen y ahora no estaría preocupado.	*If I had studied more, I would have received a better grade on the exam and now I would not be worried.*
Habría estudiado más si **hubiera tenido** más tiempo.	*I would have studied more if I had had more time.*

- *Como si* + pluperfect subjunctive **Como si** is always followed by the imperfect or pluperfect subjunctive.

John habla español como si **fuera** nativo.	*John speaks Spanish as if he were a native speaker.*
John habla español como si **hubiera crecido** en la Argentina.	*John speaks Spanish as if he had grown up in Argentina.*

- *Ojalá* + pluperfect subjunctive Followed by the pluperfect subjunctive **ojalá** expresses a wish for the past that is impossible because the time of the action has passed.

Ojalá **hubiera estudiado** más para el examen.	*I wish I had studied harder for the exam.*
Ojalá la conquista de América **no hubiera costado** tantas vidas indígenas.	*I wish the conquest of America had not cost so many indigenous lives.*

Actividad 1 Reflexiones sobre la historia

Completa las siguientes oraciones con la forma adecuada del pluscuamperfecto de subjuntivo o de indicativo, según sea necesario. Explica por qué en cada caso.

1. Los aztecas pensaron que Cortés era un dios porque nunca _hubiera visto_ (ver) una persona pelirroja y a caballo.
2. Más tarde, los aztecas desearon que los españoles nunca _hubieran llegado_ (llegar).
3. En el siglo XVIII muchos criollos decían que ya _hubieran pagado_ (pagar) demasiados impuestos a España.
4. Al principio del siglo XIX los criollos estaban horrorizados de que Francia _____ (ocupar) España, pues eso les afectaba directamente.
5. Los españoles se sentían como si gran parte de América siempre _____ (ser) suya.
6. En el siglo XIX, los españoles lamentaban que se _____ (perder) sus colonias.
7. En el siglo XX, los lingüistas buscaban gente que _____ (oír) las lenguas indígenas de niños.
8. A los lingüistas les dio lástima que tan pocos niños _____ (aprender) la lengua de sus antepasados.
9. Los lingüistas habrían estudiado los libros tan pronto como los _____ (encontrar), pero no había muchos.

Actividad 2 Otra historia

Completa las siguientes ideas según lo que tú sabes o imaginas de la historia de América.

Ejemplo: Ahora los latinoamericanos hablarían principalmente inglés en vez de español y portugués si...
...Colón hubiera llegado a América en una expedición financiada por el rey de Inglaterra.

1. Ahora los latinoamericanos hablarían principalmente inglés en vez de español y portugués si...
2. Es posible que Cortés no hubiera tenido éxito en la conquista de México si...
3. No habría habido tanto mestizaje en Iberoamérica si...
4. No hablaríamos ahora del barroco si...
5. La mayoría de los estadounidenses hablaría ahora español si...

Actividad 3   Oraciones incompletas sobre ti

Paso 1   Completa las siguientes oraciones con una cláusula que contenga un verbo en el pluscuamperfecto o en el imperfecto de subjuntivo o indicativo, de tal manera que tengan sentido para ti.

Ejemplos: Yo quería estudiar en la universidad de _____ porque... →
había oído decir que es muy buena.
Yo esperaba que la universidad de _____... → me hubiera
dado más ayuda económica.

1. Yo quería estudiar en la universidad de _____ porque...
2. Yo esperaba que la universidad de _____...
3. Yo sabía que quería asistir a _____ antes de que...
4. Habría aceptado ir a _____ con tal de que...
5. Ahora me siento en esta universidad como si...
6. En la escuela secundaria yo quería que...
7. En la escuela secundaria no conocía a ningún estudiante que...
8. Ojalá que mi amigo/a...

Paso 2   Ahora, basándote en tus propias oraciones, hazle preguntas a un compañero / una compañera para saber si sus experiencias coinciden con las tuyas.

Ejemplos: Yo quería estudiar en la universidad de _____ porque
había oído decir que es muy buena. → ¿En qué universidad
querías estudiar tú? ¿Por qué?
Yo esperaba que la universidad de _____ me hubiera
dado más ayuda económica. → ¿Esperabas que la
universidad te hubiera dado algo?

Actividad 4   Deseos

Expresa un deseo posible de realizar y otros dos improbables o imposibles usando la expresión **ojalá**. **¡OJO!** El presente de subjuntivo sirve para expresar cosas que pueden ocurrir (*I hope...*); el imperfecto de subjuntivo expresa deseos que son menos factibles (*I wish...*); y el pluscuamperfecto de subjuntivo expresa deseos que son imposibles de realizar (*I wish...*).

Ejemplos: deseo posible → Ojalá que **encuentre** un trabajo que me
pague más de diez dólares por hora.
deseo improbable → Ojalá que en el mundo **existiera** igualdad
de derechos y protección legal para todas las personas.
deseo imposible → Ojalá que el Holocausto nunca **hubiera
ocurrido.**

26. SITUACIONES HIPOTÉTICAS EN EL PASADO: EL CONDICIONAL PERFECTO

Repaso

El condicional (Capítulo 10)

«¿Quién se **habría atrevido** (*dared*) a decir tal nación será república o monarquía, ésta será pequeña, aquélla grande?»*

«...y a no ser que el sentimiento nacional hubiera ocurrido prontamente a deliberar sobre su propia conservación, la república **habría sido despedazada** (*torn to pieces*) por las manos de sus propios ciudadanos.»†

Forms

The perfect conditional is formed with the conditional of **haber** followed by a past participle.

condicional de *haber* + participio pasado	
habría desarrollado	**habríamos** hecho
habrías crecido	**habríais** vuelto
habría consumido	**habrían** visto

Uses

The conditional is used to express hypothetical actions in the past. These are actions that cannot be changed. Often these are accompanied by a **si**-clause, but not always.

Si Colón no hubiera llegado a América probablemente los españoles no **habrían sido** tan influyentes en el continente.

Yo no **habría aprendido** español sin mi abuela.

If Columbus had not arrived in America, the Spaniards probably would not have been so influential on the continent.

I would not have learned Spanish without my grandmother.

Other expressions can be used instead of the **si**-clause **"Si yo fuera tú (él, ella...)."**

Si yo fuera tú (él/ellos),
Yo que tú (él/ellos),
(Yo) En tu/su lugar,
} no lo habría hecho.

If I were you (him/them), I wouldn't have done it.

---

*«Carta de Jamaica», Simón Bolívar, 1815
†«Mensaje al Congreso Constituyente de la República de Colombia», Simón Bolívar, 1830

Actividad 1   ¿Qué habría pasado si...?

Paso 1   Completa las siguientes ideas con las formas apropiadas del condicional perfecto o del pluscuamperfecto de subjuntivo.

1. Si Cristóbal Colón _____ (creer) que la Tierra terminaba en el océano Atlántico, nunca _____ (hablar) con los Reyes Católicos para pedirles que le financiaran una expedición.

2. Si los Reyes Católicos _____ (ser) poco aventureros, nunca le _____ (dar) el dinero a Colón para su viaje.

3. Si los marineros de Colón _____ (hacer) lo que preferían, nunca _____ (llegar) al Caribe, sino que _____ (volver) a España.

4. ¿Los españoles _____ (respetar) más a los indígenas si la gente de entonces _____ (tener) un concepto más firme de los derechos humanos?

5. ¿Qué _____ (ocurrir) con los imperios azteca e inca si los europeos no _____ (descubrir) América para su propio beneficio?

Paso 2   En pequeños grupos, comenten las preguntas de los números 4 y 5 del **Paso 1**.

Actividad 2   ¿Qué habría ocurrido si...?

Mira los siguientes acontecimientos históricos importantes y piensa en lo que habría pasado si algo hubiera sido diferente.

Ejemplo: la llegada del Apolo XI a la luna → Si los astronautas del Apolo XI hubieran encontrado vida en la luna, se habrían asustado mucho / hoy estaríamos haciendo intercambios culturales con los «lunáticos».

1. la llegada del Apolo XI a la luna
2. la llegada del Mayflower a la costa noreste americana
3. el ataque terrorista contra las Torres Gemelas en 2001
4. el ataque a Pearl Harbor
5. el asesinato del presidente Kennedy
6. el descubrimiento de la penicilina

Actividad 3   Sor Juana Inés de la Cruz (México 1651–1695)

Completa este párrafo con la forma apropiada del imperfecto o pluscuamperfecto de subjuntivo o del condicional perfecto de los verbos entre paréntesis.

Sor Juana Inés de la Cruz es una de las escritoras latinoamericanas más importantes de la época colonial, autora de comedias, poesía y un montón de cosas más. Juana se hizo monja muy joven para que la sociedad _____[1] (poder) permitirle que _____[2] (dedicarse) a la escritura como era su deseo. Para una mujer bella e inteligente como Sor Juana, nunca _____[3] (ser) posible vivir de manera independiente en esa época. En el siglo XVII la sociedad exigía que una mujer _____[4] (casarse) o _____[5] (ser) monja. Su madre no le permitió que _____[6] (disfrazarse) de hombre para asistir a la universidad, donde _____[7] (poder) aprender todo lo que deseaba. En el convento ella estudiaba en su celda y cuando murió sabía tanto como si _____[8] (pasar) su vida estudiando en la universidad.

Hoy parece increíble que, en el pasado, una mujer _____[9] (tener) que ser monja para desarrollar su capacidad creativa e intelectual. Ojalá que la sociedad de siglos anteriores _____[10] (tratar) a las mujeres de manera más igualitaria y respetuosa.

Actividad 4   Una vida diferente

Paso 1   ¿Cómo habría sido tu vida si algunos factores hubieran sido diferentes? Haz una lista de cómo tu vida habría sido diferente, para bien o para mal, si dos o tres factores importantes hubieran sido diferentes.

Ejemplo: Si mis abuelos no hubieran emigrado de China, probablemente mis padres nunca se habrían conocido y, por tanto, yo no habría existido.

Paso 2   Ahora compara tus ideas del **Paso 1** con las de un compañero / una compañera y juntos preparen un pequeño informe para el resto de la clase sobre las cosas más sobresalientes de cada uno y lo que tienen en común.

Actividad 5   Traducción

Con un compañero / una compañera traduzcan los siguientes párrafos. **¡OJO!** No traduzcan palabra por palabra, porque las construcciones gramaticales no siempre coinciden entre el español y el inglés. Lo más importante es el contenido.

1. *The Spanish teacher returned the exam to us today, and my grade could have been better. The problem was that I was working on a play last week, and I didn't have much time to study. I wish I had had more time. If I had had the evening before the test free to study, I know I would have made a better grade.*

2. *Had the Spaniards not reached America in 1492, I wonder how much time would have passed until other Europeans would have found the unknown continent. It is fascinating that Europeans had visited Africa and Asia, but had no idea that America existed until the XVI century.*

Técnicamente, los nuevos territorios americanos no fueron originalmente una colonia, sino que se incorporaron a España como un reino más. A este respecto, es importante comprender que en 1492 España era un país de reciente construcción, que debía su unidad al matrimonio de los reyes de los reinos de Castilla y Aragón, Fernando e Isabel.

En España había dos organismos que regulaban los territorios americanos: la Casa de Contratación (1503), hoy también llamada Archivo de Indias, y el Consejo de Indias (1524), que se encargaba de los asuntos civiles y legales, así como del nombramiento de puestos de gobierno, administrativos y religiosos. La Casa de Contratación, que está en Sevilla, contiene toda la documentación sobre la conquista y colonización de América. Es un lugar esencial de estudio para historiadores de todo el mundo.

Los virreinatos de las Américas y sus capitales

En América, el territorio estaba dividido en virreinatos,[a] de los cuales llegaron a haber cuatro.

Nueva España (México), fundado en 1536
Perú (Lima), fundado en 1542
Nueva Granada (Bogotá), fundado en 1739
Río de la Plata (Buenos Aires), fundado en 1776

Cada virreinato estaba regido por un virrey,[b] o sea, un representante directo del rey que era capitán general y presidente de la audiencia. Los virreinatos estaban constituidos de varias provincias; cada una tenía su gobernador.

[a]*viceroyalties*   [b]*viceroy*

Tertulia

¿Cómo fue el origen de los Estados Unidos y/o del Canadá? ¿Cómo estaban incorporados a Inglaterra o Francia? ¿Es esta situación similar a la que había entre España y Latinoamérica en la época colonial?

La Misión San Luis Rey de Francia, cerca de Oceanside, California

Reflexiona antes de leer

Sobre la lectura

Simón Bolívar (Venezuela, 1783–1830) es conocido en la historia de Hispanoamérica como el Libertador. No sólo dirigió como militar batallas fundamentales que le dieron la independencia a Colombia, el Ecuador, Venezuela y el Perú, sino que además intentó constituir los nuevos países liberados en una gran federación, similar a los Estados Unidos o la actual Unión Europea. Desgraciadamente, Bolívar murió debido a su mala salud a los 47 años viendo cómo su gran sueño difícilmente se haría realidad.

El texto que vas a leer son fragmentos de la Carta de Jamaica, escrita por Bolívar en Kingston, Jamaica, en 1815, en una época de gran actividad militar en su vida. La carta está nominalmente dirigida a un inglés, pero se ve la intención de llegar a un público más amplio. En la carta, Bolívar explica las razones para la independencia de España, la necesidad de ayuda de Europa y las naciones liberales a la causa americana, y lo que debe ser el futuro de la América Latina.

VOCABULARIO ÚTIL	
animar	to cheer on; to encourage
atreverse	to dare
convidar	to invite
sobresalir (irreg.)	to excel; to stand out
majestuoso/a	majestic
desgraciadamente	unfortunately
mas	pero

Actividad 1 Oraciones

Completa las siguientes oraciones con las palabras de la lista del **Vocabulario útil.**

1. Una persona a quien le gusta _____ en todo puede ser muy desgraciada.
2. Fuimos al estadio a _____ a nuestro equipo, pero _____ perdió.
3. En Latinoamérica hay catedrales tan _____ como las de Europa.
4. La costumbre entre los españoles es que la persona que celebra su cumpleaños debe _____ a sus amigos a beber y comer algo.
5. Yo no _____ a comprar un carro de segunda mano sin consultar con alguien que entienda de mecánica.
6. La nota que saqué en la última prueba de español no fue muy buena, _____ no me preocupa mucho porque la nota más baja no cuenta para la nota final.

Actividad 2 Un nuevo país

En grupos pequeños, comenten algunas cuestiones que fueron importantes para el nacimiento de los Estados Unidos o del Canadá.

- ¿Por qué querían ser independientes las colonias?
- ¿Cómo se organizaron los ciudadanos para la lucha?
- ¿Recibieron las colonias ayuda de otros países? ¿De cuál(es)?
- ¿Qué principios eran importantes para el nuevo país? ¿Por qué?

Estrategia para leer: signos de puntuación

El punto y coma (;) y los dos puntos (:) son signos que se usan más en español que en inglés. **El punto y coma** puede indicar una de las siguientes condiciones.

- una conexión más fuerte entre las ideas de la oración que si hubiera un punto
- ideas que son paralelas dentro de una misma oración
- introducción de conectores como **sin embargo, por tanto, por consiguiente y por el contrario**

Observa este ejemplo de la Carta de Jamaica de Bolívar.

«Desgraciadamente, estas cualidades parecen estar muy distantes de nosotros en el grado que se requiere; y por el contrario, estamos dominados de los vicios que se contraen bajo la dirección de una nación como la española,...»

Los dos puntos anuncian una enumeración o una conclusión. Fíjate en los siguientes ejemplos de la Carta de Jamaica.

«De todo lo expuesto, podemos deducir estas consecuencias: las provincias americanas se hallan lidiando por emanciparse...»

«...se nos verá de acuerdo cultivar las virtudes y los talentos que conducen a la gloria: entonces seguiremos la marcha majestuosa hacia las grandes prosperidades a que está destinada la América Meridional...»

En cualquier caso, hay que recordar que los signos de puntuación indican la visión particular del autor del texto: siempre incluyen un grado de subjetividad en cuanto a cómo se relacionan las ideas.

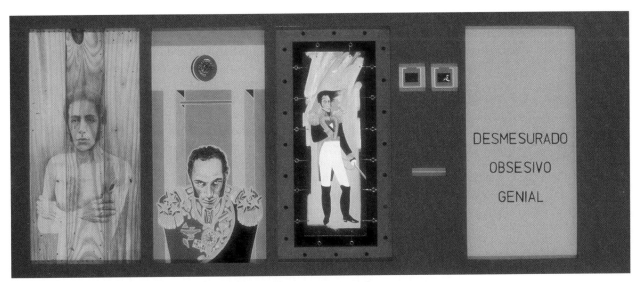

Así es cómo representa a Bolívar el pintor hiperrealista boliviano Roberto Valcárcel (1994). ¿Qué crees que representa cada una de las imágenes?

Carta de Jamaica (fragmento), *Simón Bolívar*

[a]En... *Until our fellow countrymen acquire*

[b]lejos... *far from being favorable to us*

[c]*fierceness*

[d]venganza... *vengeance and greed*

[e]más... *more than anyone*

[f]menos... *not so much in size and richness as for liberty and glory*

[g]no... *I cannot be convinced*

[h]*ruled*

[i]han... *necesitan*

[j]curen... *heal the wounds*

[k]*languor*

[l]*means*

[m]*inteligencia*

[n]se... *find themselves fighting to become independent*

[o]*éxito*

[p]*unhappy (unsuccessful)*

[q]*nexo*

[r]*feliz*

1 En tanto que nuestros compatriotas no adquieran[a] los talentos y las
2 virtudes políticas que distinguen a nuestros hermanos del Norte, los
3 sistemas enteramente populares, lejos de sernos favorables,[b] temo
4 mucho que vengan a ser nuestra ruina. Desgraciadamente, estas
5 cualidades parecen estar muy distantes de nosotros en el grado que se
6 requiere; y por el contrario, estamos dominados de los vicios que se
7 contraen bajo la dirección de una nación como la española, que sólo ha
8 sobresalido en fiereza,[c] ambición, venganza y codicia.[d] [...]
9   Yo deseo más que otro alguno[e] ver formar en América la más
10 grande nación del mundo, menos por su extensión y riquezas que
11 por su libertad y gloria.[f] Aunque aspiro a la perfección del gobierno
12 de mi patria, no puedo persuadirme[g] que el Nuevo Mundo sea por el
13 momento regido[h] por una gran república; como es imposible, no me
14 atrevo a desearlo; y menos deseo aún una monarquía universal de
15 América, porque este proyecto, sin ser útil, es también imposible.
16 Los abusos que actualmente existen no se reformarían, y nuestra
17 regeneración sería infructuosa. Los Estados americanos han menester
18 de[i] los cuidados de gobiernos paternales que curen las llagas y las
19 heridas[j] del despotismo y la guerra. La metrópoli, por ejemplo, sería
20 México, que es la única que puede serlo por su poder intrínseco, sin el
21 cual no hay metrópoli. Supongamos que fuese el Istmo de Panamá,
22 punto céntrico para todos los extremos de este vasto continente; ¿no
23 continuarían éstos en la languidez,[k] y aun en el desorden actual?
24 Para que un solo gobierno dé vida, anime, ponga en acción todos los
25 resortes[l] de la prosperidad pública, corrija, ilustre y perfeccione al
26 Nuevo Mundo, sería necesario que tuviese las facultades de un Dios,
27 y cuando menos las luces[m] y virtudes de todos los hombres. [...]
28   De todo lo expuesto, podemos deducir estas consecuencias: las
29 provincias americanas se hallan lidiando por emanciparse;[n] al fin
30 obtendrán el suceso;[o] algunas se constituirán de un modo regular
31 en repúblicas federales y centrales; se fundarán monarquías casi
32 inevitablemente en las grandes secciones, y algunas serán tan infelices[p]
33 que devorarán sus elementos, ya en la actual, ya en las futuras
34 revoluciones; que una gran monarquía no será fácil consolidar; una
35 gran república imposible.
36   Es una idea grandiosa pretender formar de todo el mundo nuevo
37 una sola nación con un solo vínculo[q] que ligue sus partes entre sí y
38 con el todo. Ya que tiene un origen, una lengua, unas costumbres y
39 una religión, debería por consiguiente tener un solo gobierno que
40 confederase los diferentes Estados que hayan de formarse; mas no
41 es posible porque climas remotos, situaciones diversas, intereses
42 opuestos, caracteres desemejantes, dividen a la América. ¡Qué bello
43 sería que el Istmo de Panamá fuese para nosotros lo que el de Corinto
44 para los griegos! Ojalá que algún día tengamos la fortuna de instalar
45 allí un augusto congreso de los representantes de las repúblicas, reinos
46 e imperios, a tratar de discutir sobre los altos intereses de la paz y de la
47 guerra con las naciones de las otras tres partes del mundo. Esta especie
48 de corporación podrá tener lugar en alguna época dichosa[r] de nuestra
49 regeneración; otra esperanza es infundada; [...]

Yo diré a V.ˢ lo que puede ponernos en aptitud de expulsar a los españoles, y de fundar un gobierno libre. Es la unión, ciertamente; mas esta unión no nos vendrá por prodigios divinos, sino por efectos sensibles y esfuerzos bien dirigidos. La América está encontradaᵗ entre sí, porque se hallaᵘ abandonada de todas las naciones, aisladaᵛ en medio del universo, sin relaciones diplomáticas ni auxilios militares y combatidaʷ por la España que posee más elementos para la guerra, que cuantos nosotros furtivamente podemos adquirir.

Cuando los sucesos no están asegurados, cuando el Estado es débil, y cuando las empresasˣ son remotas, todos los hombres vacilan;ʸ las opiniones dividen, las pasiones las agitan, y los enemigos las animan para triunfar por este fácil medio. Luego que seamos fuertes, bajo los auspicios de una nación liberal que nos presteᶻ su protección, se nos verá de acuerdo cultivar las virtudes y los talentos que conducen a la gloria: entonces seguiremos la marcha majestuosa hacia las grandes prosperidades a que está destinada la América Meridional; entonces las ciencias y las artes que nacieron en el Oriente y han ilustrado la Europa, volarán a Colombia libre que las convidará con un asilo.ᵃᵃ

Line	Gloss
50	ˢusted
51	
52	
53	ᵗdividida
54	ᵘse... está ᵛ*isolated*
55	
56	ʷatacada
57	
58	
59	ˣ*challenges* ʸdudan
60	
61	
62	ᶻdé
63	
64	
65	
66	
67	ᵃᵃconvidará... dará un hogar

Comprensión y discusión

Actividad 3   ¿Está claro?

Identifica las siguientes ideas en el texto.

1. Los países hispanoamericanos no estaban listos para una democracia completa.

2. España era un país con características muy negativas las cuales heredaron sus colonias.

3. Aunque una gran república era su sueño, sabía que era una utopía, algo imposible de conseguir.

4. Una gran monarquía unificada de todos los países sería también imposible, además de negativa, en su opinión.

5. Era necesario tener gobiernos que no fueran democráticos pero que ayudaran a llevar a los países por un buen camino hasta que llegara el momento de la democracia completa.

6. En los nuevos países americanos se fundarían repúblicas y monarquías.

7. Sería hermoso que Latinoamérica estuviera políticamente unida, pero no era factible.

8. México era la única ciudad que habría podido ser la metrópoli por su historia imperial.

9. América necesitaba más unidad para vencer a los españoles.

10. Con la ayuda de otra nación, los países americanos podrían florecer y encontrar su destino.

Actividad 4   En otras palabras

¿Qué quiere decir Bolívar con las siguientes frases? Explícalo con tus propias palabras.

1. «Desgraciadamente, estas cualidades parecen estar muy distantes de nosotros en el grado que se requiere; y por el contrario, estamos dominados de los vicios que se contraen bajo la dirección de una nación como la española, que sólo ha sobresalido en fiereza, ambición, venganza y codicia.»

2. «Yo deseo más que otro alguno ver formar en América la más grande nación del mundo, menos por su extensión y riquezas que por su libertad y gloria.»

3. «Los Estados americanos han menester de los cuidados de gobiernos paternales que curen las llagas y las heridas del despotismo y la guerra.»

4. «Para que un solo gobierno dé vida, anime, ponga en acción todos los resortes de la prosperidad pública, corrija, ilustre y perfeccione al Nuevo Mundo, sería necesario que tuviese las facultades de un Dios, y cuando menos las luces y virtudes de todos los hombres.»

5. «Algunas serán tan infelices que devorarán sus elementos, ya en la actual, ya en las futuras revoluciones.»

6. «Es una idea grandiosa pretender formar de todo el mundo nuevo una sola nación con un solo vínculo que ligue sus partes entre sí y con el todo.»

7. «Ojalá que algún día tengamos la fortuna de instalar allí un augusto congreso de los representantes de las repúblicas, reinos e imperios, a tratar de discutir sobre los altos intereses de la paz y de la guerra con las naciones de las otras tres partes del mundo.»

8. «Esta especie de corporación podrá tener lugar en alguna época dichosa de nuestra regeneración; otra esperanza es infundada.»

9. «La América está encontrada entre sí, porque se halla abandonada de todas las naciones, aislada en medio del universo, sin relaciones diplomáticas ni auxilios militares.»

10. «Luego que seamos fuertes, bajo los auspicios de una nación liberal que nos preste su protección, se nos verá de acuerdo cultivar las virtudes y los talentos que conducen a la gloria.»

Actividad 5   Resumen

En parejas, hagan un resumen (síntesis) de las ideas más relevantes de cada párrafo en el texto de Bolívar.

 Tertulia   Problemas de un imperio

A pesar de los conceptos negativos que Bolívar expresa sobre España en esta carta, hoy día España mantiene excelentes relaciones de todo tipo con Latinoamérica. ¿Les parece a Uds. esto una contradicción? Expliquen su posición.

Tema

Ahora es el momento de preparar una segunda versión del ensayo cuyo borrador escribiste en el **Capítulo 10.**

Antes de escribir

Decide si tu ensayo será argumentativo o un análisis donde utilices las técnicas de comparación y contraste, o causa y efecto.

Mientras escribes

- Organiza tu ensayo: introducción, cuerpo y conclusión.
  - ☐ Introducción: expresa cuál es tu tema y tu tesis.
  - ☐ Cuerpo: escribe varios párrafos que apoyen tu tesis. Recuerda el uso de las citas directas entre comillas y no olvides indicar cuáles son tus fuentes.
  - ☐ Conclusión: haz un pequeño resumen de las ideas más importantes.
- Busca en el diccionario y en tu libro de español aquellas palabras y expresiones sobre las que tengas dudas.
- Piensa en un título para tu ensayo que resuma el contenido del mismo. Sé creativo/a.

Después de escribir

Espera un par de días antes de revisar de nuevo tu ensayo y empezar a trabajar en la versión final, usando las sugerencias en el **Capítulo 12.**

- Repasa los siguientes puntos.
  - ☐ el uso de los tiempos verbales
  - ☐ el uso de **ser** y **estar**
  - ☐ la concordancia entre sujeto y verbo
  - ☐ la concordancia de género y número entre sustantivos, adjetivos y pronombres
  - ☐ la ortografía y los acentos
  - ☐ el uso de un vocabulario variado y correcto: evita las repeticiones
  - ☐ el orden y el contenido: párrafos claros; principio y final
- Finalmente, prepara tu versión para entregar.

No te olvides de mirar el Apéndice I, **¡No te equivoques!,** para evitar errores típicos de los estudiantes de español. Para esta actividad de escritura, se recomienda que prestes atención a **Significados de la palabra** *time* (página 357).

Consulta el *Cuaderno de práctica* para encontrar más ideas y sugerencias que te ayuden a escribir el ensayo.

REFLEXIONES

▪ Gramática en acción: Bolívar el héroe

Completa el siguiente texto conjugando los verbos entre paréntesis en el tiempo y modo apropiados, que pueden ser el subjuntivo (presente, imperfecto o pluscuamperfecto) o el indicativo (pretérito, imperfecto, pluscuamperfecto o condicional perfecto). Cuando hay dos espacios consecutivos en blanco significa que es un tiempo compuesto.

En enero de 2004 se _____[1] (estrenar[a]) la primera película animada[b] hecha en Colombia: *Bolívar el héroe.* El diseñador del protagonista, Nixon Aguilera, y su equipo ya _____[2] (tener) experiencia en animación con la serie *Blanca y pura.* Pero *Bolívar el héroe* es totalmente diferente, pues es un personaje del tipo del manga japonés. «Si _____ _____[3] (nosotros: hacer) los personajes de *Bolívar el héroe* similares a los de *Blanca y pura,* creo que no _____ _____[4] (tener) tanta acogida», afirma Aguilera.

«Quería que a la vez se _____[5] (ver) implacable con sus enemigos y amable con la gente», dice Aguilera de su nuevo Bolívar de largos cabellos color violeta. Y como no se puede hacer una película manga sin que _____[6] (haber) un malvado,[c] el equipo de Aguilera _____[7] (inventar) a Tiránico, representante de la opresión española.

«Yo _____ _____[8] (ser) más pulido[d] y más consecuente con la historia, y también más fluido con la narración», dijo un crítico, que también admitió que Aguilera _____ _____[9] (hacer) un trabajo muy interesante, a pesar de todo.

[a]*to release/premiere* [b]película... *animated film* [c]*villain* [d]*polished*

⚜ Proyectos en tu comunidad

¿Hay recuerdos de la época colonial en tu estado, provincia o país? Haz una pequeña investigación para determinar qué edificios, costumbres y/o maneras de hablar de los tiempos coloniales se conservan, es decir, antes de que los Estados Unidos y el Canadá fueran países independientes.

▦ Tertulia final   La conquista y la cultura

- Como hemos visto, la conquista de América puso en contacto varias culturas. ¿Qué opinan Uds. del contacto cultural? ¿Hasta qué punto es bueno o malo? ¿En qué se basan para dar su opinión?

- ¿Ha habido contacto cultural intenso en su país? ¿Similar al que ha habido en Latinoamérica?

Capítulo 12 Independencia y democracia en Latinoamérica

«Sigan Uds. sabiendo que, mucho más temprano que tarde, de nuevo se abrirán las grandes alamedas por donde pase el hombre libre, para construir una sociedad mejor.»[*]

«La revolución agraria de Emiliano Zapata» es del mural Del Porfirismo a la Revolución, *pintado por David Alfaro Siqueiros, uno de los grandes muralistas mexicanos del siglo XX. ¿Qué crees que representa esta imagen?*

En este capítulo

---

[*]Salvador Allende, presidente de Chile (1908–1973)

Reflexiona antes de leer • **El espejo enterrado**

El siguiente texto es parte de la introducción del libro *El espejo enterrado*, en el que Carlos Fuentes explora la importancia de la mezcla de culturas que une al mundo hispano. Este libro fue publicado en 1992, coincidiendo con el Quinto Centenario de la llegada de Colón a América. ¿Cómo celebrarían el Quinto Centenario los diferentes grupos étnicos y culturales latinoamericanos?

El espejo enterrado (fragmento), *Carlos Fuentes (México, 1928–)*

[a]nos... *made us poor*

[b]Cabo... *Cape Horn*
[c]*heir*

La crisis que nos empobreció[a] también puso en nuestras manos la riqueza de la cultura, y nos obligó a darnos cuenta de que no existe un solo latinoamericano, desde el Río Bravo hasta el Cabo de Hornos,[b] que no sea heredero[c] legítimo de todos y cada uno de los aspectos de nuestra tradición cultural. Es esto lo que deseo explorar en este libro. Esa tradición que se extiende de las piedras de Chichén Itzá y Machu Picchu a las modernas influencias indígenas en la pintura y la arquitectura. Del barroco de la era colonial a la literatura contemporánea de Jorge Luis Borges y Gabriel García Márquez. Y de la múltiple presencia europea en el hemisferio —ibérica, y a través de Iberia, mediterránea, romana, griega y también árabe y judía— a la singular y sufriente[d] presencia negra africana. De las cuevas de Altamira a los grafitos[e] de Los Ángeles. Y de los primerísimos inmigrantes a través del estrecho[f] de Bering, al más reciente trabajador indocumentado que anoche cruzó la frontera entre México y los Estados Unidos.

[d]*suffering*
[e]*graffiti*
[f]*strait*

Después de leer

Corrige las siguientes preguntas según el texto.

1. En su libro, Fuentes analiza las grandes diferencias culturales en el continente americano.
2. Fuentes cree que los latinoamericanos no deben prestar atención a la cultura, sólo a la economía.
3. Para este escritor, la cultura latinoamericana excluye a España y los Estados Unidos.
4. Cada país debe establecer su propia identidad cultural, independiente de los otros países.

Reflexiona antes de mirar • **Gabriel García Márquez**

¿Qué sabes del tema? ¿Puedes contestar las siguientes preguntas?

1. ¿Quién es Gabriel García Márquez?
2. ¿Por qué es famoso?
3. ¿Has leído algo de él?

VOCABULARIO ÚTIL	
la obra maestra	*masterwork*
estar (*irreg.*) dispuesto/a	*to be ready and willing*
forjarse	*to construct; to make up*
militar	*military (adj.)*
sin cesar	*endlessly*

Después de mirar

¿Cierto o falso? Corrige las oraciones falsas según la información del vídeo.

1. García Márquez nació en Bolivia en 1927.
2. Pasó su infancia con sus padres.
3. Llegó a ser escritor por casualidad.
4. Es un hombre políticamente conservador.
5. Le interesa mucho el periodismo.

⊛ **DE REPASO**

la democracia
la dictadura
el/la gobernador(a)
la independencia
la libertad
la patria
el presidente / la presidenta
los recursos

■ El gobierno y el proceso democrático

el afiche/cartel	*poster*
el golpe de estado	*coup d'etat*
el/la ministro/a	*minister / secretary (in U.S. government, as in Secretary of Agriculture)*
el ministerio	*ministry / department (as in Department of Agriculture)*
el plebiscito	*plebiscite*
el senado	*senate*
la sublevación	*revolt; uprising*

Cognados: **la constitución, el candidato, la elección, el referéndum, la represión, el/la senador(a)**

elegir (j)	*to elect*
perjudicar (qu)	*to harm*
beneficiar	*to benefit*

Cognado: **gobernar (ie)**

Cognados: **electoral, represivo/a**

La economía internacional

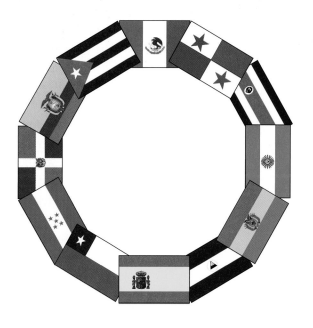

el compromiso	*commitment*
la conferencia	*conference; lecture*
la cumbre	*summit*
el impuesto sobre	*tax on*
la mano de obra	*labor; manpower*
TLC (Tratado de Libre Comercio)	*NAFTA (North American Free Trade Agreement)*

Repaso: **el tratado**

firmar	*to sign*

Expresiones útiles

a pesar de	*despite*
en conclusión	*to conclude*
finalmente / para terminar	*finally*
por fin	*at last*
sin embargo	*however*

Actividad 1   ¿Quién sabe más?

En parejas, traten de contestar las siguientes preguntas.

1. nombre de un candidato que perdió la ultima elección nacional
2. nombre de un ministro actual y su ministerio
3. nombre de un gobierno represivo en la actualidad
4. nombre de los senadores de tu estado/provincia (o del estado / la provincia donde se encuentra la universidad)
5. porcentaje de impuestos que se paga en tu estado/provincia sobre las compras
6. un tratado importante para tu país
7. una cumbre o conferencia internacional reciente

Actividad 2 Definiciones

Paso 1 Éstas son las definiciones que el *Diccionario de la Real Academia de la Lengua Española* ofrece de algunas de las palabras del vocabulario. ¿Cuáles crees tú que son esas palabras? **¡OJO!** No importa que no entiendas cada una de las palabras en las definiciones.

1. ley fundamental de la organización de un Estado
2. reunión de máximos dignatarios nacionales o internacionales, para tratar asuntos de especial importancia
3. emisión de votos para elegir cargos políticos
4. obligación contraída, palabra dada, fe empeñada
5. papel en que hay inscripciones o figuras y que se exhibe con fines noticieros, de anuncio, propaganda, etcétera
6. hacer bien
7. mandar con autoridad o regir una cosa
8. violación deliberada de las normas constitucionales de un país y sustitución de su gobierno, generalmente por fuerzas militares

Paso 2 Ahora te toca a ti inventar las definiciones de las siguientes palabras.

1. la mano de obra
2. el tratado
3. firmar
4. la sublevación
5. perjudicar
6. la represión

Actividad 3 Palabras derivadas

Paso 1 Explica el significado de las palabras subrayadas, las cuales están relacionadas con algunas de las palabras del vocabulario.

1. Es <u>perjudicial</u> para las democracias que los ciudadanos no voten.
2. Mantenerse informado en cuestiones políticas tiene muchos <u>beneficios</u>.
3. No puedo <u>comprometerme</u> a organizar esa reunión.
4. En la pared había un cartel con el nombre de todos los <u>conferenciantes</u>.
5. Los <u>sublevados</u> fueron detenidos por la policía.
6. El <u>gobernador</u> del estado aprobó la ley.

Paso 2 Ahora, con un compañero / una compañera, les toca inventar tres oraciones que contengan palabras derivadas de algunas de las palabras del vocabulario. Si no saben ninguna, pueden consultar el diccionario.

Actividad 4 El debate

Completa el siguiente párrafo con las palabras de la lista.

a pesar de   en conclusión   finalmente   por fin   sin embargo

Ayer todos los candidatos participaron amigablemente en el debate,
_____¹ las diferencias políticas que los separan. Creí que me iba
a aburrir mucho oyéndolos, _____² encontré muy interesantes
sus comentarios. Primero discutieron sobre el problema del desempleo,
luego hablaron sobre el terrorismo, y _____³ de la reforma
universitaria. Fue un diálogo que me aclaró muchas ideas, además de
hacerme reflexionar sobre cosas en las que nunca había pensado.
_____,⁴ el debate me ayudó a entender mejor las diferencias entre
los partidos políticos de mi país. Ahora, _____,⁵ creo que estoy
preparado para participar en las próximas elecciones.

Actividad 5 Asociaciones

¿Qué palabras asocias con este anuncio de Amnistía Internacional? Explica
cada asociación.

Ejemplo: Asocio este anuncio con la palabra dictadura porque con
frecuencia los dictadores son militares, como el hombre sin
cara del dibujo.

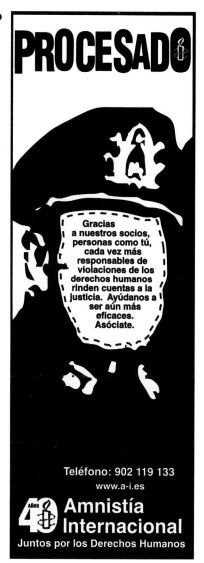

Actividad 6 Encuesta

Haz una encuesta entre cinco compañeros/as de clase para averiguar lo
que saben sobre los procesos electorales y su participación en ellos. Luego
presenta a la clase tus resultados.

Ejemplo: si tiene edad para votar → ¿Tienes edad para votar?

1. si tiene edad para votar
2. en qué elecciones votó por primera vez
3. si sabe cuándo serán las próximas elecciones estatales/provinciales/
   nacionales
4. si vota asiduamente en las elecciones universitarias
5. si sabe el nombre de algunos de los representantes estudiantiles en la
   universidad
6. si sabe cuál es la diferencia entre una elección y un referéndum
7. si ha participado alguna vez en una campaña electoral: en cuál y de qué
   forma participó en esa campaña
8. ¿?

«Lo real maravilloso se encuentra a cada paso en la historia del continente.»*

El realismo mágico es un estilo literario que se asocia con la literatura latinoamericana contemporánea, y refleja la forma en que algunos escritores expresan su creencia de que la realidad americana tiene un carácter distinto de la europea. El realismo mágico transforma la realidad en un mundo mágico sin deformarla: escenas y detalles de gran realismo se insertan en situaciones completamente inverosímiles, ante las que los personajes no reaccionan con extrañeza. Según el crítico Luis Leal, el realismo mágico trata de captar el misterio que se oculta tras la realidad, sin cambiarla.

El término realismo mágico tiene su origen en Europa a principios del siglo XX . Se utilizó entonces para definir los trabajos imaginarios, fantásticos e irreales de los pintores alemanes de la posguerra. El novelista cubano Alejo Carpentier empezó a usar el término realismo mágico para definir la literatura latinoamericana a finales de los años cuarenta.

Otros escritores a cuya obra se aplica el término realismo mágico son, además de Carpentier, Gabriel García Márquez e Isabel Allende.

Isabel Allende (Chile, 1942–), sobrina del ex presidente Allende, es una escritora de fama mundial, cuyos novelas y cuentos son claros exponentes del realismo mágico. Entre sus libros más famosos destacan *La casa de los espíritus*, *Los cuentos de Eva Luna* y *Paula*.

Barrabás llegó a la familia por vía marítima, anotó la niña Clara con su delicada caligrafía. Ya entonces tenía el hábito de escribir las cosas importantes y más tarde, cuando se quedó muda, también las trivialidades, sin sospechar que cincuenta años después, sus cuadernos me servirían para rescatar la memoria y para sobrevivir a mi propio espanto.[†]

_____

El reino de este mundo, Alejo Carpentier.
[†]Primeras líneas de *La casa de los espíritus* (1982), Isabel Allende.

Tertulia   El realismo mágico

- ¿Han leído alguna novela de los autores que se mencionan en el **Estudio cultural?** ¿Podrían dar un ejemplo de realismo mágico que Uds. recuerden?
- ¿Conocen alguna novela o película que no sea latinoamericana que asocien con el realismo mágico? Descríbanla para el resto del grupo.

ESTUDIO DE ESTRUCTURAS

27. CÓMO HABLAR DE LAS ACCIONES SIN MENCIONAR QUIÉN LAS HACE: LA VOZ PASIVA

Repaso

Se accidental (**Capítulo 4**); **se** impersonal (**Capítulo 6**)

«El mundo del siglo XXI no podrá ser gobernado con la ética del siglo XX.»*

«...esa nueva ética no está a la espera de ser inventada,...»*

«Las ideas que apenas fueron propugnadas... y las que fueron escritas en catacumbas,...»*

Both in English and Spanish, the emphasis of a sentence is sometimes on the object, the consequence of someone's action. In these cases, the real agent/doer of the action (usually the subject) seems to lose its importance in the sentence. This is called the passive voice (**la voz pasiva**). Compare the two sentences below.

Los **presidentes** latinoamericanos firmaron un **acuerdo** de colaboración durante la cumbre.	*The Latin American presidents signed a cooperation treaty during the summit.*
Un **acuerdo** de colaboración fue firmado (por los **presidentes** latinoamericanos) durante la cumbre.	*A cooperation treaty was signed (by the Latin American presidents) during the summit.*

Although both sentences have the same meaning, each puts emphasis on a different part of the message—the first one on the presidents as signers, and the latter on the treaty being signed.

---

*Discurso de Óscar Arias, COPA, Quebec en 1997

Forms

The passive voice can occur with any tense and mood, according to the context. The structure is similar to English

Sujecto	*ser* + **participio pasado**	(*por* + **agente**)
Un tratado	**será firmado**	(por los países latinoamericanos).
A treaty	*will be signed*	(*by the Latin American countries*).
Varios tratados	**fueron firmados**	(por los países).
Several treaties	*were signed*	(*by the countries*).
El metro	**es utilizado** a diario	(por miles de personas).
The metro	*is used daily*	(*by thousands of people*).
Me sorprendió que el presidente	**fuera abucheado** tanto	(por el público).
I was surprised that the president	*was booed so much*	(*by the audience*).

Uses

The passive voice with **ser** + *past participle* is used less frequently in Spanish than it is in English—its use is restricted to formal and written contexts in Spanish. The **ser** + *past participle* construction is used when the agent (doer) of the action is known, even if it is not mentioned.

Alternatives to the passive construction with *ser* + past participle

- *Se* **construction:** This is much more commonly used, whether or not the agent is known. (See **Capítulos 4** and **6.**)

  ¡OJO! The agent is not mentioned in this construction.

Se firmó un acuerdo de cooperación entre todos los países durante la cumbre boliviana.	*A cooperation treaty was signed by all countries during the Bolivian summit.*
Se invitó a todos los países a la cumbre.	*All countries were invited to the summit.*

- **Active verb in the third-person plural form:** This construction is also used in English.

Hoy **dijeron** en la radio que hubo muchos problemas durante la votación.	*They said on the radio today that there were many problems during the election.*
Piden que se done sangre habitualmente.	*They ask that blood be donated regularly.*

NOTA LINGÜÍSTICA: resumen de los usos de *se*

Se variable: pronombre de objeto

- **Verbos reflexivos (Capítulo 2)**

  Verbos cuya acción afecta al sujeto, como objeto directo o indirecto

  objeto directo: Yo me acosté a las 8:00, pero Julio no **se** acostó hasta las 11:00.

  I went to bed at 8:00, but Julio didn't go to bed until 11:00.

  objeto indirecto: Yo me rompí un brazo el año pasado, y ahora mi hijo **se** rompió un brazo.

  I broke my arm last year, and now my son broke his arm.

  Verbos que requieren pronombres reflexivos para completar su significación

  Yo me reí un poco pero ellos **se** rieron muchísimo.

  I laughed a little, but they laughed a great deal.

- **Verbos recíprocos (Capítulo 2)**

  Estas formas siempre son plurales. Tienen las mismas funciones que los reflexivos.

  objeto directo: Tú y yo nos vemos tanto como **se** ven José y María.

  We see each other as much as José and María see each other.

  objeto indirecto: Nosotras nos dimos un abrazo, pero ellos ni siguiera **se** dieron la mano.

  We hugged each other, but they didn't even shake hands.

- **«Falso» *se* (Capítulo 2)**

  Los pronombres de objeto indirecto **le/les** se convierten en **se** delante de lo(s)/la(s).

  —¿Le diste el libro <u>a Mario</u>?

  Did you give Mario the book?

  —Sí, **se** lo di esta mañana.

  Yes, I gave it to him this morning.

  —¿Por qué no me lo diste a mí?

  Why didn't you give it to me?

Se invariable: substituto de la voz pasiva

- **Impersonal / pasivo (Capítulo 6)**

  Para hacer generalizaciones

  Se habla español.

  Spanish is spoken.

  Para evitar nombrar a la(s) persona(s) que hace(n) la acción

  Se firmó un nuevo tratado.

  A new contract was signed.

  Para dar instrucciones, como en recetas

  Se cortan las patatas.

  Cut the potatoes.

- **Accidental (Capítulo 4)**

  Un sustantivo inanimado parece convertirse en sujeto de la acción, como una acción reflexiva.

  La puerta **se** abrió.

  The door opened.

  Las puertas **se** abrieron.

  The doors opened.

  Esta construcción puede admitir un objeto indirecto.

  Se me perdió la cartera

  I lost my wallet.

  Se nos murió el pez.

  Our goldfish died.

Actividad 1 Oraciones lógicas

Forma oraciones completas combinando un elemento de cada columna. En cada caso, se debe conjugar el verbo en el presente o el pretérito de la voz pasiva (**ser** + *participio pasado*) según sea necesario. **¡OJO!** No olvides la concordancia entre sujeto y participio pasado.

> *Ejemplo:* la vacuna contra la polio / descubrir / en el siglo XX →
> La vacuna contra la polio **fue descubierta** en el siglo XX.

la vacuna contra la polio	colonizar	democráticamente
el Tratado de Libre Comercio	organizar	por los organizadores
gran parte de América	contratar	**en el siglo XX**
el presidente de México	**descubrir**	por los españoles
las leyes en los Estados Unidos	gobernar	por los senadores
muchos documentos	aprobar	por los presidentes de México y los Estados Unidos
las conferencias	firmar	por correo urgente
la mano de obra	elegir	con mano de hierro (*iron fist*) por el dictador
el país	enviar	en el extranjero

Actividad 2 De activa a pasiva

Las siguientes oraciones están en la voz activa. Cámbialas a la voz pasiva. **¡OJO!** No olvides respetar el tiempo del verbo.

> *Ejemplo:* Los presidentes de Argentina y Chile <u>firmaron</u> (pretérito) los tratados. →
> Los tratados **fueron** (pretérito) **firmados** por los presidentes de Argentina y Chile.

1. Los gobiernos de los países andinos ratificaron el plan de ayuda.
2. Los estudiantes van a poner los carteles en las paredes mañana.
3. El nuevo gobierno hará enmiendas (*ammendments*) en la constitución.
4. Los senadores están considerando la propuesta ahora mismo.
5. Mañana los ciudadanos ya habrán elegido a un nuevo presidente.
6. Dudo que los ciudadanos acepten la represión política.

Actividad 3 ¿Qué sabes de *se*?

Di que tipo de **se** (variable o invariable) es el que se encuentra en las siguientes oraciones y explica por qué.

Ejemplo: Se habla español. → **se** invariable, expresa generalización

1. A la senadora se le olvidaron los datos.
2. ¿Los afiches? Se los di a Pilar ayer.
3. Los partidarios del referéndum no se cansan de pedirle al gobierno que lo convoque.
4. Primero se escucha con atención a los candidatos, luego se vota.
5. Los ministros de economía y política exterior se hablan por teléfono todos los días.

Actividad 4 Traducción

Traduce las siguientes oraciones usando una de las opciones para expresar la voz pasiva en español. Puede haber más de una posibilidad.

1. What was said at the conference?
2. The tax on the property (**la propiedad**) is paid by the buyer.
3. The president is elected every four years.
4. My favorite candidate has been elected president.
5. Manpower is not always well paid.
6. Nobody doubts that the coup d'etat was organized from outside of the country.
7. December 8 will be proclaimed Constitution Day by the government.

Actividad 5 Otra manera de decirlo

Las siguientes oraciones suenan muy formales en español. Conviértelas en oraciones con **se** o con el verbo en tercera persona plural (3ª persona).

Ejemplo: Los documentos fueron enviados por el personal de la oficina.
(**se** o/y 3ª persona)→
Se enviaron los documentos. / Enviaron los documentos.

1. Me fue recomendado que volviera a hablar con mi consejera. (3ª persona)
2. Los anuncios fueron publicados en el periódico. (**se** o/y 3ª persona)
3. Los estudiantes de la manifestación fueron arrestados. (3ª persona)
4. Las senadoras fueron contactadas por sus ayudantes inmediatamente. (3ª persona)
5. La verdad fue dicha finalmente. (**se** o/y 3ª persona)

28. Mandatos indirectos y frases de despedida: el subjuntivo en cláusulas independientes

¡Que siga la fiesta!

Until this chapter, you have studied the subjunctive in complex sentences where the subjunctive is the verb in the subordinate clause.

Quiero que **vengas** a mi fiesta.	*I want you to come to my party.*
Espero que te **sientas** mejor.	*I hope that you feel better.*
Siento que no **haya** ganado el candidato del PPR.	*I'm sorry that the PPR candidate didn't win.*

But the present subjunctive sometimes appears in expressions without a main clause. In these contexts, one can easily infer that it is not necessary to say *I hope* or *I wish you* or *I command.*

¡Que **tengas** buen viaje!	*Have a good trip!*
¡Que no **hagan** nada hasta mañana!	*Make sure (I hope) that they don't do anything until tomorrow.*

The complete thought is **Te deseo / Espero / Ojalá / Quiero / Ordeno,** and so on, followed by the examples above, but, as in English, the first part of the idea is unnecessary. **¡OJO!** We know these expressions are not regular commands because they start with **que,** which is a signal of a subordinate clause. Commands are main independent verbs.

Uses

- **Some common expressions of leave-taking and good wishes**

  These are some of the most commonly heard expressions of this kind.

¡Que **te diviertas**! ¡Que **se divierta(n)**!	*Have fun!*
¡Que lo **pases** bien! ¡Que lo **pase(n)** bien!	*Have a good time!*
¡Que te **mejores**! ¡Que se **mejore(n)**!	*Feel better!*

¡Que te/le(s) **vaya** bien!	Good luck with everything!
¡Que Dios te/le(s) **bendiga!**	May God bless you.
¡Que en paz **descanse!**	May he/she rest in peace.

- **Indirect commands (mandatos indirectos)**

The present subjunctive appears in sentences that express commands or directions, either to people who are not present or to people you are talking to. In fact, like the well-wishing expressions above, they also are subordinate clauses whose main clauses have been dropped.

¡Que Jaime **diga** lo que quiera!	Let Jaime say whatever he wants.
¡Que te **vayas** de vacaciones!	[I'm telling you] Take a vacation!
¡Que se haga la luz!	Let there be light!

NOTA LINGÜÍSTICA: otros casos del subjuntivo en cláusulas independientes

- Following **quizá(s), acaso, tal vez** = *maybe*

These expressions may take both indicative and subjunctive, the latter adding more uncertainty to the event.

| **Tal vez** pueda ir a Chile el próximo semestre, pero no voy a saberlo hasta el mes próximo. | *Maybe I can go to Chile next semester, but I won't know it until next month.* |

- Courtesy: with **deber, poder,** and **querer** in imperfect subjunctive → **debiera, pudiera, quisiera (Capítulo 10)**

| No **debieras** trabajar tanto. | *You shouldn't work so hard.* |
| **Quisiera** poder ayudarte más. | *I would like to be able to help you more.* |

- **¡Quién** + *imperfect subjunctive*! (*I wish I could . . .*!) (**Capítulo 10**)

| ¡Quien **pudiera** ser totalmente libre! | *I wish I could be completely free!* |

Actividad 1 Situaciones

¿Qué se diría en las siguientes situaciones? Empareja cada una de las situaciones con la frase correspondiente. ¿Qué otras cosas se te ocurren que podrían decir estas personas?

1. _____ Un abuelo se despide de su nieta.

2. _____ Un compañero de cuarto se queda estudiando mientras sus amigos salen a una fiesta.

3. _____ La directora de una compañía ha entregado todos los pedidos tarde esta semana.

4. _____ Un director de seguridad es informado de que hay peligro en una sala de baile.

5. _____ Una persona habla con otra que está enferma.

a. ¡Que te mejores!

b. ¡Que se diviertan!

c. ¡Que salgan todos inmediatamente!

d. ¡Que todo el mundo haga su trabajo a tiempo y nada de excusas!

e. ¡Que Dios te bendiga!

Actividad 2 «Que te vaya bonito», de José Alfredo Jiménez

Completa esta famosa canción mexicana, que usa varias expresiones de
que + *subjuntivo*. Fíjate que la expresión se alterna con el uso de **ojalá**.

Ojalá que te _____[1] (ir) bonito.[a]
Ojalá que _____[2] (acabarse) tus penas.
Que te _____[3] (decir) que yo ya no existo
y _____[4] (conocer) personas más buenas.
Que te _____[5] (dar) lo que no pude darte
Aunque yo te haya dado de todo.
Nunca más volveré a molestarte
Te adoré, te perdí, ya ni modo.[b]
¡Cuántas cosas quedaron prendidas[c]
hasta dentro del fondo de mi alma!
¡Cuántas luces dejaste encendidas
yo no sé cómo voy a apagarlas!
Ojalá que mi amor no te _____[6] (doler)
y te _____[7] (olvidar) de mí para siempre.
Que _____[8] (llenarse) de vida tus venas
y te vista la vida de suerte.
Yo no sé si tu ausencia me mate
aunque tengo mi pecho de acero.[d]
Pero que nadie me _____[9] (llamar) cobarde
sin saber hasta donde la quiero.[e]

[a]que... *that life goes well*   [b]ya... *what does it matter now*   [c]*caught*
[d]tengo... *my chest has turned to steel*   [e]hasta... *the extent to which I love you*

Actividad 3 Refranes y dichos

Paso 1 En parejas, lean los siguientes refranes y expresiones y traten de
adivinar lo que significan. ¿Existen algunos refranes similares en inglés?

1. Que cada palo (*stick*) aguante su vela (*sail*).
2. Que la haga el que la deshizo.
3. ¡Que Dios se lo pague!
4. Que Dios me dé contienda (batalla) pero con quien me entienda.

Paso 2 Ahora inventen uno o dos refranes imitando el mismo estilo.

Actividad 4 El «gran» dictador

Paso 1 Imagínate que eres un(a) gobernante absoluto/a de tu país por un día. ¿Qué mandatos les darías a tu gobierno y a los ciudadanos? En este contexto, es apropiado usar los mandatos indirectos.

Ejemplo: Que los ministros se reúnan y busquen una solución inmediata al desempleo.
Que todos los trabajadores tengan un día de fiesta pagado.

Paso 2 Ahora compara tu lista de mandatos con la de dos compañeros/as. ¿En qué coinciden y en qué se diferencian? ¿Quién tiene más conciencia social? ¿Quién es más «egocéntrico/a»?

ESTUDIO CULTURAL El presente y el futuro de Latinoamérica

«Afirmamos que el bienestar de nuestros pueblos requiere el logro de tres objetivos estrechamente vinculados e interdependientes: crecimiento económico con equidad para reducir la pobreza, desarrollo social y gobernabilidad democrática.»[*]

La idea anterior, parte de la declaración oficial de la Cumbre de Monterrey, resume perfectamente los retos básicos a los que se enfrentan los países americanos al sur de los Estados Unidos. Aunque es verdad que Latinoamérica se ha democratizado considerablemente en las últimas décadas, varios países tienen democracias débiles e inseguras debido a su situación social y económica.

Uno de esos retos tiene que ver con el narcotráfico, gravísimo problema que afecta a algunos de los países andinos. La coca es una droga que ha sido cultivada por los habitantes de estos países desde tiempo inmemorial, por lo tanto es necesario plantearse la cuestión de si se debe erradicar un cultivo que forma parte de una cultura. Por otro lado, el tráfico de estupefacientes[a] da lugar a que algunos se enriquezcan ilegalmente y sin escrúpulos, causando problemas como la delincuencia y hasta situaciones de guerra civil que afectan a todo el mundo, y especialmente a sus propios países.

[a]*narcotics*

(*continues*)

[*]Declaración de Monterrey, Nuevo León, México, firmada por los jefes de estado y de gobierno de las Américas elegidos democráticamente en febrero de 2004.

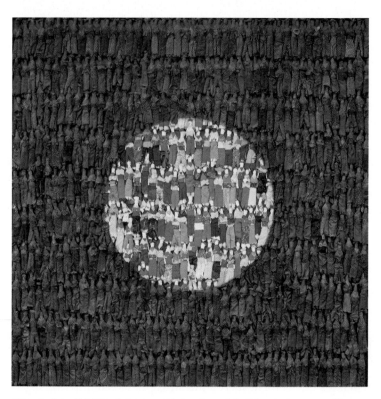

Ojo de luz *(1987), del ecuatoriano Oswaldo Viteri. En sus collages, Viteri usa objetos fabricados por las comunidades indígenas de su país. ¿Qué te sugiere este collage?*

Otro reto fundamental tiene que ver con la igualdad social, que incluye igualdad étnica y racial, de clase y de género. No cabe duda que la colaboración entre diferentes países latinoamericanos para afrontar estos retos, y el diálogo entre sus dirigentes políticos, es un paso adelante hacia el establecimiento de democracias estables en toda Latinoamérica.

Tertulia   Nuestro país

- ¿Qué países tienen más responsabilidad cuando se trata de resolver los problemas del narcotráfico: los países productores o los consumidores? ¿Cómo pueden ayudar los países ricos y consumidores de drogas a los países pobres y productores?

- ¿Crees que la democracia del país de Uds. es estable? ¿Por qué? ¿Cómo es la situación social: hay una tendencia hacia la igualdad o hacia la desigualdad? ¿Qué mecanismos legales y constitucionales funcionan a favor o en contra de que haya igualdad en su país?

LECTURA   Discurso de Oscar Arias

Reflexiona antes de leer

Sobre la lectura

Oscar Arias Sánchez (1941–) ganó el Premio Nobel de la Paz en 1987 por su continuo esfuerzo por la pacificación de Centroamérica. Fue presidente de Costa Rica entre 1986 y 1990. El texto en esta sección presenta algunos fragmentos del discurso que Arias dio en la primera reunión de la Confederación Parlamentaria de las Américas (COPA), en Quebec en 1997, cuyo título fue «Hacia las Américas del 2005: democracia, desarrollo y prosperidad».

VOCABULARIO ÚTIL	
la agudización	*worsening*
la brecha	*gap*
el/la dirigente	*leader*
el rumbo	*direction*
arrastrar	*to pull; to drag*
carecer (zc)	*to lack*
duradero/a	*lasting*
aún	*still/yet*
ni siquiera	*not even*

Actividad 1   Sinónimos y antónimos

Paso 1   Escoge entre las palabras del **Vocabulario útil** un sinónimo para cada una de las siguientes definiciones.

1. el líder o gobernante
2. todavía
3. la dirección
4. ni tan sólo
5. no tener
6. llevar por la fuerza
7. la separación
8. constante o estable

Paso 2   Ahora, en parejas, escojan un antónimo para todas las palabras del **Vocabulario útil** que puedan.

Ejemplo: ni siquiera → **Incluso** es antónimo de **ni siquiera.**

Actividad 2   En mi país

En pequeños grupos, comenten las siguientes cuestiones.

1. ¿Cuáles son según Uds. los principales problemas de su país?
2. ¿Qué esperan de su gobierno?
3. ¿Creen que en general existe corrupción entre sus gobernantes?
4. ¿Piensan que hay mucha diferencia entre las clases sociales en cuanto al acceso que tiene cada una a la educación y a la tecnología?
5. ¿Consideran que todos los grupos sociales de su país se interesan igualmente por la política?
6. ¿Creen Uds. que lo que ocurre en un país afecta a otros países?

Estrategia para leer: el lenguaje de los discursos políticos

El lenguaje de los discursos políticos tiene características especiales.

- un cierto nivel de formalidad, ya que es un tipo de ensayo
- el uso frecuente de la primera persona plural (nosotros), a fin de establecer una conexión fuerte entre las personas que escuchan el discurso, y que las ideas presentadas parezcan relevantes a todos los que la escuchan

Otros de los rasgos frecuentes en esos discursos es el uso de preguntas retóricas y expresiones comunes relacionadas con la política, muchas de las cuales son muy similares en inglés y español.

Trata de identificar estos rasgos característicos de los discursos políticos a medida que leas el texto de Óscar Arias.

[a]ejercicio... *the exercise of suffrage*

Óscar Arias, ex presidente de Costa Rica (1986–1990)

[b]divididas

[c]*to get further away*
[d]peones... *pawns for life*
[e]de otras personas
[f]desilusión

Hacia las Américas del 2005: democracia, desarrollo y prosperidad (fragmento), *Óscar Arias*

Tan sólo en América Latina y el Caribe viven en la pobreza más de 200 millones de seres humanos, incluidos casi 100 millones que se encuentran en la miseria extrema, y para quienes el ejercicio del sufragio[a] y las libertades políticas representan muy poco. Esos millones de pobres, excluidos de toda participación en el sistema político, y condenados a una existencia violenta y corta, constituyen un recordatorio de que los dilemas fundamentales de nuestra región aún esperan ser resueltos, y de que ni la globalización, ni el crecimiento económico, ni siquiera las instituciones democráticas nos proveerán soluciones duraderas si nuestros dirigentes no optan por un nuevo rumbo ético y una racionalidad política de la que hasta ahora hemos carecido.

¿Cuánta irracionalidad pueden tolerar nuestras democracias? Sabemos desde hace mucho tiempo que en este continente se dan las más amplias y profundas brechas entre ricos y pobres. [...]

Todos quisiéramos estar seguros de que la globalización se convertirá en el talismán que nos dé las respuestas para salir de esa dinámica perversa. Quisiéramos pensar que la revolución tecnológica y los mercados globales obligarán a todos los países a invertir prioritariamente en la educación y el bienestar humano de su población, para no entrar al siglo XXI arrastrando masas de población que utilizan métodos de producción y formas de subsistencia propios del siglo XVI. Pero, desafortunadamente, la realidad viene a moderar cualquier optimismo. Hasta ahora, la globalización ha confirmado la dolorosa dualidad de nuestras sociedades, escindidas[b] en dos subculturas que se separan inexorablemente: una, minoritaria, multiplicando exponencialmente su acceso a la tecnología y al conocimiento; otra, la de la mayoría, condenada a ver alejarse[c] la frontera del conocimiento, resignada a que sus miembros sean peones vitalicios[d] del bienestar ajeno.[e] [...]

El desencanto[f] político de nuestros pueblos tiene tanto que ver con la agudización de la pobreza como con la corrupción y el cinismo de los dirigentes, que subvierten todos los días a la democracia. La corrupción no consiste únicamente en utilizar el poder político para el enriquecimiento personal ilegítimo. La corrupción es mucho más que la colusión[g] entre servidores públicos y empresarios, o entre servidores públicos y delincuentes, para sacar ventajas ilegales o moralmente cuestionables. Hay otras vertientes[h] de la corrupción que no están expuestas a la sanción legal y no siempre, ni en todos los lugares, se someten[i] al escrutinio de la opinión pública.

Hay corrupción en la renuncia de los gobernantes y de los dirigentes políticos a ejercer[j] la función educativa que les corresponde en una democracia. El doble lenguaje, el decir a los gobernados sólo lo que éstos quieren oír; el abstenerse, por mero cálculo electoral, de llamar las cosas por su nombre, son prácticas que corrompen[k] y degradan a los individuos, a las sociedades y al sistema democrático.

Es corrupción interpretar que una carrera política es exitosa sólo si siempre se ganan las elecciones, aunque para ello haya que esconder la verdad o reservarla para el momento electoralmente oportuno sin que importen las consecuencias del ocultamiento.[l]

Es corrupto olvidar que la participación en política o en el gobierno exige preparación, desprendimiento,[m] voluntad de servir a los demás y consecuencia entre lo que se predica[n] y lo que se practica, entre la palabra y la acción.

En este continente hemos sufrido cada uno de esos tipos de corrupción. Por ello, no es sorprendente que nuestros sistemas políticos ahora recojan una cosecha[o] de falta de credibilidad. [...]

La ética que la democracia continental se debe a sí misma integra,[p] desde el buen gobierno de la ciudad de Platón, pasando por el no matarás de Moisés, por el amaos los unos a los otros de Jesús, por el no respondáis con la violencia de Ghandi, hasta el todos somos iguales de Mandela y de Menchú. Puede encarnar todo eso porque en nuestro continente han confluido, como en ninguno otro, las razas, las lenguas, las religiones, las virtudes, los defectos, las alegrías y las penas[q] de todo el planeta. Esa nueva ética, construida con valores consagrados en todas las épocas y en todos los lugares del mundo, que puede resumirse en la práctica de la solidaridad, la tolerancia y el respeto a la vida, a la dignidad y a la libertad humanas, puede ser también la base de una racionalidad solidaria y humana.

En los tupidos[r] bosques tropicales de Centroamérica, la naturaleza nos proporciona con frecuencia una experiencia aleccionadora:[s] cuando una tormenta derriba[t] un árbol, las raíces de éste, al arrancarse,[u] arrastran consigo las raíces de otros árboles. Del mismo modo, el mundo de hoy es un compacto bosque de culturas, estados y naciones cuyas raíces forman, debajo de la superficie, una urdimbre inextricable,[v] en la que cada raíz depende de las otras. El fragor[w] de una cultura o de una nación agitada por la guerra, por la opresión o por la miseria, es como el primer crujido[x] de un árbol a punto de desplomarse. Un crujido que significa peligro para todo el bosque. Uno de los grandes pensadores de América Latina, el dominicano Pedro Henríquez Ureña, nos hizo

(continues)

[g]pacto

[h]aspectos

[i]se... are submitted

[j]to exert

[k]corrupt

[l]concealment

[m]generosity
[n]lo... what is preached

[o]harvest
[p]incluye

[q]sorrows

[r]densos
[s]para aprender
[t]pulls down   [u]al... as they get uprooted

[v]urdimbre... inextricable weave
[w]clamor

[x]crack

ʸno... *is not to be but*

ᶻ*tierra*

ᵃᵃde... *prometida*

saber, hace mucho tiempo, la gravedad histórica de la tarea que debemos realizar. Decía él:

«Si nuestra América no ha de ser sinoʸ una prolongación de Europa, si lo único que hacemos es ofrecer sueloᶻ nuevo a la explotación del hombre por el hombre (y, por desgracia, ésa es hasta ahora nuestra única realidad), si no nos decidimos a que ésta sea la tierra de promisiónᵃᵃ para la humanidad cansada de buscarla en todos los climas, no tenemos justificación.»

En efecto, es tiempo de encontrar una justificación para nuestra América. Así, tal vez podríamos alcanzar la autorrealización continental que hemos buscado durante más de dos centurias.

Comprensión y discusión

Actividad 3   ¿Está claro?

Corrige las ideas falsas basándote en el discurso de Óscar Arias.

1. Los problemas de Latinoamérica ya están resueltos.
2. Para solucionar los problemas de Latinoamérica es necesaria una nueva actitud política de parte de los que gobiernan.
3. En los países latinoamericanos la educación y la tecnología son accesibles a todos los grupos sociales.
4. Sólo es corrupción el utilizar el poder político para el enriquecimiento personal ilegítimo.
5. Una persona que se dedica a la política debe estar dispuesta a servir a los demás y cumplir sus promesas.
6. La nueva ética de la que habla Óscar Arias consiste en la práctica de la solidaridad, la tolerancia y el respeto a la vida, a la dignidad y a la libertad humanas.
7. Arias utiliza el ejemplo de las raíces de los árboles para demostrar que lo que ocurre en un país no afecta a los demás.

Actividad 4   ¿Por qué dice eso Arias?

Da una explicación según lo que tú entiendes de las siguientes citas del discurso de Arias.

1. «...para quienes el ejercicio del sufragio y las libertades políticas representan muy poco.»
2. «Esos millones de pobres, excluidos de toda participación en el sistema político, y condenados a una existencia violenta y corta,»
3. «¿Cuánta irracionalidad pueden tolerar nuestras democracias?»

4. «Pero, desafortunadamente, la realidad viene a moderar cualquier optimismo.»

5. «...otra, la de la mayoría, condenada a ver alejarse la frontera del conocimiento, resignada a que sus miembros sean peones vitalicios del bienestar ajeno.»

6. «El fragor de una cultura o de una nación agitada por la guerra, por la opresión o por la miseria, es como el primer crujido de un árbol a punto de desplomarse. Un crujido que significa peligro para todo el bosque.»

7. «Si nuestra América no ha de ser sino una prolongación de Europa, si lo único que hacemos es ofrecer suelo nuevo a la explotación del hombre por el hombre (y, por desgracia, ésa es hasta ahora nuestra única realidad), si no nos decidimos a que ésta sea la tierra de promisión para la humanidad cansada de buscarla en todos los climas, no tenemos justificación.»

Actividad 5   Identificación

Paso 1   En parejas, identifiquen algunos de los elementos típicos de un discurso en el texto de la lectura.

Paso 2   Busquen frases y expresiones relacionadas con la política que sean muy similares a las que existen en inglés.

Tertulia   Las ideas de Óscar Arias

- Piensen en lo que para Óscar Arias constituye corrupción. ¿Están de acuerdo con él? Expliquen por qué.

- Arias considera cierto tipo de corrupción que no es necesariamente castigada por la ley. ¿Pueden Uds. dar ejemplos concretos de este tipo de corrupción, que se observan en su país u otros países?

Tema

Ahora es el momento de tener terminada la versión final del ensayo que has escrito durante las últimas semanas.

Antes de escribir

Lee con atención tu segunda versión y señala aquellas partes en las que crees que necesitas cambiar algo.

Mientras escribes

- Haz los cambios necesarios para que tu ensayo tenga los siguientes elementos y características.
  - ☐ un título
  - ☐ una introducción que presenta el tema que exploras y contiene una tesis
  - ☐ párrafos con una idea principal que no se repite en otros párrafos
  - ☐ ideas ordenadas
  - ☐ una conclusión
  - ☐ una bibliografía
- Busca en el diccionario y en tu libro de español aquellas palabras y expresiones sobre las que tengas duda.

Después de escribir

- Repasa los siguientes puntos.
  - ☐ el uso de **ser** y **estar**
  - ☐ la concordancia entre sujeto y verbo
  - ☐ la concordancia de género y número entre sustantivos, adjetivos y pronombres
  - ☐ la ortografía y los acentos
  - ☐ el uso de un vocabulario variado y correcto: evita las repeticiones
  - ☐ el orden y el contenido: párrafos claros; principio y final
- Finalmente, prepara tu versión para entregar.

No te olvides de mirar el Apéndice I, **¡No te equivoques!**, para evitar errores típicos de los estudiantes de español. Para esta actividad de escritura, se recomienda que prestes atención a *Actual y real* (página 357).

Consulta el *Cuaderno de práctica* para encontrar más ideas y sugerencias que te ayuden a escribir el ensayo.

■ Gramática en acción: la transición a la democracia en España: un ejemplo de éxito

Da la forma correcta de los verbos entre paréntesis en los siguientes párrafos. La mayoría de ellos requiere la voz pasiva, el presente o el pretérito de indicativo. Los otros verbos son estructuras con la palabra **se**, como verbos reflexivos o expresiones impersonales, y deben conjugarse apropiadamente.

No sólo los países latinoamericanos _____[1] (afectar) por terribles dictaduras en el siglo XX: también España _____[2] (verse) en situaciones similares a las de sus antiguas colonias americanas en cuanto a la inestabilidad de sus gobiernos.

En el primer tercio del siglo XX, España _____[3] (sacudir[a]) por diversos cambios de gobierno, entre ellos la Segunda República, de 1932 a 1939. Durante este período, una de las constituciones más avanzadas del mundo _____[4] (escribir) en España. Pero entre 1936 y 1939 el país _____[5] (devastar) por una terrible Guerra Civil entre los defensores de la República y los partidarios de volver a una situación más conservadora, los cuales _____[6] (llamarse) los nacionales. Esta guerra, que _____[7] (ganar) por los nacionales, le dio el poder al joven general Francisco Franco, el cual _____[8] (convertirse) en el dictador del país hasta su muerte en 1975. Bajo su control, España _____[9] (empujar[b]) a un largo período de encierro y aislamiento internacional.

El cambio llegó con la ayuda del nieto del antiguo rey Borbón anterior a la República, quien _____[10] (designar) por Franco como el próximo rey de España, que llegaría al poder después de su muerte. Por orden del nuevo rey, Juan Carlos I, las cortes se _____[11] (convocar[c]) inmediatamente y se _____[12] (celebrar) las primeras elecciones libres en cuarenta años: el gobierno español se _____[13] (establecer) como una monarquía constitucional donde el rey sólo es una figura representativa. La transición democrática española _____[14] (convertirse) en un modelo, pues la democracia _____[15] (restablecer) sin sangre y con una alta participación del pueblo, que estaba más que listo para ello. Tres décadas después de la muerte de Franco, España es un país libre y moderno, que ha experimentado un envidiable desarrollo económico y donde no se _____[16] (dudar) que la democracia es una realidad permanente.

[a]*to shake up*   [b]*to push*   [c]*to call*

Proyectos en tu comunidad

Entrevista a una persona de origen latinoamericano de tu comunidad que haya llegado a tu país en los últimos quince o veinte años. Hazle preguntas sobre los siguientes temas.

¿Cuáles considera él/ella los problemas más graves de su país?

¿Cómo piensa que se podrían resolver?

¿Qué aspectos sociales y políticos de este país le gustan más y cuáles le gustan menos?

Antes de empezar, haz una investigación en Internet sobre la historia reciente del pais latinoamericano de donde viene la persona entrevistada.

 ## Tertulia final   ¿Qué hemos aprendido?

¿De qué manera ha influido en el conocimiento del mundo hispánico lo que han aprendido Uds. en este libro.? ¿Piensan seguir estudiando la lengua española y la cultura de los países en que ésta se habla? ¿Cuáles son sus planes en cuanto al español? ¿Cómo les gustaría utilizar lo que saben?

¡No te equivoques!

This section offers explanations of words that typically present difficulty for intermediate-level students of Spanish. Each explanation also appears in the corresponding *Cuaderno de práctica* chapter, followed by a practice activity.

1. Cómo se expresa *to know*

conocer	• *to be acquainted/familiar with a person, place, or thing*	**¿Conoces** a mi novia? **Conozco** casi todo Centroamérica, pero no Panamá. Esa historia la **conozco.**
	• *to meet for the first time* (in the preterite)	Se **conocieron** y se enamoraron inmediatamente.
saber	• *to know a fact* • *to know how, to be able* • *to know well (by heart or from memory)* • *to find out* (in the preterite)	**Sé** lo que quieres decir. Manuela **sabe** bailar el tango muy bien. Mi hijo **sabe** toda la letra del himno nacional. Ayer **supe** del accidente de tus padres.

2. Maneras de expresar *but*

pero	*but* (introduces an idea contrary or complementary to the first idea in the sentence)	Quiero viajar **pero** no puedo este año. No estoy ganando mucho dinero con este trabajo **pero** estoy aprendiendo mucho.
sino	*but rather, instead* (contrasts nouns, adjectives, or adverbs; used when the first part of the sentence negates something and what follows takes the place of what is negated)	No es rojo **sino** morado. El examen no fue difícil **sino** dificilísimo. Lo importante no es ganar **sino** participar.
sino que	*but rather, instead* (used like **sino**, but to contrast conjugated verbs)	Lo importante no es que ganaste **sino que** disfrutaste.

3. Cómo se expresan *to go* y *to leave*

ir	*to go somewhere* (requires a specific destination)	Este año queremos **ir** a las Galápagos para las vacaciones.
irse	*to leave* (destination not emphasized or specified)	**¡Me voy!** Ya no puedo soportarlo.
salir salir de/para	*to leave, to depart* *to leave from/for*	El vuelo **sale** a las 8:30. La expedición **salió de** Puerto Montt **para** la Antártida. El activista no puede **salir** del país.
partir	*to leave, to depart* (more formal than **salir**)	El tren **partió** sin un pasajero.
dejar	*to leave/ abandon someone or something*	¡No **dejes** los libros en el carro!

4. Maneras de expresar *because (of)*

porque	*because* (used to link two parts of a sentence, responding to the question **¿por qué?**)	Renuncié al puesto anterior **porque** el horario y los beneficios eran terribles.
como	*since, because* (generally used at the beginning of a sentence)	**Como** no me gustaba lo que hacía, empecé a hacer cursillos de capacitación en otra área.
a causa de	*because of* (generally used at the beginning of a sentence and followed by a noun or infinitive verb)	**A causa de** la promoción me han subido el sueldo. **A causa de** entregar la tarea tarde, recibí una mala calificación.

5. Cómo se expresa *to think**

pensar que	*to believe/think that*	**Pienso que** todo el mundo tiene alguna inseguridad con su imagen.
pensar en	*to think about someone or something*	—¿**En** qué están **pensando?** —Estoy **pensando en** mi hija, que ahora mismo está viajando a Chile. —Yo estoy **pensando en** que tengo tanto trabajo que no sé cómo voy a terminarlo.
pensar de/ sobre	*to have an opinion (about something/ someone), to think something (of something/someone)*	—¿Qué **piensas del** uso de la tecnología entre los niños? —Lo que **pienso de** ese tema es que los padres deben limitar el tiempo que los niños pasan usando la computadora, por ejemplo.

---

*Sinónimos de **pensar:**

• **planear**
En enero pienso/planeo hacer un viaje al sur de Chile.

In January, I am planning to take (thinking about taking) a trip to the south of Chile.

• **creer**
Pienso/Creo que esto no está bien.

I believe/think this is not right.

6. *Por* y *para*

para	*for / in order to*	
	— time (deadline)	Es la tarea **para** el miércoles.
	— purpose	Estoy a dieta **para** perder 6 kilos.
	— location (destination)	Sale **para** Nueva York en el vuelo 814 de LAN Chile.
	— recipient	Es un regalo **para** tu prima.
	— comparison	**Para** Español 101 la tarea es muy difícil.
	— point of view	**Para** mí, esta costumbre es anticuada.
por	— *for, in exchange of*	Le di las gracias **por** su ayuda.
	— *for* (duration of time)	Hicieron ejercicio **por** dos horas.
	— *during* (general part of the day)	Era **por** la mañana.
	— *because of, due to*	El avión no salió por la tormenta.
		Eso te pasa por ser egoísta.
	— *around, about*	No sé exactamente dónde vive, pero la casa era por aquí.
	— *through*	Vamos a Chicago pasando por Nueva York.
	— *by means of*	Llamé por teléfono.
	— *by*	Esa novela fue escrita por una colombiana.

Expresiones comunes con **por** y **para**

por		para	
por ahora	*for now*	para bien o para mal	*for better or for worse*
por casualidad	*by chance*	para colmo	*on top of it all*
por cierto	*by the way*	para empezar / terminar	*to begin with / to finish*
por ejemplo	*for example*		
por eso	*that's why*		
por fin	*at last*		
por lo general	*in general*		
por lo menos	*at least*		
por (lo) tanto	*therefore*		
por supuesto	*of course*		
por un lado / por el otro	*on the one hand / on the other hand*		

7. Cuándo usar *ir, venir, llevar* y *traer*

ir	*to go, to come* (speaker is not in the place where the action of going is directed; unlike English, in which the point of reference can also be the interlocutor, as in *I'm coming (to meet you)*.	¿Me estás llamando? Ya **voy**. Juan **va** al cine todos los domingos
venir	*to come* (speaker is in the place where the action of coming is directed; also expresses the fact of accompanying someone to another place)	Juan, quiero que **vengas** enseguida. María **viene** mucho a visitarme a casa. Los inmigrantes **vienen** a nuestro país buscando mejores condiciones de vida. Voy de compras. ¿**Vienes** conmigo?
traer	*to bring* (like **venir,** used only to express moving something to the speaker's location)	María, ¿me **traes** un vaso de agua, por favor? Los inmigrantes **traen** consigo a nuestro país una rica herencia cultural.
llevar	*to take, to bring* (like **ir,** used to express moving something to a location that the speaker does not occupy; unlike English, location of interlocutor is not relevant)	María, **lleva** los platos a la cocina. *(Neither the speaker nor María is in the kitchen.)* José, cuando vaya a tu casa, ¿quieres que **lleve** el postre? *(Speaker is not at José's house.)*

8. Maneras de expresar *to support*

apoyar	*to support* *to give emotional support*	Si crees que vas a caerte, **apóyate** en mí. Te **apoyamos** en todo lo que necesites.
mantener	*to support financially* *to keep*	Ella **mantiene** a su familia con su sueldo. Nos gusta **mantener** las tradiciones familiares.
sostener	*to support, to sustain* *to hold*	Esas columnas **sostienen** el edificio. El hombre **sostiene** al niño en sus brazos.
soportar	*to hold, support* *to bear* *to put up with*	El ser humano no puede **soportar** la presión del agua a gran profundidad. Este material **soporta** temperaturas de más de 100°. No **soporto** el calor.

9. *Historia, cuento* y *cuenta*

historia	*story (of a book or a movie, or something that happened)*	El libro narra la **historia** de una pareja que tiene que separarse durante la revolución.
		Me contó una **historia** increíble que ocurrió ayer en Madrid.
	history	Todos los chicos deben estudiar la **historia** de su país.
cuento	*tale*	Cuando era pequeña me encantaban los **cuentos** de hadas (*fairy tales*).
	short story	Borges escribió unos **cuentos** maravillosos.
cuenta	*conjugated form of verb* ***contar***	El libro **cuenta** la historia de un artista enfermo.
		¡Cuéntamelo todo!
	bill (noun)	Camarero, la **cuenta**, por favor.
	mathematical operation (noun)	María ya sabe hacer **cuentas** de restar y multiplicar.

10. Cómo se expresa *to ask*

pedir	*to ask for (something), request, order*	**Pides** mucho, ¿no crees?
		Me gustaría pedir un favor.
		Voy a pedir una hamburguesa.
		¿Tú, qué pides?
preguntar	*to ask (as a question)* (**¡OJO!** The noun **pregunta** cannot be used as the direct object of this verb.)	El profesor le **preguntó** el nombre.
hacer una pregunta	*to ask a question*	¿Puedo **hacerle una pregunta?**
preguntar por	*to inquire about, ask after*	Me **preguntó por** mi familia.
preguntar si	*to ask whether*	**Pregúntale si** quiere salir hoy.
preguntarse	*to wonder (lit. to ask oneself)*	**Me pregunto** cuántas personas van a estar en la fiesta.

11. Significados de la palabra *time*

tiempo	*time* (undetermined period)	¡Cómo pasa el **tiempo**! Cuando tengas tiempo, me gustaría hablar contigo.
hora **la hora de**	*hour* *time* (by the clock) *the moment or time to/for something*	Sesenta minutos son una **hora**. ¿Qué hora es? Es **la hora de** trabajar.
rato	*while, short period of time*	Vuelvo en un **rato**.
vez **a veces**	*time, occasion* *sometimes*	Esta **vez** no digas nada. Lo hice una sola **vez**. **A veces** me llama cuando necesita dinero.
época / tiempos	*old times*	En esa **época** / En esos **tiempos** yo era muy pequeña.

12. *Actual* y *real*

actual	*current*	La situación **actual** de los indígenas quizá sea mejor que hace 50 años, pero aún no es buena.
en la actualidad	*now, nowadays*	**En la actualidad,** muchos pueblos indígenas están organizándose para luchar por sus tierras y sus derechos.
real	*real* *royal*	El problema **real** está en la necesidad de representación de los pueblos. El mensajero **real** buscaba a la mujer que había bailado con el príncipe la noche anterior.
en realidad	*actually, in fact, in actuality*	**En realidad,** Colón sabía menos de cartografía de lo que se podría esperar.

APPENDIX II

Stress and Written Accent Marks

All Spanish words have a stressed syllable—that is, a syllable that is pronounced with more intensity than the others. This syllable is called a **sílaba acentuada**.

The vast majority of Spanish words do not need a written accent mark because they follow these syllable and stress patterns.

1. The stress is on the second-to-last syllable (**palabra llana**), and the word ends in a vowel, **-n** or **-s**. This is by far the largest group of Spanish words.

     mano   perros   comen   vienes   leche   cantan

2. The stress falls on the last syllable (**palabra aguda**), and the word does not end in a vowel, **-n**, or **-s**.

     amor   comer   rapidez   salud   reloj   papel

WHEN TO WRITE AN ACCENT MASK		
Type of word	**Write the accent**	**Examples**
aguda (stress on last syllable)	when the last letter is **-n**, **-s**, or a vowel	**pasé** **andén** **inglés**
llana (stress on second-to-last syllable)	when the last letter is not **-n**, **-s**, or a vowel	**árbol** **dólar** **lápiz**
esdrújula (stress on third-to-last syllable or before)	always	**teléfono** **matrícula** **América**
interrogativas (**cómo, cuál, cuándo, dónde, qué, quién**)	always	**¿Quién** es? Ella sabe por **qué** lo hice.
algunas monosílabas	when there is another word with the same spelling, in order to differentiate their meaning	**té** (*tea*) vs. te (*you*) **mí** (*me*) vs. mi (*my*) **tú** (*you*) vs. tu (*your*)

When to Write an Accent Mark		
Type of word	Write the accent	Examples
hiatos (words containing these vowel combinations: **ía/ío/íe, aí/eí/oí, úo/úa/úe, aú/eú/oú, úi)**	when the word contains a **hiato,** the opposite of a **diptongo** (*diphthong*), in which the weak vowel (**i** or **u**) is stressed and forms a separate syllable*	**tía/tío/ríe caí/leí/oí búho/púa/continúes aúna/reúna**

For more information and practice, see the **Pronunciación y ortografía** section in *Cuaderno de práctica,* **(Capítulos 3 y 4).**

---

*A diphthong, or **diptongo,** is a sequence of two vowels in which the sounds blend to form a single syllable. In Spanish, this happens when a "strong" vowel (**a, e,** or **o**) is followed or preceded by a "weak" vowel (**i** or **u**) and the strong vowel carries the stress, as in the words **miedo, causas,** or **puente.** If the diphthong contains two weak vowels, the second one carries the stress: **fuiste, bilingüismo.**

APPENDIX III

Verbs

A. Regular Verbs: Simple Tenses

Infinitive Present participle Past participle	Indicative					Subjunctive		Imperative
	Present	Imperfect	Preterite	Future	Conditional	Present	Imperfect	
hablar hablando hablado	hablo hablas habla hablamos habláis hablan	hablaba hablabas hablaba hablábamos hablabais hablaban	hablé hablaste habló hablamos hablasteis hablaron	hablaré hablarás hablará hablaremos hablaréis hablarán	hablaría hablarías hablaría hablaríamos hablaríais hablarían	hable hables hable hablemos habléis hablen	hablara hablaras hablara habláramos hablarais hablaran	habla tú, no hables hable Ud. hablemos hablen
comer comiendo comido	como comes come comemos coméis comen	comía comías comía comíamos comíais comían	comí comiste comió comimos comisteis comieron	comeré comerás comerá comeremos comeréis comerán	comería comerías comería comeríamos comeríais comerían	coma comas coma comamos comáis coman	comiera comieras comiera comiéramos comierais comieran	come tú, no comas coma Ud. comamos coman
vivir viviendo vivido	vivo vives vive vivimos vivís viven	vivía vivías vivía vivíamos vivíais vivían	viví viviste vivió vivimos vivisteis vivieron	viviré vivirás vivirá viviremos viviréis vivirán	viviría vivirías viviría viviríamos viviríais vivirían	viva vivas viva vivamos viváis vivan	viviera vivieras viviera viviéramos vivierais vivieran	vive tú, no vivas viva Ud. vivamos vivan

B. Regular Verbs: Perfect Tenses

Indicative									
Present Perfect		Past Perfect		Preterite Perfect		Future Perfect		Conditional Perfect	
he has ha hemos habéis han	hablado comido vivido	había habías había habíamos habíais habían	hablado comido vivido	hube hubiste hubo hubimos hubisteis hubieron	hablado comido vivido	habré habrás habrá habremos habréis habrán	hablado comido vivido	habría habrías habría habríamos habríais habrían	hablado comido vivido

Subjunctive			
Present Perfect		Past Perfect	
haya hayas haya hayamos hayáis hayan	hablado comido vivido	hubiera hubieras hubiera hubiéramos hubierais hubieran	hablado comido vivido

C. Irregular Verbs

Infinitive Present participle Past participle	Indicative					Subjunctive		Imperative
	Present	Imperfect	Preterite	Future	Conditional	Present	Imperfect	
andar andando andado	ando andas anda andamos andáis andan	andaba andabas andaba andábamos andabais andaban	anduve anduviste anduvo anduvimos anduvisteis anduvieron	andaré andarás andará andaremos andaréis andarán	andaría andarías andaría andaríamos andaríais andarían	ande andes ande andemos andéis anden	anduviera anduvieras anduviera anduviéramos anduvierais anduvieran	anda tú, no andes ande Ud. andemos anden
caer cayendo caído	caigo caes cae caemos caéis caen	caía caías caía caíamos caíais caían	caí caíste cayó caímos caísteis cayeron	caeré caerás caerá caeremos caeréis caerán	caería caerías caería caeríamos caeríais caerían	caiga caigas caiga caigamos caigáis caigan	cayera cayeras cayera cayéramos cayerais cayeran	cae tú, no caigas caiga Ud. caigamos caigan
dar dando dado	doy das da damos dais dan	daba dabas daba dábamos dabais daban	di diste dio dimos disteis dieron	daré darás dará daremos daréis darán	daría darías daría daríamos daríais darían	dé des dé demos deis den	diera dieras diera diéramos dierais dieran	da tú, no des dé Ud. demos den

C. Irregular Verbs (*continued*)

Infinitive Present participle Past participle	Indicative					Subjunctive		Imperative
	Present	Imperfect	Preterite	Future	Conditional	Present	Imperfect	
decir diciendo dicho	digo dices dice decimos decís dicen	decía decías decía decíamos decíais decían	dije dijiste dijo dijimos dijisteis dijeron	diré dirás dirá diremos diréis dirán	diría dirías diría diríamos diríais dirían	diga digas diga digamos digáis digan	dijera dijeras dijera dijéramos dijerais dijeran	di tú, no digas diga Ud. digamos digan
estar estando estado	estoy estás está estamos estáis están	estaba estabas estaba estábamos estabais estaban	estuve estuviste estuvo estuvimos estuvisteis estuvieron	estaré estarás estará estaremos estaréis estarán	estaría estarías estaría estaríamos estaríais estarían	esté estés esté estemos estéis estén	estuviera estuvieras estuviera estuviéramos estuvierais estuviera	está tú, no estés esté Ud. estemos estén
haber habiendo habido	he has ha hemos habéis han	había habías había habíamos habíais habían	hube hubiste hubo hubimos hubisteis hubieron	habré habrás habrá habremos habréis habrán	habría habrías habría habríamos habríais habrían	haya hayas haya hayamos hayáis hayan	hubiera hubieras hubiera hubiéramos hubierais hubieran	
hacer haciendo hecho	hago haces hace hacemos hacéis hacen	hacía hacías hacía hacíamos hacíais hacían	hice hiciste hizo hicimos hicisteis hicieron	haré harás hará haremos haréis harán	haría harías haría haríamos haríais harían	haga hagas haga hagamos hagáis hagan	hiciera hicieras hiciera hiciéramos hicierais hicieran	haz tú, no hagas haga Ud. hagamos hagan
ir yendo ido	voy vas va vamos vais van	iba ibas iba íbamos ibais iban	fui fuiste fue fuimos fuisteis fueron	iré irás irá iremos iréis irán	iría irías iría iríamos iríais irían	vaya vayas vaya vayamos vayáis vayan	fuera fueras fuera fuéramos fuerais fueran	ve tú, no vayas vaya Ud. vayamos vayan
oír oyendo oído	oigo oyes oye oímos oís oyen	oía oías oía oíamos oíais oían	oí oíste oyó oímos oísteis oyeron	oiré oirás oirá oiremos oiréis oirán	oiría oirías oiría oiríamos oiríais oirían	oiga oigas oiga oigamos oigáis oigan	oyera oyeras oyera oyéramos oyerais oyeran	oye tú, no oigas oiga Ud. oigamos oigan
poder pudiendo podido	puedo puedes puede podemos podéis pueden	podía podías podía podíamos podíais podían	pude pudiste pudo pudimos pudisteis pudieron	podré podrás podrá podremos podréis podrán	podría podrías podría podríamos podríais podrían	pueda puedas pueda podamos podáis puedan	pudiera pudieras pudiera pudiéramos pudierais pudieran	

C. Irregular Verbs (*continued*)

Infinitive Present participle Past participle	Indicative					Subjunctive		Imperative
	Present	Imperfect	Preterite	Future	Conditional	Present	Imperfect	
poner poniendo puesto	pongo pones pone ponemos ponéis ponen	ponía ponías ponía poníamos poníais ponían	puse pusiste puso pusimos pusisteis pusieron	pondré pondrás pondrá pondremos pondréis pondrán	pondría pondrías pondría pondríamos pondríais pondrían	ponga pongas ponga pongamos pongáis pongan	pusiera pusieras pusiera pusiéramos pusierais pusieran	pon tú, no pongas ponga Ud. pongamos pongan
querer queriendo querido	quiero quieres quiere queremos queréis quieren	quería querías quería queríamos queríais querían	quise quisiste quiso quisimos quisisteis quisieron	querré querrás querrá querremos querréis querrán	querría querrías querría querríamos querríais querrían	quiera quieras quiera queramos queráis quieran	quisiera quisieras quisiera quisiéramos quisierais quisieran	quiere tú, no quieras quiera Ud. queramos quieran
saber sabiendo sabido	sé sabes sabe sabemos sabéis saben	sabía sabías sabía sabíamos sabíais sabían	supe supiste supo supimos supisteis supieron	sabré sabrás sabrá sabremos sabréis sabrán	sabría sabrías sabría sabríamos sabríais sabrían	sepa sepas sepa sepamos sepáis sepan	supiera supieras supiera supiéramos supierais supieran	sabe tú, no sepas sepa Ud. sepamos sepan
salir saliendo salido	salgo sales sale salimos salís salen	salía salías salía salíamos salíais salían	salí saliste salió salimos salisteis salieron	saldré saldrás saldrá saldremos saldréis saldrán	saldría saldrías saldría saldríamos saldríais saldrían	salga salgas salga salgamos salgáis salgan	saliera salieras saliera saliéramos salierais salieran	sal tú, no salgas salga Ud. salgamos salgan
ser siendo sido	soy eres es somos sois son	era eras era éramos erais eran	fui fuiste fue fuimos fuisteis fueron	seré serás será seremos seréis serán	sería serías sería seríamos seríais serían	sea seas sea seamos seáis sean	fuera fueras fuera fuéramos fuerais fueran	sé tú, no seas sea Ud. seamos sean
tener teniendo tenido	tengo tienes tiene tenemos tenéis tienen	tenía tenías tenía teníamos teníais tenían	tuve tuviste tuvo tuvimos tuvisteis tuvieron	tendré tendrás tendrá tendremos tendréis tendrán	tendría tendrías tendría tendríamos tendríais tendrían	tenga tengas tenga tengamos tengáis tengan	tuviera tuvieras tuviera tuviéramos tuvierais tuvieran	ten tú, no tengas tenga Ud. tengamos tengan
traer trayendo traído	traigo traes trae traemos traéis traen	traía traías traía traíamos traíais traían	traje trajiste trajo trajimos trajisteis trajeron	traeré traerás traerá traeremos traeréis traerán	traería traerías traería traeríamos traeríais traerían	traiga traigas traiga traigamos traigáis traigan	trajera trajeras trajera trajéramos trajerais trajeran	trae tú, no traigas traiga Ud. traigamos traigan

C. Irregular Verbs (*continued*)

Infinitive Present participle Past participle	Indicative					Subjunctive		Imperative
	Present	Imperfect	Preterite	Future	Conditional	Present	Imperfect	
venir viniendo venido	vengo vienes viene venimos venís vienen	venía venías venía veníamos veníais venían	vine viniste vino vinimos vinisteis vinieron	vendré vendrás vendrá vendremos vendréis vendrán	vendría vendrías vendría vendríamos vendríais vendrían	venga vengas venga vengamos vengáis vengan	viniera vinieras viniera viniéramos vinierais vinieran	ven tú, no vengas venga Ud. vengamos vengan
ver viendo visto	veo ves ve vemos veis ven	veía veías veía veíamos veíais veían	vi viste vio vimos visteis vieron	veré verás verá veremos veréis verán	vería verías vería veríamos veríais verían	vea veas vea veamos veáis vean	viera vieras viera viéramos vierais vieran	ve tú, no veas vea Ud. veamos vean

D. Stem-Changing and Spelling-Change Verbs

Infinitive Present participle Past participle	Indicative					Subjunctive		Imperative
	Present	Imperfect	Preterite	Future	Conditional	Present	Imperfect	
pensar (ie) pensando pensado	pienso piensas piensa pensamos pensáis piensan	pensaba pensabas pensaba pensábamos pensabais pensaban	pensé pensaste pensó pensamos pensasteis pensaron	pensaré pensarás pensará pensaremos pensaréis pensarán	pensaría pensarías pensaría pensaríamos pensaríais pensarían	piense pienses piense pensemos penséis piensen	pensara pensaras pensara pensáramos pensarais pensaran	piensa tú, no pienses piense Ud. pensemos piensen
volver (ue) volviendo vuelto	vuelvo vuelves vuelve volvemos volvéis vuelven	volvía volvías volvía volvíamos volvíais volvían	volví volviste volvió volvimos volvisteis volvieron	volveré volverás volverá volveremos volveréis volverán	volvería volverías volvería volveríamos volveríais volverían	vuelva vuelvas vuelva volvamos volváis vuelvan	volviera volvieras volviera volviéramos volvierais volvieran	vuelve tú, no vuelvas vuelva Ud. volvamos vuelvan
dormir (ue, u) durmiendo dormido	duermo duermes duerme dormimos dormís duermen	dormía dormías dormía dormíamos dormíais dormían	dormí dormiste durmió dormimos dormisteis durmieron	dormiré dormirás dormirá dormiremos dormiréis dormirán	dormiría dormirías dormiría dormiríamos dormiríais dormirían	duerma duermas duerma durmamos durmáis duerman	durmiera durmieras durmiera durmiéramos durmierais durmieran	duerme tú, no duermas duerma Ud. durmamos duerman
sentir (ie, i) sintiendo sentido	siento sientes siente sentimos sentís sienten	sentía sentías sentía sentíamos sentíais sentían	sentí sentiste sintió sentimos sentisteis sintieron	sentiré sentirás sentirá sentiremos sentiréis sentirán	sentiría sentirías sentiría sentiríamos sentiríais sentirían	sienta sientas sienta sintamos sintáis sientan	sintiera sintieras sintiera sintiéramos sintierais sintieran	siente tú, no sientas sienta Ud. sintamos sientan

D. Stem-Changing and Spelling-Change Verbs (*continued*)

Infinitive Present participle Past participle	Indicative					Subjunctive		Imperative
	Present	Imperfect	Preterite	Future	Conditional	Present	Imperfect	
pedir (i, i) pidiendo pedido	pido pides pide pedimos pedís piden	pedía pedías pedía pedíamos pedíais pedían	pedí pediste pidió pedimos pedisteis pidieron	pediré pedirás pedirá pediremos pediréis pedirán	pediría pedirías pediría pediríamos pediríais pedirían	pida pidas pida pidamos pidáis pidan	pidiera pidieras pidiera pidiéramos pidierais pidieran	pide tú, no pidas pida Ud. pidamos pidan
reír (i, i) riendo reído	río ríes ríe reímos reís ríen	reía reías reía reíamos reíais reían	reí reíste rió reímos reísteis rieron	reiré reirás reirá reiremos reiréis reirán	reiría reirías reiría reiríamos reiríais reirían	ría rías ría riamos riáis rían	riera rieras riera riéramos rierais rieran	ríe tú, no rías ría Ud. riamos rían
seguir (i, i) (g) siguiendo seguido	sigo sigues sigue seguimos seguís siguen	seguía seguías seguía seguíamos seguíais seguían	seguí seguiste siguió seguimos seguisteis siguieron	seguiré seguirás seguirá seguiremos seguiréis seguirán	seguiría seguirías seguiría seguiríamos seguiríais seguirían	siga sigas siga sigamos sigáis segan	siguiera siguieras siguiera siguiéramos siguierais siguieran	sigue tú, no siags siga Ud. sigamos sigan
construir (y) construyendo construido	construyo construyes construye construimos construís construyen	construía construías construía construíamos construíais construían	construí construiste construyó construimos construisteis construyeron	construiré construirás construirá construiremos construiréis construirán	construiría construirías construiría construiríamos construiríais construirían	construya construyas construya construyamos construyáis construyan	construyera construyeras construyera construyéramos construyerais construyeran	construye tú, no construyas construya Ud. construyamos construyan
producir (zc) produciendo producido	produzco produces produce producimos producís producen	producía producías producía producíamos producíais producían	produje produjiste produjo produjimos produjisteis produjeron	produciré producirás producirá produciremos produciréis producirán	produciría producirías produciría produciríamos produciríais producirían	produzca produzcas produzca produzcamos produzcáis produzcan	produjera produjeras produjera produjéramos produjerais produjeran	produce tú, no produzcas produzca Ud. produzcamos produzcan

The Spanish-English Vocabulary contains all the words that appear in the text, with the following exceptions: (1) most close or identical cognates that do not appear in the thematic vocabulary lists; (2) most conjugated verb forms; (3) diminutives in **-ito/a;** (4) absolute superlatives in **-ísimo/a;** (5) most adverbs ending in **-mente;** (6) most numbers; (7) subject and object pronouns, possessive adjectives, and demonstrative adjectives and pronouns; (8) some vocabulary from realia and authentic readings. Only meanings that are used in the text are given.

The gender of nouns is indicated, except for masculine nouns ending in **-o** and feminine nouns ending in **-a.** Stem changes and spelling changes are indicated for verbs: **dormir (ue, u); llegar (gu).** The letter **ñ** follows the letter **n: añadir** follows **anuncio.** The following abbreviations are used:

adj.	adjective	*irreg.*	irregular
adv.	adverb	*L.A.*	Latin America
Arg.	Argentina	*m.*	masculine
C.Am.	Central America	*Mex.*	Mexico
coll.	colloquial	*n.*	noun
conj.	conjunction	*p.p.*	past participle
def. art.	definite article	*pl.*	plural
f.	feminine	*poss. pron.*	possessive pronoun
fam.	familiar	*prep.*	preposition
form.	formal	*pron.*	pronoun
gram.	grammatical term	*rel. pron.*	relative pronoun
inf.	infinitive	*s.*	singular
interj.	interjection	*v.*	verb
inv.	invariable in form		

A

a to; at; **a la(s)** at (*time*); **al** (*contraction of* **a** + **el**) to the
abarcar (qu) to comprise, cover; to take on (*a task*)
abastecimiento supply
abierto/a (*p.p. of* **abrir**) open
abogado/a lawyer (4)
abonar to fertilize
aborto abortion
abrazo hug (3)

abreviatura abbreviation
abrigo coat
abril *m.* April
abrir (*p.p.* **abierto**) to open; **abrirse paso** to make one's way
abrumado/a overwhelmed
absoluto/a absolute; **en absoluto** completely
absorber to absorb
absorción *f.* absorption
abstenerse (*like* **tener**) to abstain

abstracto/a abstract (11)
abuchear to boo, jeer at
abuelo/a grandfather/grandmother (3); **abuelos** *pl.* grandparents
abundancia abundance
aburrido/a boring (1); bored (1); **estar** (*irreg.*) **aburrido/a** to be bored (1); **ser** (*irreg.*) **aburrido/a** to be boring (1)
aburrir to bore; **aburrirse** to get/become bored (2)

abuso abuse (9)

acabar to finish; to run out (*of something*) (4); **acabar de** + *inf.* to have just (*done something*)

academia academy

académico/a academic; **curso académico** academic year (2)

acaparar to monopolize, hoard

acaso perhaps, maybe; **por si acaso** just in case

acceder to have access

acceso access

accesorio accessory

accidente *m.* accident

acción *f.* action; **Día de (Acción de) Gracias** Thanksgiving

acecho observation; **estar** (*irreg.*) **al acecho** to be lying in wait

aceite *m.* oil; **aceite de oliva** olive oil

acentuado/a accented

aceptable acceptable

aceptación *f.* acceptance

aceptar to accept

acera sidewalk (8)

acercarse (qu) (a) to approach, come near

acero steal

acervo wealth

acitrón (*m.*) *typical Mexican candy*

aclarar to clarify

acoger (j) to accept; to welcome (8); **acogerse a** to participate voluntarily (8)

acompañar to accompany

aconsejable advisable

aconsejar to advise (5); to give advice

acontecimiento happening; event (10)

acordar (ue) to agree (2); **acordarse** to remember (2)

acordeón *m.* accordion

acosador(a) harasser (9)

acoso harassment (9)

acostar(se) (ue) to go to bed (2)

acostumbrado/a accustomed; **estar** (*irreg.*) **acostumbrado/a a** to be accustomed to (7)

acostumbrarse a to get used to (7)

actitud *f.* attitude (9)

activar to activate

actividad *f.* activity

activista *m., f.* activist

activo/a active

acto act

actor *m.* actor

actriz *f.* (*pl.* **actrices**) actress

actuación *f.* acting

actual current, present-day

actualidad *f.* present

actualmente at present, nowadays

actuar(se) (actúo) to act

acudir to attend

acuerdo agreement (8); **estar** (*irreg.*) **de acuerdo** to agree (1)

acuífero/a *adj.* water (*pertaining to*); **manto acuífero** water stratum

acumular to accumulate

adaptación *f.* adaptation; **capacidad** *f.* **de adaptación** ability/capacity to adapt (4)

adaptar(se) a to adapt to (7)

adecuado/a adequate; appropriate

adelante *adv.* ahead; **de ahí en adelante** from that point on

adelanto *n.* advance

además moreover; furthermore; **además de** *prep.* besides; in addition to

aderezo dressing

adivinanza riddle, puzzle

adivinar to guess

administración *f.* administration

administrador(a) administrator

administrar to administrate

administrativo/a administrative

admiración *f.* admiration

admitir to admit

adolescencia adolescence

adolescente *m., f.* adolescent

¿adónde? to where?

adopción *f.* adoption (3)

adoptar to adopt (3)

adorar to adore

adornado/a decorated, adorned

adorno ornament (9); decorative detail (9)

adquirir (ie) to acquire

adquisición *f.* acquisition

adquisitivo/a acquisitive; **poder** *m.* **adquisitivo** purchasing power

adulto/a *n.* adult; *adj.* adult, mature

advenedizo/a outsider

advertir (ie, i) to warn (1)

aéreo/a air, air travel (*pertaining to*); **base** *f.* **aérea** air base

aeronave *m.* airplane

aeropuerto airport

afanoso/a laborious

afectar to affect

afecto affection

afeitar(se) to shave (oneself) (2)

afiche *m.* poster (12)

afiliación *f.* affiliation

afirmación *f.* statement

afirmar to state (5)

afirmativo/a affirmative

afortunadamente fortunately

africano/a African

afroamericano/a African American; **programa** *m.* **de estudios afroamericanos** African American studies program (2)

afrontar to face, confront

agencia agency

agigantado/a gigantic, huge; exaggerated

agitar to shake, agitate

aglomerar(se) to amass, pile up

agnóstico/a agnostic (2)

agobiado/a burdened; weighed down; overwhelmed

agosto August

agotamiento exhaustion

agotar to exhaust

agraciado/a attractive

agradable pleasant

agradecer (zc) to thank(2); to be grateful (6)

agradecimiento thanks, thankfulness

agresivo/a aggressive

agrícola *adj. m., f.* agricultural (8); **sindicato de trabajadores agrícolas** farmworkers' union

agricultor(a) farmer (4)

agricultura agriculture (8)

agrio/a bitter

agua *f.* (*but* **el agua**) water (8)

aguacate *m.* avocado

aguantar to put up with (2)

agudización *f.* worsening (12)

águila *f.* (*but* **el águila**) eagle (10)

agujero hole (8); **agujero negro** black hole

ahí there

ahijado/a godson/goddaughter (3); **ahijados** *pl.* godchildren

ahora now; **ahora mismo** right now

ahorrar to save (up)

aire *m.* air (8)

aislado/a isolated

aislamiento isolation (5)

aislar(se) to isolate (oneself) (5)

ajedrez *m.* chess

ajeno/a unfamiliar; of others

ajo garlic; **diente** *m.* **de ajo** clove of garlic

al (*contraction of* **a** + **el**) to the; **al** (+ *inf.*) upon (*doing something*); **al borde de** on the edge of (11)

alarma alarm

albañil *m., f.* construction worker

alcalde / alcaldesa mayor (11)

alcance *m.* reach; **estar** (*irreg.*) **al alcance** to be within reach

alcanzar (c) to reach; to achieve

alcurnia ancestry, lineage

aldea village

aleccionador(a) *adj.* learning

aledaño/a near, close

alegar (gu) to allege

alegrarse to get/become happy (2); to be happy (6)

alegre happy

alegría happiness

alejar to take away; **alejarse** to get further away; to distance oneself

alemán *n. m.* German (*language*)

alemán, alemana *n., adj.* German

alerto/a sharp; alert

alfabético/a alphabetic; **orden** *m.* **alfabético** alphabetic order

alfabetización *f.* literacy

algo something (7)

alguien someone (7)

algún, alguno/a some (7); any; **algún día** someday; **alguna vez** once; ever; **algunas veces** sometimes (7); **alguno/as** some

alimentación *f.* feeding, nourishment

alimento food

aliviado/a relieved

aliviar to relieve

alivio relief

allá (over) there

allí there

alma *f.* (*but* **el alma**) soul

almacenamiento storage **almacenamiento de datos** data storage

almacenar to store (5)

almendra almond

almorzar (ue) (c) to eat lunch

almuerzo lunch

alquilar to rent; **alquilar películas** to rent movies (6)

alrededor de *prep.* around; about; approximately

altar *m.* altar (11)

alternar(se) to alternate

alto/a tall (1)

altura height

alucinado/a haunting, wild; surprised

alumbrar to light

alusión *f.* allusion; **hacer** (*irreg.*) **alusión a** to allude to

alzar (c) to raise, lift; **alzar la mirada** to look up

amabilidad *f.* amiability, kindness

amable friendly

amalgamar to combine

amar to love (3)

amarillo/a yellow

Amazonia Amazon basin

amazónico/a *adj.* Amazon

ambición *f.* ambition

ambiental environmental

ambiente *m.* atmosphere; **medio ambiente** environment

ambigüedad *f.* ambiguity

ambiguo/a ambiguous

ámbito environment; atmosphere; **ámbito laboral** workplace

ambos/as *pl.* both

ambulante *adj. m., f.* walking; **vendedor(a) ambulante** street vendor

amenazado/a threatened (9)

amenazar (c) to threaten

América Latina Latin America

americanismo Americanism

americano/a American; **sueño americano** American dream

amigablemente amicably, in a friendly way

amigo/a friend

aminorar to minimize

amistad *f.* friendship (2)

amnistía amnesty

amo/a boss

amor *m.* love

amplio/a broad, wide

analfabetismo illiteracy (9)

analfabeto/a *adj.* illiterate (9)

análisis *m.* analysis

analizar (c) to analyze

ancestral ancestral (10)

ancestro ancestor (10)

andar *irreg.* to walk; to go; to continue; to spend time (with someone); **¡Anda!** *interj.* Really! Wow!

andino/a *n., adj.* Andean

anécdota anecdote (3)

ángel *m.* angel

angloamericano Anglo-American

anglohablante *adj. m., f.* English-speaking; *n.* English speaker

anglosajón, anglosajona *n., adj.* Anglo-Saxon

angosto/a narrow (10)

angustiante distressing

anidar to nest

anillo ring

animación *f.* animation

animal *m.* animal

animar to animate (11); to cheer up (11); to encourage (11)

aniversario anniversary (3)

anoche last night

anónimo/a anonymous; **sociedad** *f.* **anónima** limited, incoporated (*business*)

anotar to note

ansia *f.* (*but* **el ansia**) anxiety

ansioso/a anxious

ante before; faced with; in the face of (8)

anteceder to precede

anteojos *pl.* eyeglasses (1)

antepasado/a *n.* ancestor

antes *adv.* before; **antes (de)** *prep.* before; **antes de Cristo (a. C)** BC; **antes de que** *conj.* before (8)

anticipar to anticipate

antigüedad *f.* antiquity

antiguo/a old (4)

antioqueno/a *adj.* from Antioch

antipático/a unpleasant

antiterrorista *adj. m., f.* anti-terrorist

antónimo antonym

anual annual

anunciar to announce

anuncio announcement; commercial; **anuncios clasificados** classified ads (4)

añadir to add

año year; **¿cuántos años tenías?** how old were you (*fam. s.*)?; **el año pasado** last year; **el año que viene** next year; **este año** this year; **hace un año** one year ago; **tener** (*irreg.*)... **años** to be . . . years old (1)

añorar to desire, wish for; to miss

apagar (gu) to turn off (*light*)

apagón *m.* blackout

aparato appliance (5); machine (5)

aparecer (zc) to appear (1)

aparente apparent

aparición *f.* appearance

apariencia (física) (physical) appearance (1)

apartado section

apartamento apartment

aparte separate

apasionadamente passionately

apasionante passionate

apellido surname

apenas barely

apéndice *m.* appendix

apetito appetite; **¡Buen apetito!** Enjoy your meal! (6)

aplastar to flatten

aplauso applause

aplicar (qu) to apply; to use

apodo nickname (3)

apogeo peak
aportar to contribute
apoyar to support (2)
apreciación *f.* appreciation
apreciar to appreciate
aprender to learn; **capacidad** *f.* **de aprender** ability/capacity to learn (4)
aprendizaje *n. m.* learning, training (4); apprenticeship (4); **período de aprendizaje** learning/training period (4)
apretado/a tight
apretar (ie) to squeeze; to grip
aprobar (ue) to pass (*an exam, class*) (2); to approve (*a law, bill*)
apropiación *f.* appropriation
apropiado/a appropriate
aproximación *f.* approximation
aproximadamente approximately
aproximado/a approximated
aptitud *f.* aptitude
apuesta bet
apuntar to write down; to take notes
apuntes *m., pl.* (class) notes (2)
apuñalar to stab (11)
aquel, aquella *adj.* that (over there); *pron.* that one (over there)
aquí here
árabe *n. m.* Arabic (*language*)
árabe *n. m., f.* Arab; *adj.* Arabic
arado plow
árbol *m.* tree (8); **árbol genealógico/a** family tree
archivar to file (5)
archivo file (5)
arcilla clay
arder to burn (3)
ardiente burning
área *f.* (*but* **el área**) area
arenal *m.* sandy terrain
argentino/a *n., adj.* Argentine
argumento argument
arma *f.* (*but* **el arma**) weapon
armado/a armed
aroma *m.* aroma
arpa *f.* (*but* **el arpa**) harp
arqueología archeology (10)
arqueológico/a archeological
arqueólogo/a archeologist (10)
arquitecto/a architect (4)
arquitectónico/a architectural
arquitectura architecture (2)
arrancar(se) (qu) to be uprooted
arrasar to demolish, raze
arrastrar to pull (12); to drag (12)
arreglar to repair

arreglo repair
arrepentirse (ie, i) to regret (2); to repent (2)
arrestar to arrest
arriba up; above; **de arriba para abajo** from top to bottom; **por arriba de** above
arribar to arrive (11)
arrogancia arrogance
arrogante arrogant
arrojar to throw out
arroz *m.* rice
arruinar to ruin
arte *m.* (*but* **las artes**) art (11)
artefacto artifact
artesanal *adj. m., f.* craft
artesanía *s.* crafts; craftsmanship
articular to articulate
artículo article (5)
artista *m., f.* artist
artístico/a artistic
ascendencia ancestry, descent
ascender (ie) to promote (4)
ascenso promotion (4)
asediado/a besieged
asegurar to secure (7); to assure
asentamiento settlement (10)
asentarse (ie) to settle (10)
aseo cleanliness
asesinato assassination; murder
asfalto asphalt
así thus, so, that way, this way; **así como** as well as; **así que** therefore, consequently
asiático/a Asian
asiduo/a frequent, regular
asiento seat
asignar to assign
asilo asylum
asimilar to assimilate
asimismo *adv.* also, in like manner
asistencia aid, assistance; attendance; **asistencia pública** public aid (9)
asistente *m., f.* assistant; **asistente de vuelo** flight attendant (4)
asistir (a) to attend
asociación *f.* association
asociar(se) to associate
asombrado/a surprised (1)
asombrar(se) (de) to be shocked (6)
asombrosamente surprisingly
aspecto look, appearance; **aspecto físico** physical appearance
aspiraciones *f. pl.* aspirations
aspirar to aspire
astilla splinter; **de tal palo, tal astilla** a chip off the old block

astronauta *m., f.* astronaut
astronómico/a astronomical
asumir to assume, take on (*expense, responsibility*) (2)
asunto subject, topic; matter, affair
asustar to scare (3)
atacar (qu) to attack
ataque *m.* attack
atasco blockage; traffic jam
atención *f.* attention
atentamente attentively; sincerely (*to close a letter*)
ateo/a atheist (2)
aterrado/a terrified (7)
atlántico/a Atlantic; **Océano Atlántico** Atlantic Ocean
atmósfera atmosphere (8)
atmosférico/a atmospheric
atónito/a astonished (7)
atraer (*like* **traer**) to attract
atrasado/a backwards, behind; late
atravesar (ie) to cross
atreverse to dare (2)
audaz *adj. m., f.* (*pl.* **audaces**) bold
audiencia audience
augusto/a august (*inspiring awe*)
aumentar to increase (4)
aumento increase; **aumento de sueldo** salary increase, raise (4)
aun even
aún still, yet (12)
aunque although
auriculares *m, pl.* headphones
ausencia absence
ausente absent (1)
auspicio auspice, protection
australiano/a *n., adj.* Australian
auténtico/a authentic
auto car
autobús *m.* bus
autogiro autogyro
autógrafo autograph
autoimagen *f.* self-image
automático/a automatic
autónomo/a autonomous
autopista freeway
autoproclamado/a self-proclaimed
autor(a) author
autoridad *f.* authority
autorrealización *f.* self-realization
auxilio aid, help
avance *m.* advance (5)
avanzar (c) to advance (7); to move up (7)
avaricia greed
avaricioso/a greedy (1)
aventura adventure

aventurero/a adventurous
avergonzado/a embarrassed (1)
avergonzar(se) (ue) (c) to embarrass; to be ashamed (6)
averiguar (gu) to find out, ascertain
aviación *f.* aviation
avión *m.* airplane
avisar to inform
avisos clasificados classified ads (4)
axioma *m.* axiom
ayer yesterday
ayuda help
ayudar to help
ayuntamiento town hall (11)
azteca *n. m., f.; adj.* Aztec (10)
azúcar *m.* sugar; **plantación** *f.* **de caña de azúcar** sugar cane plantation (11)
azul blue; **ojos azules** blue eyes (1)

B

Babilonia Babylon
bachillerato high school studies (2)
bahía bay
bailar to dance (6)
baile *m.* dance (6)
baja *n. f.* drop, decrease
bajo/a short (1)
baloncesto basketball
bananero/a *adj.* banana (*pertaining to fruit or fruit-growing industry*)
banano banana tree
banco bank; **Banco Mundial** World Bank
bandera flag (7)
bandido/a bandit
banquete *m.* banquet (6)
bañar(se) to bathe (oneself); to swim (6)
bañera bathtub
baptista *m., f.* Baptist (2)
bar *m.* bar (6)
barato/a inexpensive, cheap
barba beard
barbacoa barbecue; **hacer** (*irreg.*) **una barbacoa** to have a barbecue
barco boat, ship; **en barco** (*travel*) by boat, ship
barranco ravine, gully
barrio neighborhood (7)
barroco baroque (11)
barroco/a baroque
basarse (en) to base be based (on)
base *f.* base
básico/a basic; **servicios básicos** basic services

bastante *adj.* enough; sufficient; *adv.* rather, quite
basura trash (8); **contenedor** *m.* **de basura** garbage bin (8); **recogida de basura** garbage pickup (8)
basurero/a garbage collector (4)
batalla battle
bautismo baptism (2)
bautista *n. m., f.; adj.* Baptist
bautizar (c) to baptize (3)
bautizo baptism (3)
beber to drink (2); **beberse** to drink up (2)
bebida beverage, drink
beca scholarship (2)
beisbolista *n. m., f.* baseball player
Belén Bethlehem
Belice Belize
belleza beauty
bello/a beautiful (11)
bendecir (*like* **decir**) to bless, give a blessing
bendición *f.* blessing (3)
beneficiar to benefit (12)
beneficio benefit (4)
bibliografía bibliography
biblioteca library
bibliotecario/a librarian (4)
bien *adv.* well; **caerle** (*irreg.*) **bien** to make a good impression (*on someone*) (2); **llevarse bien** to get along well (3); **pasarlo/pasarla bien** to have a good time
bienestar *m.* well-being (6)
bigote *m.* mustache (1)
bilingüe bilingual (7)
bilingüismo bilingualism (7)
biografía biography
biología biology (2)
biológico/a biological
bipartidista *adj. m., f.* bipartisan
bisabuelo/a great-grandfather/great-grandmother (3); **bisabuelos** *pl.* great-grandparents
blanco/a white; **pelo blanco** white hair (1)
bloquear to block
bobo/a foolish
boca mouth
boda wedding (3)
boleto ticket
boliviano/a *n., adj.* Bolivian
bolsa bag; purse; sack; stock exchange (8)
bombardear to bomb; to shell
bombeo pumping
bombero, mujer *f.* **bombera** firefighter

bonito/a pretty
Borbón Bourbon
bordado/a embroidered
borde *m.* edge; **al borde de** on the edge of (11)
boricua *adj. m., f.* Puerto Rican
Borinquen Puerto Rico
borrador *m.* rough draft (*of a written document*)
borrar to erase (5)
bosque *m.* forest (8)
bota boot
botar to throw away (8)
botella bottle
bóveda vault (11)
Brasil *m.* Brazil
brasileño/a *n., adj.* Brazilian
bravamente bravely
brazo arm
brecha gap (12)
breve *adj.* brief
brillar to shine
brindar to toast (3)
brindis *m.* toast (3)
brotar to emerge; to sprout up
brujo/a wizard/witch (3)
bruma mist; haze
brusco/a abrupt
budismo Buddhism (2)
budista *n. m., f.; adj.* Buddhist (2)
buen, bueno/a good (1); **¡Buen apetito!** Enjoy your meal! (6); **buen viaje** have a good trip; **estar** (*irreg.*) **de buen/mal humor** de be in a good/bad mood (1); **estar** (*irreg.*) **bueno/a** to be tasty (1); **hace buen tiempo** the weather is nice; **ser** (*irreg.*) **bueno/a** to be (a) good (person) (1); **tener** (*irreg.*) **buen carácter** to have a nice personality (1)
bueno... *interj.* well . . .
bufete *m.* law office (5)
búlgaro/a *n., adj.* Bulgarian
buque *m.* **de guerra** warship (11)
burbuja bubble
burlarse (de) to make fun (of) (2)
buscador *m.* search engine (5)
buscar (qu) to look for (5); to search (5)
búsqueda search; **hacer** (*irreg.*) **una búsqueda** to look for, search (5)

C

caballería chivalry
caballo horse
cabello hair
caber *irreg.* to fit

cabeza head
cable cable (*television*); **televisión** *f.*
  por cable cable television
cabo cape; **Cabo de Hornos** Cape
  Horn; **llevar a cabo** to carry out,
  fulfill
cacao cocoa bean, cacao; **plantación** *f.*
  de cacao cocoa-bean/cacao
  plantation (11)
cacerola casserole dish
cactus *m.* cactus
cada *adj., inv.* each, every; **cada día**
  every day; **cada uno/a** each one;
  cada vez every time; **cada vez más**
  more and more
cadáver *m.* cadaver
cadena chain
caer *irreg.* to fall (1); **caerse** to fall
  down; **caerle bien/mal** to make a
  good/bad impression (2)
café *m.* coffee; **color** *m.* **café** brown;
  ojos color café brown eyes (1)
cafetería cafeteria
caída fall (*accident*)
cajón *m.* drawer
calabaza squash; pumpkin
calcinado/a roasted; burned
calculador/a *adj.* calculating
calculadora *n.* calculator
calcular to calculate (5)
cálculo calculus; calculation, estimate
calefacción *f.* heating (system)
calendario calendar
calentar(se) (ie) to heat
calidad *f.* quality
calificación *f.* grade (2)
callado/a quiet; silent
callar(se) to be quiet (2)
calle *f.* street (6)
calloso/a calloused
calma calm, serenity
calmarse to calm (oneself) down (2)
calor *m.* heat; **hace calor** it's hot
  (*weather*) (1); **tener** (*irreg.*) **(mucho)**
  calor to be (very) hot (1)
caluroso/a warm, hot
calvo/a bald; **ser** (*irreg.*) / **estar** (*irreg.*)
  calvo/a to be bald
cámara camera
camarero/a waiter/waitress
cambiar to change
cambio change
caminar to walk
camino road, path; journey, trip
camisa shirt
camiseta T-shirt
campamento camp

campanada peal, ring (*of bells*)
campanario bell tower (11)
campaña campaign; **campaña**
  publicitaria publicity campaign
campesino/a farmer; farm worker;
  peasant
camping: hacer (*irreg.*) **camping** to go
  camping (6)
campo field; country (*rural region*);
  countryside
Canadá *m.* Canada
canadiense *n. m., f.; adj.* Canadian
canal *m.* **de televisión** television
  channel (5)
canas *pl.* gray, white hair (1)
cáncer *m.* cancer
canción *f.* song
candidato/a candidate (12)
cangrejo crab
cansado/a tired (1)
cansarse to get tired
cantante *m., f.* singer
cantar to sing
cantautor(a) singer songwriter
cantidad *f.* quantity
cantina bar
caña de azúcar sugarcane; **plantación**
  f. **de caña de azúcar** sugarcane
  plantation
caos *m.* chaos
capa layer; **capa de ozono** ozone
  layer (8)
capacidad *f.* **de (adaptación/**
  aprender/trabajar en equipo)
  ability to (adapt/learn/work as
  a team) (4)
capacitación *f.* training; **curso de**
  capacitación training course (4)
capaz (*pl.* **capaces**) capable (10)
caperuza hood; **Caperucita Roja** Little
  Red Riding Hood
capital *f.* capital
capitán *m.* captain
capítulo chapter
capó hood
captar to grasp
capturar to capture
cara face (1); **cara a cara** face to face (5)
caracol snail
carácter *m.* character (1); **tener** (*irreg.*)
  buen/mal carácter to have a nice/
  unfriendly personality (1)
característica *n.* characteristic
característico/a *adj.* characteristic
caracterizar (c) to characterize
carbono: dióxido de carbono carbon
  dioxide

cárcel *f.* jail
carecer (zc) to lack (12)
carga burden (9)
cargar (gu) to carry
cargo charge, responsibility; post
Caribe *m.* Caribbean
caribeño/a Caribbean
cariño affection
cariñoso/a affectionate (1)
carnaval *m.* carnival (6)
carne *f.* meat; **carne de cerdo** pork
carrera career (4); course of study (4);
  race
carreta cart
carta letter; **carta de interés** cover
  letter (4); **carta de recomendación**
  letter of recommendation (4)
cartear to correspond, write
cartel *m.* poster (12)
cartera wallet
cartero/a mail carrier
cartón *m.* carton
casa house; **compañero/a de casa**
  roommate (2)
casado/a married
casarse (con) to get married (to) (3)
casco helmet; *pl.* **cascos** headphones
casi almost; **casi nunca** almost never;
  casi siempre almost always
caso case; **en caso de que** in case (8)
castaño/a brown (*hair, eyes*); **pelo**
  castaño light brown, chestnut
  hair (1)
castellano *n.* Spanish (*language*)
castigado/a punished
castigo punishment
castillo castle (11)
casualidad *f.* coincidence; **por**
  casualidad by chance
cátedra department (*university*)
catedral *f.* cathedral
categoría category
católico/a *n., adj.* Catholic (2)
catorce fourteen
causa cause; **ser** (*irreg.*) **causa de**
  to be the cause of; **a causa de**
  because of
causante *m.* cause
causar to cause
cautivo/a captive
cauto/a cautious, wary
cebolla onion
ceder to give in, cede
celebración *f.* celebration (3)
celebrar to celebrate
celoso/a jealous
celta *n. m., f.* Celt

celular cellular; (teléfono) celular cellular telephone (5)

cementero/a *adj.* cement

cemento *n.* cement

cena dinner

cenar to have dinner

Cenicienta Cinderella

ceniza ash

censo census

centenar *m.* hundred

centígrado/a *adj.* centigrade

centralizar (c) to centralize

centrarse to focus (1)

céntrico/a central

centro center (2); downtown; centro comercial shopping center

Centroamérica Central America

centroamericano/a *n., adj.* Central American

centuria century

cerámica *s.* ceramics

cerca *adv.* near; cerca de *prep.* close to

cercanía proximity

cercano/a close

cerdo pig; carne *f.* de cerdo pork

cereal *m.* cereal

ceremoniosamente ceremoniously

cero zero

cerrar (ie) to close (1)

certeza certainty; tener (*irreg.*) la certeza de to be sure about

certificado certificate

cerveza beer

cesar to cease; sin cesar relentlessly

champú *m.* shampoo

changarro (*Mex.*) *inexpensive café or restaurant*

chapulín *m.* grasshopper

charlar to chat (6)

chatear to chat (*online*) (5)

chef *m.* chef

chicano/a *n., adj.* Chicano

chico/a *n. m., f.* young man/woman; *adj.* small

chile *m.* pepper (6)

chileno/a *n., adj.* Chilean

chino *n.* Chinese (*language*)

chino/a *n., adj.* Chinese

chispa spark

chiste *m.* joke (6); contar (ue) un chiste to tell a joke (6)

chistoso/a funny (1)

chocolate *m.* chocolate

choque *m.* crash

cibernauta *m., f.* cyber-surfer (5)

cicatriz *f.* (*pl.* cicatrices) scar (1)

ciclo cycle

ciego/a blind (9)

cielo sky (8); heaven

cien, ciento one hundred; por ciento percent

ciencia science; ciencia ficción science fiction; ciencias naturales natural science (2); ciencias políticas political science (2); ciencias sociales social science (2)

científico/a *n.* scientist; *adj.* scientific

ciertamente certainly

cierto/a certain; true

cifra number (5)

cinco five

cincuenta fifty

cincuentón, cincuentona *person in their fifties*

cine *m.* movies; cinema, film (*art/industry*); movie theater; ir (*irreg.*) al cine to go to the movies (6)

cineasta *m., f.* filmmaker

cinematográfico/a cinematographic, film (*pertaining to*); reseña cinematográfica film review

cinismo cynicism

cintura waist

circular to circulate

circunstancia circumstance

cirugía (plástica) (plastic) surgery

cita date; appointment

citar to cite

ciudad *f.* city (8)

ciudadanía citizenship (7)

ciudadano/a citizen (7)

civil civil; derechos civiles civil rights (9); guerra civil civil war

civilización *f.* civilization (10)

clandestinamente clandestinely

claridad *f.* clarity

clarificar (qu) to clarify

claro/a clear; estar (*irreg.*) claro to be clear (5); no estar (*irreg.*) claro to not be clear (6)

clase *f.* class; compañero/a de clase classmate (2); faltar a clase to miss class (2)

clásico/a classic

clasificado/a classified; anuncios clasificados classified ads (4); avisos clasificados classified ads (4)

clasista *m., f.* classist

cláusula clause

clave *f.* key (10)

clic: hacer (*irreg.*) clic to click (5)

cliente *m., f.* client

clima *m.* climate

climático/a climatic

clínico/a clinical

cloro chlorine

club *m.* club

cobarde *m., f.* coward

cobrar to charge

cobre *m.* copper

cobro collection (*of money*)

coca cocaine; coca plant

coche *m.* car

cocido/a cooked

cocina kitchen; cooking

cocinar to cook

cocinero/a cook (4)

codicia greed

código code

coexistir to coexist

cognado cognate

coincidir to coincide

colaboración *f.* collaboration

colaborar to collaborate

colección *f.* collection

colectivo group

colega *m., f.* colleague

colegio school (2); compañero/a de colegio university classmate (2)

cólera anger, rage; cholera

colgar (gu) to hang up

colmo peak, summit; para colmo to make matters worse

colocar (qu) to place

colombiano/a *n., adj.* Colombian

Colón: Cristóbal Colón Christopher Columbus (10)

colonia colony

colonial colonial (11)

colonización *f.* colonization

colonizar (c) to colonize

colono/a settler (11)

color *m.* color; color café brown; ojos color café / color de miel brown / honey-colored eyes (1)

colorido/a color, coloring

columna column (11)

colusión *f.* pact

coma comma; punto y coma semi-colon

comadre *f.* godmother of one's child (3); very good friend (*female*)

combate *m.* combat

combatido/a attacked

combinar to combine

comedor *m.* dining room / hall (6)

comentar to comment on

comentario comment

comenzar (ie) (c) to begin (1)

comer to eat (2); comerse to eat up (2)

comerciado/a sold

comercial commercial; **centro comercial** shopping center; **anuncios comerciales** commercials

comercio commerce (11); **comercio marítimo** maritime commerce (11); **Tratado de Libre Comercio (TLC)** North American Free Trade Agreement (NAFTA) (12)

cometer to commit; **cometer errores** to make mistakes (4)

comida food; meal

comienzo beginning; **dar** (*irreg.*) **comienzo a** to initiate

comino cumin

comisión *f.* commission

comité *m.* committee

como as; as a; like; since; given that (8); **tan... como** as . . . as; **tan pronto como** as soon as; **tanto(s) / tanta(s)... como** as many . . . as

¿cómo? how? what?

cómodo/a comfortable (1); lazy (1); **estar** (*irreg.*) **cómodo/a** to feel comfortable (1); to be lazy (1); **ser** (*irreg.*) **cómodo/a** to be comfortable (object) (1)

compacto/a compact

compadre *m.* godfather of one's child (3); very good friend (*male*)

compañero/a companion (2); **compañero/a de casa/cuarto** roommate (2); **compañero/a de clase** classmate (2); **compañero/a de estudios** study partner (2); **compañero/a de colegio/ universidad** high school / university classmate (2); **compañero/a de trabajo** work associate (2); **compañero/a de fatigas** partner in hardships (2); **compañero/a sentimental** (life) partner (2)

compañía company (4)

comparación *f.* comparison

comparado/a compared; **ser** (*irreg.*) **comparado/a con** to be compared with

comparar to compare

compartir to share

compatriota *m., f.* fellow country person (7)

competencia competition, contest

competitivo/a competitive

complejidad *f.* complexity

complejo *n.* complex; **tener** (*irreg.*) **complejo de superioridad/ inferioridad** to have a superiority / inferiority complex (1)

complejo/a *adj.* complex

complementar to complement

complementario/a complementary

completar to complete, finish

completo/a complete; **trabajo a tiempo completo** full-time job

complicación *f.* complication

complicado/a complicated

complicar (qu) to complicate

cómplice *m., f.* accomplice

componente *m.* component

componer (*like* **poner**) (*p.p.* **compuesto/a**) to compose, make up

comportamiento behavior

comportarse to behave (2)

composición *f.* composition

compostura composure

comprador(a) buyer

comprar to buy

compras purchases; **ir** (*irreg.*) **de compras** to go shopping

comprender to understand

comprensión *f.* understanding

comprometerse to commit oneself to; to compromise

comprometido/a compromised

compromiso commitment (12)

compuesto/a (*p.p. of* **componer**) composed

computación *f.* computation; calculation

computadora computer (5)

común common

comunicación *f.* communication (5); **medios de comunicación** media

comunicar(se) (qu) to communicate

comunidad *f.* community

comunión *f.* communion; **primera comunión** first communion (3)

comunista *n. m., f.* communist (2)

con with; **con tal (de) que** provided that (8)

conceder to give (5); to grant (5)

concentración *f.* concentration (2)

concentrar to concentrate

concepto concept

concha shell

conciencia conscience

concierto concert; **ir** (*irreg.*) **a un concierto** to go to a concert (6)

conciudadano/a fellow citizen

conclusión *f.* conclusion; **en conclusión** to conclude (12)

concluyente concluding

concordancia agreement

concreto/a *adj.* concrete

concurso contest

condado county

condena condemnation; conviction, sentence (*legal*)

condenar to condemn (9); to convict (9)

condición *f.* condition

cóndor *m.* condor

conducir *irreg.* to drive (1)

conducta conduct

conectar to connect

conexión *f.* connection

confederación *f.* confederation

conferencia lecture (12); conference (12)

conferenciante *m., f.* lecturer, speaker

confianza confidence

confiar (confío) to trust; to confide in

confirmar to confirm

conflicto conflict

confluencia confluence

confluir (y) to converge, meet, come together

confrontar to confront

confundido/a confused

confundir to confuse

confuso/a confusing

conglomerado conglomeration

congreso congress; conference

cónico/a conical

conjugar (gu) to conjugate

conjunción *f.* conjunction

conjunto band

conmigo with me

conocer (zc) to meet; to know, be familiar with (*someone*) (1)

conocido/a known

conocimiento knowledge (4)

conquista conquest (10)

conquistador(a) conquerer

conquistar to conquer (10)

consecuencia consequence

consecuente consistent; consequent

consecutivo/a consecutive

conseguir (i, i) (g) to obtain, get

consejero/a counselor

consejo (piece of) advice

conservación *f.* conservation

conservador(a) conservative (1)

conservar to conserve

considerado/a considered

considerar to consider

consigna slogan

consigo with him / her / you (*form. s.*) / you (*form. pl.*)

consiguiente *adj.* resulting, arising; **por consiguiente** consequently, therefore

consistir en to consist of
consolar(se) (ue) to console (oneself)
consolidación f. consolidation
consolidar to consolidate
constante adj. constant
constitución f. constitution (12)
constitucional constitutional
constituir (y) to constitute, form
constituyente adj. constituent
construcción f. construction
construir (y) to construct, build
consulta consultation
consultar con to consult with
consultor(a) consultant (4)
consumidor(a) consumer
consumir to consume (8); to use (up)
consumo consumption (8)
contabilidad f. accounting (2)
contactado/a contacted
contacto contact; lentes m. pl. de contacto contact lenses (1)
contaminación f. contamination (8); pollution (8)
contaminado/a contaminated; polluted
contaminante m. contaminant; pollutant
contar (ue) to tell (1); to count (1); contar un chiste to tell a joke (6)
contemplar to contemplate
contemporáneo/a contemporary
contenedor m. de basura, de reciclados garbage, recycling bin (8)
contener (like tener) to contain
contenido content, contents
contento/a happy (1)
contestador m. answering machine
contestar to answer
contexto context
continente m. continent
continuación f. continuation; a continuación next, following; appearing below
continuamente continuously
continuar (continúo) to continue
contorno outline; periphery
contra against; estar (irreg.) en contra de to be against (1)
contraataque m. counterattack
contrabandista m., f. smuggler
contradicción f. contradiction
contraer (like traer) to contract
contrario opposite, contrary; por el contrario on the contrary
contrarreforma counterreformation
contraste m. contrast

contratación f. contract
contratar to contract (4)
contrato contract (4)
contribuir (y) to contribute
control m. control; control remoto remote control
controlar to control
contundente blunt, concise; convincing
convencer (z) to convince
convencido/a convinced
convención f. convention
conveniente convenient
convenir (like venir) to be suitable, a good idea (2); to be convenient; (no) te conviene that is (not) suitable / a good idea for you (2)
convento convent (11)
conversación f. conversation
conversar to converse, talk
convertir(se) (ie, i) to convert to; to become (something); to transform (into something)
convicción f. conviction
convidar to invite (11)
convivencia living together (2); coexistence
convivir to live together (harmoniously); to coexist
convocar (qu) to call together, to convoke
cooperación f. cooperation
copiar to copy (5)
corazón m. heart
cordialidad f. cordiality
Corinto Corinth
corona crown
coronación f. coronation
coronar(se) to top
corporación f. corporation
corrección f. correction
correcto/a correct
corregir (j) to correct
correo mail; post office; correo electrónico e-mail (5); oficina de correos post office (11)
correr to run
correspondencia correspondence
corresponder to correspond
correspondiente corresponding
corromper to corrupt
corrupción f. corruption
corrupto/a corrupt
cortar to cut (8)
cortés polite
cortesía courtesy
corto/a short
cosa thing

cosecha harvest (8); crop
cosechador(a) harvester (5)
cósmico/a cosmic
cosquilla tickle
costa coast
costar (ue) to cost (5)
costear to afford; to pay for
costo cost
costoso/a costly
costumbre f. custom (7)
cotidiano/a daily
creación f. creation
creador(a) n. creator; adj. creative, artistic
crear to create (8)
creatividad f. creativity
creativo/a creative
crecer (zc) to grow up (3)
crecimiento growth
credibilidad f. credibility
crédito credit; tarjeta de crédito credit card
creencias beliefs; creencias religiosas religious beliefs (2)
creer (y) to believe (5); to think; no creer to not believe (6)
creíble credible
crema cream
creyente m., f. believer (in religion)
criar (crío) to raise (7); to be raised (7); to grow up
crimen m. crime
criollo/a adj. Creole (11); (n.) person of European parents born in the Americas
crisis f. crisis
cristalización f. crystallization
cristalizado/a crystallized
cristianismo Christianity (2)
cristiano/a Christian (2)
Cristo Christ; antes de Cristo (a. C.) BC; después de Cristo (d. C.) AD
Cristóbal Colón Christopher Columbus (10)
crítica criticism
crítico/a n. critic; adj. critical
cronológicamente chronologically
crucigrama crossword puzzle; hacer (irreg.) una crucigrama to do a crossword puzzle (6)
crujido crack
cruz f. (pl. cruces) cross
cuaderno notebook
cuadro painting; graph; picture; square
cual which; who; el / la / los / las cual(es) that / he / she / the one which / who (9); lo cual what (9)

¿cuál? what?, which?; **¿cuál(es)?** which (ones)?

cualidad *f.* quality, virtue, feature

cualquier(a) any

¿cuán? how?

cuando when; **siempre y cuando** *conj.* as long as (8)

¿cuándo? when

cuantioso/a abundant

cuanto: en cuanto as soon as; **en cuanto a...** regarding . . .

¿cuánto/a? how much?; how long?; **¿cuántos años tenías?** how old were you (*fam. s.*)?

cuarenta forty

cuarto room, bedroom; one-fourth, quarter; fifteen minutes; **compañero/a de cuarto** roommate (2); **y/menos cuarto** quarter (fifteen minutes) to/past (the hour)

cuarto/a *adj.* fourth

cuatro four

cuatrocientos/as four hundred

cubano/a *n., adj.* Cuban

cubano-americano/a Cuban American

cubierta cover

cubierto/a (*p.p. of* **cubrir**) covered

cubrir (*p.p.* **cubierto**) to cover

cuchara spoon

cucharada spoonful; tablespoon

cucharadita teaspoon

cuchilla de afeitar razor

cuchillo knife

cuenta bill, check; **darse** (*irreg.*) **cuenta de** to realize (2); **por mi/tu cuenta** by myself/yourself, on my/your own; **tener** (*irreg.*) **en cuenta** to keep in mind (2)

cuento story

cuerda rope

cuerpo body

cuestión *f.* issue (9); matter

cuestionable questionable

cueva cave

cuidado care; **con cuidado** carefully; **tener** (*irreg.*) **(mucho) cuidado** to be (very) careful (1)

cuidadoso/a careful

cuidar to take care of; to care for

culebra snake

culinario/a culinary (6)

culminar to culminate

culpa blame (2); **tener** (*irreg.*) **la culpa** to be to blame (1)

culpable guilty (11)

cultivar to cultivate (8)

cultivo crop

cultura culture (10)

cumbre *f.* summit (12)

cumpleaños *m. s., pl.* birthday (3)

cumplir to perform; to fulfill; **cumplir con** to adhere to, stick to

cuñado/a brother-in-law / sister-in-law (3)

cúpula dome (11)

cura *f.* cure; *m.* priest

curar to cure

curiosamente curiously

currículum (vitae) *m.* résumé, CV (4)

curso course; **curso académico** academic year (2); **curso de perfeccionamiento/capacitación** training course (4)

cuyo/a whose (9)

D

dama lady

dañino/a harmful (8)

daño harm (8)

dar *irreg.* to give (1); **dar un discurso** to give a speech; **dar un duchazo** to take a shower; **darse cuenta de** to realize (2)

datos *pl.* data; **almacenimiento de datos** data storage

de *prep.* of; from; by; **del, de la** of the; **de nada** you are welcome

debajo (de) *prep.* below; **por debajo** *adv.* underneath

debate *m.* debate

deber *v. + infin.* should, must, ought to (*do something*)

debido a due to; because of

débil weak

década decade

decidir to decide

decimal *m.* decimal

décimo/a tenth

decir *irreg.* (*p.p.* **dicho**) to tell (1); to say (1)

decisión *f.* decision; **tomar una decisión** to make a decision

declamar to recite

declaración *f.* declaration

declarar to declare

declive *m.* decline

dedicar (qu) to dedicate; **dedicarse a** to give oneself to (2); to work as (2)

deducir (zc) to deduce

defecto defect

defender (ie) to defend (1)

defensa defense

defensivo/a defensive

defensor(a) defender (10)

definición *f.* definition

definidor(a) defining

definitivamente definitely

definitivo/a definitive; **en definitiva** in short (4)

deforestar to deforest

deformar to deform

degradar to degrade

degustar to taste (6)

dejar to leave; **dejar de** + *inf.* to stop, quit (*doing something*)

del (*contraction of* **de** + **el**) of the; from the

delante de in front of; in the presence of

delegado/a delegate

delgado/a slender (1)

deliberado/a deliberate

deliberar to deliberate

delicado/a delicate

delicioso/a delicious

delincuencia delinquency

delusión *f.* delusion

demasiado *adv.* too

demasiado/a *adj.* too many; too much

democracia democracy (12)

demócrata *m., f.* Democrat (2)

democrático/a democratic (2)

democratizar(se) (c) to democratize

demostrar (ue) to demonstrate

denominación *f.* denomination, naming

denominarse to call oneself

denso/a dense

dentadura teeth

dental: seguro dental dental insurance

dentista *m., f.* dentist

dentro inside; **dentro de** inside; within, in (*time*)

denuncia report; accusation

departamento department; ministry

depender (ie) de to depend on

dependiente *adj.* dependent

dependiente/a *n.* clerk

deportado/a deported

deporte *m.* sport

deportista *m., f.* athlete

deportivo/a *adj.* sporting, sport-related; **programa** *m.* **deportivo** sports program (5)

derecha *n.* right side (2); **a/de la derecha** to/from the right

derecho law (2); right; **derechos civiles** civil rights (9)

derivarse (de) to derive (from)

derribar to pull down; to overthrow

derrumbamiento *n.* collapse; sudden fall

derrumbar to topple

desacuerdo disagreement; **estar (irreg.) en desacuerdo con** to disagree with (1)

desafío challenge

desafortunadamente unfortunately

desagradable unpleasant

desanimarse to get discouraged

desaparecer (zc) to disappear (10)

desaparecido/a missing person

desarrollado/a developed; **nación desarrollada** developed nation; **países** *m. pl.* **desarrollados** developed countries (8)

desarrollar to develop (10)

desarrollo development (10); **desarrollo económico** economic development; **países** *m. pl.* **en vías de desarrollo** underdeveloped / developing countries (8)

desastre *m.* disaster

desayunar to eat breakfast

descansar to rest (6)

descanso rest (6)

descartar to discard

descendiente descending

desconocido/a unknown

descontento discontent

descortés discourteous

describir (*p.p.* **descrito**) to describe

descripción *f.* description

descrito/a (*p.p. of* **describir**) described

descubierto/a (*p.p. of* **descubrir**) discovered

descubrimiento discovery (10)

descubrir (*p.p.* **descubierto**) to discover (10)

desde *prep.* from; **desde el principio** from the beginning; **desde hace mucho tiempo** for a long time; **desde que** *conj.* since

desdén *m.* disdain

desear to desire, want

desechable disposable (8)

desecho waste

desembarcar (qu) to disembark

desemejante dissimilar, different

desempeñar to play (*a role*)

desempleado/a unemployed; **estar (irreg.) desempleado/a** to be unemployed (4)

desempleo unemployment (4)

desencantado/a disillusioned; disenchanted (7)

desencanto disillusion

desenfadado/a carefree

desenlace *m.* outcome, denouement

deseo wish; desire

desértico/a *adj.* desert, barren

desesperado/a desperate

desesperanza hopelessness (7); despair (7)

desfile *m.* parade

desflemar to cool down

desgracia misfortune

desgraciadamente unfortunately (11)

desierto desert (8)

designar to designate

desigualdad *f.* inequality

desilusión *f.* disappointment (7); disillusionment (7)

desilusionado/a disillusioned

desnudo/a naked

desorden *m.* disorder

desordenado/a messy

despedazado/a torn to pieces

despedida *n.* good-bye

despedirse (i, i) to say good-bye; **despedir** to lay off, fire (4)

desperdiciar to waste (8)

desperdicio waste

desperfecto flaw

despertador *m.* alarm clock

despertar(se) (ie) to wake up (1) (2)

despido dismissal; lay-off (4)

desplomarse to topple; to collapse

despotismo despotism, tyranny

despreciar to despise; to scorn

desprendimiento generosity

desprivilegiado/a without privilege, underprivileged

después *adv.* after; **después de** *prep.* after; **después de Cristo (d. C.)** AD; **después de que** *conj.* after

despuntar to break off; to make dull or blunt

destacar (qu) to stand out

destinado/a destined

destinatario addressee

destino destiny; destination

destrucción *f.* destruction

destruir (y) to destroy

desvanecido/a disappeared

desventaja disadvantage

detalle *m.* detail

detectar to detect

detener (*like* **tener**) to detain

detenido/a detained

deteriorarse to deteriorate

deterioro deterioration

determinación *f.* determination

determinado/a determined; specific

determinante determining

determinar to determine

detestar to detest

detonante detonator; explosive

detrás de behind

deuda (externa) (external; foregin) debt (8)

devanadera spool

devastar to devastate

devolver (ue) (*p.p.* **devuelto**) to return (*something*) (1)

devorar to devour (6); to eat up (6)

devuelto/a (*p.p. of* **devolver**) returned

día *m.* day; **algún día** someday; **Día de (Acción de) Gracias** Thanksgiving (3); **día feriado** holiday (4); **hoy día** today; nowadays; **primer día** first day; **un día** one day

diablo devil

diadema (de diamantes) (diamond) crown, tiara

diagnosticado/a diagnosed

diálogo dialogue

diamante *m.* diamond; **diadema de diamantes** diamond crown, tiara

diario/a daily; newspaper; **a diario** daily; **rutina diaria** daily routine; **vida diaria** daily life

dibujante *m., f.* comic artist

dibujar to draw

dibujo drawing

diccionario dictionary

dicho/a (*p.p. of* **decir**) said

dicho saying, proverb

dichoso/a happy, fortunate

dictador(a) dictator

dictadura dictatorship (12)

diecinueve nineteen

dieciocho eighteen

dieciséis sixteen

diecisiete seventeen

diente *m.* tooth; **diente de ajo** clove of garlic

dieta diet (6); **estar (irreg.) a dieta** to be on a diet (1)

diez ten

diferencia difference

diferenciar(se) to differentiate

diferente different

diferir (ie, i) to differ

difícil hard, difficult

difuso/a diffuse

dignatario dignitary
dignidad *f.* dignity
digno/a worthy
dilema *m.* dilemma
dinámica dynamic
dinero money
dinosaurio dinosaur
dios *m.* god; **Dios** God
dióxido de carbono carbon dioxide
diplomático/a diplomatic; **relaciones diplomáticas** diplomatic relations
dirección *f.* direction; address; **dirección de Internet** Internet address (5)
directo/a direct
director(a) director
directriz *f.* (*pl.* **directrices**) guideline (8)
dirigente *m., f.* leader (12)
dirigir (j) to direct
discapacitado/a (físicamente / mentalmente) (physically / mentally) handicapped (9)
disciplina discipline
disco record; disc; drive; **disco duro** hard drive (5)
discoteca disco, dance club (6)
discreto/a discreet
discriminación *f.* discrimination (7); **discriminación de género** gender/sexual discrimination (9); **discriminación social/racial/religiosa** social/racial/religious discrimination (9)
discriminado/a discriminated against
discriminar to discriminate
discurso speech; **dar** (*irreg.*) **un discurso** to give a speech
discusión *f.* discussion
discutir to argue
diseminado/a disseminated
diseñador(a) designer
diseño design
disfraz *m.* (*pl.* **disfraces**) costume; disguise
disfrazarse (c) to disguise oneself
disfrutar to enjoy (6)
disminución *f.* decrease
disolverse (ue) to dissolve
disparidad *f.* disparity
dispersarse to disperse; to extend
disponer (de) (*like* **poner**) to have at one's disposal
disponible available, at one's disposal
dispuesto/a willing; **estar** (*irreg.*) **dispuesto/a** to be ready and willing (12)
distancia distance

distanciado/a distant; **estar** (*irreg.*) **distanciados** to be distant (*occasional contact*)
distanciar to distance
distante distant; far away
distinguir (g) to distinguish
distintivo/a distinctive, distinguishing
distinto/a distinct
distribuir (y) to distribute
diversidad *f.* diversity (9)
diversificar (qu) to diversify
diversión *f.* fun, entertainment
diverso/a diverse
divertido/a fun
divertir(se) (ie, i) to have fun (1)
dividir to divide
divorciado/a divorced
divorcio divorce
doblado/a dubbed
doble *m.* double
doce twelve
docena dozen
doctor(a) doctor
doctorado doctorate
documentación *f.* documentation
documento document
dólar *m.* dollar
doler (ue) to hurt (2); **me duele la cabeza** my head hurts / I have a headache (2)
dolor (*m.*) ache, pain; **dolor de cabeza** headache
doloroso/a painful
doméstico/a domestic; **violencia doméstica** domestic violence
domicilio residence, home; address
dominación *f.* domination
dominador(a) dominator
dominante dominant
dominar to dominate (10)
domingo Sunday
dominicano/a Dominican; **República Dominicana** Dominican Republic
dominio domain (5)
don (*m.*) title of respect used with a man's first name
donde where (9); in which (9)
¿dónde? where?
doña title of respect used with a woman's first name
doquier *adv.* anywhere; **por doquier** everywhere
dormir (ue, u) to sleep (1); **dormir la siesta** to take a nap (6); **dormirse** to fall asleep (2)
dos two; **dos puntos** colon
doscientos/as two hundred

dotar to give as a dowry; to endow
dramático/a dramatic
drásticamente drastically
droga drug
dualidad *f.* duality
ducha shower
duchar(se) to shower (2)
duchazo shower; **dar** (*irreg.*) **un duchazo** to take a shower
duda doubt; **no cabe duda** there is no room for doubt; **no hay duda** there is no doubt; **sin duda** without a doubt
dudar to doubt (6)
dudoso/a doubtful; **ser** (*irreg.*) **dudoso** to be doubtful (6)
dulce *adj.* sweet; *n. m. pl.* candy
duplicar(se) (qu) to duplicate
duradero/a lasting (12)
durante during
durar to last
durazno peach

E

e and (*used instead of* **y** *before words beginning with* **i** *or* **hi**)
echar to throw; to throw out; **echar de menos** to miss (7); **echar una siesta** to take a nap; **echar una mano** to lend a hand; **echar a** (+ *inf.*) to begin to (*do something*)
ecología ecology (8)
ecológico/a ecological
economía economy
económico/a economical; **crecimiento económico** economic growth; **desarrollo económico** economic development; **nivel** *m.* **económico** economic standard
economista *m., f.* economist
ecuatoriano/a Ecuadorian
ecumene *m.* inhabited land
edad *f.* age
edición *f.* edition
edificación *f.* construction; building
edificar (qu) to build
edificio building
educación *f.* education (3)
educar (qu) to educate (3)
educativo/a educational
efectivo/a effective
efecto effect; **efecto invernadero** greenhouse effect (8)
eficiente efficient
egipcio/a Egyptian
Egipto Egypt
egocéntrico/a egocentric

egoísta *adj. m., f.* selfish (1)
ejecutivo/a executive
ejemplo example; **por ejemplo** for example
ejercer (zc) to exert
ejercicio exercise
el *def. art. m. s.* the
él *sub. pron.* he; *obj. of prep.* him
elaborar to elaborate
elección *f.* election (12)
electoral electoral (12)
electricista *m., f.* electrician (4)
eléctrico/a electric
electrónico/a electronic; **correo electrónico** e-mail
elefante *m.* elephant
elegante elegant
elegir (j) to choose; to elect (12)
elemento element
elevación *f.* elevation; increase
eliminar to eliminate
ella *sub. pron.* she; *obj. of prep.* her
ello *pron.* it (8); **por ello** for this reason
ellos/as *sub. pron.* they; *obj. of prep.* them
emanación *f.* emission
emancipar(se) to emancipate (oneself)
embalse *m.* dam
embarazada pregnant (1)
embarazo pregnancy
embargo: **sin embargo** however (6)
embellecer(se) (zc) to embellish, beautify, adorn (oneself)
emborracharse to get/become drunk (2)
emergencia emergency
emigración *f.* emigration
emigrante *m., f.* emigrant (7)
emigrar to emigrate
emisario/a emissary
emisión *f.* emission
emisora de radio radio station (5)
emitir to emit
emoción *f.* emotion
emocional emotional
empacar (qu) maletas to pack suitcases
emparejar to match, pair
empeñado/a steadfast, unwavering
emperador, emperatriz emperor / empress (10)
empezar (ie) (c) to begin (1)
empleado/a employee (4)
empleador(a) employer (4)
emplear to employ (4)
empleo work, job (4); employment
emplumado/a with feathers
empobrecer (zc) to impoverish, make poor

emprender to undertake
empresa company, firm (4)
empresario/a manager
empujar to push
empuñar to grasp
en in; on; at
enamorarse (de) to fall in love (with) (2)
enano/a dwarf
encabezamiento heading
encajar to fit
encaminado/a directed
encantador(a) charming
encantar to delight, charm (2); **me encanta(n)...** I love (*something*) (2)
encargarse (gu) (de) to be in charge (of)
encarnar to incarnate
encender (ie) to turn on (1); to light up; to ignite
encierro confinement
encomendar (ie) to entrust; to assign
encono rancor, ill will
encontrar (ue) to find (1)
encuentro meeting; encounter
encuesta poll, survey
encuestar to poll
endeble weak
endógeno/a endogenous; simple-minded
enemigo/a enemy
energía energy; **energía hidroeléctrica** hydroelectric energy
enero January
enfadado/a angry
enfadarse to get/become angry (2)
enfermarse to get/become sick (2)
enfermedad *f.* illness; **licencia por enfermedad** sick leave (4)
enfermería nursing (2)
enfermo/a sick; **estar** (*irreg.*) **enfermo** to be sick
enfocar (qu) to focus
enfrentarse to confront
enfrente *adv.* in front; **en frente de** in front of
enfurecerse (zc) to get/become furious
enmascarar to mask, camouflage
enmienda amendment
enojado/a angry (1)
enojarse to get/become angry (6)
enorme enormous, huge
enriquecer (zc) to enrich
enriquecimiento enrichment; **enriquecimiento personal** personal gain
enrollado/a rolled
ensalada salad

ensayar to practice
ensayo rehersal; essay
enseñanza teaching
enseñar to teach
entablar to begin
entender (ie) to understand (1)
entendido/a expert
entendimiento understanding
enterarse (de) to find out (about)
enternecer (zc) to move (*one's feelings*) (7)
entero/a entire
enterrado/a buried
enterrar (ie) to bury (3)
entidad *f.* entity
entido buttress
entierro burial (3)
entonces then
entorno environment, surroundings
entorpecer (zc) to numb
entrada entrance; ticket
entrar to enter
entre between, among; **entre paréntesis** between parentheses
entregar (gu) to hand in
entrelazarse (c) to intertwine
entrenado/a trained
entretanto meanwhile
entretener(se) (*like* tener) to entertain (oneself) (6)
entretenimiento entertainment (6); pastime (6); **programa** *m.* **de entretenimiento** entertainment program (5)
entrevista interview (4)
entrevistar(se) to interview / have an interview (*with someone*) (4)
entusiasmarse to inspire, excite
enumeración *f.* enumeration
envase *m.* container (8)
envejecer (zc) to grow old
enviar (envío) to send (3); **enviar un fax / un mensaje** to send a fax / a message
envidia envy
envidiable enviable
envío shipment, remittance
epidemia epidemic
época epoch, times (10)
equidad *f.* equity
equipo team (2); **capacidad** *f.* **de trabajar en equipo** the ability to work as a team (4); **equipo de baloncesto** basketball team; **equipo de científicos** team of scientists; **equipo de fútbol** soccer team
equivalente *m.* equivalent

equivocado/a mistaken, wrong (1)

equivocarse (qu) to be wrong; to make a mistake (2)

era era (10)

erigir (j) to erect

erosión *f.* erosion (8)

erradicar (qu) to eradicate

errar to err

erróneo/a erroneous

error *m.* error, mistake; **cometer errores** to make mistakes (4)

esbelto/a slender

escala scale

escalera ladder; stair (11)

escalfar to poach

escalonado/a graded; in stages

escáner *m.* scanner

escapar(se) to escape (2)

escarlata *inv.* scarlet

escasez *f.* (*pl.* **escaseces**) shortage

escena scene

escenario setting

escindido/a divided, split

esclavitud *f.* slavery (11)

esclavo/a slave (11)

escoger (j) to choose

escribir (*p.p.* **escrito**) to write

escrito/a (*p.p. of* **escribir**) written; **informe** *m.* **escrito** written report (2)

escritor(a) writer

escritura writing; scripture

escrúpulos scruples

escuchar to listen; **escuchar música** to listen to music (6)

escudo shield (8)

escuela school; **escuela primaria** elementary school (2); **escuela secundaria** high school (2)

escultura sculpture (11)

escurrir to drain

esdrújula *word accented on the next-to-last syllable*

ese, esa *adj.* that

ése, ésa *pron.* that (one)

esencial essential

esforzarse (ue) (c) (por) to make an effort (to) (2)

esfuerzo effort (9)

eso that, that thing, that fact; **por eso** for that reason

espacio space

español *n. m.* Spanish (language)

español(a) *n.* Spaniard; *adj.* Spanish; **de habla española** Spanish-speaking

espanto fright

esparcir (z) to spread

espárrago asparagus

especial special

especialidad *f.* specialty (2)

especialista *m., f.* specialist

especialización *f.* major

especie *f.* species; type

específico/a specific

espectacular spectacular

espectador(a) spectator

espejo mirror

esperanza hope (7); expectation (7)

esperar to wait; to hope (5); to expect (5)

espina thorn

espinacas *pl.* spinach

espiritual spiritual

espléndido/a splendid

esplendor *m.* splendor

esponja sponge

esposo/a husband / wife (3)

esqueleto skeleton

esquema *m.* outline (8); way of thinking (8); guideline

esquina corner

estabilizar (c) to stabilize

estable *adj.* stable

establecer (zc) to establish (10)

establecimiento establishment (10)

estación *f.* season

estacionar to park

estadio stadium

estadísticas statistics

estado state; **estado físico** physical state; **Estados Unidos** United States (7); **golpe de estado** coup (12); **programa** *m.* **de estudios de Estados Unidos** American studies program (2)

estadounidense *n. m., f.* United States citizen; *adj.* of, from, or pertaining to the United States

estallar to explode

estar *irreg.* to be (1); **estar a dieta** to be on a diet (1); **estar a favor / en contra** to be in favor / against (1); **estar aburrido/a** to be bored (1); **estar al acecho** to be lying in wait; **estar bien** to be/feel well, be okay; **estar bueno/a** to be tasty (1); **estar claro/a** to be clear (5); **estar cómodo/a** to feel comfortable; to be lazy (1); **estar de acuerdo** to agree (1); **estar de buen / mal humor** to be in a good/bad mood (1); **estar de moda** to be fashionable (1); **estar de pie/rodillas** to be standing up /

kneeling down (1); **estar de viaje/vacaciones** to be on a trip / vacation (1); **estar de vuelta/regreso** to be back (1); **estar dispuesto/a (a)** to be ready and willing (to) (12); **estar en desacuerdo con** to disagree with (1); **estar en huelga** to be on strike (1); **estar embarazada** to be pregnant (1); **estar equivocado/a** to be wrong (1); **estar harto/a** to be fed up (1); **estar listo/a** to be ready (1); **estar malo/a** to taste bad (1); **estar muerto/a** to be dead (1); **estar para** (+ *inf.*) to be ready / about to (+ *inf.*) (1); **estar seguro/a** to be (feel) sure (5); **estar vivo/a** to be alive (1); **no estar claro** to not be clear (6); **no estar seguro/a** to be unsure (6)

estatal *adj.* state

estatuto statute

este, esta *adj.* this

éste/a *pron.* this (one)

estereotipado/a stereotyped

estereotípico/a stereotypical

estereotipo stereotype (1)

estético/a esthetic

estilizado/a stylized

estilo style

estimado/a esteemed

estimar to esteem

estimular to stimulate

esto this, this thing, this matter

estómago stomach

estos/as *adj.* these

éstos/as *pron.* these (ones)

estratega *m.* strategist

estrategia strategy

estratificar (qu) to stratify

estrecho/a straight

estrella star

estrellar (contra) to smash (against) / crash (into)

estrenar to debut, première

estrés *m.* stress (4)

estresado/a stressed

estresante stressful

estrofa verse

estructura structure

estructurado/a structured

estudiante *m., f.* student; **estudiante universitario/a** college/university student **estudiante graduado/a** graduate student

estudiantil *adj.* student (*pertaining to*)

estudiar to study

estudios studies; **compañero/a de estudios** study partner (2); **programa** *m.* **de estudios** program of studies (2)

estupefaciente *m.* narcotic

estupendo/a stupendous

estúpido/a stupid (1)

etcétera etcetera

eterno/a eternal

ética *s.* ethics

etnia ethnicity (10)

etnicidad *f.* ethnicity

étnico/a ethnic

Europa Europe

europeo/a European

euskera *m.* Basque (language)

evaluar (evalúo) to evaluate

evangelista *m., f.* evangelist

evento event

evitar to avoid

evocar (qu) to evoke

evolución *f.* evolution

exacto/a exact

examen *m.* exam

excelencia excellence

excelente excellent

excepción *f.* exception

excepto except

excesivo/a excessive

exceso excess

excluido/a excluded

excluir (y) to exclude

exclusión *f.* exclusion

exclusivamente exclusively

excusa excuse

exigir (j) to demand (2)

existencia existence

existente existing

existir to exist

éxito success (4); **tener** (*irreg.*) **éxito** to be successful

exitoso/a successful

éxodo exodus

exotismo exoticism

expandir to expand

expansión *f.* expansion

expansivo/a expansive

expectativa expectation

expedición *f.* expedition

experiencia (laboral) (work) experience (4)

experimentar to experiment

experto/a expert

explicación *f.* explanation

explicar (qu) to explain (2)

explícito/a explicit

explorar to explore

explosión *f.* explosion

explotación *f.* exploitation (8)

explotar to exploit

exponencialmente exponentially

exponente *adj.* example

exponer (*like* **poner**) (*p.p.* **expuesto**) to expound; to explain; to expose

exportación *f.* export

exportador(a) exporter

exportar to export (8)

exposición *f.* exposition

expresar to express

expresión *f.* expression

expuesto/a (*p.p. of* **exponer**) exposed; presented

expulsar to expel

expulsión *f.* expulsion

extender (ie) to extend

extensión *f.* extension

extenso/a extensive

externo/a external; **deuda externa** external (foreign) debt (8)

extinción *f.* extinction (8)

extinguir (g) to extinguish (8)

extranjero/a *n.* foreigner; *n. m.* stranger

extrañar to miss; to seem strange (6)

extrañeza strangeness

extraño/a strange; **ser** (*irreg.*) **extraño** to be unusual (6)

extraordinario/a extraordinary

extravagante extravagant

extraviado/a lost, missing

extremo/a extreme

extrovertido/a extroverted (1)

F

fabricación *f.* making, manufacture

fabricar (qu) to manufacture, make

fachada facade (11)

fácil easy

facilidad *f.* ease; opportunity

facilitar to facilitate

fácilmente easily

factible feasible, possible

factor *m.* factor

facultad *f.* department encompassing an entire discipline (2); power, faculty; **Facultad de Derecho** School of Law; **Facultad de Filosofía y Letras** School of Humanities; **Facultad de Geografía e Historia** School of Geography and History; **Facultad de Ingeniería** School of Engineering; **Facultad de Medicina** School of Medicine

falso/a false

falta lack; **a falta de** due to the lack of; **hacer** (*irreg.*) **falta** to be necessary (2); **les hace falta...** they/you (*form. pl.*) need . . . (2)

faltar to be missing, lacking; to be absent; to miss (7); **faltar a clase** to miss class (2)

familia family; **familia política** in-laws (3)

familiar *n. m., f.* member of the family; *adj.* family; **reunión** *f.* **familiar** family reunion (3)

familiarizado/a familiar

famoso/a famous

fantástico/a fantastic

fascinante fascinating

fascinar to fascinate (2); **me fascina(n)...** I love (*something*) (2)

fasto extravagance

fatiga fatigue; **compañero/a de fatigas** partner in hardships (2)

favor *m.* favor; **estar** (*irreg.*) **a favor de** to be in favor of (1); **por favor** please

favorecido/a favorable, desirable

favorito/a favorite

fax *m.* fax, facsimile; (5); **enviar (envío) un fax** to send a fax (5)

fe *f.* faith (2)

febrero February

fecha date (3); **fecha límite** deadline (2)

federación *f.* federation

felicidad *f.* happiness

felicitación *f.* congratulation (3); greeting, wish; **¡felicitaciones!** congratulations! (3)

felicitar to congratulate (3); to greet; to wish

feliz (*pl.* felices) happy

femenino/a feminine

feminismo feminism (9)

feminista *m., f.* feminist

fenómeno phenomenon

feo/a ugly (1)

feria fair (6); festival

feriado holiday; **día** *m.* **feriado** holiday (4)

férreo/a *adj.* iron (*consisting of or relating to*); strong; stubborn, inflexible; **una férrea voluntad** an iron will

festejar to celebrate (6)

festejo celebration

festivo festive; **día** *m.* **festivo** holiday

ficción *f.* fiction; **ciencia ficción** science fiction

ficticio/a fictitious

fiereza fierceness
fiesta party
figón *m.,* inexpensive restaurant
figura figure; body; **figura representativa** figurehead
figurar to figure; to act, play a role
fijarse en to notice (2)
Filipinas Philippines
filmado/a filmed
filosofía philosophy; **Facultad** *f.* **de Filosofía y Letras** School of Humanities
filósofo/a philosopher
fin *m.* end; purpose, goal; **a fin de que** so that (8); in order to (8); **con el fin de** with the purpose of; **en fin** in short, in brief; **fin de semana** weekend; **por fin** at last (12)
final *n. m.* end; *adj.* final; **al final de** at the end of
finalmente finally (12)
finamente finely
financiar to finance
finanzas finances
finca farm
fino/a fine; elegant
firma signature (4); signing
firmar to sign (4)
firme *adj.* firm
física physics (2)
físicamente physically; **discapacitado/a físicamente** physically handicapped (9)
físico/a physical; **apariencia física** physical appearance; **aspecto físico** physical appearance; **estado físico** physical state; **rasgo físico** physical feature (1)
fisiología physiology
flaco/a skinny
flexibilidad *f.* flexibility
flor *f.* flower
florecer (zc) to bloom (10)
florecimiento flourishing (10)
Florida: Pascua Florida Easter (3)
floristería flower shop
flotar to float
fluido/a fluid; smooth
folclórico/a folkloric
fomentar to promote / foster (*growth*)
fondo fund; **Fondo Monetario Internacional (FMI)** International Monetary Fund (IMF) (8); **telón** *m.* **de fondo** backdrop
fontanero/a plumber (4)
foráneo/a foreign
forastero/a foreigner (3)

forestación *f.* reforestation
forestal *adj.* forest
forjarse to construct (12); to make up (12)
forma form; **forma de ser** personality (1)
formación *f.* formation; education, training (4)
formalidad *f.* formality
formar to form; **formar parte de** to be / form part of; **formarse** to educate / train oneself (4)
formatear to format (5)
formulario form
foro forum
fortaleza fort
fortuna fortune; luck
forzar (ue) (c) to force
forzoso/a compulsory
foto *f.* photo, photograph; **tomar fotos** to take pictures
fotografía picture, photo (5); photography; photograph
fotocopia photocopy (5)
fotocopiar to photocopy (5)
fracaso failure (2)
fragmento fragment
fragor *m.* clamor
fraile *m.* friar
Francia France
franja stripe, band, fringe
frase *f.* phrase; sentence
frecuencia frequency; **con frecuencia** often
frecuente frequent; common
frenar to break; to stop
frente *m.* front; *f.* forehead; **frente a** in the face of; in front of, across from
fresco/a fresh; cool; **hace fresco** it's cool (weather) (1)
fricción *f.* friction
frijol *m.* bean
frío cold; **hace frío** it's cold (weather) (1); **ser** (*irreg.*) **frío/a** to be cold (*personality*) (1); **tener (mucho)** (*irreg.*) **frío** to be (very) cold (1)
frito/a (*p.p. of* **freír**) fried; **papas fritas** French fries
frontera border (7)
frustrado/a frustrated
frutería fruit store
fuego fire; **a fuego moderado** at medium heat
fuente *f.* source
fuera (de) out, outside of
fuerte strong
fuerza force; strength

fugitivo/a fugitive
función *f.* function
funcionamiento working
funcionar to function, work (5)
fundación *f.* foundation (10)
fundamento foundation; basis
fundar to found (10)
furioso/a furious
furtivamente furtively
fútbol soccer; **equipo de fútbol** soccer team; **jugador(a) de fútbol** soccer player; **partido de fútbol** soccer game
futbolista *m., f.* soccer player
futuro future

G

gafas eyeglasses
galardonado/a awarded
gallego/a from or characteristic of Galicia (*northwest region of Spain*)
gallina hen
ganadería cattle raising
ganado livestock
ganancias *pl.* earnings
ganar to win; to earn
ganas *pl.* desire, wish **tener** (*irreg.*) **(muchas) ganas de** (+ *inf.*) to (really) feel like (*doing something*) (1)
garantía guarantee
gas *m.* gas
gasolina gasoline (8)
gastar to spend
gastos *pl.* expenses; **asumir gastos** to assume, take on expense (2)
gastronómico/a gastronomic
gato/a cat; **gatito/a** kitten
gemelo/a twin
genealógico/a genealogical; **árbol** *m.* **genealógico** family tree
generación *f.* generation; grade level (2)
general *adj.* general; **en general** in general; **por lo general** in general
generalización *f.* generalization
generalizado/a generalized
generalmente generally
generar to generate
genérico/a generic
género genre; gender; **discriminación** *f.* **de género** gender / sexual discrimination (9)
generoso/a generous (1)
génesis genesis
gente *f. s.* people; **mi/tu gente** my / your people (7)
genuino/a genuine

geografía geography; **Facultad** *f.* **de Geografía e Historia** School of Geography and History

geográfico/a geographical

gerente *m., f.* manager (4); director (4)

germánico/a Germanic

gigante *n. m.* giant

gigantesco/a gigantic

gimnasio gymnasium

glaciar *m.* glacier

globalización *f.* globalization (8)

gloria glory

gobernabilidad *f.* governability

gobernador(a) governor (11)

gobernante *m., f.* ruler

gobernar to govern (12)

gobierno government (11)

godo/a Goth

golfo gulf

golpe *m.* blow; **golpe de estado** coup (12)

gordo/a fat (1)

gozar (c) to enjoy (6)

grabación *f.* recording

grabar to record (5)

gracias thank you; **Día** *m.* **de (Acción de) Gracias** Thanksgiving (3); **gracias a** thanks to

grado grade; degree

graduado/a *n.* graduate; *adj.* graduated **estudiante** (*m., f.*) **graduado/a** graduate student

graduarse (me gradúo) to graduate

gráfico graph, chart

grafitos *pl.* graffiti

gramática grammar

gran, grande big, large (1); great; **en gran parte** by and large; in many

grandeza grandeur

grandioso/a grandiose

grano seed

gratuito/a free (of charge)

grave serious

gravedad *f.* gravity, seriousness

grecolatino/a Greco-Latin

grenada pomegranate

griego/a *n.* Greek; *adj.* Greek

grillo cricket

gris gray; **pelo gris** grey hair (1)

grito cry; shout

grueso/a thick

grupo group **grupo de teatro/música** theatrical/musical group (2)

guapo/a good-looking (1)

guaraní *m.* Guaraní (*indigenous language of Paraguay*)

guardar to keep; to save (5)

guardería infantil daycare center (4)

guatemalteco/a *n.* Guatemalan; *adj.* Guatemalan

guayaba guava

gubernamental *adj.* government; **organización** *f.* **no gubernamental (ONG)** nongovernment organization (NGO) (9)

guerra war; **buque** *m.* **de guerra** warship (11); **guerra civil** civil war; **guerra de independencia** war of independence

guerrero/a warrior

guía *f.* guide(book); *m., f.* guide

guión *m.* script

guionista *m., f.* scriptwriter

güiro scraper (*instrument*)

guitarra guitar

gustar to be pleasing (6); **le gusta(n)...** he/she/you (*form. s.*) like(s) . . . ; **les gusta(n)...** they/you (*form. pl.*) like . . . ; **me gusta(n)...** I like . . . ; **te gusta(n)...** you (*fam. s.*) like . . .

H

ha habido (*inf.* **haber**) there has/have been (1)

Habana, La Habana Havana (*Cuba*); **La Pequeña Habana** Little Havana (*neighborhood in Miami, FL*)

haber *irreg.* (*inf. of* **hay**) to have (*auxiliary*); to be (1); to exist (1); **ha habido** there has/have been (1); **había** there was/were (1); **habrá** there will be (1); **habría** there would be (1); **hay** there is/are (1); **hubo** there was/were (1); **hay que** + *inf.* to be necessary (*to do something*)

había (*inf.* **haber**) there was/were (1)

habilidad *f.* ability

habitante *m., f.* inhabitant

habitar to inhabit

hábitat *m.* habitat

hábito habit

habitualmente habitually

hablador(a) talkative (1)

hablante *m., f.* speaker

hablar (de) to speak, talk (about)

habrá (*inf.* **haber**) there will be (1)

habría (*inf.* **haber**) there would be (1)

hacer *irreg.* (*p.p.* **hecho**) to do (1); to make (1); **hace buen/mal tiempo** the weather is nice/ugly (1); **hace calor/fresco/frío** it's hot/cool/cold (weather) (1); **hace sol/viento** it's

sunny/windy (1); **hace...** (+ *time*) **que** it has been (+ *time*) since; **hacer camping** to go camping (6); **hacer clic** to click (5); **hacer falta** to be necessary (2); **hacer fotos** to take pictures (5); **hacer un crucigrama** to do a crossword puzzle (6); **hacer una barbacoa** to have a barbecue (6); **hacer una búsqueda** to look for, search (5); **hacerse** to become (2); **les hace falta...** they/you (*form. pl.*) need . . . (2)

hacia toward

hacienda farm, ranch (11)

hallar to find (10)

hallazgo finding, discovery

hambre *f.* hunger; **tener** (*irreg.*) **(mucha) hambre** to be (very) hungry (1)

hambriento/a starving; **hambriento/a de** hungry for

harto/a fed up (1)

hasta *prep.* up to, until; *adv.* even; **hasta ahora** until now; **hasta que** *conj.* until; **¿hasta qué punto?** to what point?

hay (*inf.* **haber**) there is/are (1)

haz *m.* (*pl.* **haces**) façade, surface; **haz de la tierra** the earth's surface

hazaña (heroic) deed (5)

hecho *n.* fact; event; **de hecho** in fact (9)

hecho/a (*p.p. of* **hacer**) made; done

hectárea hectare

helado ice cream

helicóptero helicopter

hembra female; woman (9)

hemisférico/a hemispheric

hemisferio hemisphere

heredar to inherit (3)

heredero/a heir/heiress

herencia inheritance (3); heritage

herida wound

hermanastro/a stepbrother/ stepsister (3)

hermandad *f.* brotherhood

hermano/a brother/sister (3); **hermanos** *pl.* siblings; **hermano/a político/a** brother-in-law / sister-in-law (3); **medio hermano / media hermana** half-brother / half-sister (3)

hermoso/a beautiful (11)

héroe *m.* hero

hidroeléctrico/a hydroelectric; **energía hidroeléctrica** hydroelectric energy

hielo ice (8)

hierro iron; **mano** *f.* **de hierro** iron fist

hijastro/a stepson/stepdaughter (3)
hijo/a son/daughter (3); **hijo/a biológico/a** biological child; **hijo/a político/a** son-in-law/daughter-in-law (3); **hijo/a único/a** only child (3); **hijos** *pl.* children
hincar (qu) to kneel
hipermercado *(Sp.) large supermarket and department store in one location*
hiperrealista *adj. m., f.* hyperrealist
hipótesis *f.* hypothesis
hipotético/a hypothetical
hispánico/a Hispanic
hispano/a Hispanic
Hispanoamérica Spanish America
hispanoamericano/a Spanish American
hispanohablante *m., f.* Spanish speaker
historia history (2); story; **Facultad** *f.* **de Geografía e Historia** School of Geography and History
historiador(a) historian
histórico/a historic; historical
hogar *m.* home (2)
hoja leaf; **hoja de papel** sheet of paper
hola hi, hello
holocausto holocaust
hombre *m.* man; **hombre de negocios** businessman
homenaje *m.* homage; **rendir (i, i) homenaje** to pay homage
homogéneo/a homogenous
homogenización *f.* homogenization
homosexual homosexual (9)
honesto/a honest
honor *m.* honor
honrado/a honest; honorable
hora hour; time; **¿qué hora es?** what time is it?; **a la hora de** at the time to; **por hora** per hour
horario schedule (2)
horizonte *m.* horizon
horno oven; **Cabo de Hornos** Cape Horn
horrorizado/a horrified
hospital *f.* hospital
hostilizar (c) to harass *(military)*; to antagonize
hotel *m.* hotel
hoy today; **hoy (en) día** nowadays
hubo *(inf.* **haber)** there was/were (1)
huelga strike (4); **estar** *(irreg.)* **en huelga** to be on strike (1)
huella track (10); footprint (10)
huerto vegetable garden; orchard
huevo egg

humanidad *f.* humanity
humano/a human; **recursos humanos** human resources (4); **ser** *m.* **humano** human being
humeante smoking; steaming
húmedo/a humid
humildad *f.* humility; humbleness
humilde humble; modest
humillante humiliating
humo smoke (8)
humor *m.* humor; mood; **estar** *(irreg.)* **de buen/mal humor** to be in a good/bad mood (1); **(tener** [*irreg.*]) **sentido de humor** (to have a) sense of humor (1)
huracán *m.* hurricane

I

ibérico/a *adj.* Iberian; **Península Ibérica** Iberian Peninsula
íbero/a *n.* Iberian
Iberoamérica Latin America
iconográfico/a iconographic
idea idea; **es buena idea** it's a good idea
ideal ideal; **lo ideal** the ideal thing
idealizado/a idealized
idéntico/a identical
identificación *f.* identification
identificar (qu) to identify
ideología ideology
idioma *m.* language (7)
idiosincrasia idiosyncrasy
idiota *m., f.* idiot (1)
iglesia church (11)
ignorante ignorant
igual equal; **de igual manera** in the same way; **igual que** just as
igualdad *f.* equality (9)
igualitario/a egalitarian
igualmente equally; likewise
ilegal illegal (7)
ilegítimo/a illegitimate
ilusión *f.* hope (7); delusion (7); illusion
ilustrar to illustrate
ilustre illustrious
imagen *f.* image (1)
imaginación *f.* imagination
imaginar to imagine
imaginario/a imaginary
imbécil *m.* imbecile (1)
imitar to imitate
impartir to give
impedimento impediment
impedir (i, i) to impede
imperativo/a imperative

imperfecto *(gram.)* imperfect
imperio empire (10)
imperioso/a imperious, overbearing
implacable implacable, relentless
implicar (qu) to implicate
imponente imposing
imponerse *(like* **poner)** to impose
importancia importance
importante important
importar to matter (2); to import (8); **(no) me importa...** that does (not) matter to me (2)
imposible impossible
impreciso/a imprecise, vague
impredecible unpredictable
imprescindible essential, indispensable
impresionado/a impressed
impresionante impressive
impresionista *adj.* impressionist (11)
impreso/a *(p.p. of* **imprimir)** printed
impresora printer (5)
imprimir *(p.p.* **impreso)** to print
improbable improbably, unlikely
impuesto tax (4); **impuesto sobre** tax on (12)
inalcanzable unreachable
inanimado/a inanimate
inca *n. m., f.; adj.* Incan (10)
incaico/a Incan
incansable tireless
incapacitado/a incapacitated
incapaz *(pl.* **incapaces)** incapable
incendio fire
incidente *m.* incident
incluir (y) to include (9)
inclusive *adv.* including
incluso *adv.* including, even
incluso/a included
incompleto/a incomplete
incorporación *f.* incorporation
incorporar to incorporate
incorrecto/a incorrect, wrong
increíble incredible
incrustado/a incrusted
incursionar (en) to enter (into)
indebido/a undue
indefinido/a indefinite
independencia independence (12); **guerra de independencia** war of independence
independiente independent
independizarse (c) to become independent
Indias Indies
indicación *f.* indication
indicar (qu) to indicate

indicativo (*gram.*) indicative
índice *m.* index
indígena *n m., f.;* indigenous
   man/woman (10); native;
   adj. Indian
indio/a *n.* Indian (10)
indirecto/a indirect
indiscutible indisputable
individual *adj.* individual (9)
individualidad *f.* individuality
individuo *n.* individual (9)
indocumentado/a undocumented
indolente indolent
industria industry; **industria panelera**
   sugarcane industry
industrializado/a industrialized; **país**
   m. **industrializado** industrialized
   country
ineludible unavoidable
inestabilidad *f.* instability
inevitable inevitable, unavoidable
inexorablemente inexorably
inextricable insolvable; inextricable
infame infamous
infancia childhood; infancy
infantil *adj.* child (*relating to*);
   juvenile; **guardería infantil** daycare center (4)
infeliz (*pl.* **infelices**) unhappy
inferencia inference
inferioridad *f.* inferiority; **tener** (*irreg.*)
   complejo de inferioridad to have
   an inferiority complex (1)
inferir (**ie, i**) to infer
infinitivo infinitive
influir (**y**) to influence
influyente influential
información *f.* information
informar to inform (5)
informática computer science (2)
informático/a computer
   programmer (5); *adj.* computer
   (*relating to*)
informativo/a informative;
   informational; **programa** *m.*
   informativo information
   program (5)
informe (escrito) *m.* (written)
   report (2)
infraestructura infrastructure
infructuoso/a fruitless
infundado/a unfounded
ingeniería engineering (2)
ingeniero/a engineer (4)
inglés *n. m.* English (language)
inglés, inglesa *n., adj.* English
ingrediente *m.* ingredient

ingresar to enter
ingreso income
inicial initial
iniciar to initiate, begin
inicio beginning
injusticia injustice
inmediato/a immediate
inmemorial immemorial
inmenso/a immense
inmigración *f.* immigration
inmigrante *m., f.* immigrant (7)
inmovilizar (**c**) to immobilize
innumerable countless
inocencia innocence
inorgánico/a inorganic
insaciable insatiable
inscripción *f.* inscription
inseguro/a unsure
insensato/a foolish (1)
insensible insensitive (1)
insertar (**ie**) to insert
insistir (**en**) to insist (on) (5)
inspirar to inspire
instalación *f.* installation
instalar to install
instancia instance
instante *m.* instant
institución *f.* institution
institucional institutional
instrucción *f.* instruction
instrumento instrument
insultar to insult
insulto insult (1)
insuperable unsurpassable;
   insurmountable
integrar to include; to integrate (9)
intelectual intellectual
inteligencia intelligence
inteligente intelligent (1)
intención *f.* intention
intensidad *f.* intensity
intenso/a intense
intentar to try
intento attempt
interamericano/a Inter-American
intercambiar to exchange
intercambio exchange
interés interest; **carta de interés** cover
   letter (4)
interesante interesting
interesar to interest
interferencia interference
intergubernmental intergovernmental
ínterin interim **en el ínterin**
   meanwhile
internacional international; **Fondo**
   Monetario Internacional (FMI)

   International Monetary Fund
   (IMF) (8)
Internet *m.* Internet (5); **dirección** *f.*
   de Internet Internet address (5)
interpretación *f.* interpretation
interpretar to interpret
interrogativo/a interrogative
interrumpir to interrupt
intervenir (*like* **venir**) to intervene
íntimamente intimately, closely
intimidante intimidating
intranscendente insignificant,
   unimportant
intricado/a intricate
intrínsico/a intrinsic
introducción *f.* introduction
introducir (**zc**) to introduce
introductorio/a introductory
introvertido/a introverted (1)
intruso/a intruder
inusual unusual
invadir to invade (10)
invasión *f.* invasion (10)
invasor(a) invader (10)
invención *f.* invention
inventar to invent
invento invention
inventor(a) inventor
invernadero greenhouse; **efecto**
   invernadero greenhouse
   effect (8)
inverosímil improbable, impossible,
   unlikely
inversión *f.* investment (8)
inversionista *m., f.* investor (8)
invertir (**ie, i**) to invest (8)
investigación *f.* investigation
investigador(a) investigator
investigar (**gu**) to investigate
invierno winter
invisibilidad *f.* invisibility
invitación *f.* invitation
invitado/a guest
invitar to invite (6)
invocar (**qu**) to invoke
ir *irreg.* to go (2); **ir a** (+ *inf.*) to be
   going to (*do something*); **ir al cine /**
   al teatro / a un concierto to go to
   the movies / the theater / a concert
   (6); **ir de compras** to go shopping;
   irse to leave (2)
irlandésamericano/a *n., adj.* Irish
   American
irracionalidad *f.* irrationality
irresponsable irresponsible (1)
irrigación *f.* irrigation
irrupción *f.* eruption

isla island
islamismo Islam (2)
israelí *n. m., f.; adj.* (*pl.* **israelíes**) Israeli
istmo isthmus
italiano *n.* Italian (language)
izquierda *n.* left-hand side (2); **a/de la izquierda** to/from (on) the left
izquierdo/a *adj.* left

J

jabón *m.* soap
jalar *Mex.* to pull
jamaicano/a *n., adj.* Jamaican
jamás never (7)
Japón Japan
japonés, japonesa *n., adj.* Japanese
jardín *m.* garden
jardinero/a gardener (4)
jazmín *m.* jasmine
jazminero jasmine plant
jazz *m.* jazz
jefe, jefa boss (4)
Jehová: testigo/a de Jehová Jehovah's witness
jeroglífico/a hieroglyphic
jitomate *m. Mex.* tomato
jornada (working) day; day's work; **jornada completa** full-time; **jornada laboral** workday
joven (*pl.* **jóvenes**) *n. m., f.* youth; *adj.* young
jubilación *f.* retirement (4)
jubilarse to retire (4)
judaísmo Judaism (2)
judeocristiano/a Judeo-Christian
judío/a *n.* Jew (2); *adj.* Jewish (2); **Pascua Judía** Passover (3)
juego game
jugador(a) player
jugar (ue) (gu) to play (1); **jugar a/al** to play (*a sport*)
juicio judgement; **estar** (*irreg.*) **en juicio** to be sued
julio July
junio June
junto a *prep.* next to
juntos/as *pl.* together
juramento oath; **juramento de lealtad a la nación** pledge of allegiance (7)
justicia justice
justificación *f.* justification
justificar (qu) to justify
justo/a fair
juventud *f.* youth

K

kilómetro kilometer

L

la *def. art. f. s.* the; *d.o.* her, it, you (*form. s.*)
lábaro patrio national flag
labor *f.* labor, work
laboral *adj.* work; **ámbito laboral** workplace; **experiencia laboral** work experience (4); **práctica laboral** internship (4)
laboratorio laboratory
laborioso/a laborious
lacio/a straight; **pelo lacio** straight hair (1)
ladino/a (*C.A.*) *Spanish-speaking or acculturated indigenous person; person of mixed Spanish-indigenous heritage*
lado side
laguna lagoon
lamentar to be sorry, regret
languidez *f.* languor
lanzar (c) to launch; to throw; **lanzarse** to throw/hurl oneself; to set out
lápiz *m.* (*pl.* **lápices**) pencil
largo/a long
las *def. art. f. pl.* the; *d.o. f. pl.* them, you (*form. pl.*)
lástima shame; **ser** (*irreg.*) **una lástima** to be a pity, shame (6)
latín *m.* Latin (language) (10)
latino/a Latino
Latinoamérica Latin America
latinoamericano/a Latin American; **programa de estudios latinoamericanos** Latin American studies program (2)
lazo tie
le *i.o.* to/for him, her it, you (*form. s.*)
lealtad *f.* loyalty; **juramento de lealtad a la nación** pledge of allegiance (7)
lección *f.* lesson
leche *f.* milk
lechuga lettuce
lector(a) reader
lectura reading
leer (y) to read
legado legacy
legal legal (7)
legalización *f.* legalization (9)
legalizar (c) to legalize (7)
legislador(a) legislator
legítimo/a legitimate
lejano/a distant
lejos *adv.* far away; **lejos de** *prep.* far from
lema *m.* motto

lengua tongue; language (7); **lengua materna** mother tongue (7)
lenguaje *m.* language (7)
lentes *m. pl.* glasses; **lentes de contacto** contact lenses (1)
lento *adv.* slowly
lento/a *adj.* slow
leño log
les *i.o.* to/for them, you (*form. pl.*)
lesbiana lesbian (9)
letra letter; *pl.* letters (literature, language studies) (2)
levantar to lift, raise up; **levantar(se)** to get up (2)
léxico lexicon, vocabulary
ley *f.* law (9)
leyenda legend
liberación *f.* liberation, freedom
liberar to liberate, free
libertad *f.* liberty (9); freedom (9)
libertador(a) liberator
libre free; **tiempo libre** free time (6); **Tratado de Libre Comercio (TLC)** North American Free Trade Agreement (NAFTA) (12)
libro book
licencia license; **licencia por maternidad/matrimonio/enfermedad** maternity/marital/sick leave (4)
licenciado/a graduate
licenciatura Bachelor's degree equivalent (2)
líder *m.* leader
liderazgo leadership
lidiar to fight
lienzo canvas
ligero/a light, lightweight
limitado/a limited
límite *m.* limit; **fecha límite** deadline (2)
limpiabotas shoeshine
limpiar to clean
limpieza cleaning
limpio/a clean
lindo/a pretty
línea line (5)
lineal linear
lingüístico/a linguistic
líquido liquid
liso/a straight; **pelo liso** straight hair (1)
listado/a listed
listo/a ready; prepared; **estar** (*irreg.*) **listo** to be ready (1); **ser** (*irreg.*) **listo** to be smart, clever (1)
literalmente literally

literario/a literary
literatura literature (2)
llaga wound, sore
llamar to call (2); **llamarse** to be named (2)
llanto *n.* weeping, crying (3)
llave *f.* key
llegada arrival
llegar (gu) to arrive; **llegar muy lejos** to go very far; **llegar tarde** to arrive late; **llegar a ser** to become; **llegar a** (+ *inf.*) to manage to (*do something*), succeed in (*doing something*)
llenar to fill
lleno/a full
llevar to wear; to take (*someone or something somewhere*); to carry; **llevar a término** to bring to an end; **llevarse bien/mal** to get along well/badly (3); **llevar lentes** *m. pl.* **de contacto** to wear contact lenses (1)
llorar to cry (3)
llover (ue) to rain (1)
lo *d.o. m.* you (*form. s.*); him, it
lobo wolf
loco/a crazy; **volverse (ue) loco/a** to go crazy
locura craze; madness
locutor(a) radio host (5)
lógico/a logical
lograr to achieve (2); obtain; **lograr** (+ *inf.*) to manage to (*do something*), succeed in (*doing something*)
logro achievement
los *def. art. m. pl.* the; *d.o. m.* you (*form. pl.*); them
lotería lottery
lucha fight (9)
luchar to fight
lucrativo/a lucrative
luego then
lugar *m.* place; **dar** (*irreg.*) **lugar a** to give rise to; **en lugar de** instead of; **tener** (*irreg.*) **lugar** to take place
luna moon
lunar *m.* mole, birthmark (1)
lunático/a lunatic
lunes *m.* Monday
luz (*pl.* **luces**) light; electricity; **dar** (*irreg.*) **a luz** to give birth

M
machismo male pride (9)
machista *adj. m., f.* chauvinistic
macho *n.* male

madera wood (8)
madrastra stepmother (3)
madre *f.* mother (3); **madre política** mother-in-law (3); **madre soltera** single mother
madrina godmother (3); **hada madrina** fairy godmother
madrugar (gu) to get up early
madurez *f.* maturity
maestro/a *n.* teacher (4); *adj.* master; **obra maestra** masterpiece (12)
mágico/a magic; **realismo mágico** magic (magical) realism
magnífico/a wonderful, magnificent
maíz *m.* corn
majestad *f.* majesty
majestuoso/a majestic (11)
mal *adv.* badly; **caer** (*irreg.*) **mal** to make a bad impression (*on someone*); **llevarse mal** to get along poorly (3)
mal, malo/a *adj.* bad; **estar** (*irreg.*) **de mal humor** to be in a bad mood (1); **estar** (*irreg.*) **malo/a** to taste bad (1); **ser** (*irreg.*) **malo/a** to be (a) bad (person) (1); **hace mal tiempo** the weather is bad/ugly; **tener** (*irreg.*) **mal carácter** to have an unfriendly personality (1)
maleducado/a bad-mannered
maleta suitcase; **empacar (qu) la maleta** to pack a suitcase; **hacer** (*irreg.*) **la maleta** to pack a suitcase
malvado/a *adj.* evil
mamá mother (3)
manatí (*pl.* **manatíes**) manatee
manchado/a stained
mandamiento commandment; **los diez mandamientos** the ten commandments
mandar to command, order; to send (3)
mandatario *n.* mandatory
mando command
manera manner; way; **de alguna manera** somehow; **de esta manera** in this way; **de igual manera** likewise; **de tal manera** in such a way; **¿en qué manera?** how?; **la mejor manera** the best way; **otra manera** another way
manifestación *f.* protest (4); manifestation; example
manifestar (ie) to protest; to demonstrate; **manifestarse** to appear
manjar *m.* dish (*food*)

mano *f.* hand; **de segunda mano** second hand; **echar una mano** to lend a hand; **levantar la mano** to raise one's hand; **mano de hierro** iron fist; **mano de obra** labor (12); manpower (12)
manso/a calm; tame
mantener (*like* **tener**) to maintain
mantenimiento maintenance (8)
mantequilla butter
manto acuífero water stratum
manufacturar to manufacture
manzana apple
mañana morning; tomorrow
mapa *m.* map
maquillar(se) to put on makeup (2)
máquina machine
mar *m.* sea (8)
maratón *m.* marathon
maravilla *n.* wonder, marvel; **de maravilla** wonderfully
marca brand
marcar (qu) to mark
marcha march
marciano/a Martian
marco frame
marginación *f.* marginalization
marginado/a marginalized (9); alienated (9)
marido husband (3)
marinero/a sailor
mariposa butterfly (3)
marítimo/a *adj.* sea
marrón *m.* brown
Marruecos Morocco
martes *m.* Tuesday
mártir *m.* martyr
marzo March
más more
mas but (6)
masa dough; mass(es); **emigración en masa** mass (large-scale) emigration
masculino/a masculine
masivamente massively
matar to kill
matemáticas *pl.* mathematics (2)
matemático/a mathematician
materia material; subject matter; **materia prima** raw material
materialista *n. m., f.* materialist; *adj.* materialistic
maternidad *f.* maternity; **licencia por maternidad** maternity leave (4)
materno/a maternal (3); **lengua materna** mother tongue (7)
matiz *f.* (*pl.* **matices**) nuance; shade

matrícula tuition; enrollment; **pagar (gu) la matrícula** to pay tuition
matriculado/a enrolled
matrimonio marriage; **licencia por matrimonio** marital leave (4)
máximo/a maximum; **al máximo** to the maximum
maya *n. m., f.; adj.* Maya(n) (10)
mayo May
mayor *adj.* older; oldest; major, main; great
mayoría majority (1)
mayormente primarily
me *d.o.* me; *i.o.* to/for me; *refl. pron.* myself
mecánica mechanics
mecánico/a mechanic (4)
mecanismo mechanism
mecate *(m., Mex., C.A.)* cord or rope made from maguey fibers
medalla medal
mediado/a half-full; half-over; **a mediados de** in the middle of
mediante by means of, through
medicina medicine
médico/a doctor
medida measurement; **a medida que** as, while
medio/a *adj.* half; **medio ambiente** environment; **medios de comunicación** media; **medio hermano / media hermana** half-brother / half-sister (3); **por medio de** by means of
medioambiental environmental
meditar to meditate
mediterráneo/a Mediterranean
mejor better; best; **el/la mejor** the best
mejorar to improve (9)
mejoría improvement
mellizo/a twin
memoria memory *(ability to remember)* (3)
mencionar to mention
menester *m.* need
menor younger; lesser; **el/la menor** youngest
menos less; least; **a menos que** unless (8); **al menos** at least; **echar de menos** to miss (7); **menos... que** less . . . than
mensaje *m.* message (5); **enviar un mensaje** to send a message (5)
mensajero/a messenger
mensual monthly (2)
mentalidad *f.* mentality

mentalmente mentally; **discapacitado/a mentalmente** mentally handicapped (9)
mente *f.* mind; **tener** *(irreg.)* **en mente** to have in mind
mentir (ie, i) to lie (1)
mentira lie
mentiroso/a liar (1)
menú *m.* menu
menudo tripe
menudo/a small; **a menudo** often
meramente merely
mercadear to trade
mercado market (4)
merced *f.* mercy, grace; **merced a** thanks to
merecer (zc) to deserve
meridional southern (10)
mérito merit
mero/a mere
mes *m.* month
mesa table
mesero/a waiter/waitress
Mesoamérica Mesoamerica
mesoamericano/a *n. adj.* Mesoamerican
mestizaje *m.* miscegenation (11)
mestizo/a mestizo *(person of mixed racial ancestry, especially European-indigenous)* (10)
meta goal (4)
metódico/a methodical
metodista *n. m., f.* Methodist (2)
método method
métrico/a metric
metro meter
mexicano/a *n. adj.* Mexican
mezcla mix
mezquita mosque
mi *poss.* my
mí *obj. of prep.* me
microempresa micro business
miedo fear (7); **tener** *(irreg.)* **(mucho) miedo (de)** to be (very) afraid (of) (1)
miel *f.* honey; **ojos color miel** honey-colored eyes (1)
miembro member
mientras *adv.* while; as long as; **mientras tanto** meanwhile
migratorio/a *adj.* migrant
mil one thousand
milenario/a millenary, millennial
milenio millennium (10)
militar *m.* soldier; *adj.* military (12)
milla mile
millares *pl.* thousands
millón *m.* million

millonario/a millionaire
mimar to spoil
mina (de oro) (gold) mine (11)
ministerio ministry, department *(as in Department of Agriculture)* (12)
ministro/a minister, secretary *(in United States government, as in Secretary of Agriculture)* (12)
mío/a *poss.* my, (of) mine
miope near-sighted
mirada look; gaze; glance; **alzar (c) la mirada** to look up
mirar to look at; to watch
mirlo blackbird
misa mass *(religious)*
miseria misery
misión *f.* mission
mismo/a *pron.* same (one); *adj.* same; self; **al mismo tiempo** at the same time; **de la misma forma** in the same way; **el/la mismo/a** the same; **hoy mismo** today; **lo mismo** the same; **mí mismo/a** myself; **sí mismo/a** oneself
misterio mystery
misterioso/a mysterious
mítico/a mythical
mito myth
moda style; **estar** *(irreg.)* **de moda** to be fashionable (1)
modelo model (9); pattern (9); **modelo** *m., f.* (fashion) model (9)
moderado/a moderate; **a fuego moderado** at medium heat
moderar to moderate
modernidad *f.* modernity
modernización *f.* modernization
moderno/a modern
modificación *f.* modification
modificar (qu) to modify
modo way; **de modo que** in such a way that; **de todos modos** anyway, regardless
modulado/a modulated
Moisés Moses
mojar to get wet (4)
mole *(n.)* Mexican sauce made chiles, nuts or seeds, and spices
molestar to bother (2); **me molesta...** it bothers me . . . (2); **molestar(se) por** to be bothered by (6)
molido/a ground; **carne molida** ground beef
molina de viento windmill
momento moment
momia mummy
momificar (qu) to mummify

monarquía monarchy
monasterio monastery (11)
monetario/a monetary; **Fondo Monetario Internacional (FMI)** International Monetary Fund (IMF) (8)
monitor *m.* monitor
monja nun (11)
monje *m.* monk (11)
monopolio monopoly
monopolizar (c) to monopolize
monstruo monster
montaña mountain
monte *m.* mount; mountain
montón heap; **un montón de** a lot of
monumento monument
moreno/a brown-skinned (1); dark-skinned (1)
moribundo/a moribund, dying
morir (ue, u) (*p.p.* **muerto**) to die (1)
mormón, mormona Mormon (2)
moro/a *adj.* Moorish
mosaico mosaic
mostrar (ue) to show (1)
motivar to motivate
motivo motive
moto(cicleta) motorcycle
mover(se) (ue) to move (1)
móvil mobile; **teléfono móvil** cellular phone (5)
movimiento movement
muchacho/a boy/girl; young man / young woman
mucho *adv.* a lot; much
mucho/a *adj.* much; *pl.* many; **con mucha frecuencia** often; **muchas veces** often, many times; **tener** (*irreg.*) **mucha hambre** to be very hungry; **tener** (*irreg.*) **mucha prisa** to be in a real hurry; **tener** (*irreg.*) **mucha sed** to be very thirsty; **tener** (*irreg.*) **mucha vergüenza** to be very ashamed, embarrassed; **tener** (*irreg.*) **muchas ganas de** (+ *inf.*) to feel very much like (+ *inf.*)
mudanza move (*from one address to another*) (3)
mudar(se) to move (*from one house to another*) (2)
mudo/a mute (9); **película muda** silent film
muerte *f.* death
muerto/a *n.* dead person; (*p.p. of* **morir**) *adj.* dead (1)
mujer *f.* woman; wife (3); **programa de estudios de mujeres** women's studies program (2)

mulato/a mulatto (*person of mixed European-African ancestry*)
multietnicidad *f.* multiethnicity
múltiple multiple
multiplicar (qu) to multiply
multiplicidad *f.* multiplicity
mundial *adj.* world (*pertaining to*); global, worldwide; **Banco Mundial** World Bank; **Segunda Guerra Mundial** Second World War
mundialmente worldwide
mundo world; **todo el mundo** everyone (7)
municipio municipality
muñequito little doll
museo museum
música music; **escuchar música** to listen to music (6); **grupo de música** musical group (2)
musulmán, musulmana *n.* Muslim (2)
muy very

N

nacer (zc) to be born (3)
nacido/a born; **recién nacido** newborn (3)
nacimiento birth (3); **certificado de nacimiento** birth certificate
nación *f.* nation; **juramento de lealtad a la nación** pledge of allegiance (7)
nacionalidad *f.* nationality (7)
nacionalización *f.* nationalization (8)
nada nothing (7); **de nada** you're welcome; **no le gusta(n) nada** he/she doesn't / you (*form. s.*) don't like it/them at all; **no me importa(n) nada** it/they don't matter at all to me; **no pasa nada** nothing is happening; **no valer** (*irreg.*) **nada** to be worth nothing
nadar to swim (6)
nadie no one (7); nobody, not anybody
naranjo orange tree
narcotráfico drug trafficking
narcoviolencia *violence related to drug trafficking*
nardo nard, tuberose
narración *f.* narration
narrar to narrate
natalidad *f.* birth; **nivel** *m.* **de natalidad** birthrate
nativo/a native
natural natural; **ciencias** *f. pl.* **naturales** natural sciences (2)
naturaleza nature (8)
nave *f.* ship
navegante *m., f.* navigator

Navidad *f.* Christmas (3)
necesario/a necessary; **ser** (*irreg.*) **necesario** to be necessary (6)
necesidad *f.* necessity
necesitar to need
negar(se) (ie) (gu) to deny (1); to refuse
negatividad *f.* negativity
negativo/a negative
negociar to negotiate
negocio business; **hombre** *m.* **de negocios** businessman; **mujer** *f.* **de negocios** businesswoman
negrita: **estar** (*irreg.*) **en negrita** to be in boldface (type)
negro/a black; **agujero negro** black hole; **ojos negros** black eyes (1)
neoclasicismo Neoclassicism
neoclásico/a Neoclassical (11)
nervioso/a nervous
nevar (ie) to snow
ni neither (7); nor; even; **ni... ni** neither . . . nor (7); **ni siquiera** not even (12)
nieto/a grandson/granddaughter; *pl.* grandchildren
ningún, ninguno/a none, no (7); not any; **ninguno de los dos** neither (of the two)
niñero/a babysitter
niñez *f.* childhood
niño/a child
nipón, nipona *adj.* Japanese
nivel *m.* level (7); rate; **nivel de vida** standard of living (6); **nivel económico** economic standard
no no; not; non; **no... sino** but rather (*opposition after a previous negative*) (3)
nobleza nobility
nocivo/a harmful (8)
noche *f.* night; **esta noche** tonight; **por la noche** at night; **de la noche** p.m.
nombramiento appointment (*to a position*)
nombrar to name
nombre *m.* name
noreste *m.* northeast
norma rule, norm
normalizar (c) to normalize, restore to normal
noroeste *m.* northwest
norte *m.* north
Norteamérica North America
norteamericano/a North American
norteño/a northern
nos *d.o.* us; *i.o.* to/for us; *refl. pron.* ourselves

nosotros/as *sub. pron.* we; *obj. of prep.* us

nostalgia nostalgia (7)

nota grade (2); **notas** (class) notes (2)

notar to notice (5)

noticia piece of news (5); **noticias** news (5)

noticiero news program (5)

novato/a beginner, novice (4); freshman

novecientos/as nine hundred

novedad *f.* novelty

novedoso/a novel

novela novel

novelista *m., f.* novelist

noventa ninety

noviembre *m.* November

novio/a boyfriend / girlfriend; fiancé(e); groom / bride

nube *f.* cloud

nudista *n. m., f.* nudist

nudo knot

nuera daughter-in-law (3)

nuestro/a *poss.* our

nueve nine

nuevo/a new

nuez *f.* (*pl.* **nueces**) nut (6)

número number

numeroso/a numerous

nunca never (7)

nutrición *f.* nutrition

Ñ

ñusta princess

O

o or (7); **o...o** either . . . or (7)

obeso/a obese (1)

objetividad *f.* objectivity

objetivo objective (4)

objeto object

obligar (gu) to obligate

obra work; **mano** *f.* **de obra** labor (12); manpower (12); **obra maestra** masterpiece (12)

observar to observe

obsidiana obsidian

obstáculo obstacle

obstinación *f.* stubbornness

obstinado/a obstinate, stubborn

obtener (*like* **tener**) to obtain

obvio/a obvious; **ser** (*irreg.*) **obvio** to be obvious

ocasión *f.* occasion

occidental western

occidente *m.* west

océano ocean (8); **Océano Atlántico** Atlantic Ocean

oceanografía oceanography

ochenta eighty

ocho eight

ochocientos/as eight hundred

ocio leisure

octavo/a eighth

octubre *m.* October

ocultamiento concealment

ocultar to hide, conceal

oculto/a dark

ocupación *f.* occupation

ocupado/a occupied, busy (1)

ocupar to occupy

ocurrir to occur, happen

odiar to hate

odio hatred

odioso/a hateful, odious

oeste *m.* west

ofender to offend

ofensivo/a offensive

oferta offer

oficial official

oficina office; **oficina de correos** post office (11)

ofrecer (zc) to offer

oír *irreg.* to hear (1)

ojalá (que) I hope / I wish (that) (6)

ojo eye (1); **ojos azules / color café / negros / color de miel** blue / brown / black / honey-colored eyes (1)

ola wave

oler a *irreg.* to smell like (6)

olímpico/a Olympic; **juegos olímpicos** Olympics

olla pot (6)

olor *m.* odor, smell

olvidar to forget (4)

once eleven

ondulado/a wavy; **pelo ondulado** wavy hair (1)

onza ounce

opción *f.* option

operación *f.* operation

opinar to think, have an opinión (*about something*)

opinión *f.* opinion

oponerse (*like* **poner**) to oppose (9)

oportunidad *f.* opportunity (9)

oportuno/a opportune

opresión *f.* oppression

oprimido/a oppressed

optar to opt

optimismo optimism

óptimo/a optimal

opuesto/a opposite

oración *f.* sentence; prayer (2)

orden *m.* order (*chronological*); *f.* order, command; **orden alfabético** alphabetic order

ordenar to order (5); to command (5)

ordinario/a ordinary

orgánico/a organic

organismo organism

organización *f.* organization; **organización no gubernamental (ONG)** nongovernment organization (NGO) (9)

organizado/a organized

organizador(a) organizer

organizar (c) to organize

orgullo pride (7)

orgulloso/a proud (7)

oriente *m.* east

origen *m.* origin (7)

originar to originate

originario/a originating

oriundo/a originally

ornamentación *f.* ornamentation

oro gold; **mina de oro** gold mine (11)

orquesta orchestra

ortografía spelling

oruga caterpillar

os *d.o.* (*Sp.*) you (*fam. pl.*); *i.o.* (*Sp.*) to / for you (*fam. pl.*); *refl pron.* (*Sp.*) yourselves (*fam. pl.*)

oscilar to oscillate

oscuridad *f.* darkness

oscuro/a dark

oso bear

ostensiblemente ostensibly

otorgar (gu) to give, grant, award

otro/a other; another

oveja sheep; **cada oveja con su pareja** to each his own

oxígeno oxygen

ozono ozone; **capa de ozono** ozone layer (8)

P

paciencia patience

pacificación *f.* pacification

pacífico/a peaceful; **Océano Pacífico** Pacific Ocean

pacto pact, agreement

padrastro stepfather (3)

padre *m.* father (3); **padre político** father-in-law

padrino godfather (3)

paella *rice dish with vegetables, meat, and/or seafood*

pagar (gu) to pay; to pay for

página page; **página web** Web page (5)

país *m.* country (7); **país industrializado** industrialized country; **países desarrollados** developed countries (8); **países en vías de desarrollo** developing countries (8)

paja straw

pájaro bird

palabra word

palacio palace (11)

paladar palate

palestino/a *n., adj.* Palestinian

palo stick; **de tal palo tal astilla** a chip off the old block

Pampa *vast plain region in Argentina* (5)

pan *m.* bread

panamericano/a Pan-American

pancarta sign, banner

panelero/a *relating to* **panela**, *an unbleached cane sugar;* **industria panelera** sugarcane/panela industry

panfleto pamphlet

pantalla screen (*computer, movie*) (5)

pantanoso/a swampy, boggy

pañuelo handkerchief

papa *f.* potato; **papas fritas** French fries

papá *m.* father, dad (3)

papel *m.* paper; role (1); **tener** (*irreg.*) **papeles** to have legal papers (7)

paquete *m.* package

par *m.* pair

para for; in order to; **estar** (*irreg.*) **para** (+ *inf.*) to be ready, about to (+ *inf.*) (1); **para bien o para mal** for better or worse; **para colmo** to make matters worse; **para empezar** to begin; **para que** in order to (8); so that (8); **para terminar** finally (12)

paracaídas *m., s., pl.* parachute

parada stop; **parada de autobuses** bus stop

paralelo/a *adj.* parallel

parangón *m.* comparison, parallel

parar to stop

parcial partial; **trabajo a tiempo parcial** part-time job (4)

parecer (zc) to look; to seem (2); **me parece...** it seems to me . . . (2); **parecerse** to look like (2)

parecido resemblance (3)

pared *f.* wall

pareja partner; couple; pair; **cada oveja con su pareja** to each his own

parentesco (family) relationship

paréntesis *m. inv.* parenthesis/es; **entre paréntesis** in parentheses

pariente *n. m., f.* relative

parlamentario/a parliamentary

parpadear to blink

parque *m.* park

párrafo paragraph

parte *f.* part; **formar parte de** to be/form part of (2)

Partenón *m.* Parthenon

participación *f.* participation

participar to participate

particular particular; private; **en particular** in particular

partidario/a *adj.* partisan

partido game, match; political party (2)

partir to leave, depart; **a partir de** since

parto childbirth; labor, delivery

pasa raisin

pasado past

pasado/a past; last; **el año pasado** last year; **la semana pasada** last week

pasaje *m.* passage

pasaporte *m.* passport (7)

pasar to happen; **pasarlo/pasarla bien** to have a good time (6); **¿qué pasa?** what's happening?

pasar to pass

pasatiempo pastime; hobby

Pascua Florida Easter (3); **Pascua Judía** Passover (3)

pasear to stroll (6)

paseo stroll (6)

pasión *f.* passion

pasivo/a passive

paso passage; step

pasta pasta; paste

pastel *m.* cake

patata *Sp.* potato

paternalista paternalistic

paternidad *f.* paternity

paterno/a paternal (3)

patria homeland (7)

patriarca patriarch

patrio/a national

patriótico/a patriotic

patriotismo patriotism

pauta rules; guide

paz *f.* (*pl.* **paces**) peace

pecado sin

pecas freckles (1)

pecho chest

pedir (i, i) to ask for (2); to request (1); to order

peinar(se) to comb (one's hair) (2)

peldaño step, rung

pelear to fight

película movie (1); **alquilar películas** to rent movies (6)

peligro danger

pelirrojo/a red-haired (1); **ser** (*irreg.*) **pelirrojo/a** to be a red-head

pellejo skin; **estar** (*irreg.*) **en el pellejo de alguien** to be in someone else's shoes

pelo hair (1)

pena sorrow, hardship; **merecer (zc) la pena** it is worth

penicilina penicillin

península peninsula; **Península Ibérica** Iberian Peninsula

pensador(a) thinker

pensar (ie) to think (1); **no pensar** to not think/believe (6); **pensar en** to think about; **pensar de (algo/alguien)** to have an opinion about (something/someone); **pensar** + *inf.* to plan to (*do something*)

Pensilvania Pennsylvania

pentágono pentagon

penuria poverty

peor worse; **ser** (*irreg.*) **peor** to be worse (6)

pepita seed

pequeño/a small, little

pera pear

percatarse to notice

percibir to perceive (5)

percusión percussion

perder (ie) to lose (1)

pérdida loss

perezoso/a lazy

perfeccionamiento improvement; **curso de perfeccionamiento** training course (4)

perfeccionar to perfect

perfecto/a perfect

perfil *m.* profile

perfilarse to appear

periódico newspaper (5)

periodismo journalism

periodista *m., f.* journalist (5)

periodístico/a journalistic

período period

perjudicar (qu) to harm (12)

perjudicial harmful

permanencia permanence

permanente permanent

permisivo/a permissive

permiso permission

permitir to permit (5)

permutación *f.* permutation, transformation

perro dog
perseverancia perseverance
persona person; **personas** people
personaje *m.* character (1)
personal *m.* personnel
personalidad *f.* personality (1)
persuadir to persuade
persuasivo/a persuasive
pertenecer (zc) a to belong to (2)
pertenencia *n.* belonging
perteneciente (a) *adj.* belonging (to),
    deriving (from)
pertinente pertinent
peruano/a Peruvian
perverso/a perverse
pesa weight (*gym*)
pesado/a dull, bothersome,
    annoying (1)
pesar to weigh; **a pesar de (que)**
    despite (the fact that) (12)
peso weight; importance
pesticida *m.* pesticide (8)
petición petition; **a petición** by
    request
petróleo oil, petroleum
pez *m.* (*pl.* **peces**) fish (*living*)
picado/a chopped
picante spicy
pie *m.* foot; **estar** (*irreg.*) **de pie** to be
    standing (1)
piedad *f.* pity; piety
piedra stone
piel *f.* skin
pierna leg
piloto/a pilot (4)
pimiento pepper
pintar to paint
pintor(a) painter (4)
pintura paint (11)
pionero/a pioneer
pirámide *f.* pyramid (10)
pirata *m., f.* pirate
piratería piracy, pirating
pisar to step
piscina swimming pool (6)
piso floor (8); story (11)
pista clue
placentero/a pleasant
placer *m.* pleasure
plan *m.* plan
planear to plan
planeta *m.* planet (8)
planificación *f.* planning;
    planificación urbanística urban
    planning
plano map
planta plant

plantación *f.* plantation; **plantación de**
    cacao / caña de azúcar cocoa-
    bean/ sugarcane plantation (11)
plantar to plant
planteamiento proposal; exhibition
plantear to pose (*a question*) (9);
    plantearse to consider (9)
plástico plastic; **plástico/a** *adj.* plastic
    (*made of*)
plata silver; money
plataforma platform
plateresco/a plateresque
platicar (qu) to chat (6)
platillo culinary dish (6)
plato plate; dish; course
playa beach (6)
plaza town square (6)
plazo term; deadline (2); **a corto**
    plazo short-term; **a largo plazo**
    long-term
plebiscito plebiscite (12)
pleno/a full
pluma pen
pluralidad *f.* plurality
población *f.* population (7)
poblador(a) settler
poblano/a *of/from Puebla, Mexico*
pobre poor
pobreza poverty (7)
poco/a little; **en pocas palabras** in a
    few words
poder *irreg.* to be able to (1)
poder *m.* power
poderío power, force; **poderío militar**
    military force
poderoso/a powerful
poesía poetry
poeta *m., f.* poet
poético/a poetic
policía, mujer policía *m., f.* policeman/
    policewoman; *f.* police force
polio *f.* polio
politeísta polytheistic
política politics
político/a *n.* politician; *adj.* political;
    afiliación *f.* **política** political
    affiliation (2); **ciencias políticas**
    political science (2); **familia**
    política in-laws (3); **hermano/a**
    político/a brother-in-law/sister-in-
    law (3); **hijo/a político/a** son-in-
    law/daughter-in-law (3); **madre** *f.*
    política mother-in-law (3); **padre**
    m. **político** father-in-law (3)
poner *irreg.* (*p.p.* **puesto**) to put, place
    (1); **ponerse** + *adj.* to get, become
    + *adj.*; **ponerse a pensar** to begin to

think; **ponerse** to put on; to turn; to
    become
por by; through; because of; for; per;
    around, about; on; because of, on
    account of; **¿por qué?** why?; **por**
    arriba de above; **por casualidad** by
    chance; **por ciento** percent; **por**
    correo by mail; **por debajo** below;
    por desgracia unfortunately; **por**
    detrás de behind; **por doquier**
    everywhere; **por ejemplo** for
    example; **por el contrario** on the
    contrary; **por el momento** for the
    time being; **por eso** therefore; for
    this reason; **por excelencia** par
    excellence; **por favor** please; **por fin**
    at last (12); **por hora** by the hour;
    por la mañana/tarde/noche in the
    morning/afternoon/evening,
    night; **por lo general** in general;
    por lo menos at least; **por lo**
    mismo by the same; **por lo tanto**
    therefore (11); **por medio de** by
    means of; **por mi cuenta** on my
    own; **por orden de** by order of; **por**
    primera vez for the first time; **por**
    si acaso in case; **por supuesto** of
    course (7); **por teléfono** by
    telephone; **por último** finally,
    lastly; **por un lado / por otro lado**
    on one hand / on the other hand;
    por una parte / por otra parte on
    one hand / on the other hand
porcentaje *m.* percentage
porque because
portada front page; cover (*of a*
    book/magazine)
portal *m.* portal (5)
portavoz *m.* spokesperson
portero goalie
portugués *n., m.* Portuguese
    (*language*)
portugués, portuguesa *n., adj.*
    Portuguese
posar to pose
poseer (y) to possess
posguerra postwar
posibilidad *f.* possibility
posible possible
posición *f.* position; opinion (9)
positivo/a positive
postre *m.* dessert
postsecundario/a college-level
póstumamente posthumously
postura posture, stance; opinion (9)
potable drinkable; **agua potable**
    drinking water

potencial potential
pozo well
práctica practice; **práctica laboral** internship (4)
practicar (qu) to practice
práctico/a practical
preceder to precede
preciado/a treasured
precio price
precisamente precisely
precisión *f.* precision
precolombino pre-Columbian
precursor *m.* precursor
predicar (qu) to preach
predicción *f.* prediction
predominar to prevail
preferencia preference
preferir (i, i) to prefer (1)
pregunta question
preguntar to ask a question (2)
prehispánico/a pre-Hispanic
prehistórico/a pre-historical
prejuicio prejudice
premio prize; **Premio Nobel** Nobel Prize
premisa premise
prender to turn on; to catch
prensa press (5); media (5)
preocupación *f.* worry
preocupado/a worried; **estar** *irreg.* **preocupado** to be worried
preocupar(se) to worry (2); to be worried; **nos preocupan...** . . . worry us (2)
preparación *f.* preparation
preparar(se) to prepare (oneself) (2)
preponderante predominant, preponderant
prepotencia prepotency
prepotente arrogant; prepotent
presencia presence
presentación *f.* presentation
presentador(a) TV host(ess) (5); anchorperson (5)
presentar to present
presente *n. m.* present (1)
preservar to preserve (8)
presidencial presidential
presidente, presidenta president (12)
presión *f.* pressure
preso/a inmate (9); prisoner (9)
prestado loaned; **pedir (i, i) prestado** to borrow
préstamo loan
prestar to lend (2)
prestigioso/a prestigious
pretender (ie) to seek; to try, attempt

pretendiente *m., f.* suitor
prevención *f.* prevention
prever (*like* **ver**) to foresee
previo/a previous
primaria primary, basic; **escuela primaria** elementary school (2)
primavera spring
primer, primero/a first; **por primera vez** for the first time; **primera comunión** *f.* first communion (3)
primo/a *m.* cousin (3); *adj.* prime; **materia prima** raw material
princesa princess
principal main, principal; **tema principal** main idea
principalmente principally
príncipe *m.* prince
principio principle (9); beginning (9)
prioridad *f.* priority
prioritario/a having priority
prisa hurry, rush; **tener** (*irreg.*) **(mucha) prisa** to be in a (real) hurry (1)
prisión *f.* jail (9)
privado/a private
privatización *f.* privatization (8)
privilegiado/a privileged
privilegio privilege (9)
probabilidad *f.* probability
probar (ue) to try (1); to taste (1); to prove
problema *m.* problem
proceder to proceed
proceso process
prodigio wonder, phenomenon
producción *f.* production
producir (*irreg.*) to produce
productividad *f.* productivity
productivo/a productive
productor(a) producer
profesión *f.* profession
profesional professional
profesionalización *f.* professionalization
profesor(a) profesor, teacher; **profesor(a) universitario/a** university professor (4)
profundo/a deep; profound
programa *m.* program (5); **programa de estudios** program of studies (2); **programa informativo / de entretenimiento / deportivo** information / entertainment / sports program (5)
programación *f.* programming
programador(a) programmer (4)
progresista *m., f.* liberal, progressive (1)

progresivo/a progressive
progreso progress
prohibir (prohíbo) to prohibit (2)
prolongación *f.* prolongation
prolongado/a prolonged
promedio average **en promedio** on average
promesa promise
promisión *f.* promise **tierra de promisión** promised land
promover (ue) to promote (9)
pronosticar (qu) to predict, forecast
pronto soon; **tan pronto como** as soon as
pronunciación *f.* pronunciation
pronunciar to pronounce
propiedad *f.* property
propio/a own; typical, characteristic
proponer (*like* **poner**) to propose
proporcionar to provide, supply
propósito purpose; **a propósito** on purpose
propuesta proposal
propugnar to advocate
prosperidad *f.* prosperity
protagonista *m., f.* protagonist
protección *f.* protection
proteger (j) to protect (8)
protesta protest (9)
protestante Protestant (2)
protocolo protocol
provecho benefit, advantage; **¡buen provecho!** enjoy your meal! (6)
proveer (y) to provide
proveniente proceeding
provincia province (11)
provocador(a) provocative; provoking
provocar (qu) to provoke
provocativo/a provocative
próximo/a next
proyección *f.* projection
proyecto project
prueba quiz, test
psicología psychology (2)
psicólogo/a psychologist
publicar (qu) to publish
publicidad *f.* publicity
publicitario/a *adj.* advertising; publicity
público audience
público/a public; **asistencia pública** public aid (9); **relaciones** *f., pl.* **públicas** public relations (4)
pueblo town; people (10)
puerta door
puertorriqueño/a *n., adj.* Puerto Rican

pues... *interj.* well . . . , so . . .

puesto (*p.p. of* **poner**); put; placed; turned on (*appliance*); **puesto que** given that; since (8)

puesto *n.* job, position (4)

pulcritud *f.* neatness

pulido/a polished

púlpito pulpit

pulsar to click (5)

punta tip; **punta de flecha** arrowhead

punto point; period; dot (5); **a punto de** about to; **dos puntos** colon; **punto de vista** point of view; **punto y comma** semi-colon

puntuación *f.* punctuation

puño fist

purificador(a) purifying

purificar (qu) to purify

puro/a pure

Q

que *rel. pron.* that (9); which (9); who (9); than; **el/la/los/las que** that / he / she / the one which/who (9); **lo que** what (9)

¿qué...? what . . . ?; **¿qué pasa?** what's happening?; **¿qué tal?** how's it going?; how are you?

quechua *m.* Quechua (language) (*indigenous to Andean region of South America*)

quedar to suit (2); to look good/bad on (2); to be (situated/located); to have left (2); **me queda(n)...** I have . . . left (2); **(no) te queda bien...** . . . does (not) suit you well / look good on you (2); **quedarse** to remain, stay

quien *rel pron. s., pl.* who, whom; (he / she / the one) who (9)

¿quién(es)? who?, whom?; **¿a quién le gusta(n)...?** who likes . . . ?; **¿quién es? / ¿quiénes son?** who is it? / who are they?

queja complaint (3)

quejarse to complain (2)

quemadura burn (8)

quemar to burn (4)

quena flute

querer *irreg.* to want (1); to love (1)

querido/a dear

queso cheese

quetzal *m.* tropical bird

química chemistry (2)

químico/a chemist

quince fifteen

quinceañera girls' fifteenth-birthday party (3)

quincuagésimo fiftieth

quinientos/as five hundred

quinquenio five-year period

quinto/a fifth

quipu *knotted threads used by the Incas for recording information*

quitar to take away (5); **quitar(se)** to take off, to remove (from oneself) (2)

quizá, quizás perhaps

R

racial racial; **discriminación** *f.* **racial** racial discrimination (9)

racionalidad *f.* rationality

racismo racism

radiación ultravioleta ultraviolet radiation

radicado/a residing

radio *m.* radio (*receiver*); *f.* radio (*broadcasting*) (5)

raigambre *f.* origin; tradition

raíz *f.* (*pl.* **raíces**) root (7)

rama branch

ranchero/a rancher

rápido *adv.* fast; quickly

rápido/a *adj.* rapid, fast, quick

raro/a strange; rare; **ser** (*irreg.*) **raro** to be unusual (6)

rasgo feature (9); trait; **rasgo físico** physical feature (1)

ratificación *f.* ratification

rato a while

ratón *m.* mouse

raza race (10)

razón *f.* reason; **por alguna razón** for some reason; **tener** (*irreg.*) **razón** to be right

reacción *f.* reaction

reaccionar to react

reacomodamiento relocation

reactivo/a reactive

reafirmar to reaffirm

real real; royal

realidad *f.* reality

realismo realism; **realismo mágico** magic realism

realista *n. m., f.* realist

realizador(a) producers

realizar (c) to attain, achieve; to carry out; to realize

realmente really

reaparecer (zc) to reappear

rebelarse to rebel

rebelión *f.* rebellion

recargado/a with an excess of ornamentation (11)

recatado/a modest

recelo distrust; **suscitar recelos** to raise suspicions

receta recipe

rechazar (c) to reject (7)

rechazo rejection (7)

recibir to receive

reciclable recyclable (8)

reciclado recycling; **contenedor** *m.* **de reciclados** recycling bin (8)

reciclaje *m.* recycling

reciclar to recycle (8)

recién recently; **recién nacido/a** newborn (3)

reciprocidad *f.* reciprocity

recíproco/a reciprocal

recitar to recite

reclamar to claim (5)

reclutar to recruit

recoger (j) to pick up, gather

recogida de basura garbage collection (8)

recomendación *f.* recommendation; **carta de recomendación** letter of recommendation (4)

recomendar (ie) to recommend (2)

reconocer (zc) to recognize

reconocimiento recognition

reconversión *f.* reconversion

recordar (ue) to remember (1)

recordatorio reminder

recuadro box

recuerdo memory (*of one item*); recollection (3)

recurso resource (8); **recursos humanos** human resources (4); **recurso natural** natural resource

red *f.* net; **Red** Internet (5)

redacción *f.* writing; revision, editing; composition

redactar to write, draft; to revise, edit

reducción *f.* reduction

reducir (zc) to reduce (1)

reemplazar (c) to replace

reencarnar to reincarnate

referencia reference (4)

referéndum *m.* referendum (12)

referente *adj.* regarding; **todo lo referente a...** everything concerning . . .

referirse (ie, i) a to refer to

refinado/a refined

reflejar(se) to reflect

reflexión *f.* reflection, thought

reflexionar to reflect on, think about

reflexivo/a reflexive
reforestación *f.* reforestation
reforma reform
reformar to reform
reforzar (ue) (c) to reinforce
refrán *m.* saying, proverb
refrescar(se) (qu) to refresh (oneself)
refresco soft drink
regadera sprinkler; shower
regalar to give (*a gift*) (2)
regalo gift
regeneración *f.* regeneration
régimen *m.* regime
región *f.* region
regir (j) to govern, rule
registrar to register
regla rule
reglamento rule, regulation
regresar to return
regreso return
regular to regulate
regularizar (c) to regularize
rehacer (*like* **hacer**) to remake, redo
reina queen (10)
reinar to reign (10)
reino kingdom (10)
reírse (río) (i, i) to laugh (1)
reiterar to reiterate
reivindicación *f.* claim
relación *f.* relationship; relation;
    relaciones diplomáticas diplomatic
    relations; **relaciones públicas**
    public relations (4)
relacionar to relate
relajarse to relax (6)
relatar to relate, tell
relativo/a *adj.* relative
relevancia relevance
relevante relevant
religión *f.* religion (2)
religioso/a religious; **creencias**
    religiosas religious beliefs (2);
    discriminación *f.* **religiosa**
    religious discrimination (9);
    servicio religioso religious
    service (2)
rellenar to fill
reloj *m.* watch; clock
remesa shipment; remittance
remodelar to remodel
remojar to soak
remoto/a distant; **control** *m.* **remoto**
    remote control
remunerado/a paid
renacentista *adj. m., f.* Renaissance (11)
renacer (zc) to be reborn
Renacimiento Renaissance (11)

rendimiento performance (5)
rendir to yield, render; **rendir**
    homenaje to pay homage
renuncia resignation (4)
renunciar to renounce; to resign (4)
reparación *f.* repair
reparar to repair
repartir to apportion
repasar to review
repaso review
repentino/a sudden
repetición *f.* repetition
repetir (i, i) to repeat (1)
reportaje *m.* report (5)
reportar to report
reportero/a reporter
representación *f.* representation;
    depiction; performance
representante *m., f.* representative
representar to represent, symbolize;
    to depict
representativo/a representative
represión *f.* repression (12)
represivo/a repressive (12)
reprobar (ue) to fail (2)
reproducido/a reproduced
república republic; **República**
    Dominicana Dominican Republic
republicano/a Republican (2)
requerir (ie, i) to require (5)
requisito requirement
resaltar to highlight; to stand out
rescatar to rescue, save
rescoldo ember; **rescoldos** *pl.* **del**
    resentimiento residual feelings of
    resentment
rescribir (*p.p.* **rescrito**) to rewrite
rescrito/a (*p.p. of* **rescribir**) rewritten
resentido/a resentful
resentimiento resentment; **rescoldos**
    pl. **del resentimiento** residual
    feelings of resentment
reseña review; report; account
reservar to reserve
resfriado *n.* cold (*illness*)
residencia residence (7)
residencial residential; **zona**
    residencial residential area (7)
residente *m., f.* resident; **tarjeta de**
    residente resident (green) card (7)
residir to reside
resignado/a resigned
resistirse to resist
resolver (ue) (*p.p.* **resuelto**) to
    resolve (1)
resorte *m.* means
respectivo/a respective

respecto: con respecto a with respect
    to (9); **respecto a** with respect to
respetable respectable
respetado/a respected
respetar to respect
respeto respect
respetuoso/a respectful
respirar to breathe
respiratorio/a respiratory
responder to respond
responsabilidad *f.* responsibility (4);
    asumir responsabilidad to assume
    / take on responsibility (2)
responsable responsible (1)
respuesta answer
restablecer (zc) to reestablish
restaurante *m.* restaurant
resto rest; *pl.* remains
resuelto (*p.p. of* **resolver**) resolved
resultado result
resultar to result
resumen *m.* summary
resumir to summarize
retener (*like* **tener**) to retain
retirarse to pull out, pull back
reto challenge
retórico/a rhetorical
retratar to portray
retrato portrait (1)
reunión *f.* meeting; **reunión familiar**
    family reunion (3)
reunirse (me reúno) to meet, get
    together (2)
revelarse to reveal
revisar to revise
revista magazine (5)
revoltillo jumble
revolución *f.* revolution
rey *m.* king (10)
rezar (c) to pray (2)
rico/a rich; delicious
rigor *m.* strictness
rincón *m.* corner
río river
riqueza *s.* riches, wealth (7); richness
ritmo rhythm; **ritmo de la vida** pace
    of life (6)
rito rite, ritual (2)
ritual *m.* ritual
rizado/a curly; **pelo rizado** curly
    hair (1)
robar to rob, steal
rodeado/a (de) surrounded (by)
rodilla knee; **estar** (*irreg.*) **de rodillas**
    to be kneeling down (1)
rojo/a red
rol *m.* role

romano/a *n., adj.* Roman
romántico/a romantic
rompecabezas *m., inv.* puzzle
romper (*p.p.* **roto**) to break (4)
ropa *s.* clothes, clothing
rosa *f.* rose; *m.* pink; *adj. inv.* pink
rostro face (1)
roto/a (*p.p. of* **romper**) broken; **está roto/a** it is broken (1)
rotundo/a substantial
rubio/a blonde (1); **pelo rubio** blond hair (1)
rueda wheel
ruido noise; **hacer** (*irreg.*) **ruido** to make noise
ruinas ruins (10)
Rumania Romania
rumano/a *n., adj.* Romanian
rumbo direction (12)
rumor *m.* murmur
ruta route
rutina routine

S

sábado Saturday
saber *irreg.* to know; to find out about; **saber** (+ *inf.*) to know how (*to do something*); **saber a** to taste like (6)
sabiduría wisdom
sabor *m.* flavor, taste
sacar (qu) to take out; to get, receive (*grade*)
sacerdote *m.* priest
sacudir to shake up
sagrado/a sacred
sal *f.* salt
sala room; living room
salario salary (4)
salir *irreg.* to leave (1); to go out
salsa de tomate ketchup
saltar to jump; to go off, sound (*alarm*)
salud *f.* health
saludo greeting
salvaguardar to protect
salvar to save
san, santo/a saint
sanción *f.* sanction
sándwich *m.* sandwich
sangrante bleeding
sangre *f.* blood
sangriento/a bloody
satelital *adj.* satellite; **televisión satelital** satellite television
satélite *m.* satellite (5)
satisfacción *f.* satisfaction
satisfactorio/a satisfactory
satisfecho/a satisfied (1)

se *refl. pron.* yourself (*form.*); himself, herself, itself; yourselves (*form. pl.*); themselves; (*impersonal*) one
secar (qu) to dry
sección *f.* section
secretario/a secretary
secreto *n.* secret
sector *m.* sector
secundaria secondary **escuela secundaria** middle/high school (2)
sed *f.* thirst; **tener** (*irreg.*) **(mucha) sed** to be/feel (very) thirsty (1)
segmento segment
seguido/a continuous, consecutive; **en seguida** immediately (9)
seguir (i, i) (g) to follow (1); to continue
según according to
segundo/a *adj.* second; **en segundo lugar** in second place
seguridad *f.* security
seguro de vida/dental/médico life/medical/dental insurance (4)
seguro/a sure; **estar** (*irreg.*) **seguro** to be sure (5); **no estar** (*irreg.*) **seguro/a** to be unsure (6)
seis six
seiscientos/as six hundred
selección *f.* selection
seleccionar to select
selva jungle (8)
semana week; **fin de semana** weekend
semanal weekly
semántico/a semantic
sembradora sower (*seeding machine*) (5)
sembrar (ie) to sow (8)
semejanza similarity
semestre *m.* semester
semilla seed
seminario seminar
senado senate (12)
senador(a) senator (12)
sensato/a sensible
sensible sensitive (1)
sentado/a seated; **estar** (*irreg.*) **sentado** to be seated/sitting
sentar(se) (ie) to sit (oneself down) (2)
sentido sense; meaning; **tener** (*irreg.*) **sentido del humor** to have a sense of humor (1); **(no) tener sentido** to (not) make sense
sentimental sentimental; **compañero/a sentimental** (life) partner (2)
sentimiento feeling
sentir(se) (ie, i) to feel (1); **sentirse capaz** to feel capable
señalar to signal

señor (Sr.) *m.* man; Mr.
señora (Sra.) woman; Mrs., Ms.
señorita (Srta.) young woman; Miss
separación *f.* separation
separar to separate
septembrino/a *adj.* September (*relating to, occurring in*)
septentrional northern
septiembre *m.* September
sequía drought (8)
ser *n.* being; **ser humano** human being
ser *v. irreg.* to be; **ser** (+ *p.p.*) to be (+ *p.p.*) (12); **es buena idea** (+ *inf.*) it's a good idea (+ *inf.*) (1); **es fascinante** (+ *inf.*) it's fascinating (+ *inf.*) (1); **forma de ser** personality (1); **llegar (gu) a ser** to become; **o sea** that is (11); **según sea necesario** as necessary; **ser + de** to be of, from; **ser + para** to be for; **ser aburrido/a** to be boring (1); **ser antipático/a** to be unfriendly, unlikable (1); **ser bueno/a** to be (a) good (person) (1); **ser callado/a** to be (a) quiet person (1); **ser cómodo/a** to be (a) comfortable (object) (1); **ser dudoso** to be doubtful (6); **ser frío/a** to be cold (*personality*) (1); **ser hablador(a)** to be talkative (1); **ser listo/a** to be smart (1); **ser malo/a** to be (a) bad (person) (1); **ser necesario** to be necessary (6); **ser raro** to be unusual (6); **ser una lástima** to be a pity, shame (6); **ya sea** be it
serie *f.* series
seriedad *f.* seriousness
serio/a serious (1)
serpiente *f.* snake
servicio service; **servicios básicos** basic services; **servicio religioso** religious service (2)
servidor server (5)
servir (i, i) to serve (1)
sesenta sixty
sesgado/a biased
sesión *f.* session
setecientos/as six hundred
setenta seventy
severidad *f.* severity
severo/a severe
sexismo sexism
sexista *m., f.* sexist
sexo sex
sexto/a sixth
sexual sexual; **discriminación** *f.* **sexual** sexual discrimination (9)

si if; whether

sí yes; **sí mismo** (*pron. pers. reflex.*) yourself (*form. sing.*), oneself, himself, herself, yourselves (*form. pl.*), themselves

siempre always (7); **siempre y cuando** as long as (8)

siesta nap (6); **dormir (ue, u) la siesta** to take a nap; **echar una siesta** to take a nap

siete seven

sigla (capital) letters used to abbreviate a name (5)

siglo century (10)

significación *f.* meaning

significado meaning

significar (qu) to mean

signo sign

siguiente following, next

silencio silence

silla chair

simbólico/a symbolic

símbolo symbol (7)

simpatía sympathy

simpático/a nice, friendly, likeable (1)

simplemente simply

simplificación *f.* simplification

simplista *m., f.* simplistic

simultáneo/a simultaneous

sin without; **sin cesar** endlessly (12); **sin embargo** however (6); **sin que** *conj.* without (8)

sincero/a sincere

sindicato labor union (4)

sinfín *m.* endless number

sino but (rather); **no... sino** but rather (*opposition after a previous negative*) (3)

sinónimo synonym

sinsabor *m.* trouble

síntesis *m.* synthesis

sintonizar (c) to tune in, surf (*television channel*)

siquiera *adv.* at least; **ni siquiera** not even (12)

sistema *m.* system

sitio site; place; **sitio web** web site (5)

situación *f.* situation

soberano/a sovereign

sobre on, on top of; above; about (9); **impuesto sobre** tax on (12); **sobre el tema de...** about . . . (9)

sobreesdrújula accented on the syllable preceding the antepenultimate one

sobremesa after-dinner conversation

sobrepoblación *f.* overpopulation (7)

sobresaliente outstanding

sobresalir *irreg.* to stand out (11); to excel (11)

sobrevivir to survive

sobrino/a nephew / niece (3)

social social; **ciencias sociales** *f. pl.* social sciences (2); **discriminación** *f.* **social** social discrimination (9); **trabajador(a) social** social worker (4)

socialista *m., f.* socialist (2)

sociedad *f.* society (9); **sociedad anónima** limited, incorporated (*business*)

socio/a partner (4)

socioeconómico/a socioeconomic

sociólogo/a sociologist

sofisticado/a sophisticated

soja soy (5)

sol *m.* sun; **hace sol** it's sunny (1); **tomar el sol** to sunbathe

solamente only

solar solar; **energía solar** solar energy

soledad *f.* solitude (5)

soler (ue) to tend, be accustomed to (1)

solicitar to apply for

solicitud *f.* application (4)

solidaridad *f.* solidarity

solidario/a jointly responsible; supportive

solución *f.* solution

solucionar to solve

sombrero hat

someter to undergo; to subject

sonar to sound; to ring

sonido sound

sonreír (sonrío) (i, i) to smile (1)

sonriente smiling

sonrisa smile (1)

soñar (ue) (con) to dream (about) (1)

sor (*title*) sister (*religious*)

sordo/a deaf (9)

sorprendente surprising

sorprender to surprise

sorprendido/a surprised (1)

sorpresa surprise

sospechar to suspect

sostener (*like* **tener**) to sustain (8)

sostenibilidad *f.* sustainability (8)

sostenible sustainable (8)

sostenido/a sustained; **desarrollo sostenido** sustained development

Sr. (señor) *m.* Mr.

Sra. (señora) *f.* Mrs., Ms.

Srta. (señorita) *f.* Miss

su *poss.* his, her, its, their, your (*form., s., pl.*)

subcomandante (*m., f.*) person ranked below and reporting to the commander of an army

subcultural subcultural

subdesarrollado/a underdeveloped

subdivisión *f.* subdivision

subir to go up; to climb; to rise; to get on

súbito/a sudden

subjetividad *f.* subjectivity

subjuntivo subjunctive

sublevación *f.* revolt (12); uprising (12)

sublevado/a rebel

submarino submarine

subordinado/a subordinate

subrayar to underline

subsistencia subsistence

subsistir to subsist

substituto substitute

subterráneo/a underground

suburbios *pl.* suburbs

subvertir (ie, i) to subvert

suceder to happen

sucesión *f.* succession

suceso incident (3)

sucio/a dirty

Sudamérica South America

sudamericano/a South American

sudar to sweat

suegro/a father-in-law / mother-in-law (3)

sueldo salary (4); **aumento de sueldo** salary increase, raise (4)

suelo floor; ground

sueño dream; **sueño americano** American dream; **tener** (*irreg.*) **(mucho) sueño** to be (very) tired (1)

suerte *f.* luck

suficiente sufficient

sufragio suffrage

sufriente *adj.* suffering

sufrimiento *n.* suffering

sufrir to suffer

sugerencia suggestion

sugerir (ie, i) to suggest (5)

suicidarse to commit suicide (2)

suizo/a Swiss

sujeto subject

sumar to add

suministro supply

sumo/a supreme

supeditado/a subordinate

superar to exceed, pass; **superarse** to advance (4); to advance in life (7); to excel (7)

superficie *f.* surface

superior superior; **(persona) de un curso superior** upper classman

superioridad *f.* superiority; **tener (*irreg.*) complejo de superioridad** to have a superiority complex (1)

supermercado supermarket

supersónico/a supersonic

supervisor(a) supervisor (4)

supervivencia survival

suplemento supplement

suplicar (qu) to beg (5)

suposición *f.* supposition

supuestamente supposedly (9)

supuesto/a supposed; **por supuesto** of course (7)

sur *m.* south

surgir (j) to surface

surrealista *m., f.* surrealist (11)

suspender to fail (2)

suspensión *f.* suspension

suspenso suspense; **estar (*irreg.*) en suspenso** to be in suspense

suspiro sigh

sustantivo noun

sustentable sustainable

sustento sustenance, food

sustitución *f.* substitution

sustituir (y) to substitute, replace

suyo/a *poss.* your, of yours (*form. s., pl.*) (10); his, of his (10); her, of hers (10); their, of theirs (10)

T

tabaco tobacco

tabla table

tacaño/a stingy (1)

tal such, such as; **con tal (de) que** provided that (8); **de tal manera** in such a way; **de tal palo tal astilla** a chip off the old block; **¿qué tal?** how's it going?, how are you?; **tal vez** perhaps

talante *m.* attitude, temper

talar to fell, cut trees

talismán *m.* talisman

tallado/a carved

tamal *m. Mex.* tamale (*dish of minced meat and red peppers rolled in cornmeal wrapped in corn husks or banana leaves*)

tamalada *tamale-making and/or tamale-eating event*

tamaño size

también also (7)

tambor *m.* drum

tambora drum

tampoco neither, not either

tan so; **tan... como** as . . . as; **tan pronto como** as soon as; **tan sólo** only

tanque *m.* tank

tanto *adv.* so much; as much; **por lo tanto** therefore (11); **tanto como** as much as

tanto/a *adj.* so much; *pl.* so many; **tanto(s)/tanta(s)... como** as many . . . as

tardar to take (a long time); **...tarda años/minutos** . . . takes years/minutes

tarde *n. f.* afternoon; *adv.* late; **de la tarde** in the afternoon; P.M.; **toda la tarde** all afternoon

tarea homework

tarjeta card; **tarjeta de crédito** credit card; **tarjeta de residente** resident (green) card (7)

tasar to value

tatuarse (me tatúo) to get a tattoo (on one's body) (2)

taxista taxi driver

taza cup, mug

te *d.o.* you (*fam. s.*); *i.o.* for you (*fam. s.*); *refl. pron.* yourself (*fam. s.*)

té *m.* tea

teatro theater; **grupo de teatro** theatrical group (2)

tecla key (5)

teclado keyboard (5)

técnico/a *n.* technician; *adj.* technical

tecnología technology

tecnológico/a technological

tela fabric

telefónico/a *adj.* telephone

teléfono telephone (5); **hablar por teléfono** to talk on the telephone; **teléfono móvil/celular** cell phone (5)

telegrafía telegraph office

telegrafista *m., f.* telegrapher

telégrafo telegraph

telenovela *serial drama similar to a soap opera*

televisión *f.* television (*broadcasting*) (5); **canal** *m.* **de televisión** television channel (5); **televisión por cable** cable television

televisivo/a *adj.* television

televisor *m.* television set

telón *m.* curtain; **telón de fondo** background

tema *m.* theme, topic (9); **sobre el tema de...** about . . . (9)

temer to fear

temor *m.* fear

temperatura temperature

tempestad *f.* storm

templo temple

temprano early

tendencia tendency

tener *irreg.* to have (1); **tener en cuenta** to keep in mind (2); **tener (mucha) hambre** to be/feel (very) hungry; **tener (mucha) prisa** to be in a (real) hurry (1); **tener (mucha) sed** to be/feel (very) thirsty (1); **tener (mucha) vergüenza** to be/feel (very) ashamed/bashful (1); **tener (muchas) ganas (de)** to be (really) in the mood (for); to feel like (1); **tener (mucho) calor/frío** to be/feel (very) hot/cold (1); **tener (mucho) cuidado** to be (very) careful (1); **tener (mucho) miedo (de) / terror (a)** to be/feel (very) afraid (of) (1); **tener (mucho) sueño** to be/feel (very) sleepy (1); **tener buen/mal carácter** to have a nice/unfriendly personality (1); **tener complejo de superioridad/inferioridad** to have a superiority/inferiority complex (1); **tener la culpa** to be to blame (1); **tener papeles** to have legal papers (7); **tener razón** to be right (1); **tener sentido del humor** to have a sense of humor (1); **tener sentido** to make sense; **tener... años (de edad)** to be . . . years old (1)

tentador(a) tempting

teñir(se) to dye (one's hair) (2)

teoría theory

tercer, tercero/a third; **Tercer Mundo** Third World

tercio *n.* third

terco/a stubborn (1)

terminación ending

terminar to finish; **para terminar** finally (12)

terreno land; piece of property

territorio territory (10)

terror *m.* terror; **tener (*irreg.*) (mucho) terror (a)** to be (very) afraid (of) (1)

terrorismo terrorism

terrorista *m., f.* terrorist

tertulia get-together, social gathering

tesis *f.* thesis

tesoro treasure

testigo/a witness; **testigo de Jehová** Jehovah's Witness (2)

texto text

ti *obj. of prep.* you (*fam. s.*)

tiempo time; weather; **a tiempo** on time; **al mismo tiempo** at the same time; **¿cuánto tiempo hace que... ?** how long has it been since . . . ?; **durante mucho tiempo** for a long time; **hace buen tiempo** the weather is nice; **tiempo libre** free time (6); **tiempo verbal** verbal tense

tierra earth; land; soil (8); **mi / tu / (...) tierra** my / your / (. . .) homeland (7)

tijeras *pl.* scissors

tímido/a shy (1)

tío/a uncle/aunt (3)

típico/a typical

tipo type, kind

tiranía tyranny

tiránico/a tyrannical

tirar to throw

tiro gunshot

titulado/a titled

titularse to be entitled; to graduate, receive a degree

título title; degree, diploma

toalla towel

tobillo ankle

tocar (qu) to touch; to play (*musical instrument*); to be one's turn (2); **le toca . . .** it is his/her/your (*form. s.*) turn (2)

todavía *adv.* still; **todavía no** not yet

todo/a *adj.* all, all of, every; **todo el mundo** everyone (7); **por todas partes** everywhere

todo *n.* whole; *pron.* all; everything; **todos** everyone

tolerancia tolerance

tolerar to tolerate

tolteca *adj. m., f.* Toltec

tomar to take; to drink; to eat; to take (*an amount of time*); **tomar el sol** to sunbathe; **tomar fotos** to take pictures; **tomar una decisión** to make a decision

tomate *m.* tomato

tonelada ton

tono tone

tonto/a dumb (1); silly, foolish

toque *m.* touch

torero bullfighter

tormenta storm

torpe clumsy

torre *f.* tower (11)

totalidad *f.* totality

totalmente totally

trabajador(a) *m.* worker; *adj.* hard-working; **trabajador(a) social** social worker (4)

trabajar to work; **capacidad** *f.* **de trabajar en equipo** the ability to work as a team (4); **trabajo (a tiempo completo/parcial)** (full-time/part-time) job (4); **compañero/a de trabajo** work associate (2)

tradición *f.* tradition

traducción *f.* translation

traducir (zc) to translate

traer *irreg.* to bring (1)

tráfico traffic

tragedia tragedy

trágico/a tragic

traje *m.* suit

tranquilidad *f.* peace, calmness

tranquilo/a calm, peaceful

transado/a sold

transcendencia transcendence

transformar to transform, change

transgénico/a genetically modified

transición *f.* transition

transporte *m.* transportation

tras *prep.* after; behind

trasladar to move

trasnochar to stay up all night (6)

traspasar to cross over/through

traspiés *m. inv.* stumble

trasuntar to transcribe

tratado treaty (8); **Tratado de Libre Comercio (TLC)** North American Free Trade Agreement (NAFTA) (12)

tratamiento treatment

tratar to treat; **tratar de** to try to; **tratarse de** to be about, concern

través: a través through, by means of

trayectoria trajectory

trazado design

trece thirteen

treinta thirty

tremendo/a tremendous; terrible

tres three

trescientos/as three hundred

triángulo triangle

triste sad

tristeza sadness

triunfar to triumph

trivialidad *f.* triviality

trono throne

tropas troops

trópicos tropics

trozo small piece

tu *poss.* your (*fam. s.*)

tú *subj. pron.* you (*fam. sing*)

tumba tomb (10)

tuna *Sp.* musical group formed by students

tupido/a dense

turbulencia turbulence

turismo tourism

turista *n. m., f.* tourist

turístico/a *adj.* tourist

turnarse to take turns

turno turn; **por turno** by taking turns

tuyo/a *poss.pron.* your, of yours (*fam. s.*)

U

u or (*used instead of* **o** *before words beginning with* **o** *or* **ho**)

ubicación *f.* location

ubicar (qu) to locate; **ubicarse** to be located (5)

Ud. [usted] you (*form. s.*)

Uds. [ustedes] you (*form. pl.*)

ufanarse to boast

últimamente lately

último/a last; latest; **la última vez** the last time; **por último** lastly

ultravioleta ultraviolet; **radiación** *f.* **ultravioleta** ultraviolet rays

un, uno/a one; a, an

únicamente only, solely

único/a *adj.* only; unique; **lo único** the only thing

unidad *f.* unit; unity

unido/a united; **Estados Unidos** United States (7); **estar** (*irreg.*) **unidos** to be close (*familiar*); **Naciones Unidas** United Nations; **programa** *m.* **de estudios de Estados Unidos** American Studies program (2)

unificar (qu) to unify

unión *f.* union; **Unión Europea** European Union

unir to unite, join

universidad *f.* university; **compañero/a de universidad** university classmate (2)

universitario/a university (*pertaining to*); **profesor(a) universitario/a** university professor (4); **vida universitaria** university life

universo universe

urbanismo urbanism; relating to city life

urbanístico/a *adj.* urban, city/town (*pertaining to*)

urbano/a *adj.* urban, city/town (*pertaining to*)

urbe *f.* city

urdimbre *f.* fabric

urgencia urgency

urgente urgent; **ser** (*irreg.*) **urgente** to be urgent (6)

usar to use

uso *n.* use

usted (Ud., Vd.) *sub. pron.* you (*form. sing.*); *obj. of prep.* you (*form. s.*)

ustedes (Uds., Vds.) *sub. pron.* you (*form. pl.*); *obj. of prep.* you (*pl.*)

usuario/a user (5)

usuario/a *m., f.* user

usurpación *f.* usurpation

utensilio utensil

útil useful

utilidad *f.* usefulness; utility

utilizar (c) to utilize, use

utopía Utopia

utópico/a Utopian

V

vacaciones *f. pl.* vacation (6); **estar** (*irreg.*) **de vacaciones** to be on vacation (1)

vacilar to waver, hesitate

vacío gap; space; emptiness

vacuna vaccination

vago/a vague; lazy (1)

valer *irreg.* to be worth (5); **no valer nada** to be worthless; **valer un Perú** to be worth one's weight in gold

válido/a valid

valientemente valiantly

valioso/a precious, valuable

valle *m.* valley (8)

valor *m.* value

valoración *f.* valuation, appraisal

variado/a varied

variar to vary

varicela chicken pox

variedad *f.* variety

varios/as *pl.* several, various

varita wand; **varita mágica** magic wand

varón *m.* male; man (9)

vasija pot; **vasija de barro** clay pot

vaso (drinking) glass

vasto/a vast, huge

vecino/a neighbor (10)

vegetal *n. m., adj.* vegetable; plant

vehículo vehicle

veinte twenty

vejez *f.* old age

vela sail; candle; **en vela** awake

velada evening, nocturnal event

vendedor(a) salesperson (4); vendor; **vendedor(a) ambulante** street vendor

vender to sell

venezolano/a *adj.* Venezuelan

venganza revenge

venir *irreg.* to come (1)

venta sale

ventaja advantage (5)

ventana window

ver *irreg.* to see (5); to watch; **ver la televisión** to watch television; **ver una película** to watch a movie; **verse** to see oneself; to see each other; to look, appear

verano summer

verdad *f.* truth; **de verdad** truly, really; **es verdad** that's right (true); it's true

verdadero/a true, real, genuine

verde green; **ojos verdes** green eyes (1)

vergonzoso/a embarrassing

vergüenza embarrassment; **¡qué vergüenza!** how embarrassing!; **tener** (*irreg.*) **(mucha) vergüenza** to be/feel (very) ashamed/bashful (1)

verificación *f.* verification

versión *f.* version

vertiente *f.* aspect, side

vestido dress

vestimenta clothing

vestir (i, i) to dress; **vestirse** to get (oneself) dressed (2)

veterano/a *n.* veteran

vez *f.* (*pl.* **veces**) time; **a la vez** at the same time; **a veces** sometimes (7); **alguna vez** once, ever; **algunas veces** sometimes (7); **cada vez** each, every time; **de vez en cuando** once in a while; **en vez de** instead of; **esta vez** this time; **había una vez** once upon a time; **otra vez** again; **por primera vez** for the first time; **rara vez** rarely; **tal vez** perhaps; **la última vez** last time; **una vez** once; **varias veces** several times

vía road; way; **países** *m. pl.* **en vías de desarrollo** developing countries (8); **por vía marítima** by sea

viajar to travel (6)

viaje *m.* trip; **estar** (*irreg.*) **de viaje** to be on a trip (1)

vibrante vibrant

viceversa vice versa

vicio vice

víctima *m., f.* victim

vicuña vicuna (*mammal native to Andean region*)

vida life (6); **nivel** *m.* **de vida** standard of living (6); **ritmo de la vida** pace of life (6); **vida universitaria** university life (2)

vídeo video

viejo/a *adj.* old; *n.* elderly man/woman

viento wind; **hace viento** it's windy (1)

vientre *m.* belly

vigencia validity

vikingo Viking

vinagre *m.* vinegar

vinculado/a linked

vínculo link

vino wine; **vino blanco/tinto** white/red wine

viñeta vignette

violación *f.* rape; violation

violencia violence (9); **violencia doméstica** domestic violence

violeta violet

violín *m.* violin

virgen virgin; **Virgen de Guadalupe** Virgin of Guadalupe; **Virgen María** Virgin Mary

virreinato viceroyalty

virrey *m.* viceroy

virtud *f.* virtue

visión *f.* vision

visitante *m., f.* visitor

visitar to visit

vislumbrar to glimpse; to envision

vista view; **punto de vista** point of view

vitae: currículum *m.* **vitae** résumé, CV (4)

vitalicio/a life-long

vivir to live

vivo/a alive (1); **en vivo** live

vocabulario vocabulary

vocal *f.* vowel

volar (ue) to fly

volcán *m.* volcano

voluntad (de) *f.* willpower (4); will; willingness **contra mi/tu voluntad** against my/your will/wishes; **una férrea voluntad** an iron will

volver (ue) to return (1); **volverse** to become (2)

vos *s. fam.* you (*used instead of* **tú** *in certain regions of Central and South America*)

vosotros/as *pl. fam.* you (*Sp.*)
voz *f.* (*pl.* **voces**) voice (9); **en voz alta** out loud
vuelo flight; **asistente** *m., f.* **de vuelo** flight attendant (4)

W

web *m.* (World Wide) Web; **página web** web page (5); **sitio web** web site (5)

Y

y and
ya already; yet; now; **ya no** no longer; **ya que** due to the fact that (8)

yerno son-in-law (3)
yo *sub. pron.* I
yoruba *adj.* Yoruba
yuca yucca, cassava, manioc
yucateca *m., f.* of or pertaining to the Yucatan Peninsula

Z

zapatista *m., f,* Zapatista (*follower of Emiliano Zapata, leader of the Mexican Revolution; participant in the uprising of indigenous peoples in the state of Chiapas, Mexico, in 1994); adj. m., f.* Zapatista **Ejército Zapatista de Liberación Nacional (EZLN)** Zapatista National Liberation Army; **movimiento zapatista** Zapatista uprising
zapato shoe
zócalo *Mex.* plaza, town square
zona zone; **zona residencial** residential zone (7)

INDEX

This index has three sections: Grammar, Culture, and a very short Vocabulary section. Page references followed by "n" refer specifically to footnotes, marginal notes, or boxed "note" information within the text. References to charts, maps, and tables within a page span do not mean that those features occur across the entire span.

Please note that the appendices are not indexed.

Y

youth culture, 38, 64–66

Vocabulary

artistic styles, 304
art and urbanism, 302–4
buildings, 302
careers and university majors, 42
city life and urban services, 215
colonial life, 302
communication, 132
computers, 133
economics and development,
    216, 329
environment, 214
expatriotism, 189

family life and relationships, 72,
    73–74
government and democracy, 328
historical terms, 271, 272
holidays, 73
identity, 188
immigrant life, 189
individuals, 242
insults, 7
leisure, 162–63
media, 132
national identity, 188
opinions, expressing, 244
parts of a building, 303
personality traits, 7
physical features, 6

politics, 40
pre-Columbian America,
    270, 271
quality of life, 162
religions, 40
social issues, 243
social relations, 41
table settings, 163
technology and beyond,
    133, 134
travel, 189
university life, 42
work life, 104–6

CREDITS

Readings

Page 4: "Ella es 'Juana Banana'" *El Tiempo*, Bogotá, Colombia, July 23, 2001. Used by permission; **31–32:** "México se rebela contra su imagen en Hollywood" by Lorenza Muñoz. Copyright 2001 *Los Angeles Times*. Used by permission; **38:** From "Quedamos en el híper" by Eugenia del Peso y Gabriel N. González, *El País Semanal*, January 6, 2003; **64–65:** "Independizarse: el comienzo de una nueva vida" by Álvaro José Calderón/Revista Carrusel, Bogotá, Colombia. Used by permission; **70:** From "Las remesas familiares: Una mina de oro para Latinoamérica" by Olivia P. Tallet, *American Airlines Nexos*. Used by permission; **93–94:** From *El olor de la guayaba. Conversaciones con Gabriel García Márquez* by Plinio Apuleyo Mendoza and Gabriel García Márquez. © Plinio Apuleyo and Gabriel García Márquez, 1982. Used by permission; **98:** "El abuelo" by Alberto Cortez. © 1969 (Renewed 1997) Ediciones Musicales Hispavox, S. A. All Rights in the U. S. and Canada Controlled an Administered by COLGEMS-EMI MUSIC, INC. All Rights Reserved. International Copyright Secured. Used by permission; **102:** "Los oficios que la modernidad está eliminando by Cecilia Gutiérrez, La Tercera en Internet, http://www.tercera.cl (11/22/2000); **122–123:** "Los empresarios prefieren una actitud de aprendizaje" text by Manuel Díaz, line art by Pedro Castro, *El País*, June 20, 1999. Used by permission; **130:** From "Latinoamérica a sus pies" by Kevin B. Fagan, *American Airlines Nexos*. Used by permission; **154–155:** "De puño y letra" text and photo Mike Ceaser, *Latin Trade*. Used by permission; **160:** From "Hambre de vacaciones" by Carlos Fresneda, *El Mundo*, April 15, 2001; **168:** *Latina*, April 2000; **172:** GOYA FOODS www.goya.com/ espanol/recipes/; **176–178:** "México se devora su historia culinaria" by Roberto Cienfuegos, as published in *Tiempos del Mundo*, Courtesy of Lic. Roberto Cienfuegos Jiménez; **186:** "Dos idiomas, múltiples beneficios" by Isis Artze, *People en Español* © 2001 Time Inc. All Rights Reserved; **201:** *Cambio 16* May 18, 2002; **203–205:** "El martes que los Estados Unidos perdió su inocencia" by Jorge Ramos Avalos, *Nuevo Herald*. Copyright 2001 by *Miami Herald*. Reproduced with permission of *Miami Herald* via Copyright Clearance Center; **212:** "La guerra del agua" by Jack Epstein, Latin Trade, September 2002, p. 22; **232:** From "A vender oxígeno," *Revista Semana*, Bogotá, Colombia, 2001; **240:** From "Setenta y cinco años en defensa de la mujer" by Janelle Conaway. Reprinted with permission from Américas, bimonthly publication of the Organization of American States, published in English and Spanish. www.Americas.oas.org; **261–262:** "Discriminación racial" by Carolina Vásquez Araya: Chilean journalist residing in Guatemala since 1974 and columnist for Prensa Libre. Used by permission; **268:** From *Popol Vuh*, Atrtemis-Edinter, 2001; **291–294:** text and map from "México antiguo" © GEO n°. 80 September 1993; **300:** From *En busca del Nuevo Mundo* by Arturo Uslar Pietri, Fondo de Cultura Económica, México DF, 1969; **326:** From *El espejo enterrado* by Carlos Fuentes, Santillana, S.A., 1998; **332:** From *La casa de los espíritus* by Isabel Allende, Plaza y Janés, 1994; **340:** "Que te vaya bonito" lyrics by José Alfredo Jiménez © 1973 BMG Music Publishing Mexico, S.A. de C.V. All rights for the US on behalf of BMG Music Publishing Mexico, S.A. de C.V. administered by BMG Songs, Inc. (ASCAP); **344–346:** From "Hacia las Américas del 2005: democracia, desarrollo y prosperidad" speech by Oscar Arias, 1997 meeting of COPA. Used by permission.

Art

Page 9: C. Varela © 2001; **46:** Courtesy of Bridgestone Firestone North American Tire, LLC; **83:** © Maitena; **101:** Antonio Mingote, published in ABC 2000; **129:** Cartoon by Forges, published in *El País*; **191:** Courtesy Daimler Chrysler Corporation; **211:** Antonio Mingote, published in ABC, Madrid; **239:** Cartoon by Forges, published in *El País*; **259:** http://www.ezlnaldf.org/ imagenes/ezlnaldf.jpg

Photos

Page 2: © East Los Streetscapers; **3**: (left to right) © Royalty Free/Corbis, © Lynn Goldsmith/ Corbis, © Image Source/Getty Images; **10**: © Jim Arbogast/Getty Images; **21**: Diego Rodriguez Velazquez, 1656. Oil on canvas, 276 × 318 cm., Museo del Prado, Madrid, Spain, Photo: Erich Lessing/Art Resource, NY; **32**: AP/Wide World Photos; **37**: (left) © Reuters/Corbis, (right) © Andrew Alvarez/AFP/Getty Images; **40**: © age fotostock/Superstock; **41**: (top) © Ezra Shaw/Getty Images, (bottom) © Gary Conner/PhotoEdit; **42**: (left) © Royalty Free/Corbis, (right) © age fotostock/SuperStock; **43**: (clockwise from top left) © Royalty Free/Corbis, © Medio Images/age fotostock, © Digital Vision, AP/Wide World Photos, © Reza Estakhrian/Getty Images; **44**: © Hubert Stadler/Corbis; **62**: Marcos Gonzalez and Julio Orozco; **69**: © Digital Vision/age fotostock; **72**: © Ryan McVay/Getty Images; **73**: (top) © James Shaffer/PhotoEdit, (bottom) © Ronnie Kaufman/Corbis; **75**: © 1988 Carmen Lomas Garza, oil on linen mounted on wood, 24 × 32 inches. Photo by M. Lee Fatherree. Collection of Paula Maciel-Benecke and Norbert Benecke, Aptos, California; **88**: © Diana Bryer; **90**: © Jack Hollingsworth/Getty Images; **93**: © Jorge Uzon/AFP/Getty Images; **97**: © Artville/Getty Images; **100**: © 2005 Banco de Mexico Diego Rivera & Frida Kahlo Trust. Av. Cinco de Mayo No. 2, Col. Centro, Del. Cuauhtémoc 06059, México, D.F., Photo: Schalkwijk/Art Resource, NY; **108**: Collection of José Antonio Mario Berni; **110**: © Pablo Corral Vega/Corbis; **127**: AP/Wide World Photos; **137**: The Granger Collection, New York; **151**: © TRBfoto/Getty Images; **152**: AP/Wide World Photos; **154**: Mike Ceaser and B.Y. Cooper for Latin Trade; **159**: (left) Courtesy of MUSEO BELLAPART, (right) © Odyssey Productions/Robert Frerck; **162**: © Mario Algaze/The Image Works; **166**: © 2005 by Daniel Rivedemar and Odyssey Productions, Inc.; **168**: © David Young-Wolff/PhotoEdit; **172**: © PhotoLink/Getty Images; **177**: © FoodPix/ PictureArts; **179, 181**: © PhotoLink/Getty Images; **184**: Eduardo Kingman Ecuador (1913–1998) *Lugar Natal* (Birthplace), 1989. Oil on canvas 40 in. × 53 in. Inter-American Development Bank Art Collection, Washington D.C. Photo: courtesy of the IDB Photo Library Unit; **185**: © 2005 by Robert Frerck and Odyssey Productions, Inc.; **189**: © SuperStock, Inc.; **195**: © Eduardo Guzmán Ordaz; **196**: (left to right) © Frank Micelotta/Getty Images, © Victor Rojas/AFP/ Getty Images, © Thos Robinson/Getty Images; **199**: AP/Wide World Photos; **201**: Alfredo Jaar; **203**: © Alexander Tamargo/Getty Images; **208**: © PhotoLink/Getty Images; **214**: © Photolink/Getty Images; **218**: Collection of José Antonio Mario Berni; **219**: © Susana Gonzalez/Getty Images; **223**: *La Adivinata*, 2004 (oil on canvas), Jose Miguel Bayro Corrochano (b. 1960)/Private Collection, Jean-Pierre Courau/Bridgeman Art Library; **229**: © MonaLisa Lins/AFP/Getty Images; **238**: © Digital Vision/PunchStock; **242**: © Robert Brenner/PhotoEdit; **247**: (left & middle) AP/Wide World Photos, (right) © Miguel Alvarez/AFP/Getty Images; **249**: Yolanda Lopez; **258**: Center for Creative Photography, University of Arizona; **259**: www. ezlnaldf.org; **261**: © 2005 by Robert Frerck and Odyssey Productions, Inc.; **266**: © 2005 by Robert Frerck and Odyssey Productions, Inc.; **267**: © Bowers Museum of Cultural Art/Corbis; **271**: © Adalberto Rios Szalay/Sexto Sol/Getty Images; **272**: © Gianni Dagli Orti/Corbis; **288**: © Royalty Free/Corbis; **289**: © Scott T. Baxter/Getty Images; **297**: © M. Freeman/PhotoLink/ Getty Images; **299**: © Tony Arruza/Corbis; **300**: "GARCILASO INCA DE LA VEGA—Autor de los Comentarios Reales" Oleo sobre madera del pintor Peruano Francisco González Gamarra (1890–1972). www.fgonzalezgamarra.org; **302**: (top) © 2005 by David Dudenhoefer and Odyssey Productions, Inc., (bottom) © 2005 by Robert Frerck and Odyssey Productions, Inc.; **303**: © age fotostock; **304**: © age fotostock/Superstock; **306**: (top left) © Michael Freeman/ Corbis, (top right) © Hubert Stadler/Corbis, (bottom) © Adalberto Rios Szalay/Sexto Sol/Getty Images; **308**: © 2005 by Robert Frerck and Odyssey Productions, Inc.; **319**: © Roberto Valcarcel; **325**: © Artists Rights Society (ARS), NY, Photo: Schalkwijk/Art Resource, NY; **328**: © Jack Kurtz/The Image Works; **332**: William Gordon; **342**: © Oswaldo Viteri; **344**: AP/Wide World Photos.

ANA M. PÉREZ-GIRONÉS received her M.A. in General Linguistics from Cornell University and is currently Adjunct Associate Professor of Spanish at Wesleyan University, where she coordinates the Spanish language program and teaches at the intermediate level. She is co-author of *Puntos de partida* and *¿Qué tal?*, and has published pedagogical materials for several other Spanish language programs. She has worked extensively in the development and implementation of computer-assisted materials for learning language and culture, such as *Nuevos Destinos*, and most recently, *En una palabra*.

VIRGINIA M. ADÁN-LIFANTE is Lecturer and Coordinator of the Spanish language courses at the University of California, Merced. She received her Licenciatura en Filología Hispánica from the Universidad de Sevilla in 1987, and her Ph.D. in Hispanic Languages and Literatures from the University of California, Santa Barbara in 1997. Dr. Adán-Lifante has served as reviewer of several Spanish language manuals and she has published numerous reviews and articles in professional journals such as *La Torre, The Bilingual Review, Gestos, Revistas de Estudios Norteamenicanos, South Central Review,* and *Revista de Estudios Hispánicos*.

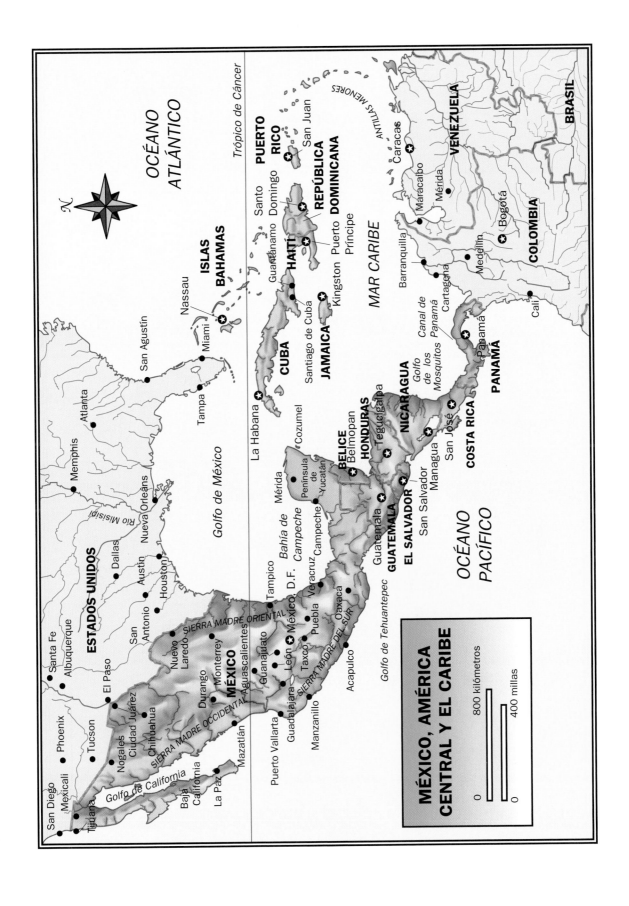

MÉXICO, AMÉRICA CENTRAL Y EL CARIBE

OCÉANO ATLÁNTICO

Trópico de Cáncer

ISLAS BAHAMAS

Nassau

Miami

San Agustín

Tampa

Atlanta

Memphis

ESTADOS UNIDOS

Dallas

Austin

San Antonio

Houston

Nueva Orleans

Río Misisipí

Golfo de México

La Habana

CUBA

Santiago de Cuba

Cozumel

Bahía de Campeche

Mérida

Península de Yucatán

Campeche

Veracruz

Tampico

México, D.F.

Puebla

Taxco

León

Guanajuato

Aguascalientes

SIERRA MADRE ORIENTAL

Monterrey

Nuevo Laredo

MÉXICO

Durango

Chihuahua

Ciudad Juárez

El Paso

Nogales

Tucson

Phoenix

Mexicali

San Diego

Tijuana

Baja California

Golfo de California

La Paz

Mazatlán

SIERRA MADRE OCCIDENTAL

Guadalajara

Puerto Vallarta

Manzanillo

Acapulco

SIERRA MADRE DEL SUR

Oaxaca

Golfo de Tehuantepec

Santa Fe

Albuquerque

San Agustín

GUATEMALA

Guatemala

EL SALVADOR

San Salvador

BELICE

Belmopan

HONDURAS

Tegucigalpa

NICARAGUA

Managua

COSTA RICA

San José

Golfo de los Mosquitos

Canal de Panamá

PANAMÁ

Panamá

OCÉANO PACÍFICO

MAR CARIBE

JAMAICA

Kingston

HAITÍ

Puerto Príncipe

Guantánamo

Santo Domingo

REPÚBLICA DOMINICANA

PUERTO RICO

San Juan

ANTILLAS MENORES

Barranquilla

Cartagena

Maracaibo

Mérida

Caracas

VENEZUELA

Bogotá

Medellín

Cali

COLOMBIA

BRASIL

N

OCÉANO ATLÁNTICO

0   800 kilómetros

0   400 millas

MAR CARIBE

OCÉANO ATLÁNTICO

PANAMÁ

Barranquilla
Maracaibo
Caracas
VENEZUELA
Panamá
Medellín

GUYANA
Georgetown
Paramaribo
Cayena
SURINAME
GUYANA FRANCESA

Cali
COLOMBIA
Bogotá

Quito

Ecuador

ECUADOR
Guayaquil

Río Orinoco

Río Amazonas
Belém
Manaus

PERÚ

CORDILLERA DE LOS ANDES

BRASIL

Recife

Lima
Cuzco
La Paz
Arequipa
BOLIVIA
Sucre

Brasília

PARAGUAY

Antofagasta
Río de Janeiro

CHILE
San Miguel de Tucumán
Asunción
São Paulo
Trópico de Capricornio

OCÉANO PACÍFICO
La Serena

OCÉANO ATLÁNTICO

Córdoba
Rosario
URUGUAY

Valparaíso
Santiago
ARGENTINA
Buenos Aires
Montevideo

N

Concepción
Bahía Blanca
Río de la Plata

Puerto Montt
Bariloche
Chiloé

AMÉRICA DEL SUR

0   1500 kilómetros

0   1000 millas

Islas Malvinas
Estrecho de Magallanes
Punta Arenas
Tierra del Fuego

Cabo de Hornos

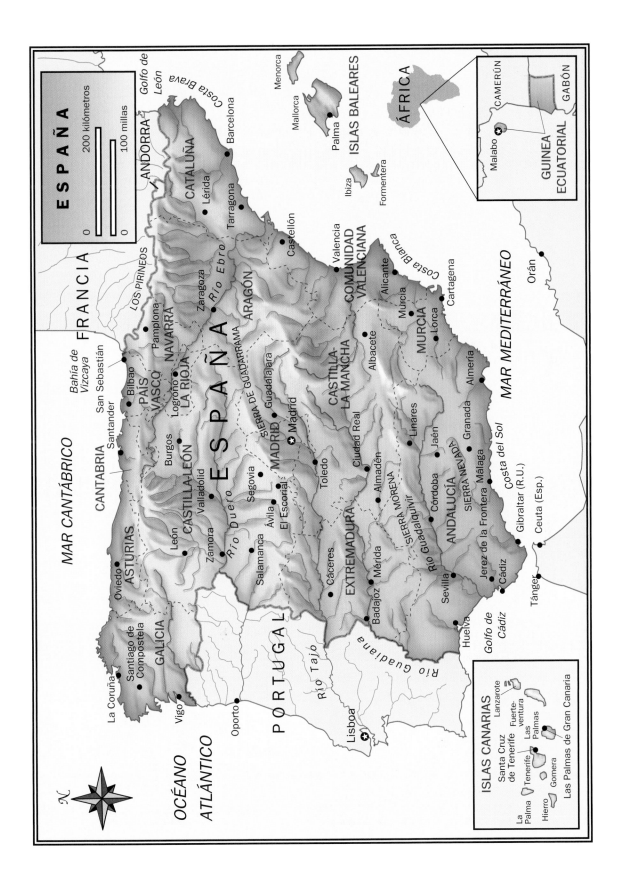